国家社科基金项目成果 *经管* 文库

Two "Reindustrialization" of the United States and the
Strategic Choice of China's Manufacturing Industry

# 美国两次"再工业化"
# 及中国制造业的战略选择

裴桂芬／等著

中国财经出版传媒集团

经济科学出版社

Economic Science Press

**图书在版编目（CIP）数据**

美国两次"再工业化"及中国制造业的战略选择/裴桂芬等著．
——北京：经济科学出版社，2021.4
（国家社科基金项目成果经管文库）
ISBN 978 - 7 - 5218 - 2490 - 2

Ⅰ. ①美…　Ⅱ. ①裴…　Ⅲ. ①工业化 - 研究 - 美国 - 20 世纪
②制造工业 - 企业发展战略 - 研究 - 中国　Ⅳ. ①F471. 29②F426. 4

中国版本图书馆 CIP 数据核字（2021）第 066731 号

责任编辑：崔新艳
责任校对：王苗苗
责任印制：范　艳　张佳裕

**美国两次"再工业化"及中国制造业的战略选择**
裴桂芬　等著
经济科学出版社出版、发行　新华书店经销
社址：北京市海淀区阜成路甲 28 号　邮编：100142
经管中心电话：010 - 88191335　发行部电话：010 - 88191522
网址：www. esp. com. cn
电子邮箱：expcxy@ 126. com
天猫网店：经济科学出版社旗舰店
网址：http://jjkxcbs. tmall. com
北京季蜂印刷有限公司印装
710 × 1000　16 开　18 印张　330000 字
2021 年 6 月第 1 版　2021 年 6 月第 1 次印刷
ISBN 978 - 7 - 5218 - 2490 - 2　定价：82. 00 元
**（图书出现印装问题，本社负责调换。电话：010 - 88191510）**
**（版权所有　侵权必究　打击盗版　举报热线：010 - 88191661**
**QQ：2242791300　营销中心电话：010 - 88191537**
**电子邮箱：dbts@ esp. com. cn）**

# 国家社科基金项目成果经管文库
# 出版说明

　　经济科学出版社自 1983 年建社以来一直重视集纳国内外优秀学术成果予以出版。诞生于改革开放发轫时期的经济科学出版社，天然地与改革开放脉搏相通，天然地具有密切关注经济领域前沿成果、倾心展示学界翘楚深刻思想的基因。

　　2018 年恰逢改革开放 40 周年，40 年中，我国不仅在经济建设领域取得了举世瞩目的成就，而且在经济学、管理学相关研究领域也有了长足发展。国家社会科学基金项目无疑在引领各学科向纵深研究方面起到重要作用。国家社会科学基金项目自 1991 年设立以来，不断征集、遴选优秀的前瞻性课题予以资助，我社出版了其中经济学科相关的诸多成果，但这些成果过去仅以单行本出版发行，难见系统。为更加体系化地展示经济、管理学界多年来躬耕的成果，在改革开放 40 周年之际，我们推出"国家社科基金项目成果经管文库"，将组织一批国家社科基金经济类、管理类及其他相关或交叉学科的成果纳入，以期各成果相得益彰，蔚为大观，既有利于学科成果积累传承，又有利于研究者研读查考。

　　本文库中的图书将陆续与读者见面，欢迎相关领域研究者的成果在此文库中呈现，亦仰赖学界前辈、专家学者大力推荐，并敬请经济学界、管理学界给予我们批评、建议，帮助我们出好这套文库。

经济科学出版社经管编辑中心

2018 年 12 月

　　本书受国家社会科学基金重点项目"美国'再工业化'与中国制造业对策研究"（项目批准号：13AJL007）和河北大学燕赵文化高等研究院学科建设经费资助。

# 序言
## Preface

全球金融危机后美国奥巴马政府的"再工业化"（reindustrialization）引起了国内对于"再工业化"问题的广泛关注和深入研究。实际上，在国际范围内这并不是第一次提出"再工业化"问题，20世纪60年代以来在联邦德国鲁尔地区、法国洛林地区、美国五大湖地区和日本九州地区等重工业基地曾出现过以复苏老工业基地为特征的"再工业化"提案或主张。在全国范围内系统推出并引起很大争议的是美国20世纪80年代前后的"再工业化"热潮，这一阶段不仅激发了学术界对"再工业化"问题的极大兴趣，还引起了产业界的激烈争论，并推动智库的深入研究，成为1980年总统大选时候选人精心组织和设计的热词。虽然竞选获胜后的罗纳德·里根政府并没有将执政政策明确为"再工业化"政策，但许多学者的研究证实，20世纪80年代就是美国的"再工业化"阶段。因此，本书从美国两次"再工业化"比较视角展开研究，探讨美国两次"再工业化"的政策背景、学术思潮、政策措施和政策效果，试图厘清世界范围内出现的工业化—"去工业化"—"再工业化"路径之间的规律性。本书遵循马克思主义历史唯物主义和辩证唯物主义分析方法展开研究，认为发达国家从工业化到"去工业化"又到"再工业化"的发展历程是社会经济发展的产物，是技术范式、生产方式和消费方式共同作用的结果，而这一看似对立的发展历程却是发达国家不断提升国际竞争能力，执掌全球经济、社会、科技发展主动权的过程。

本书主要包括四方面内容。

第一，从工业化发展理论和世界范围内主要发达国家工业化实践可以看出，工业化—"去工业化"—"再工业化"俨然已经成为一个现实的发展路径。世界上许多发展中国家的经济发展也都在重复这一路径，只是不同国家进入某个阶段的时间、停留在某个阶段的时间长短不同。这是本书第一章研究的内容。

第一章主要围绕着工业化、"去工业化"和"再工业化"三个问题展开。从世界范围来看，工业化进程呈现代际性特征，"去工业化"表现为同步性，"再工业化"显示同期性迹象。工业化进程的代际性是伴随工业革命的推进而形成的。第一次产业革命使英国成为第一代工业化国家，第二代工业化国家的法国、美国、德国受益于第二次产业革命，第三代工业化国家的日本和苏联同样是在第二次产业革命背景下形成的，亚洲"四小龙"及其他新兴市场经济国家和地区是在第三次产业革命推动下成为第四代工业化经济体的。"去工业化"是在经济全球化背景下出现的，与进入经济全球化的顺序有关，发达国家在20世纪70年代进入全球化历程，几乎同步出现了"去工业化"现象，众多的发展中国家是在20世纪90年代后相继融入全球化，一些发展中国家也自此出现"去工业化"迹象。"再工业化"同期性特征是指2008年全球金融危机之后，发达国家几乎同时出台了"再工业化"口号或政策，一个共同的根据是反思经济全球化的弊端、强调制造业的重要性，促使经济从虚拟经济回归实体经济。发达国家同期出现的"再工业化"政策既是现代科技发展带来的生产方式改变的结果，也是满足消费者个性化定制化消费使然，更是关注地球环境问题的必然选择！

**第二，美国20世纪80年代前后的"再工业化"实践的研究，这是本书第二章和第三章的研究内容。**

第二章围绕着"再工业化"政策背景、思潮、政策及其效果展开，重点分析四个问题。一是关于"再工业化"政策背景的研究。两次石油危机的相继爆发以及经济全球化步伐不断加快等因素对美国经济产生了深刻影响，来自日本、联邦德国的经济挑战以及国内严重的"滞胀"和老工业基地衰退极大削弱了美国的经济竞争能力，成为20世纪80年代"再工业化"的政策背景。二是20世纪80年代美国"再工业化"问题争论的分歧异常激烈，始终没有达成共识。20世纪70年代末80年代初，虽然"再工业化"概念充斥美国学术界，而对于要不要实施"再工业化"，如何实施"再工业化"，"再工业化"与产业政策的关系等问题争论不休，产业界对"再工业化"更是针锋相对，传统产业积极拥护而高科技产业强烈反对，政府的智库则从竞争力的角度解读"再工业化"，1980年总统候选人更是从赢得选票角度诠释"再工业化"。三是20世纪80年代美国是否存在"再工业化"政策。虽然里根在竞选时期为了获得中西部地区选票特别提出了复苏传统制造业的"再工业化"主张，但在入驻白宫后庞大的《经济复兴计划》及其他的经济政策中，却再没有使用"再工业化"一词，因此有学者认为美国这一时期并不存在所谓的"再工业化"政策，而众多文献证实里根政府经济政策的核心就是"再工业化"政策，这是一个兼有危机政策和产业政策的聚合体，更加注重产业政策，减税、放松监管和削减政府支出以及促进科技发展举措对美国产业发展起到了至关重要的作用。四是20世纪80年代美国"再工业化"政策是否产生了预期效果。从统计数据来看，美国在20世纪80年代中期之前出现了制造业短暂恢复的现象，之后加速了"去工业化"进程，即制造业就业和产值占比双双下降。事实上，20世纪80年代美国"再工业化"进程中出现的"去工业化"加剧现象主要源于第三次国际产业转移所引发的国际产业分工格局的变化，基于全球生产网络的产品内分工或工序分工加快了美国企业的离岸化经营和外包，将某个产品或者某个工序外包给劳动力成本（或其他要素成本）低廉的发展中国家，使不具备传统比较优势的发展中国家可以通过单个要素融入世界经济大循环，美国国内则专注于研发创新和市场营销等高附加值环节，形成了全球价值链模式。这一模式对跨国公司和发展中国家来说看似是双赢的，但从美国经济社会整体考虑，却带来了制造业就业岗位的下降和制造业根基的损毁，甚至使一些优势产业走向消亡，这又成为全球金融危机后"再工业化"政策的主要原因。简单总结20世纪80年代美国"再工业化"政策不能见效的原因是具"地利"、缺"人和"及"天不时"。客观地说，美国在20世纪80年代前后具备实施"再工业化"政策的现实环境，而由于各界对"再工业化"政策没能达成任何共识，缺少"人和"，同时跨国公司以降低成本为主旨的全球生产网络的形成与发展，为跨国公司带来了巨大经济利益，"堤内损失，堤外补"，就是所谓的"天不时"。

任何经济活动都是在一定的地理区域范围内进行的，从美国不同工业区分析20世纪80年代政策及其实践是本书第三章的主要内容。第三章以美国工业化进程和产业结构特征为标准确定了三大工业区，即以轻纺产业起家的东北部工业区、以重化学工业为核心的中西部"锈带"工业区、以西部、南部高科技产业为主导的阳光地带。由于产业结构存在差异，三大工业区在石油危机期间所受影响不同，20世纪80年代所采取的政策措施也存在很大差异，如东北部地区出台了促进高科技发展政策，"锈带"地区更加关注传统产业的重组及其发展，而阳光地带是双管齐下，一方面大力发展高科技产业，另一方面注重传统产业的升级。关于20世纪80年代三大工业区的政策效果分析是本章的重点内容，本书选取了产业规模、就业状况、区位熵和人均产值四个指标，测度制造业和高科技产业在不同工业区的发展绩效。从统计数据看，总体效果并不是十分显著，但显示了各个工业区的特点，东北部地区自20世纪80年代中期开始出现制造业和高科技产业产值和就业双双下降的局面，尤其是高科技产业的专业化程度被其他两个工业区超越，但东北部地区人均产值相对较高；"锈带"地区制造业和高科技产业的产值增长率出现波动性增长，制造业产值增长显著，高科技产业产值增速低于阳光地带，制造业和高科技产业就业也出现了净减少，但"锈带"地区的产值区位熵和就业区位熵一直处于较高水平；阳光地带高科技产业增速最快，制造业和高科技产业就业在20世纪80年代出现了净增长，但阳光地带制造业产值和就业区位熵始终低于全国平均水平，其原因在于区域内服务业快速发展，服务业的区位熵远远高于全国平均水平。

**第三，全球金融危机之后美国"再工业化"问题的研究，由第四章和第五章组成。**

第四章重点分析全球金融危机之后美国实施"再工业化"的政策背景、思潮、政策及其效果。重点分析四个问题，第一个问题是全球金融危机后美国"再工业化"的政策背景，"制造业过度衰退—虚拟经济过度膨胀"与"服务业快速增长—全球金融危机"成为美国实施"再工业化"政策的背景链条。2008年全球金融危机经常被称为20世纪30年代大萧条之后最严重的金融危机，20世纪30年代大萧条过后出台的是需求管理政策，此次危机之后却出台了"再工业化"政策，究其原因，在于过度的产业转移和"去工业化"虽为跨国公司带来了巨大经济利益，却为发达国家带来了一系列社会经济问题。现代科学技术发展对生产模式和方式的改变，以及消费者消费观念和意识改变，都促使发达国家反思经济全球化所带来的问题，"再工业化"政策也成为必然。第二个问题是全球金融危机后美国国内"再工业化"思潮。与20世纪80年代美国"再工业化"思潮相比，全球金融危机后各界在"再工业化"问题上达成了高度一致，学术界不再纠结"再工业化"与产业政策的关系，明确"再工业化"政策就是产业政策，"制造业重要性"的古老话题普遍得到各界的认可和重视。从"产业公地"损毁角度说明美国制造业危机和过度对外产业转移的危害，不仅成为学术界分析"再工业化"问题的理论依据，还得到了美国政府部门的重视和采纳。第三个问题是全球金融危机后美国"再工业化"政策研究，研究的对象主要是奥巴马执政时期的经济政策。奥巴马执政时期的经济政策可以分为两个阶段，第一个阶段的目标是采取危机对策，致力于提振和复苏严重衰退的美国经济；第二个阶段的目标是多策并举推动先进制造业发展，尤其以创新为突破口提振国家竞争能力。第四个问题是全球金融危机后美国"再工业化"政策效果问题。从统计数据看，全球金融危机后美国

"再工业化"政策效果比较显著，制造业产值在波动中增长，平均增长率超过了 GDP 平均增长率，并连续 7 年正增长，高科技产业或高端产业业绩不俗，产值得到了缓慢回升，就业出现了快速增长，制造业出口也出现了缓慢增加态势，但高科技产业在制造业出口中比重下降的局面并没有得到任何改善，究其原因是全球价值链时代美国高科技产业已经在全球范围内确立了生产和研发格局。总体来说，全球金融危机之后美国"再工业化"政策可以说具备了"天时""地利""人和"的优势。"天时"表现在现代科技发展改变了传统的生产方式和成本模式，智能制造取代了传统制造，消费模式从大众化向个性定制化转变，对传统的量产模式提出了挑战，这些因素均成为美国产业回流的推动力量。"地利"表现为美国区域经济活力的凸显，原来的老工业基地经过 30 多年的积累沉淀和奋发探索，"睡美人"已经苏醒，形成了以合作与专注为特征的创新生态系统，不仅带来当地产业的复苏，更是促进了城市的转型。"人和"表现为全球金融危机后美国各界在"再工业化"问题上达成了高度一致，不再无谓地争论"再工业化"实施路径，发展先进制造业成为"再工业化"的终极目标。

第五章是从制造业回流、吸引外资和创新生态系统建设三个方面评价了美国金融危机后"再工业化"的政策效果。出口倍增计划和"选择美国"计划是金融危机后美国"再工业化"政策的两个直接目标，创新生态系统是美国从 20 世纪 80 年代的"再工业化"阶段开始，经过长达几十年的沉积和历练，尤其是遭受"去工业化"打击最为严重的老工业基地攻坚克难、苦练内功的结果。关于美国制造业回流，至今还没有一个官方的统计，普遍都是使用 2010 年成立的非营利的"回流倡议机构"的调研数据，该数据大多是合并制造业回流和外资流入（IFDI）的规模、就业数量、产业分布、来源地分布、国内流向等信息，只有个别数据对二者进行了单独统计。最为明显的是 2018 年的调研报告，报告显示，回流和 IFDI 在 2009～2017 年共带来 57 万个工作岗位，其中回流创造了 27 万个就业机会，IFDI 创造了 30 万个工作岗位。统计数据中一个值得注意的现象是回流企业占比最高的是低技术密集型，IFDI 企业最为集中的是中高技术密集型产业。其实这些统计数据的可靠性一直为各方所质疑，多种迹象证明美国制造业回流并没有成为一种气候。关于美国引进外资的状况，从直接投资规模看，"选择美国"计划下的三次投资峰会对吸引外国资本流入发挥了重要作用。在美国 IFDI 的来源地中，虽然来自欧洲的投资还是占绝对比重，而来自亚洲地区（尤其是包括中国在内的新兴市场国家）的投资在迅速增加。在直接投资流入的产业分布中，制造业引进外资比重不断提高，这可以看作"选择美国"计划的直接效果。创新生态系统的形成与发展是美国"再工业化"政策的一大成就。创新生态系统是多样化的创新主体基于共同的创新环境而形成的相互依赖、共生共赢的具有稳定性的组织结构。美国创新生态系统的建设不仅实现了区域产业发展，更是实现了老工业基地城市的转型，实现了从"锈带"到"智带"的转变。严格地讲，创新生态系统建设是两次美国"再工业化"的政策效果，20世纪80年代出台的一系列创新政策为创新生态系统建设提供了制度框架，大学和科研机构以及政府主导的创新体制在其中都发挥了至关重要的作用。

**第四，美国"再工业化"对中国经济和制造业的影响及其对策，由第六章和第七章组成。**

第六章主要分析了美国"再工业化"政策实施之后的中美贸易投资格局以及中国制造业处境。首先，统计数据展示了中美贸易情况。中美之间的出口增速、出口商品结构等指标显示了出口格局的变化。从出口增速来看，中国对美国出口增速出现下滑，而美国对华出口增速提升，2009～2014年美国对华出口总额非常接近既定的出口翻番目标。同时还分析了不同统计口径下中美贸易不平衡规模的差异。从中美制造业出口结构看，美国对中国出口制成品的排序是中技术产品、初级产品、高技术产品，中国对美国出口产品的排序分别为高技术产品、中技术产品和低技术产品。出口产品结构的这种变化反映了中国在东亚价值链中的地位，也与美国在华直接投资的行业分布高度相关；中美两国直接投资及制造业直接投资变化显示了两国的投资格局变化。从美国对中国的投资来看，金融危机之后虽然对华直接投资出现波动，但投资规模并没有出现快速下降，尤其是制造业投资也没有因制造业回流而出现大幅度滑落。究其原因，正像中国美国商会调研所显示的那样，美国企业从中国向外转移的还是少数，仍有更多的企业依然看好中国的投资环境及产业基础。从中国企业对美国投资的状况看，出现了直接投资快速增长态势，这一方面是受到了"选择美国"计划的政策激励影响，另一方面也是赶上了中国对外投资的浪潮。关于福耀集团投资美国的案例，本书基于跨国公司区位选择的理论认为这是一个完全理性的决策，其中展示的中美成本结构问题值得中国各界认真思考。其次，从增加值角度实证分析美国"再工业化"后的中美贸易格局。数据显示，中美贸易格局发生了较大变化，突出的特征是中国对美国出口的中间产品比重上升，最终产品比重下降，美国对华出口产品中，美国的国内增加值在增加，在一定程度上佐证了美国产业回流现象，而美国出口产品中隐含的中国增加值在增加，意味着中国正在逐渐融入美国的国内价值链。最后，从显示性比较优势分析了中国制造业出口的国际竞争力变化趋势。数据显示，中国制造业出口显示出高、低技术产品优势突出而中等技术产品低下的"U"形结构特征。全球金融危机后，越南等低要素成本型的国家在低技术产品领域与中国竞争，美国等高技术优势的国家在高技术领域与中国竞争，使中国制造业面临前后夹击的困境。

第七章分析中国经济以及制造业的对策。首先，分析科技创新与中国制造业发展的关系。近年来我国研发支出规模迅速增长，但研发支出类型结构问题也不可忽视，基础研究长期偏低的现象没有改变，应用研究比重也出现了大幅度下降，这种现象的出现与我国研发活动主体或投入主体不匹配相关。具体来说，企业是最大的研发投入主体，而从事基础研究和应用研究的主体是政府直属的研究机构和高校，产学研合作机制对研发结构产生了不利影响。根据发达国家发展趋势，未来的科技创新将是创新生态系统的竞争，中国创新生态系统建设可以有效解决当前科研体制中存在的问题，而政府的核心作用和高校及科研院所的主体作用是中国创新生态系统中的核心要素。同时，智能制造也是中国制造创新的方向。智能制造不仅局限在高端制造业领域，传统制造业也可以找到更多商机；智能制造也不只体现在研发环节，制造过程中的"工匠魅力"等形成的"灰色创新"应该是中国作为"世界工厂"的最大优势；完整的制造业体系更是我国实现智能创造的坚实基础。其次，分析了中国制造业在全球价值链中的地位和战略选择问题，中国制造业在全球价值链中的地位虽有提高，但前有阻截后有追兵的局面没有得到根本改变，中国制造业一方面要谋求在现有价值链中升级，另一方面还要利用优势要素组建国内价值链，并将"一带一路"沿线国家融入中国价值链，同时要夯实价值链攀升或组建的微观基础，增强通过价值链提高参与国际经济治理的能力。最后，分析中国制造业与服务业的融合问题。制造业与服务业融合是新科技革命下的产业发展，美国在制造业与服务业融合方面已经积累了一定经验，实现制造业服务化和大力发展生产性服务业是实现制造业与服务业融合的有效途径，而政府需要提供适宜的制度或政策环境。

本书的创新主要表现在以下两个方面。一是发达国家特别是美国所走过的工业化、"去工业化"和"再工业化"路径均提高了发达国家的国际竞争能力。工业化自不待言，"去工业化"过程虽然带来了美国个别产业的衰落或消失，但美国主导的全球价值链不仅使美国跨国公司获得了巨大财富，还成为美国进行全球经济治理的重要载体，"再工业化"不是单纯制造业化，而是高端产业发展，是制造业与服务业高度融合的产业发展。二是创新生态系统是美国两次"再工业化"政策的最大效果，必将再次强化美国的经济科技竞争能力。20 世纪 80 年代美国出台的系列创新政策奠定了创新生态系统的法制基础，20 世纪 90 年代克林顿政府明确提出创新生态系统建设计划，奥巴马执政时期成立多个创新中心，这些都对美国创新生态系统的形成与发展发挥了重要作用。

本书在研究方法上主要采取定量分析与定性分析相结合的方式。定量分析主要是采取描述性统计分析和实证分析方法：描述性统计分析直观显示了一定历史时期内的发展轨迹和态势；实证分析主要是运用增加值贸易和 RCA 指数分析了中美贸易格局变化和中国制造业竞争力的变化态势。定性分析遵循了马克思主义历史唯物主义和辩证唯物主义分析方法，研究发达国家从工业化到"去工业化"再到"再工业化"发展过程的规律性，证实这一路径是技术经济范式、生产方式和交换方式共同作用的结果。

需要深入研究的问题包括两个方面：一是跟踪研究制造业与服务业融合的相关问题，制造业与服务业融合是当今世界范围内产业发展的趋势，也是新技术革命背景下产业发展的未来趋势，或将影响一国的产业竞争能力；二是继续关注发达国家创新生态系统建设问题，创新生态系统是新科技革命的产物，也必将影响未来世界范围内的科技产业竞争格局。后续研究将紧密关注上述两个问题，继续为我国制造业和服务业融合以及创新生态系统的建设提出相应的对策建议。

本书的分工情况如下：裴桂芬负责全书的设计、统稿等工作，王欣颖负责全书图表和注释等的编辑与整理工作。各章的分工如下：裴桂芬第一章，郭帅第二章，李晓庆和于海瑞第三章，王子木第四章，石涛第五章，马宇博第六章，商伟、王欣颖和李晓庆第七章。

# 目　录
## Contents

# 第一章　世界范围内工业化、"去工业化"与"再工业化"变迁

18世纪开始发达国家相继实现了工业化，20世纪一些发展中国家也进入了工业化阶段，从20世纪70~80年代开始，发达国家进入了"去工业化"进程，20世纪90年代以来发展中国家也出现了"去工业化"迹象。在"去工业化"过程中，发达国家始终存在着"去工业化"优劣和"再工业化"必要性的激烈争论，从效果来看，发达国家"去工业化"程度远超"再工业化"程度。本章以工业化发展进程为线索，梳理工业化、"去工业化"和"再工业化"的相关理论和实践，并分析三者之间的内在联系。

## 第一节　工业化变迁及其相关理论

实现工业化成为各国经济发展的目标，世界范围内工业化进程呈现出代际性特征，从欧洲到美洲再到亚洲，基本是伴随产业革命的推进而展开。理论界对于工业化在促进经济增长、鼓励科技创新和促进就业方面的作用基本达成共识，而典型的工业化发展阶段理论似乎预示了工业化—"去工业化"—"再工业化"这一发展历程的必然性。

### 一、工业化概念及工业化进程的代际性

#### （一）工业化及其相关概念界定

工业化一词来自英语"industrialization"一词，但工业化的内涵至今并没有达成共识，许多研究都从不同的视角来定义工业化。从生产工具或生产方式来看，工业化是机器生产取代手工操作的过程，这是德国经济史学家鲁道夫·吕贝

尔特（Rubberdt R., 1983）的观点。他认为随着纺织机械化的推进和蒸汽机这一新动力的出现，单件生产过渡到系列生产，进而到大规模生产——人类社会开始出现了巨大变化，而这些变化就称为工业化。从农业和工业二元经济的视角来看，工业化是一个从农业经济向工业经济过渡的过程。阿瑟·刘易斯（Lewis W. A., 1989）的二元经济结构理论认为，工业化是农业领域富余劳动力向工业领域转移的过程；西蒙·史密斯·库兹涅茨（Kuznets S. S., 1995）认为工业化是产品和资源从农业活动转向非农业活动，是工业尤其是制造业份额在整个经济活动中不断上升的过程。《新帕尔格雷夫经济学大辞典》则强调了工业和制造业在国民经济中的作用，指出工业化是一个过程，该过程具有两个明显特征：一是国民收入（或地区收入）中制造业活动或第二产业所占比例提高，二是制造业就业的劳动人口比例增加，同时带动收入的增加。

从上面的定义可以得出两点共识：（1）工业化是一个过程，而且是一个长期的过程，几乎所有的研究都认可这一点；（2）工业化是伴随科技革命和产业革命出现的，虽然在大机器之前也存在手工业，但并不属于工业化。

为方便分析，这里从统计的角度界定工业、制造业、第二产业的概念及其国内外统计标准的异同。

国家统计局在其统计指标解释中明确了工业的概念，即从事自然资源的开采并对采掘品和农产品进行加工和再加工的物质生产部门。具体包括：（1）对自然资源的开采，如采矿、晒盐等（但不包括禽兽捕猎和水产捕捞）；（2）对农副产品的加工、再加工，如粮油加工、食品加工、缫丝、纺织、制革等；（3）对采掘品的加工、再加工，如炼铁、炼钢、化工生产、石油加工、机器制造、木材加工等，以及电力、燃气及水的生产和供应等；（4）对工业品的修理、翻新，如机器设备的修理等。长期以来，我国的工业统计是基于马克思主义的基本原理，从生产资料和生活资料的角度划分为重工业和轻工业，后来改为重化工业和轻工业。1984年中国根据联合国统计司发布的《国际标准行业分类》（ISIC Rev. 4），制定了第一个行业分类标准，即《国民经济行业分类与代码》，这标志着我国工业行业划分开始向国际化、标准化和规范化发展，此后经过1994年、2002年、2011年和2017年四次修改，最终形成了今天的行业分布形态。在2017年的《国民经济行业分类（GB/T4754 – 2017）》中，包括了20个门类，97个大类、473个中类和1382个小类。具体包括农、林、牧、渔业（01 ~ 05），采矿业（06 ~ 12）、制造业（13 ~ 43）、电力、热力、燃气及水生产和供应业（44 ~ 46）、建筑业（47 ~ 50）、批发和零售业（51 ~ 52），交通运输、仓储和邮政业（53 ~ 60），住宿和餐饮业（61 ~ 62），信息传输、软件和信息技术服务业（63~65）、金融业（66~69）、房地产业（70）和其他服务业（71~97）。制造业是指利用某种资源（物料、能源、设备、工具、资金、技术、信息和人力等），经物理变化或化学变化后转化为成为新产品的部门，这一门类包括13~43大类，是国民经济发展中凸显产业竞争力的部门。

为全面反映我国三次产业的发展状况，同时也为了更好地进行国际比较，在2002年修订的《国民经济行业分类》（GB/T4754 – 2002）国家标准基础上，国家统计局制定了《三次产业划分规定》，并于2003年开始实施。该规定指出，第一产业是指农、林、牧、渔业（不含农、林、牧、渔服务业），第二产业是指采矿业（不含开采辅助活动），制造业（不含金属制品、机械和设备修理业），电力、热力、燃气及水生产和供应业，建筑业，第三产业即服务业，是指除第一产业、第二产业以外的其他行业。我国目前的季度GDP统计中，行业划分按照国民经济行业分类和三次产业两大分类标准。

《中国工业统计年鉴》是新中国成立后一直持续发布的统计年鉴，全面反映了我国工业经济发展特征、行业结构、地区布局等，是全面了解和研究我国工业经济发展的重要参考。这里使用的工业的概念包括采矿业、制造业和电力、热力、燃气及水生产和供应业，国民经济行业分类大类是06~46。从这个角度来说，在中文语境中，第二产业的概念最为宽泛，包括工业和建筑业，其次是工业，包含制造业，范畴最小的是制造业。

在英语语境中，并没有工业的分类，industry表示的是产业或行业。根据梅里亚姆—韦伯斯特的定义，industries或者industry包含以下内容：一是为了某种有益的活动或创造有价值的物品或服务而进行的系统劳动；二是指一个制作工艺或商业、制造业部门或分支，特别是指雇佣大量人力或投入资本的部门；三是具有生产性或营利性的群体；四是将制造业活动作为一个整体。

1948年联合国公布了国际标准产业分类（ISIC）。现行的分类标准是2008年公布的国际标准产业分类修订4.0版（ISIC Rev 4.0），共分为21个门类、88个大类、238个中类和419个小类。制造业是21个门类之一，下分为食品、纺织、木材、冶金、化工产品和金属制品等9大类。美国在1997年之前使用的是国际产业标准分类，1997年开始使用六位编码的北美产业分类系统（North American Industry Classification System，NAICS编码）。根据2012年分类标准，制造业作为十四大行业之一，下分为耐用品和非耐用品两个科目。根据美国经济分析局（Bureau of Economic Analysis，BEA）的定义，制造业是"通过一系列机械、物理或化学过程，将材料、物质或零部件转换为新产品的生产部门，对于工业零部件的组装"，认为除应归属于建筑业的活动外，其他的也应视为制造业"。

从上面的分析可以看出，中文语境中第二产业、工业、制造业之间存在着交叉和包容关系，但在本书的表述中，将有意识地忽略第二产业、工业和制造业之间的差异，强调工业化、"去工业化"和"再工业化"主要聚焦在制造业领域。

### （二）工业化进程的代际性

世界范围内工业化是伴随产业革命而展开的。众所周知，一般认为至今经历了三次产业革命，即18世纪中叶以使用蒸汽机为代表的第一次产业革命，开启了最早的工业化进程；19世纪70年代以电力机械和内燃机的发明和使用为代表的第二次产业革命，为工业的现代化奠定了坚实的动力基础；20世纪中叶以电子计算机应用为代表的第三次产业革命，进一步推动了工业化步伐。纵观世界经济的发展历程，一些国家围绕着前三次产业革命相继进入工业化进程，而且在时间上出现了代际性（见图1-1）。

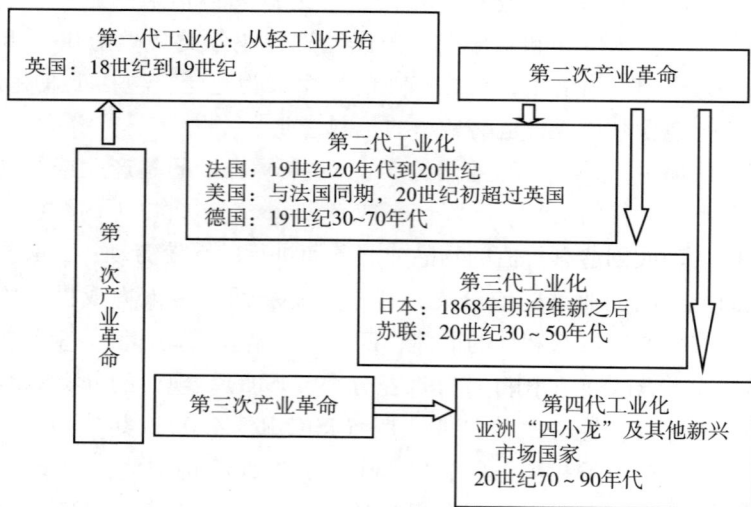

图1-1 世界范围内产业革命与工业化进程

资料来源：根据相关资料自行绘制。

第一代工业化国家是英国。18世纪以蒸汽机的广泛应用为标志，英国开始了工业化进程。英国的工业化是在资本原始积累基础上自发形成的，与资本主义经济发展历程基本重合，一般称为内生型工业化。19世纪初英国工业化初期，农业在国民经济的比重约为35%，而工业的比重仅为20%左右，服务业占比为45%左右（当时服务业占比高的原因在于维持众多殖民地的国防和货物出口的比重偏大）。到19世纪末，英国从轻纺工业为主导的工业化初期阶段过渡到以重化工业为主的工业化中期阶段，奠定了"世界工厂"地位，成为资本主义世界的绝对霸主。20世纪初的第二次产业革命时期，英国的霸主地位逐渐被美国取代。

第二代工业化国家是法国、美国和德国。法国工业化比英国晚了大约半个世纪，1805年贾克尔纺机和1810年吉拉尔纺麻机的发明，标志着法国工业革命的开始；到19世纪20年代，法国普及了纺织机器；到19世纪五六十年代，重工业发展迅速，20世纪初基本完成了工业化。

美国的工业化开始于1820年前后，初期也同英国和法国相同，率先发展轻纺工业，到19世纪中期，美国棉纺织业已经成为美国最大的制造业部门。在第二次产业革命的影响下，美国工业化的重心转向重化工业，钢铁业、电器行业、运输设备制造及新兴的炼油业等成为美国经济的增长点。1873年安德鲁·卡内基采用了亨利·贝斯麦的酸性转炉炼钢法，[①]美国钢铁产业进入新时代，也开启了匹兹堡的钢铁时代，并诞生了"卡内基帝国"。1913年第一辆T型车从密歇根州的底特律福特工厂下线，标志着石油、汽车和自动化装配流水线为标志的大规模生产时代开始。第二次产业革命的出色表现，使美国在1894年工业总产值超越英国，成为世界上最发达的工业化国家。1914年，美国制造业占世界制造业产值的40%以上，农业产值也居世界第一位。工业化使美国在不到一百年时间内成为世界上实力最强的工业国。

德国工业化落后于英国近一个世纪，开始于19世纪30年代。与其他发达国家发展路径不同，德国不是从轻工业开始工业化，而是一开始就进入了重工业发展路径，即通过铁路等的建设带动其他产业发展，其中1832年建成以马匹做牵引的79公里铁路就是最典型的标志，1835年则建成了蒸汽动力牵引铁路。铁路建设刺激了钢铁和汽车的需求，推动了钢铁、煤炭及其他机械制造业等的发展。在工业化进程中，德国还开创了政府主导工业化的先河，组织专家考察国外工业化发展经验，改善国内的制度环境，如实施高关税保护本国民族产业，兴办国营企业资助私营企业等。为保证铁路建设的有序发展，19世纪

---

①　转炉炼钢（convertersteelmaking）是以铁水、废钢、铁合金为主要原料，不借助外在能源，靠铁液本身的物理热和铁液组间化学反应产生热量而在转炉中完成炼钢的过程，转炉按耐火材料分为酸性和碱性，按气体吹入炉内的部位有顶吹、底吹和侧吹。

30年代末德国出台了铁路法，加强对铁路建设的统一规划、指导和监督。19世纪末，德国超越了英国，成为欧洲第一、世界第二的经济大国。

第三代工业化的典型是日本，其也是最早开始工业化的亚洲国家。1853年，美国贝里将军登陆江户湾，终止了日本闭关锁国状态。1868年，日本明治维新为资本主义发展奠定了制度基础，中央集权体制和土地制度改革及租税改革等均成为其独特工业化道路的体制根源。日本明治政府提出了殖产兴业政策，希望动用国家力量尽快实现工业化，实施政府主导的工业化发展战略，建立以军事工业为中心的采矿、冶金、化工、机器制造业等重化工业体系。1885年，日本政府基本完成了兵工厂的建设和扩建工作，这是日本工业化的开始，也成为后来富国强兵和对外侵略的源泉。同时，日本也积极发展棉纺织业和丝织业。19世纪末20世纪初，轻工业成为日本工业化的第一代主导产业，但很快便遇到了国内市场狭小和消费不足的障碍。为此，贸易立国战略应运而生，富国强兵战略服务于贸易立国战略，政府通过发动侵略战争直接为私人企业开拓市场。第二次世界大战战败后，日本依靠美国的庇护，继续推行政府主导型战略，确立了外向型经济发展路径，经济实力迅速提升，20世纪60年代后期日本的GNP相继超过英国、法国和联邦德国，跃居资本主义国家第二位。

俄国在农奴制改革后与日本几乎同时进入了工业化阶段。20世纪30年代，苏联开始大规模的工业化。通过发展重工业和军事工业，苏联实现了以重工业为核心的工业化。1938年苏联制造业产量占世界的第四位，仅次于美国、德国及英国。1940年，由于钢、煤、石油、电力产量发展迅速，苏联迅速成为继美国和德国之后世界第三大工业国。50年代，苏联实现了经济起飞，并于1975年达到综合实力巅峰。

第四代工业化经济体是亚洲"四小龙"及其他新兴市场经济体。这些经济体20世纪五六十年代开始向工业化过渡，经济实力相当薄弱，科学技术严重滞后，基本依靠外资和政府的作用推动工业化进程，在经济和技术两方面对发达国家的依赖很强，同时均采取了赶超型的经济发展战略。按照时间划分，第四代工业化经济体又分为两个方队。第一个方队是亚洲"四小龙"中的韩国、中国台湾以及拉美的巴西等，第二方队是东盟国家、墨西哥和中国等。这里只介绍韩国的工业化进程。

韩国在20世纪60年代初开始了工业化进程。仿照日本的发展路径，政府积极引导并参与工业化进程，在廉价劳动力资源基础上大力发展劳动密集型产业，实施出口导向型战略。这一时期正好与发达国家向外转移劳动密集型产业同步，因此发达国家的外资极大地促进了韩国的工业发展。20 世纪 70 年代开始，韩国的劳动密集型产业向资本密集型产业升级，20 世纪 80 年代再次成为发达国家向外转移资本密集型产业的对象国。到 20 世纪 90 年代中期，韩国的汽车、造船、钢铁、化学、电子、航空等产业已经成为主导产业。1996 年加入经济合作与发展组织（OECD），成为第 29 个成员国。

对于世界范围内工业化进程的分析，可以提出了两个问题。一是为什么各国争相发展工业化，即发展工业化的理论依据是什么？二是世界范围内工业化进程的代际性显示了工业化发展的阶段性特征，那么工业化应该包括哪些阶段？是否存在一个固定的工业化发展路径？这将是下面要分析的问题。

## 二、工业化发展的理论依据

### （一）工业化可以促进经济增长

制造业就是经济增长的发动机，这是英国剑桥大学经济学家尼古拉斯·卡尔多（Kaldor N.）提出的观点。卡尔多在分析英国经济增长缓慢的原因时，通过研究劳动力在三次产业之间的转移揭示了制造业促进经济增长的动力机制。他认为在三个产业之间存在以下关系：由于第二产业特别是制造业生产效率最高，当第一产业和第三产业存在大量过剩人口时，过剩人口会流向制造业，制造业产出增长越快，劳动力向制造业转移的速度也就越快，同时还会带来其他部门过剩人口的减少，进而带动整个经济部门生产效率的提高。因此，经济增长与经济中的工业增长具有特别重要的联系。工业特别是制造业，具有非常强的正外部性。正如卡尔多定理所表明的三个关系：一是 GDP 增长与制造业产出增长之间存在高度正相关关系，这是由于制造业产出是一国总产出的重要组成部分，制造业生产与经济增长之间存在必然的因果关系；二是制造业劳动生产率增长与制造业产出增长高度正相关，制造业劳动生产率提高一般快于非制造业劳动生产率提高速度，制造业劳动生产率提高会带来产出的快速增长；三是整个经济中的劳动生产率增长与非制造部门的就业增长率之间存在负相关关系，特别是以土地为基础的活动以及许多服务业部门的活动。从现实世界来看，不仅制造业本身具有很大的增长效应，而且还具有相当大的波及或溢出效应。根据美国制造业研究所公布的统计数据，制造业每 1 美元的最终产品支撑其他部门的 1.4 美元，而服务业仅为 0.71 美元（利伟诚，2012）。平均来说，一个制造业就业岗位可以支持 2.5 个其他产业的就业，而在高端制造领域，则可以支持 16 个工作岗位（Tregenna F., 2011）。

### （二）工业化是产业技术创新的基础

纵观世界科技发展和工业发展史，科技革命是工业革命的重要推手，工业革命反过来又会催生新的科技革命，这已经成为不争的事实。从前者来说，三次科技革命带来的工业革命证实了这一点。如 18 世纪第一次科技革命中珍妮纺织机和蒸汽机的发明，带来工业生产中的机器生产取代人工，产生了巨大的生产力，形成了英国的第一次工业革命；19 世纪晚期的第二次科技革命以电力的广泛应用为标志，生产技术实现了从一般机械化到电气化、自动化的转变，流水线生产模式开创了大量生产时代，引发了法国、美国和德国的第二次产业革命；20 世纪中期开始的第三次科技革命，以原子能、电子计算机、微电子技术、航天技术、分子生物学和遗传工程等领域重大突破为标志，推动了整个世界范围内的工业化进程。

因此，世界范围内各国工业化的进展得益于三次科技革命的成果，每一次生产领域中生产效率提高和生产组织等的变革均受益于特定的技术进步和科技的发展，同时工业化的发展对于产业技术提出更高的需求，成为产业技术创新的动力，催生下一代的技术革命。美国哈佛大学商学院教授皮萨诺（Pisano G. and Shih W. C., 2009）在分析美国制造业与创新的关系中也提出，全球研发的 60% ~ 80% 发生在私人企业，美国 67% 的研发开支来自制造业，足见制造业发展对于科技创新的重要性。

### （三）工业化是吸纳就业的重要城池

制造企业从产品研发到生产、再到销售的整个过程是一个相当长的链条，主要包括研发、制造和销售三个重要环节。研发是制造业的核心竞争力所在。该阶段的从业人员包括软件、机械、电子、系统工程师和项目管理等人才，属于企业的白领阶层；产品的制造环节包括生产、测试、质检、计划、仓储、生产管理、工艺、模具、维修等部门，这主要是蓝领工人所从事的工作，也是最大的吸纳就业环节；销售环节包括采购、人事、财务、法务、客服、公关等部门，是白领管理人员的集聚地。在分析制造业发展与吸收就业之间的关系时，一般使用就业弹性系数，即就业人数增长率与 GDP 增长率的比值，该系数越大，吸收劳动力的能力就越强，反之则越弱。据统计，美国制造业的就业弹性指数为 2.5，而服务业的就业弹性指数仅为 1.6。可以说制造业部门的就业显著拉动了其他部门的就业，具有显著的就业溢出效应。

## 三、典型工业化发展阶段理论

### (一) 霍夫曼比例

霍夫曼比例是德国经济学家沃尔特伯·霍夫曼 (Hoffmann W. G.) 提出的，他基于 20 个国家的工业化早期和中期历史数据，根据消费资料生产和资本资料生产的变化轨迹，说明了工业化过程中工业结构演变的规律——随着一国工业化的进展，消费资料工业的净产值与生产资料工业的净产值之比（即霍夫曼比例）会逐渐降低。据此将工业化进程划分为四个发展阶段：当霍夫曼比例为 5 时，属于工业化发展的第一阶段，消费资料产业在制造业中占统治地位；当霍夫曼比例为 2.5 时，属于工业化发展的第二阶段，生产资料产业发展迅速，消费资料产业发展速度减缓；当霍夫曼比例为 1 时，属于工业化发展的第三阶段，消费资料产业和生产资料产业的规模大体相当；当霍夫曼比例小于 1 时，生产资料产业的生产超过消费资料产业规模，标志着一国进入重化学工业时代。

### (二) 配第—克拉克定理

配第—克拉克定理揭示了经济发展过程中产业结构变化和劳动力转移的规律性。威廉·配第 (Petty W.) 发现，随着经济的不断发展，产业中心将从有形物质生产转向无形服务产品生产，即劳动力必然由农业转向工业，再由工业转向商业服务业。英国经济学家科林·克拉克 (Clark C.) 在此基础上明确提出了三次产业的分类，并展示了劳动力在三产业之间转移的规律性，被称为配第—克拉克定理。该定理将人类经济活动划分为三大产业，第一产业是农业，第二产业是制造业和建筑业，第三产业是广义的服务业。随着人均国民收入水平的提高，劳动力首先从第一产业转移到第二产业，然后会从第二产业转移到第三产业。

### (三) 库兹涅茨倒 "U" 形曲线

美国经济学家西蒙·库兹涅茨 (Kuznets S. S.) 揭示了经济发展过程中产业结构变化与劳动力转移的规律性，认为工业化演进是通过产业结构变化而实现的。在工业化初期，产业结构变化轨迹是农业向工业转移；当第一产业比重降至 20% 以下时，第二产业比重上升超过第三产业，工业化进入了中期阶段；

当第一产业比重继续下降到 10% 以下时，第二产业比重上升到最高水平，此后进入稳定发展或缓慢下降阶段，而第三产业进入大发展阶段，成为工业化后期的典型特征。为形象地说明这一现象，提出倒"U"形曲线（inverted U curve），即在从农业社会向工业社会或从传统社会向现代社会转变过程中，第二产业产值和劳动力比重在工业社会初期呈现上升趋势，当人均 GDP 达到一定程度之后，第二产业产值和劳动力比重就会下降。根据工业化国家的一般经验，当人均 GDP 达到 1000 美元左右，第二产业产值比重达到 50% 左右时，即达到倒"U"形曲线的拐点。后人将制造业在国民经济结构中所占比重以及劳动力就业人口出现的由低到高、再由高到低的过程命名为"库兹涅茨事实"。

## （四）钱纳里的经济和产业发展阶段论

霍利斯·钱纳里（Chenery H. B.，1986）利用第二次世界大战后 9 个准工业化国家（地区）1960～1980 年的历史资料，建立了多国模型，利用回归方程建立了经济规模与产业结构之间的关系，将不发达经济体到成熟经济体的演变过程划分为三个阶段六个时期。每一个阶段向更高阶段的跃进都是通过产业结构变动而实现的，如在工业化初期阶段，对经济发展起重要作用的是食品、皮革、纺织等制造业部门；在工业化中期阶段，起主要作用的是非金属矿产品、石油、化工、煤炭等制造业部门；在工业化后期阶段，起主要作用的是日用品、印刷出版和机械等制造业部门。六个阶段分别为不发达经济阶段、工业化初期阶段、中期阶段、后期阶段、后工业化社会及现代社会。人均经济总量、经济发展阶段和产业结构之间的关系如表 1 - 1 所示。

表 1 - 1　　　　　　　经济总量、经济发展阶段与产业结构的相关性

| 时期 | 人均经济总量（美元） | 经济发展阶段 | | 标准产业结构 |
|---|---|---|---|---|
| 1 | 364～728 | 不发达经济阶段 | | 初级产业：食品、皮革、纺织等部门 |
| 2 | 728～1456 | 工业化阶段 | 初级 | 劳动密集型产业：食品、烟草、建材等 |
| 3 | 1456～2912 | | 中级 | 资本密集型产业：石油、化工、煤炭等 |
| 4 | 2912～5460 | | 高级 | 新兴服务业：金融、信息、广告等 |
| 5 | 5460～8736 | 发达经济阶段 | | 技术密集型产业 |
| 6 | 8736～13104 | | | 知识密集型产业 |

资料来源：[美] 霍利斯·钱纳里等. 工业化与经济增长的比较研究 [M]. 牛津：牛津大学出版社，1986：260 - 274.

从上面的分析可以看出，早期的工业化发展阶段理论已经预见了制造业产值和就业下降趋势。从配第—克拉克定理，到库兹涅茨事实，再到钱纳里的产业发展阶段论，均提出了随着工业化的进展，会经历从第一产业向第二产业过渡，再提升到第三产业的过程。发达国家和发展中国家的一些时间序列研究和截面研究都表明，随着社会变得富有，产业结构变化格局在不同国家呈现出相似的特征，即与人均收入不断提高相伴随的是农业部门在国民产出和就业中所占比例的不断下降；在人均收入达到一定的高水平之前，作为一个整体制造业或范围更广的工业在国民产出和就业中所占比例增加；当人均收入达到一定水平后，制造业产业和就业会下降，服务业比例则呈持续上升态势。《新帕尔格雷夫经济学大辞典》也做了相同的表述，"制造业在总的就业和产出水平中的比例下降，已为后工业化社会或所谓的'服务经济'理论学者们预见到了，他们认为那是长期经济发展的必然结果"。从这个角度来说，传统理论的预言是否意味着"去工业化"现象的必然性？这将是本章第二节要分析的问题。

# 第二节　"去工业化"进程及理论基础

20世纪70年代以来，发达国家几乎同步出现了"去工业化"现象，众多发展中国家在90年代后也相继出现了制造业就业和附加值下降趋势，究其原因在于经济全球化构筑了"去工业化"的经济基础，产业转移理论奠定了"去工业化"的理论基础。对于"去工业化"的原因，发达国家与发展中国家存在本质差异，发达国家既有国内因素的影响，也有国际因素的影响，国内因素的影响基本大于国际因素，而发展中国家的"去工业化"现象与"华盛顿共识"和"荷兰病"有着直接的关系。

## 一、"去工业化"概念及"去工业化"的同步性

### （一）"去工业化"的概念及衡量标准

"去工业化"（deindustrialization）的概念最早出现在英国，主要解释20世纪中期以来英国经济的下滑。英国经济学家阿吉特·辛格（Singh A.，1977）从学术上定义了"去工业化"，认为"去工业化"是由于存在一个非效率的制造业部门而导致的结构性失衡和制造业竞争力下降。有效率的制造业部门是指

在社会可以接受的产出、就业和汇率条件下，能够有效提供净出口以满足一国的进口需求。辛格将"去工业化"理解为存在非效率的制造业部门，是结构失衡的信号或后果，是一个负面的经济现象。罗伯特·罗森和威尔（Rowthorn R. and Wells，1987）区分了正面"去工业化"、负面"去工业化"以及第三类"去工业化"。正面"去工业化"来源于制造业劳动生产率的提高，这是成熟国家产业动态发展的必然结果；而负面"去工业化"是经济失败和制造业陷入严重困境的结果；第三类"去工业化"是净出口从制造业转向其他产业或者服务业，导致劳动力或者资源从制造业流向其他产业。罗伯特·罗森和库兹（Rowthorn R. and Coutts，2004）还定义了"去工业化"的概念并分析了"去工业化"的原因。"去工业化"的定义为制造业就业占全部就业比重下降。"去工业化"的原因则可以归结为五个方面：一是通过外包将原来国内生产程序向外转移；二是制造业相对价格的下降降低了制成品消费占消费支出的比重；三是制造业劳动生产率高于服务业，即使产出保持增加，也会带来就业减少；四是国际贸易带来发达国家制造业就业减少，在激烈的竞争压力下，发达国家不得不提高生产效率，压缩低附加价值的劳动密集型制造业或关闭无效率的工场；五是投资率的下降影响了制造业发展。

丹尼·罗德里克（Rodrik D.，2016）分析了发展中国家过早出现的"去工业化"现象，并将此称为早熟的"去工业化"（premature deindustrialization），其特征是在收入增长没有达到一定水平之前出现的"去工业化"，即在收入水平还比较低的状态下出现的制造业就业和附加值的下降。这一现象在拉丁美洲国家表现得比较突出，刚进入工业化社会不久就进入了"去工业化"阶段。

根据《新帕尔格拉夫经济学大辞典》表述，发达国家"去工业化"是制造业的绝对下降或制造业在总产出和就业中所占比重下降。阿莱克·凯恩克劳斯（Cairncross A.，1982）和 W.F. 利弗（Lever W. F.，1997）提出了四个"去工业化"的标准：一是产值和就业的绝对下降，而不是短期或周期性下降；二是制造业向服务业转移，制造业就业和产值的相对比重下降，但此时绝对值还在增加；三是制造业产品贸易逆差增加，贸易不平衡现象突出；四是不仅制造业贸易逆差增加，国际收支也出现逆差。俄罗斯社会科学院教授 E.B. 兰库克（Lenchuk E. B.，2016）指出，应该使用制造业就业在总就业中的比重衡量"去工业化"。其原因在于制造业就业比重一般被看作产业水平和经济发展的指标，也是反映制造业规模的指标，还是最能把握公众感知的指标。人们之所以关注"去工业化"问题，实际上是关注部门之间的调整成本，而要素市场的关注度应该更高于产品市场。特雷格纳·菲奥纳（Tregenna F.，2011）指出，学术界比较公认的"去工业化"标准是制造业就业比重的下降，将制造业就业下降的原因分解为两个因素，一是制造业劳动生产率提高引起的就业下降，二是制造业生产规模或附加值改变引起的就业下降，如果两个因素共同作用导致制造业就业下降，称为绝对"去工业化"。

从上面的定义可以看出，学界对于"去工业化"标准是多样的。本书拟运用制造业就业和产值占比两个指标说明"去工业化"程度，将两个指标均下降的现象定义为典型的"去工业化"，将单纯制造业就业占比下降定义为非典型的"去工业化"。

### （二）一些国家"去工业化"同步性

虽然世界范围内各国工业化进程相差了近两个世纪，"去工业化"进程却出现了两个方队，分别呈现出同步性特征：发达国家"去工业化"同步发生在经济全球化加速推进的 20 世纪 70 年代以后，发展中国家"去工业化"同步发生在融入世界经济大循环的 90 年代以后。

表 1-2 展示了 20 世纪 70 年代到 90 年代 OECD 国家制造业发展状况，从中可以发现发达国家的"去工业化"程度。

表 1-2　　　　　　　　　　发达国家"去工业化"现象　　　　　　单位：%

| 国家 | 制造业就业占总就业比重 | | | 制造业产值占 GDP 比重[①] | | |
|---|---|---|---|---|---|---|
| | 1970 年（a） | 1990 年（b） | b - a | 1970 年（c） | 1990 年（d） | d - c |
| 加拿大 | 20.70 | 18.40 | -2.30 | 19.70 | 16.20 | -3.50 |
| 美国 | 24.40 | 16.20 | -8.20 | 22.40 | 20.00 | -2.40 |
| 日本 | 28.50 | 24.60 | -3.90 | 25.10 | 31.40 | 6.30 |
| 澳大利亚 | 24.50 | 14.90 | -9.60 | 23.90 | 16.90 | -7.00 |
| 新西兰 | 24.90 | 16.50 | -8.40 | —— | —— | —— |
| 奥地利 | 28.70 | 23.60 | -5.10 | | | |
| 比利时 | 32.00 | 20.90 | -11.10 | 20.90 | 24.00 | 3.10 |
| 丹麦 | 24.60 | 19.60 | -5.00 | 15.90 | 15.40 | -0.50 |
| 芬兰 | 23.70 | 18.80 | -4.90 | 21.00 | 21.60 | 0.60 |
| 法国 | 26.70 | 21.00 | -5.70 | 23.50 | 23.10 | -0.40 |
| 联邦德国 | 38.70 | 32.00 | -6.70 | 35.30 | 30.20 | -5.10 |

续表

| 国家 | 制造业就业占总就业比重 | | | 制造业产值占 GDP 比重[①] | | |
|---|---|---|---|---|---|---|
| | 1970 年（a） | 1990 年（b） | b - a | 1970 年（c） | 1990 年（d） | d - c |
| 希腊[②] | 17.20 | 19.50 | 2.30 | — | — | — |
| 冰岛 | 23.10 | 19.40 | -3.70 | — | — | — |
| 爱尔兰[③] | 20.40 | 19.70 | -0.70 | — | — | — |
| 意大利 | 28.10 | 24.30 | -3.80 | 15.80 | 25.30 | 9.50 |
| 荷兰 | 26.30 | 16.80 | -9.50 | 19.40 | 17.30 | -2.10 |
| 挪威[④] | 22.80 | 14.10 | -8.70 | 21.30 | 12.50 | -8.80 |
| 葡萄牙[⑤] | 21.90 | 19.80 | -2.10 | 31.90 | 30.80 | -1.10 |
| 西班牙[⑥] | 25.10 | 22.30 | -2.80 | — | — | — |
| 瑞典 | 27.90 | 21.10 | -6.80 | 22.40 | 20.70 | -1.70 |
| 土耳其 | 10.00 | 14.00 | 4.00 | — | — | — |
| 英国 | 34.70 | 20.70 | -14.00 | 27.80 | 22.00 | -5.80 |

注：①以 1985 年为基期的产值和实际 GDP。②希腊 1970 年和 1990 年就业分别为 1971 年和 1989 年数据。③爱尔兰 1990 年就业系 1989 年数据。④挪威 1970 年就业为 1972 年数据。⑤葡萄牙 1970 年附加价值为 1978 年数据。⑥西班牙 1970 年就业系 1972 年数据。

注：附加价值来源于经济合作与发展组织（OECD）数据库，实际 GDP 基于 OECD 1995 年国民经济核算体系，就业数据来源于 OECD 数据库和劳动力统计。

资料来源：Saeger S. Globalization and deindustrialization：Myth and reality in the OECD ［J］. Review of World Economics，1997，133（4）：581.

英国是最早进入工业化的国家，也是最早进入"去工业化"的国家。20 世纪 60 年代开始，英国制造业产值和就业均进入了下降通道，20 世纪 70 年代以后进入加速度阶段，美国、联邦德国、日本等其他众多 OECD 国家的"去工业化"也开始于 70 年代。

在 1970～1990 年，22 个 OECD 国家中，除希腊和土耳其外，制造业就业占比都出现了下降。主要发达国家中英国下降最多，下降 14 个百分点，美国下降 8.2 个百分点，法国、联邦德国分别下降 5.7 和 6.7 个百分点，日本下降 3.9 个百分点。由制造业产值占 GDP 比重来看，除日本、意大利、比利时、芬兰之外各国均出现了下降，英国仍是主要发达国家中制造业产值占比下降最严重的国家，20 年间该比例下降 5.8%，排在第二位的是联邦德国，下降超过 5 个百分点，美国下降了 2.4 个百分点。从这个统计来看，22 个样本中，18 个国家出现了典型的"去工业化"现象，4 个国家（日本、意大利、比利时和芬兰）属于非典型的"去工业化"。

为了全面了解发展中国家"去工业化"现象，本书根据国际劳工组织、世界发展指数和中国统计年鉴等编制了表1-3，反映了20世纪60年代以来发展中国家和地区的制造业就业和附加值变化趋势，从中可以看出90年代以来同步出现了"去工业化"现象。

表1-3　　　　　发展中国家及地区制造业就业和产值占比变化轨迹　　　　单位：%

| 地区 | 1960 年 | | 1970 年 | | 1980 年 | | 1990 年 | | 2003 年 | |
|---|---|---|---|---|---|---|---|---|---|---|
| | 就业 | 产值 | 就业 | 产值 | 就业 | 产值 | 就业 | 产值 | 就业 | 产值 |
| 撒哈拉以南非洲 | 4.40 | 15.30 | 4.80 | 17.80 | 6.20 | **17.40** | 5.50 | **14.90** | 5.50 | 13.80 |
| 南非 | 11.30 | 21.00 | 12.80 | 23.90 | 18.20 | 22.50 | *15.70* | 25.50 | *14.10* | 18.10 |
| 拉丁美洲 | 15.40 | 28.10 | 16.30 | 26.80 | 16.50 | 28.20 | 16.80 | **25.00** | 14.20 | **16.70** |
| 南锥体和巴西 | 17.20 | 32.20 | 17.50 | 29.80 | *17.30* | 31.70 | *17.90* | **27.70** | *13.10* | **16.90** |
| 南亚 | 8.70 | 13.80 | 9.20 | 14.50 | 10.70 | 17.40 | 13.00 | 18.00 | 13.90 | 16.20 |
| 中东和北非 | 7.90 | 10.90 | 10.70 | 12.20 | 12.90 | 10.10 | 15.10 | 15.60 | 15.30 | 14.20 |
| 东亚（中国除外） | 10.00 | 14.00 | 11.50 | 19.20 | 14.30 | 23.30 | 16.60 | 25.50 | 14.90 | 27.60 |
| 亚洲"四小龙"（韩国、新加坡、中国香港、中国台湾） | 14.60 | 15.40 | 19.30 | 22.50 | 27.50 | 27.10 | 28.70 | **26.50** | 19.40 | **24.90** |
| 中国 | 10.90 | 23.70 | 11.50 | 30.10 | 10.30 | 40.60 | 13.50 | **33.00** | 12.30 | **31.30** |
| 平均值 | 10.20 | 21.60 | 10.80 | 22.10 | 11.50 | 24.30 | 13.60 | 23.90 | 12.50 | 22.70 |

注：南锥体是指阿根廷、智利和乌拉圭。亚洲"四小龙"制造业产值中不包括中国台湾的数据。
资料来源：根据《国际劳工组织和世界发展指数》《中国统计年鉴》等相关数据整理。

本书将连续两个时间段出现下降的现象称为"去工业化"。为明确起见，表1-3中将连续两个或两个以上时间段下降的国家和地区用不同字体标识，斜体数据显示制造业就业占总就业比重下降的趋势，加粗数据显示制造业产值占GDP比重下降的趋势。从表中可以看出，撒哈拉以南非洲的制造业产值占比在1970年达到顶峰后开始进入下降通道，出现了连续三个十年的下降，就业占比基本保持稳定，不能说出现了"去工业化"现象。南非出现了制造业就业占比连续下降的现象：1980年制造业就业到达顶峰后开始下降，到2003年下降了4个百分点，制造业产值占比到1990年仍保持上升趋势。由此可以说，南非已经出现了非典型的"去工业化"。整个拉丁美洲表现为制造业产值占比的下降，与1980年相比，产值占比下降了11个百分点，制造业就业在

1990 年达到顶峰，2003 年出现了一定下降，其中南锥体和巴西的表现更加突出，制造业产值占比从 20 世纪 80 年代顶峰的 31.7% 降至 2003 年的 16.9%，就业占比虽然没出现连续两个十年的下降，但 1990 年上升了 0.9%，2003 年又下降了 4.8%。考虑到产值和就业的同时下降，南锥体和巴西应该说出现了典型的"去工业化"现象。南亚和中东及北非国家没有出现连续两个时间段下降的现象。中国除外的东亚国家制造业就业占比没有出现连续两个时间段的下降，而且制造业产值占比仍处于增长趋势。亚洲"四小龙"表现为制造业产值出现两个时间段的下降，就业占比虽然没有出现连续两个时间段的下降，但下降幅度非常大，与 1990 年相比，制造业就业占比下降将近 10 个百分点，也可以认定为典型的"去工业化"。中国制造业产值占比出现了连续两个时间段的下降，而且下降幅度接近 10 个百分点，但制造业就业占比下降幅度很小，可以说 21 世纪初中国并没有出现"去工业化"现象。从整个发展中国家来看，制造业产值仍保持增长或稳定态势，但制造业就业自 20 世纪 90 年代开始的下降态势却是显著的，这意味着发展中国家非典型的"去工业化"现象比较普遍。

库兹涅兹倒"U"形曲线描述了随着收入水平提升而出现的制造业产值和就业从上升到下降的现象，说明制造业产值和就业下降应该是在收入达到较高水平之后，即应该在人均收入达到高收入标准之后。为验证各国收入变动与制造业发展的关系，利用特雷格纳·菲奥纳（Tregenna F.，2011）的统计数据，制成了表 1 - 4。

表 1 - 4　　　　　　1985～2005 年不同收入经济体制造业发展态势　　　单位：%

| 类型 | 经济体 | 产值增长率 | 就业增长率 | 产值占比 | 就业占比 | 劳动生产率 |
|------|--------|-----------|-----------|---------|---------|-----------|
| 高收入经济体 | 日本 | 42 | -21 | -1 | -6 | 79 |
| | 美国 | 80 | -19 | 0 | -7 | 123 |
| | 英国 | 22 | -37 | -6 | -10 | 94 |
| | 瑞典 | 116 | -26 | 7 | -5 | 191 |
| | 新西兰 | 54 | -10 | -2 | -6 | 71 |
| | 意大利 | 22 | -10 | -3 | -5 | 36 |
| | 法国 | 44 | -25 | -1 | -7 | 91 |
| | 西班牙 | 65 | 31 | -3 | -4 | 26 |
| | 丹麦 | -3 | -26 | -6 | -6 | 32 |
| | 韩国 | 416 | 21 | -1 | -6 | 79 |
| | 中国香港 | -4 | -75 | -7 | -29 | 287 |
| | 新加坡 | 355 | 55 | 5 | -4 | 194 |

续表

| 类型 | 经济体 | 产值增长率 | 就业增长率 | 产值占比 | 就业占比 | 劳动生产率 |
|---|---|---|---|---|---|---|
| 中高收入经济体 | 阿根廷 | 44 | −22 | −3 | −7 | 84 |
| | 巴西 | 38 | 23 | −2 | −2 | 13 |
| | 哥伦比亚 | 77 | 73 | −1 | 0 | 2 |
| | 哥斯达黎加 | 176 | 92 | 1 | −2 | 44 |
| | 墨西哥 | 77 | 40 | 1 | −2 | 27 |
| | 马来西亚 | 526 | 166 | 12 | 8 | 136 |
| | 秘鲁 | 64 | 21 | 0 | −2 | 35 |
| | 中国台湾 | 175 | 9 | −5 | −6 | 152 |
| | 智利 | 156 | 43 | −3 | −2 | 13 |
| | 委内瑞拉 | 25 | 0 | −4 | −7 | 26 |
| | 南非 | 43 | 0 | −2 | −2 | 42 |
| 中低收入经济体 | 印度尼西亚 | 317 | 106 | 10 | 3 | 102 |
| | 印度 | 264 | 73 | 2 | 2 | 111 |
| | 菲律宾 | 103 | 58 | −1 | 0 | 28 |
| | 泰国 | 432 | 165 | 16 | 7 | 101 |
| | 玻利维亚 | 105 | 204 | 1 | 6 | −32 |

资料来源：Tregenna F. Manufacturing Productivity, Deindustrialization, and Reindustrialization [J]. WIDER Working Paper Series, 2011: 24.

收入划分依据是 2002 年世界银行收入标准，即中低收入经济体的人均收入为 736~3975 美元，中高收入经济体的平均收入为 2936~9075 美元，高收入经济体的平均收入为 9076 美元以上。基于这个标准，选择的样本包括 12 个高收入经济体，11 个中高收入经济体，5 个中低收入经济体。

在高收入经济体中，除丹麦和中国香港之外，制造业产值增长率均保持增长，其中增长率最高的韩国和新加坡分别达到 416% 和 355%，日本、美国和瑞典分别增长 42%、80% 和 116%，产值增长幅度最小的是英国和意大利，增长了 22%。虽然产值增长率几乎都有较大增长，但制造业产值占比变化呈现不同趋势。在发达经济体中，除瑞典、新加坡制造业产值占比出现正增长和美国保持了稳定之外，其余均出现了下降趋势，英国、丹麦和中国香港的占比下降超过了 6 个百分点，日本、韩国和法国也出现了下降。从制造业就业增长率和就业占比来说，高收入经济体就业形势普遍严峻，制造业就业增长除韩国和西班牙之外，所有经济体均出现了下降，英国下降了 37%，美国下降了 19%，日本下降了 21%，从制造业就业占比来看，所有经济体都是下降趋势，呈现出同步现象，英国和中国香港降幅最大，达到 10% 和 29%。根据高收入经济体出现的制造业产值占比和就业占比均下降的现象，可以判断属于典型的"去工业化"现象。

与高收入经济体相同，中高收入经济体的制造业产值增长均保持了高速增长，制造业产值占比除马来西亚、墨西哥和哥斯达黎加外均为下降，就业增长率除阿根廷之外也保持了增长，马来西亚增长166%，巴西增长22%，而制造业就业占比除马来西亚外均为下降。在11个样本中，同时出现制造业产值和就业占比下降的有6个，即阿根廷、巴西、秘鲁、中国台湾、委内瑞拉和南非，说明这些经济体出现了典型的"去工业化"现象，哥斯达黎加、墨西哥和秘鲁出现了就业占比下降的现象，属于非典型的"去工业化"。在中低收入的五个样本中，除菲律宾出现了制造业产值占比的小幅下降之外，均处于上升阶段，说明还没有出现"去工业化"现象。基于前述丹尼·若锥客的观点，中高收入经济体出现的"去工业化"应该属于早熟的"去工业化"。

为什么世界范围内出现同步的"去工业化"现象，"去工业化"对经济体的经济发展有哪些影响，将是下面要分析的问题。

## 二、世界范围内的社会环境和理论基础

### （一）后现代化的系列理论塑造了"去工业化"舆论环境

经典的现代化理论可以解释发达国家的工业革命历程，也可以解释发展中国家的经济赶超历程，但难于解释未来发达国家的发展趋势，因此，在20世纪中期出现了许多所谓后现代化理论。根据韦氏辞典，后现代（post modern）理论指20世纪中叶在西方艺术、建筑和文化等领域兴起的思潮。它分析了现代社会的种种问题和危机，反对现代化理论的哲学和实践，主张复兴传统要素和技术。后现代理论一般将社会发展分成三个阶段，即传统社会、现代社会和后现代社会。美国社会学家丹尼尔·贝尔（Bell D.，1973）是后现代理论中的重要代表人物，他在20世纪50年代就提出了后工业化社会思想，1973年出版了《后工业社会的来临——对社会预测的一项探索》一书，系统研究了工业社会的未来，预测了发达国家的社会结构变化及其后果。贝尔对把人类历史划分为三个阶段：前工业社会、工业社会和后工业社会，后工业社会是工业社会进一步发展的产物。后工业社会表现在经济上的主要特征是从制造业主导转向服务业主导。后工业社会的关键变量是信息和知识，主要经济部门是以加工和服务为主导的第三产业，诸如运输业、公共福利事业、贸易、金融、保险、

房地产、卫生、科学研究与技术开发等。从时间上看，一般指 20 世纪 80 年代电子信息技术广泛应用之后。后工业化社会的思想渗透到经济领域中，预示着经济结构从第二产业向第三产业过渡是社会发展的必然，是一国产业结构升级的表现，而实现这个升级的途径就是对外进行产业转移，实现全球经济一体化。

### （二）经济全球化构建了"去工业化"的经济环境

经济全球化是商品、服务及各种生产要素在全球范围内的自由流动。跨国公司通过水平分工或垂直分工方式，将世界各国均纳入世界经济的大循环体系当中。跨国商品与服务及资本、技术等要素的快速流动增强了世界各国经济之间的相互依赖性。尤其是 20 世纪 90 年代前后，社会主义经济开始融入世界市场经济体系，成为世界经济全球化的助推器，世界经济真正走向全球化。

经济全球化为发达国家的全球配置资源提供了可能，也为其提供了巨大的市场空间。众多的发展中国家和转型国家在经济全球化背景下，以劳动力资源或自然资源优势，或者发挥单个要素或几个要素的比较优势，开始融入世界经济体系。如 20 世纪 70 年代到 20 世纪 80 年代，美国、日本和联邦德国等向亚洲"四小龙"或东盟国家转移传统的劳动密集型产业及资本密集型产业，美国、日本和联邦德国等重点发展技术密集型或知识密集型产业。20 世纪 90 年代后，上述国家开始向转型国家、东盟及中国等地转移劳动密集型产业。随着世界市场的扩大，全球贸易和直接投资出现了井喷式增长，根据世界银行统计，全球进出口总额占 GDP 的比重从 1990 年的 19.6% 上升到 2000 年的26.5%，同期 FDI 占 GDP 的比重从 1.3% 上升到 4.1%。

### （三）对外产业转移理论奠定了"去工业化"的理论基础

产业转移理论可以分为传统和现代两大类，这些理论为发达国家及后来的发展中国家对外投资和产业转移提供了理论依据。传统的对外产业转移理论主要包括雁型模式及边际产业扩张理论、产品生命周期理论、劳动密集型产业转移理论等。

20 世纪 50 年代日本学者赤松要（Kaname Akamatsu, 1956）根据产品生命周期总结出日本明治维新后棉纺织产业经历的"从国外进口—日本当地生产—出口国外"的发展阶段，三个阶段依次出现，并呈现替代特征：当明治维新后经济快速发展时，国内对棉线、棉织品的需求增加，进口随之扩大；当国内产量增加后逐渐实现进口替代；国内产量继续增加后，产品开始出口。这三个事件在曲线图上就像三只展翅飞翔的大雁，故称为雁型模式（Flying Geese Model）。赤松要的门生小岛清（Kiyoshi Kojima，1977）在赤松要的模式基础上提出了边际产业扩张理论，总结了日本对外直接投资的规律及其特征。边际产业包括在国内失去比较优势的产业，也包括处于比较劣势的中小企业，还包括同一企业内的比较劣势的部门。他认为，一国的对外直接投资应该从处于比较劣势的产业开始，可以使产业输出国的产业结构更加合理，促进本国的经济发展，同时还有利于东道国的产业调整和产业升级，是一种双赢战略。边际产业扩张理论是雁型模式的具体化，更加清晰地说明了东亚地区的日本、亚洲"四小龙"、东盟及中国的产业转移梯度格局。

20 世纪 60 年代，美国哈佛大学教授雷蒙德·弗农（Vernon R.，1966）在总结国际贸易对美国工业结构升级影响的基础上，揭示了美国如何为了适应产品生命周期，利用比较优势分析出口及其产业转移的规律性。产品引入期是风险资本投资阶段，由于产品尚未完全成型，产品并未被消费者认可，生产成本还很高，主要在国内生产且产量有限。当产品进入成长期后，消费者逐渐接受该产品，产品在市场上的地位稳固，竞争者不断进入市场，同类产品的供给量增加，价格竞争比较激烈，企业开始拓展国际市场，通过出口实现企业的规模经济。在产品成熟阶段，技术和市场的垄断被打破，国内市场和出口市场面临需求饱和状态，价格竞争更加激烈，企业更加重视降低产品成本，此时在出口对象国直接生产成为企业的理性选择。同时，产品成熟化促进了产品和技术的标准化，降低了垄断企业的技术优势，市场准入的技术门槛降低，发展中国家低廉的劳动力成本优势开始显现，企业从发达国家转向发展中国家进行生产成为一种最优选择，国内完全停止该产品的生产，通过返销满足国内需求。

劳动密集型产业转移理论是诺贝尔经济学获奖者、美国经济学家威廉·阿瑟·刘易斯提出的，该理论认为，发达国家在自然增长率下降背景下，劳动成本显著上升，从而导致生产成本增加，而劳动成本上升是产业从发达国家向发展中国家转移的经济动因。发达国家进行产业对外转移的同时，不但加快了国内产业结构的优化与升级，还改变了国际经济秩序。刘易斯的产业转移理论是建立在赫克歇尔—俄林的要素禀赋基础上而提出的，从要素构成角度明确了发达国家对外产业转移的顺序，充分发挥了发达国家的资金和技术优势及发展中国家低廉劳动力优势，因此，发达国家率先转移劳动密集型产业成为必然。

现代产业转移理论是伴随 20 世纪 90 年代产业转移新特点而出现的价值链理论和商品链理论，理论的形成得益于科学技术的进展。由于信息技术的发展，可以将原来作为整体的生产制造环节分解为独立的程序或模块，即产品链前端的研发与设计、中间的加工制造和后端的营销服务环节实现了空间上的分离。最早提出价值链的是美国学者迈克尔·波特（Michael E. Porter，1985），是在分析跨国公司战略管理中引入了价值链，即把企业生产经营活动划分为若干环节，每个环节具有不同的特点和性质，每个环节都创造价值，各个环节相互联系和影响，从而形成企业的价值链。商品链是20世纪90年代美国杜克大学加里·格里芬（Gereffi G.，1994）提出并完善的，从价值链角度分析了全球化的产业组织和治理过程，认为在经济全球化背景下，商品的生产过程形成了全球性的跨国生产体系，分布在世界范围内的不同规模企业和公司嵌入一体化的生产网络。商品链和价值链共同构成全球生产网络，即跨国公司将产品生产过程分解为若干个独立的模块，按照成本最小化的原则在全球范围的不同国家或地区布置生产，进而形成的多个国家参与产品价值链的国际分工体系。在新的国际分工体系下，一个商品的生产不再局限在某一个地区或某个国家，形成了不同价值链条上的分工体系。中国台湾宏碁集团创始人施振荣基于价值链的可分割性，于1992年根据产品附加值高低绘制了产业或价值链的变化规律，形成微笑曲线（见图1-2）。微笑曲线根据生产的先后顺序将整个生产过程分为三个阶段，左边是生产的前端，即研发和设计阶段，中间是产品的组装加工和制造环节，右边是生产的后端，包括营销、服务和品牌等。高附加值体现在微笑曲线的两端，处于曲线中间的制造环节是附加价值最低的环节。

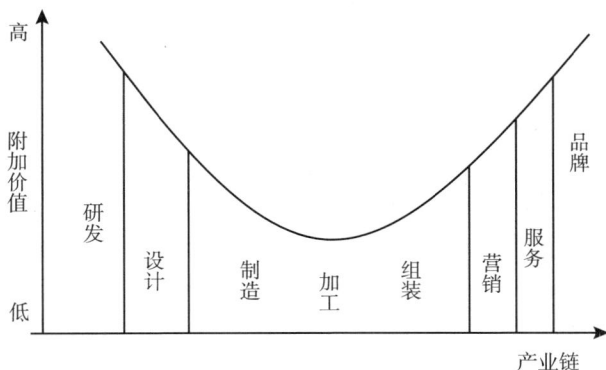

**图1-2  微笑曲线**

资料来源：中国台湾宏碁集团创始人施振荣基于价值链的可分割性，于1992年根据产品附加值高低绘制了产业或价值链的变化规律，形成微笑曲线。

因此，基于价值链、商品链和形象的微笑曲线，外包加工成为现实，发达国家的跨国公司纷纷将中间的制造环节外包给低成本的发展中国家，重点从事微笑曲线两端的关键环节,而发展中国家成为整个世界生产体系中的一个车间或一个工序,形成了新的国际分工体系。在新的国际分工体系下,一国的优势不再表现为某一个完整的要素,而是某一个生产环节或工序,企业之间的传统竞争模式演化为价值链条上的竞争。

## 三、"去工业化"因素分析

### (一)发达国家"去工业化"因素分析

学术界主要从国内因素和国际因素两个方面分析影响发达国家"去工业化"的原因,国内因素包括劳动生产率提高和消费需求的变化,国际因素包括对外贸易和对外投资。

1. 国内因素的影响

劳动生产率反映的是劳动者在一定时期内创造的产出与劳动投入量之间的关系,同质劳动在单位时间内生产某种产品的数量表示劳动生产率。劳动生产率提高意味着单位时间内生产的产品数量增多,也意味着生产单位产品所需要劳动的减少。战后科学技术的进步和管理方式的改进等均是提高劳动生产率的重要途径。在经济全球化的时代,发达国家也将提高劳动生产率、降低单位产品成本作为提升国际竞争能力的重要一环。而劳动生产率的提高所带来的问题是,为节约劳动而采用的机器、技术或管理等同时减少了雇佣劳动的数量,减少了劳动者就业。对此,马克思的资本有机构成理论已经做了精辟论述。资本有机构成是由资本技术构成决定并能反映技术构成变化的资本价值构成。资本技术构成是由生产技术水平决定的生产资料和劳动力之间的数量比例,直接反映劳动生产率水平,资本价值构成是不变资本与可变资本之间的比例。马克思认为资本主义生产中的资本有机构成将不断提高,这是由于技术创新可以生产更多的产品,导致物质资本生产率的提高,同时,技术创新或机器替代劳动,降低对劳动的需求。因此可以说,制造业劳动生产率的提高会直接降低制造业的就业规模,特别是制造业和服务业劳动生产率差异会导致就业从制造业转向服务业。根据世界银行的统计,1980~1996年,美国制造业每个工人的产值增长了48%,服务业每个工人产值仅增长了6.9%。从宏观经济总体来说,在既定的需求模式下,如果一个部门的劳动生产率持续高于其他部门,快速增长部门的就业需求会下降,减少的就业会流向劳动生产率增长缓慢的部门。

关于制造业劳动生产率提高在制造业就业比重下降中的地位,国外很多学者进行了实证分析。英国剑桥大学经济学家罗森及他的同事运用 OECD 国家的面板数据，验证了劳动生产率提高的差异和国际贸易模式对制造业就业份额下降的影响，发现对于"去工业化"影响最大的因素是制造业劳动生产率系统性或趋势性地高于服务业的劳动生产率，南北贸易并没有对"去工业化"产生太大影响，因此被称为罗森模型（Rowthorn model）。此后，罗伯特·罗森和拉马纳·马斯瓦米（Rowthorn R. and Ramaswamy R.，1999）进一步做了验证，1970～1994 年，发达国家的就业下降了 8.7 个百分点，其中，80% 源于国内因素中的劳动生产率提高和需求变动因素，20% 来源于与低工资国家的贸易。

关于"去工业化"与国内消费需求之间的关系，许多学者研究出发点是 19 世纪统计学家恩斯特·恩格尔（Engel E.）提出的反映食物消费与收入水平的恩格尔系数，即收入水平越低，食物消费的比重越高。沿着恩格尔的逻辑，发现随着收入水平的提高，对农产品的相对需求会不断下降，随之是对制成品相对需求的提升，而后又是制成品相对需求的降低，相应提升对服务业产品的相对需求。发达国家普遍经历了一个恩格尔系数不断下降的过程，如第二次世界大战之后，西方发达国家的恩格尔系数均在 40% 左右，此后进入了一个持续下降的过程。20 世纪 70 年代美国降至 20% 以下。1997 年 7 个主要发达国家的恩格尔系数稳定在 11%，其中美国 8%、加拿大 9%、日本、英国和德国为 11%、法国为 12%、意大利为 14%（徐学慎，2007）。

伴随恩格尔系数下降的是消费结构变化。表 1-5 显示了美国在 20 世纪 60 年代以后消费结构的变化轨迹。从表中可以看出，食品和衣着等制成品在总支出中的比重不断下降，从 20 世纪 60 年代的 32% 降至 90 年代末期的不足 15%；居住类支出比重一直是美国家庭中最大的支出项，90 年代中期经历了快速上升阶段，达到 1994 年的 22.6%；医疗保健、交通通信、文娱教育等的服务项目的支出比重持续上升，1999 年占总家庭支出的 45%。这里需要指出的是，美国家庭用于制成品支出比重下降，这不意味着发达国家消费的制成品数量下降，也不是需求的饱和，而是由于制成品的相对价格在下降。价格下降的原因是多方面的，既有国内劳动生产率提高的因素，也有在新的国际分工格局下，发达国家从发展中国家廉价进口制成品的因素。从这里可以看出，发达国家从发展中国家进口廉价的制成品不仅直接减少了制造业的就业，而且还通过居民消费结构的改变间接影响了这些国家的制造业就业水平。

表1-5　　　　　　　　1942~1999年美国居民消费结构的变化轨迹　　　　　单位: %

| 消费项目 | 1942 年 | 1955 年 | 1960 年 | 1965 年 | 1970 年 | 1980 年 | 1994 年 | 1999 年 |
|---|---|---|---|---|---|---|---|---|
| 食品 | 34.70 | 28.30 | 22.10 | 19.80 | 19.00 | 16.50 | 15.60 | 9.30 |
| 衣着 | 14.80 | 9.80 | 9.00 | 8.40 | 8.20 | 6.80 | 5.20 | 5.40 |
| 居住 | 12.40 | 17.00 | 19.00 | 19.20 | 18.50 | 20.60 | 22.60 | 16.90 |
| 家庭设备 | 14.40 | 11.80 | 8.00 | 8.00 | 7.40 | 6.20 | 7.00 | 5.30 |
| 医疗保健 | 5.70 | 6.40 | 6.70 | 7.70 | 9.50 | 12.10 | 5.50 | 16.90 |
| 交通通信 | 6.20 | 15.40 | 15.00 | 15.60 | 15.30 | 16.50 | 21.20 | 12.80 |
| 文娱教育 | 5.30 | 5.00 | 6.80 | 7.60 | 8.60 | 8.10 | 8.20 | 17.80 |
| 杂项 | 6.50 | 6.30 | 13.40 | 13.70 | 13.50 | 13.30 | 13.80 | 15.90 |
| 合计 | 100.00 | 100.00 | 100.00 | 100.00 | 100.00 | 100.00 | 100.00 | 100.00 |

资料来源: 根据美国劳工统计局各年度的消费支出概要整理。

### 2. 国际因素的影响

关于国际贸易对就业的影响, 是国际经济学中的重要问题。根据赫克歇尔—俄林理论, 国际贸易会导致出口部门扩张, 非出口部门萎缩, 劳动力会从非出口部门流向出口部门。而根据要素禀赋理论, 发达国家的资本、技术和熟练劳动力具有比较优势, 发展中国家的中低技术劳动力具有比较优势, 在国际贸易格局中, 发达国家依赖资本和技术强化其比较优势, 从而减少国内的就业机会, 特别是减少非熟练劳动力的就业机会, 发展中国家的劳动力成本优势得到强化, 扩大了国内劳动密集型产品的生产, 因此而增加就业机会。

大卫·库色拉和威廉·迈尔伯格 (Kucera D. and Milberg W., 2003) 根据投入产出表推算了1978~1995年制造业就业与对外贸易的关系, 表1-6是根据该文的实证结果整理的各国 (G7 国家, 即七国集团) 制造业就业下降与国际贸易之间的关系。为了减少年度变化的影响, 对起点和终点数据选取3年平均值, 即表1-6中1978年的数据实际是1978~1980年的平均值, 1995年的数据是1993~1995年的平均值。需要提醒的是, OECD 之间的贸易是 G7 国家之间的贸易, 非 OECD 之间贸易是指与 G7 国家以外的 OECD 国家和所有发展中国家之间的贸易。从 G7 国家来看, 1978~1995年共减少了370多万个制造业岗位, 其中来自 OECD 国家之间贸易的影响不足4万个, 意味着主要影响来自与非 OECD 之间的贸易。在减少的370万个制造业岗位中, 美国占了200多万个, 日本约94万个, 英国66万个, 加拿大在此期间增加了13万个制造业工作岗位。从国际贸易对制造业就业下降的影响看, 英国的制造业岗位因国际

贸易而损失 66 万个,其中 50 多万个来源于非 OECD 国家之间的贸易。在 G7
国家中,制造业岗位受益于国际贸易的只有加拿大,1978～1995 年,OECD 之
间的贸易使加拿大制造业岗位增加了 33 万个,虽然非 OECD 之间的贸易减少
了 20 万个,但整个国际贸易并没有带来制造业就业岗位的损失。与 1978 年相
比,除加拿大外,所有国家的制造业就业岗位均因国际贸易而下降,美国、英
国的下降幅度最大,接近 10 个百分点,法国、意大利和联邦德国的下降幅度
很小,但来自非 OECD 之间的贸易导致的制造业岗位出现了普遍下降的现象,
加拿大出现了超过 10 个百分点的降幅,其余国家的降幅均在 4～7 个百分点。
由此可见,实证结果证实 G7 国家与非 OECD 之间的贸易在制造业就业下降中
占有重要的地位。

表 1－6　　　　1978～1995 年 G7 国家制造业下降与国际贸易之间的关系

| 国家 | 就业变化<br>(千人) | 变化率(%) | 国家 | 就业变化<br>(千人) | 变化率(%) |
|---|---|---|---|---|---|
| 美国<br>(1978～1995 年) | — | — | 日本<br>(1978～1995 年) | — | — |
| 国际贸易 | － 2021. 26 | － 9. 85 | 国际贸易 | － 941. 39 | － 6. 78 |
| OECD 间贸易 | － 768. 63 | － 3. 75 | OECD 间贸易 | － 345. 86 | － 2. 49 |
| 非 OECD 间贸易 | － 1252. 63 | － 6. 10 | 非 OECD 间贸易 | － 595. 53 | － 4. 29 |
| 加拿大<br>(1978～1995 年) | — | — | 英国<br>(1978～1994 年) | — | — |
| 国际贸易 | 129. 66 | 7. 10 | 国际贸易 | － 659. 90 | － 9. 04 |
| OECD 间贸易 | 329. 82 | 18. 06 | OECD 间贸易 | － 152. 43 | － 2. 09 |
| 非 OECD 间贸易 | － 200. 16 | － 10. 96 | 非 OECD 间贸易 | － 507. 47 | － 6. 95 |
| 法国<br>(1978～1995 年) | — | — | 意大利<br>(1978～1994 年) | — | — |
| 国际贸易 | － 109. 23 | 18. 60 | 国际贸易 | － 59. 16 | － 0. 85 |
| OECD 间贸易 | 112. 82 | 23. 08 | OECD 间贸易 | 83. 40 | 4. 11 |
| 非 OECD 间贸易 | － 222. 05 | － 4. 48 | 非 OECD 间贸易 | － 4142. 56 | － 4. 96 |
| 联邦德国<br>(1978～1990 年) | — | — | 7 个国家共计 | — | — |
| 国际贸易 | － 76. 19 | － 1. 99 | 国际贸易 | － 3543. 55 | － 5. 32 |
| OECD 间贸易 | 370. 27 | 2. 06 | OECD 间贸易 | － 19. 56 | － 0. 03 |
| 非 OECD 间贸易 | － 446. 46 | － 4. 05 | 非 OECD 间贸易 | － 3523. 99 | － 5. 29 |

资料来源:Kucera D, Milberg W. Deindustrialization and changes in manufacturing trade:Factor content calculations for 1978～1995 [J]. Review of World Economics, 2003, 139 (4):601－624.

　　关于国际投资与"去工业化"关系问题，是近年来学术界关注的重点。从经济现实来看，发达国家的"去工业化"过程中，正是发达国家对外直接投资迅猛发展的过程。从 OECD 统计数据看，1982～1990 年，世界范围内对外直接投资总量从 270 亿美元增长到 2190 亿美元，年增长率高达 31%。同时，在 1970～1990 年，英国制造业就业下降 30%，17 个 OECD 国家的制造业就业比重从 27% 下降到 19%。而当时的统计数据也证实，20 世纪 90 年代之前，世界范围内 97.1% 的直接投资来源于发达国家，同时也接收了 72.9% 的直接投资，这也意味着发展中国家在国际直接投资中的作用非常低下，发达国家之间劳动力成本差异并不大，因此一些实证结果证明对外直接投资对"去工业化"的影响并不太大。如早期的一些研究并没有明确显示对外直接投资在发达国家"去工业化"过程中的重要作用。如巴里·布鲁斯通和班那特·哈里森（Bluestone B. and Harrison B.，1982）虽然认为对外直接投资已经成为第二次世界大战后国际经济发展战略中的重要组成部分，而劳动力成本差异是对外直接投资的主要决定因素之一，现实的情况却是直接投资主要发生在美国及联邦德国之间，这些国家的劳动力成本的差异较小，因此，对外直接投资并没有对制造业就业减少起到非常大的作用。随着经济全球化的进展，两位学者在 1988 年出版的著作中指出，虽然不能说直接投资是"去工业化"的唯一原因，但却已经成为美国丧失制造业基础过程中的主要原因（Bluestone B. and Harrison B.，1988）。但也有研究证实发达国家对外直接投资对制造业就业下降起到非常重要的作用。奥泽·安德森（Alderson A. S.，2005）利用 17 个 OECD 国家 1967～1990 年混合时间序列截面数据，运用随即效应回归模型，验证了所谓"资本外流"与发达国家制造业就业下降的关系，且强烈支持了"直接投资会降低发达国家制造业就业"这一结论。关于二者的关系，他提出了三个方面的观点：一是对外制造业投资替代了国内的制造业投资；二是直接投资带来国内投资的边际收益率提高，促使国内投资从制造业转向服务业；三是从长远来看，直接投资会促使一国经济进入"财富陷阱"，进而忽视实体经济的发展（Alderson A. S.，1999）。

　　伴随着经济全球化的进展，发展中国家在直接投资中的地位提升。2010年流向发展中国家的直接投资达到 53%，首次超过发达国家，2011 年达到58%。从直接投资的行业分布看，虽然服务业对外直接投资仍居首位，但制造业对外直接投资的地位在提升。根据 2017 年《世界投资报告》统计，2001 年在全球直接投资存量中，制造业占比为 2%，2007 年提升到 5%，2015 年进一步提升到 7%。从发达国家流向发展中国家的制造业直接投资来看，主要集中在劳动密集型产业和资本密集型产业,形成了新的国际分工体系。在新的国际分工体系下,跨国公司在全球范围内构建生产体系,在全球范围内配置资源、选择生产场所和产品销售地,将低附加值的产品组装和制造工序外包给低成本的发展中国家。发展中国家专注于劳动密集型和低技术密集型产品的生产,而发达国家转向高技术密集型或技术密集型产品的生产,如战略管理、产品研发、市场营销和融资等活动。新的国际分工体系下,发达国家制造业就业的减少将是不可避免的。

以上的实证分析均是从国际因素或国内因素进行了单独验证,克里斯托弗·考梅耶(Kollmeyer C.,2009)运用双向固定效应回归模型和面板数据,分析了 1970 ~ 2003 年国内富裕程度、劳动生产率、国际贸易(分为北北贸易和北南贸易)、失业率及周期性因素对制造业就业的影响程度。结果发现,每个因素对"去工业化"均存在显著影响,而且国际贸易不仅存在直接效果,还存在间接效果,即通过南北之间廉价商品的进口可以降低发达国家居民的消费支出,改变国内消费结构,同时也可以提升国民的富裕程度。表 1 - 7 是根据实证结果得出的不同因素在就业下降中的作用,并增加了周期性因素的影响。从表中可以看出,18 个 OECD 国家在此期间制造业就业平均下降 12.4%,其中影响最大的国民富裕程度和北南贸易,占比分别为 34.3% 和 24.4%,劳动生产率因素占比为 15.2%,失业率和周期性效果分别占 14.9% 和 13.2%。

表 1 - 7　　　　　　　　1970 ~ 2001 年制造业就业降幅及影响因素　　　　　单位:%

| 国家 | 制造业就业降幅 | 影响因素 | | | | | |
|---|---|---|---|---|---|---|---|
| | | 富裕程度 | 劳动生产率 | 北南贸易 | 北北贸易 | 失业率 | 周期因素 |
| OECD 平均 | - 12.4 | 34.3 | 15.2 | 24.4 | - 2.0 | 14.9 | 13.2 |
| 加拿大 | - 9.4 | 33.5 | 12.9 | 35.7 | - 1.9 | 6.4 | 13.5 |
| 法国 | - 12.3 | 30.0 | 12.8 | 18.9 | - 0.7 | 25.1 | 14.0 |
| 德国 | - 17.8 | 26.0 | 9.7 | 19.4 | - 1.2 | 31.4 | 14.6 |
| 意大利 | - 4.8 | 33.7 | 22.5 | 15.6 | - 2.1 | 13.5 | 16.7 |
| 日本 | - 8.6 | 38.9 | 7.3 | 14.7 | - 0.4 | 19.8 | 19.6 |
| 美国 | - 12.1 | 40.2 | 12.9 | 30.5 | 0.8 | 3.2 | 12.4 |
| 英国 | - 19.3 | 32.5 | 16.0 | 28.8 | - 10.0 | 9.3 | 14.4 |

资料来源:Kollmeyer C. Explaining deindustrialization:How affluence, productivity growth, and globalization diminish manufacturing employment [J]. American Journal of Sociology, 2009, 114 (6):1644 - 1674.

　　从 G7 国家来看，1970～2003 年制造业下降因素中，国内富裕程度占比最低的联邦德国（1990 年之后为德国）为 26%，其他国家都在 30% 以上，美国高达 40.2%。在劳动生产率因素中，日本该因素对就业下降的影响最小，仅为 7.3%，意大利达到 22.5%，美国为 12.9%。将上述两项指标相加得到的是国内因素对就业变动的影响，意大利为 56.2%，居 G7 国家之首，美国为 53.1%，即使是影响程度最低的法国也达到 35.7%。从国际因素看，北南贸易降低了 G7 国家制造业就业水平，但影响并不是均衡的，北南贸易对加拿大就业的影响超过了 35%，对美国就业的影响也超过 30%，对英国的影响超过 28%，而对日本的影响相对较小，仅为 14.7%，发达国家之间的北北贸易在很多国家都具有些许的增加就业效果。此外是一国失业率和周期性因素对制造业就业下降的影响。失业率对制造业就业下降的影响各异，德国的高失业率成为制造业就业下降的最大因素，占比高达 31.4%；日本失业率为 19.8%，是影响制造业就业下降的第二个因素；而美国失业率仅为 3.2%，是影响制造业就业下降的最小因素。周期性因素的影响是比较均衡的，几乎都在 10%～20% 之间。由于一国的失业率和周期性因素更多源于国内因素，可以看出发达国家在 21 世纪之前的"去工业化"主要源于国内因素，美国、英国和加拿大受到北南贸易的影响更大。

## （二）发展中国家早熟的"去工业化"因素分析

　　关于发展中国家早熟的"去工业化"原因，很多学者直接归结为改革或转型的失败，其实每个国家有各自的原因，下面从两个共性方面展开分析。

　　第一，转型政策与"去工业化"。发展中国家早熟的"去工业化"与赶超型工业化路径和要素密集程度息息相关。"华盛顿共识"（Washington Consensus）为转型国家向市场经济过渡提供了政策依据。华盛顿共识是 20 世纪 80 年代国际货币基金组织、世界银行和美国国际经济研究所提出的旨在为拉美国家经济改革提供的方案和对策，基本的思想是引入自由市场价格，贸易、投资和汇率自由化，削减政府补贴，向外国资本开放市场，国有企业的私有化等。由于这是激进的一步到位的政策，也称为"休克疗法（shock therapy）"。华盛顿共识为发展中国家融入世界经济大循环体系，实现经济赶超型发展提供了政策依据，同时也为"去工业化"埋下了隐患。在经济全球化浪潮中，为实现经济的赶超，发展中国家以其低廉的劳动力要素或者基于自然资源优势融入世界经济大循环，建立了外向型经济发展体制。基于廉价劳动力优势融入世界经济体系的国家，随着发展中国家经济发展和城市化的进展，从农村转移出来的劳动力供给逐渐减少，而劳动力的需求随着经济发展而不断增大，劳动力成本优势降低，出口受阻，由此带来制造业的萎缩，金融资本退出工业制造业领域，进入了服务领域，极大地削弱了制造业在发展中国家的地位和作用。

第二，"荷兰病"与"去工业化"。基于丰富的自然资源融入世界经济体系的国家，因陷入"荷兰病"（the dutch disease）而出现"去工业化"。"荷兰病"指的是一国（特别是小国）由于某一初级产品部门异常繁荣而导致其他部门尤其是制造业的快速衰落现象。这是根据20世纪60年代荷兰发现大量天然气后带来的制造业萎缩而提出的，其影响机制是，一国基于要素禀赋理论开展对外贸易，大量出口具有丰富资源禀赋的产品，这会产生两个方面的影响。一是国内的各类要素流入出口相关的资源产业，制造业不得不花费更大代价吸引劳动力，带来制造业成本上升，影响其竞争能力，而自然资源出口带来的收入增加虽然加大了对工业制成品的需求，但本国的制造业难以与来自国外的质优价廉产品竞争，最后形成了出口资源产品和进口工业制成品的贸易格局。二是大量出口资源产品，导致本国的汇率升值，降低了其他产品的出口竞争能力，国内制造业萎缩。在双重作用机制下，许多发展中国家陷入了"去工业化"的泥潭。

## 第三节　发达国家"再工业化"及其理论分析

全球金融危机爆发之前，发达国家对于"再工业化"内涵和实现路径并没有形成共识，并出现了"再工业化"与"去工业化"同时并存的现象。全球金融危机后，主要发达国家和部分发展中国家相继推出"再工业化"政策，共同的政策依据是强调制造业的重要性，这是对经济全球化的反思，也是现代科学技术发展的必然。

### 一、发达国家"再工业化"早期实践及"再工业化"的本质

国内对于"再工业化"问题的关注开始于2008年全球金融危机后发达国家提出"再工业化"政策之后，实际上，发达国家在20世纪60年代末到80年代曾经出现了"再工业化"的理论研究和实践探索，尤以美国最为典型。从理论研究方面看，当时学术界和业界及政界对于"再工业化"问题表现出极大的兴趣，但对于"再工业化"的必要性、实施路径等方面却存在巨大分

歧。学术界支持和反对"再工业化"政策的大有人在,在支持"再工业化"政策的学者中,对于如何实现"再工业化"也是观点各异,既有复苏传统产业的观点,也有发展高科技产业的建议,更有推动服务业发展的政策建议,对于这一问题,本书的第二章将进行详细分析。

对20世纪80年代发达国家尤其是美国"再工业化"的中文研究文献非常少,从中国知网上仅检索出两篇文献。一篇是金慰祖和于孝同摘译的阿米泰·埃兹奥尼(Etzioni A.,1980)发表在1980年6月30日美国《商业周刊》上的文章,题目是《美国的"再工业化"问题》,分析了美国为什么要实施"再工业化"、工业衰退的现状及原因。另一篇是中国社会科学院世界经济与政治研究所佟福全教授发表在《世界经济》上的文章,介绍了美国"再工业化"政策的由来、战略核心及其里根政府的"再工业化"政策,明确指出里根的经济政策属于"再工业化"政策,其政策手段有助于美国"再工业化"实践(佟福全,1982)。

发达国家"再工业化"的早期实践主要集中在联邦德国鲁尔地区、法国洛林地区、美国东北部地区、"锈带"地区和日本九州地区等重工业基地。联邦德国鲁尔地区是世界上最大的工业区之一,位于北莱茵河—威斯特法伦州地区,20世纪60年代开始遭遇了"煤炭危机"和"钢铁危机",70年代的石油危机更是重创了鲁尔地区。法国洛林地区是传统的煤炭钢铁等重工业基地,进入60年代以后,煤炭钢铁等行业逐渐走入低谷,洛林地区面临严峻考验。日本北九州地区位于日本列岛西南部,涉及福冈、佐贺、熊本、大分、鹿儿岛和冲绳8个县域,是世界著名的煤炭和钢铁产业基地之一。在战后日本重化工业政策指引下,北九州的产业获得飞速发展,受石油危机的影响,加之环境公害日益严重,北九州产业地位迅速降低,1960年北九州产业占全国产值的比重达4%,1980年降至1.2%。美国东北部地区和"锈带"地区作为传统的老工业基地,70年代的两次石油危机重创了这些地区的经济,同时受到了来自日本、联邦德国的经济竞争,经济陷入了严重衰退。

上述国家和地方政府在20世纪70~80年代均采取了一些"再工业化"政策措施。如联邦德国出台了《鲁尔发展纲要》,制定了恢复传统产业竞争力的政策措施。1989年鲁尔区出台了"国际建筑展(IBA)计划",这是一个持续10年的计划(1989~1999年),目的是重建位于重工业地区周边20英里×50英里范围的工业萧条地带,主要内容包括对被废弃的景观进行生态改造和重构、改善当地的自然环境和棕地(brownfield site)再开发、强化区域的文化氛围、创造新的就业机会等。法国政府针对洛林的困境,果断压缩了煤钢的落后产能，提升钢铁产业的高技术含量和钢铁的质量，同时大力发展先进制造业。日本政府于1978年出台了《特定产业安定临时措施法》，将北九州的传统产业——平炉炼钢、炼铝、造船、化肥确定为"结构性萧条产业"，政府采取有效措施促进萧条产业停产或处理过剩设备。美国政府当时并没有出台具体的恢复传统产业的政策措施，具体将在第二章分析。

从现实来看，20世纪70～80年代热议的"再工业化"政策或实践并没有持续下来，短期内也并没有出现明显效果，实际上，伴随着发达国家周期性经济恢复与发展，尤其是进入90年代后，在经济全球化大环境下，"再工业化"的声音被经济全球化的浪潮所淹没，反而加快了"去工业化"步伐。

2008年全球金融危机后，"再工业化"政策再次成为发达国家学术界及政府关注的焦点。各国学者不再拘泥于某些产业，而是着眼于整个制造业，从制造业重要性出发强调"再工业化"，从产业生态系统角度反思和研究国际分工体系和产业对外转移问题。尤其值得注意的是，主要发达国家几乎在同时出台了重振制造业的政策及其规划，而且不再忌讳"再工业化"的产业政策属性，运用产业政策促进"再工业化"已经成为一种潮流。这种潮流实际上既是主要发达国家对过度发展服务业的反思，也是对于蓬勃发展的全球价值链的担忧，更是顺应当代科学技术发展的必然选择。

对于"再工业化"的定义，一般沿用1968年韦氏词典的表述，即"再工业化"（reindustrialization）是一种刺激经济增长的政策，指通过政府帮助来实现传统产业部门的复兴并推动新兴产业部门增长的发展策略。但实际上，全球金融危机后发达国家"再工业化"政策和实践并不局限于恢复传统产业，其目的主要是促进先进制造业发展，提升或巩固发达国家制造业在全球竞争中的实力和地位。

根据前人的研究成果，并基于我们对发达国家"再工业化"实践的考察，我们认为应该从三个方面理解"再工业化"。首先，"再工业化"是一个危机对策，是应对石油危机和全球金融危机后经济萧条和就业下降等问题而采取的一项紧急对策。每当出现重大的国内经济危机或世界范围内的经济危机时，"再工业化"政策就会成为发达国家政府或舆论关注的焦点，而当经济走出危机之后，该政策会默默退出舞台。其次，"再工业化"政策是一项产业政策，意在通过一系列措施重新确立制造业在国民经济发展中的核心地位。最后，"再工业化"不是简单地将原来转移到国外的产业回流，而是构建一个全新的产业基础，重点推动先进制造业或高端产业发展，使发达国家继续引领全球制造业和科学技术发展的前沿，这是"再工业化"政策的本质所在。

## 二、全球金融危机后主要发达国家"再工业化"进程的同期性

次贷危机引发2008年全球金融危机之后，发达国家几乎同时提出了"再工业化"政策，而且呈现出一些共性特征。

### （一）反思经济全球化，重新认识制造业的价值

全球金融危机的爆发，促使发达国家开始反思经济全球化与产业过度转移问题，重新认识制造业在经济发展中的地位与作用，为此出台了一系列促进制造业发展的战略。如美国制定了出口倍增计划，要求在2010～2014年实现出口翻番目标，2009年出台的《重振美国制造业框架》，详细分析了重振制造业的理论基础与挑战，并提出了一些具体措施；2010年出台的《制造业促进法案》构建了发展制造业的完整法律体系。英国政府在金融危机后改变了重金融、轻制造的理念，在其2009年制定的《制造业新战略》中明确强调必须重新定位制造业，确定了未来制造业发展的具体原则。

与美国和英国相比，日本和德国一向重视制造业的作用。日本长期以来备受青睐的产业政策在20世纪90年代以来出现了一些后退，小泉纯一郎内阁推崇的"市场原教旨主义"成为21世纪初期产业政策主流。全球金融危机后，日本政府2010年出台了新增长战略，这是在2006年小泉内阁制定的《经济增长战略大纲》和2009年鸠山内阁的《新增长战略：基本方针》基础上形成的。新增长战略以扩大需求和就业为重心，实现强经济、强财政和强社会保障的三位一体战略。

德国经济依仗制造业的竞争优势，在全球金融危机和欧债危机中表现出良好的业绩，并继续加强对制造业的引导和支持。2010年公布的《高科技战略2020》提出了一系列促进制造业发展的创新政策。2013年，德国提出了"工业4.0"计划，这是一个以数字革命为核心的个人、机器、资源互联互通的网络化社会，物联网、互联网、服务化的智能联接成一个系统框架，将生产中的供应、制造、销售信息数据化和智慧化，最后实现快速、有效和个性化的产品供应。

### （二）基于资源环境约束，绿色制造成为共同目标

全球金融危机后，美国政府提出了"绿色新政"理念，特别重视新能源装备制造业发展。2011年美国出台了《能源安全未来蓝图》，能源部选择了部

分新能源制造企业予以资助，带动就业增长。英国将低碳经济作为新的科技革命和未来的支柱产业，于 2009 年公布了《英国低碳转型计划》，配套出台的还有《英国低碳工业战略》《可再生能源战略》《低碳交通计划》，核心目标是把英国建设成为更干净、更绿色、更繁荣的国家。在 2020 年前实现 5 个目标，即创造 120 万绿色就业岗位；整体改建 700 万户民宅，支持 150 万户家庭生产自己的清洁能源；全国 40% 电力来自可再生、核能、清洁煤等低碳能源；削减一半天然气进口量；小轿车平均碳排放量比现在降低 40%。

日本的能源战略是伴随石油危机发生而实施的。日本新增长战略中的首要战略是环境能源大国战略，其中发展和推广核电技术成为新增长战略中的重要一环。日本始终重视传统能源的运用和新能源的开发。2010 年 3 月，日本经济产业省公布了能源基本计划修正案（每 3 年修正一次）。这一修正案成为日本 2030 年前能源政策指导方针，规定了新能源汽车生产销售和家庭照明节约、太阳能和风能等再生资源的发展规划和目标。德国在欧盟的绿色伙伴计划、能效建筑伙伴计划、未来工厂伙伴行动和欧洲绿色汽车行动等一系列计划指导下，在《2020 高科技战略》中，重点推出包括电动汽车在内的 11 项未来发展规划，政府投入大量资金促进电动企业的研发和相关基础设施建设。

（三）加大科研投入，提升科技创新水平和能力

为推动新兴产业的发展，美国在 2009 年出台《复苏和再投资法案》中规定支出 180 多亿美元用于基础研究和开发，奥巴马总统还承诺 10 年内对基础研究的科研投入翻一番，国家科学基金会（NSF）、能源部科学办公室（DOES）、商务部等均获得了巨额财政资金用于科学研究、基础设施和实验室大型仪器设备的更新。英国在 2008 年发布了《创新国家》白皮书以及配套出台了《实施"高端逐鹿"》，提出了进一步支援创新商业和研究、增加知识交流、推进技术人员培养、支援创新城镇和地区、促进公共部门创新计划，具体措施是增加研究开发的减税额度，直接拨款支持绿色制造业研发新的绿色技术，给予制造业资金投入、教育培训以及研发支持，帮助企业培训员工，提高劳工技能，并在信息服务和咨询方面提供帮助。日本在新经济增长框架下，提出了技术革新战略路线图，通过产业集群计划，促进产、官、学、人力资本网络的形成，促进具有地域特点的实用化技术开发，完善商务孵化器，加快研发成果转化为生产力。在德国《2020 高科技战略》中，联邦和各州政府一致同意，至 2015 年将教育和科研投入占 GDP 的比重增至 10%。在德国提出的工业 4.0 计划中，德国联邦教育局及研究部和联邦经济技术部联合资助，投资预计达

2 亿欧元,旨在提升制造业的智能化水平,建立具有适应性、资源效率及人因工程学的智慧工厂,在商业流程及价值流程中整合客户及商业伙伴。表 1-8 显示了主要发达国家在全球金融危机后出台的一系列科技创新战略或计划。

表 1-8        全球金融危机后主要发达国家采取的科技创新战略或计划

| 国家(地区) | 计划和战略名称 | 时间 |
|---|---|---|
| 德国 | 高科技发展战略 | 2006 ~ 2013 年 |
| | 2020 高科技战略 | 2010 年起 |
| | 新高科技战略——为德国而创新(3.0) | 2014 年起 |
| | 德国工业 4.0 计划 | 2013 年起 |
| 法国 | 国家研究计划 | 2013 ~ 2018 年 |
| | 产业复苏计划 | 2013 年起 |
| | 创新 2030 | 2013 年起 |
| | 高等教育国家战略 | 2014 ~ 2018 年 |
| 意大利 | 国家研究计划 | 2014 ~ 2016 年 |
| | 产业 2015 | 2006 ~ 2025 年 |
| | 意大利研究国际化战略 | 2010 ~ 2015 年 |
| | 意大利研究基础设施 | 2010 ~ 2012 年 |
| | 意大利的使命 | 2013 年起 |
| | 面向欧洲的意大利:科技联盟 | 2011 ~ 2014 年 |
| 日本 | 科学、技术和创新整体战略 | 2013 ~ 2030 年 |
| | 第四个科学和技术开发蓝图 | 2011 ~ 2016 年 |
| 英国 | 产业创新战略 | 2012 年起 |
| | 创新开发和研究战略 | 2011 年起 |
| 美国 | 复苏与再投资法案 | 2009 年起 |
| | 美国创新战略 | 2011 年起 |
| | 国家制造创新网络 | 2014 年起 |
| 欧盟 | 地平线 2020 | 2014 ~ 2020 年 |
| | 欧洲先进的创新计划 | 2012 年 |
| | 欧洲产业复兴计划 | 2014 年 |

资料来源:Lenchuk E B. Course on new industrialization: A global trend of economic development [J]. Studies on Russian Economic Development, 2016, 27 (3): 332 - 340.

### （四）运用产业政策支持战略性新兴产业和增加出口

全球金融危机后各国政府的一个共同点是普遍接受了产业政策，就连对产业政策一向持谨慎和回避态度的美国政府也积极采取产业政策，使陷入危机的行业迅速摆脱困境。虽然各国提出的优先发展战略性新兴产业的提法各有差异，但都集中在新一代互联网、生物技术和医药、新能源、高端制造、新能源企业、新材料产业和节能环保产业，均是引领下一代产业革命和世界制造业发展趋势的关键产业。如美国在 2008 年提出的"综合性能源计划"中，提出未来 10 年将投入 1500 亿美元支持清洁汽车技术研发推广，在《美国复苏和再投资法案》中投入 500 亿美元用来提高能效和扩大对可再生能源的生产，投入 24 亿美元资助美国制造商和相关机构生产下一代插电式电动汽车和先进电池零部件。英国计划 10 年内在癌症和其他疾病领域投入 150 亿英镑用于相关的生物医学研究。

大力增加出口成为金融危机后主要发达国家力推的政策目标之一。2010 年美国政府率先提出了出口倍增计划，试图回归传统的以制造业促进就业，以出口拉动经济增长的路径。为实现这一目标，美国成立了总统出口委员会，以全球经济再平衡为借口，向其他国家施加汇率压力，强化贸易执法机构职能，加大对"不公平贸易措施"的调查和处罚力度，贸易保护主义成为出口倍增计划的护身符。英国为推动本国高端工程行业的国际拓展，建立高端工程相关的政府网站，为高端工程的海外拓展提供便利。

从上面的分析可以看出，主要发达国家的"再工业化"政策不仅表现出了同期性特点，而且在具体做法和战略目标上也呈现出一定的相似性。由此可以提出两个问题，即为什么发达国家同期开启了"再工业化"政策？"再工业化"政策是否具有可行性？这将是下面要分析的问题。

## 三、全球金融危机后发达国家"再工业化"的理论基础

发达国家"再工业化"政策都是基于本国的经济现实而提出的，实际上"再工业化"政策的出台有更深层次的理论依据和物质基础。

### （一）基于新技术经济范式的"再工业化"可行性

英国剑桥大学和苏塞克斯大学研究员卡萝塔·佩雷兹（2007）提出了技术—经济范式（Tech-economic paradigm）概念，说明技术范式与经济增长之间

的关系，即一定时期主导的技术结构决定经济发展范围、规模和水平。基本逻辑是每一次技术革命都是由一些关键技术因素引发的，一系列技术群形成技术革命，技术革命影响经济发展，通过技术结构影响企业治理机构和社会文化制度，进而影响产业结构和经济结构，这一过程形成新的技术—经济范式。由于新的技术经济范式并不适应既存的社会经济制度，过度的经济繁荣和危机不可避免，危机促使社会制度改革以适应新的技术—经济范式，经济进入黄金时代，开始下一个技术革命周期。每一个过程大约持续 50 年，危机一般发生在中间阶段。

根据佩雷兹的分析，每一个技术—经济范式包含三个时期和四个阶段。三个时期分别是导入期、转折期和拓展期，四个阶段分别为爆发阶段、狂热阶段、协同阶段与成熟阶段。爆发阶段与狂热阶段被称为技术经济范式的导入期，协同阶段与成熟阶段则为技术经济范式的拓展期，期间有一个或长或短的转折期，这就是因新技术经济范式与现存经济社会制度摩擦而产生的危机阶段。整个程序显示了技术经济范式的增长潜力从形成到成熟再到逐步耗尽的全过程。在技术经济范式的演化中，金融资本与产业资本的关系发挥了巨大作用，可以说金融资本的行为决定了技术经济范式的形成与发展。这是由于每一次科技革命都需要大量资本，金融资本的天使投资可以促进技术革命的进展，因此在技术革命的导入期，金融资本对新技术的集中投资推动了技术革命的形成，金融资本与产业资本的"激情恋爱"，推动技术革命的爆发性增长。在导入期的后期进入狂热阶段，金融资本脱离生产资本，通过"自娱自乐"方式创造财富，出现经济泡沫。泡沫经济崩溃后技术经济范式进入一段时期的转折期，一般伴随着严重的经济或金融危机，危机促使社会经济制度的改革，特别是规范金融资本行为规则有助于恢复金融资本与产业资本的正常关系，技术革命进入拓展期的协同阶段，金融资本与产业资本的再度耦合，将现代科学技术运用到传统产业，这个时期又被称为黄金时代。随着实体经济部门中生产率下降或市场饱和，金融资本开始寻求其他更加有利可图的投资机会，闲置资金向新兴地区、部门转移，促使向着下一个技术经济范式转换。更直观的解释详见图 1-3。

根据佩雷兹的分析，迄今为止世界范围内出现了 5 次科技革命，最近的一次科技革命开始于 1971 年，标志是加利福尼亚圣克拉拉的英特尔微处理器的问世。因此按照 50 年左右一个周期的规律可以判定，美国等发达国家在 20 世纪七八十年代推行的"再工业化"政策是不可能见效的。这是由于这一阶段还属于新技术—经济范式的爆发时期，金融资本与产业资本结合刚刚开始，还没有进入狂热阶段，周期性危机不会中断技术经济范式的演变路径，80 年代的

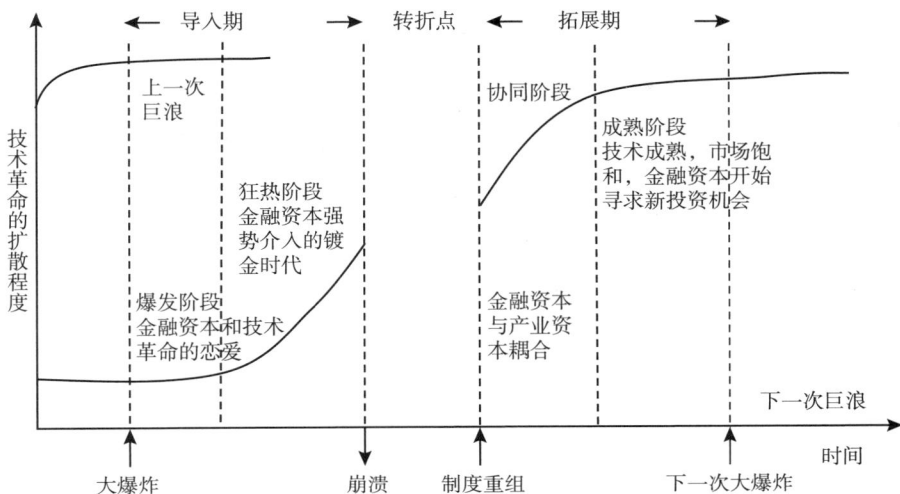

图 1 - 3　金融资本与生产资本在不同阶段的互动关系

资料来源：［英］卡萝塔·佩雷兹．技术革命与金融资本：泡沫与黄金时代的动力学［M］．中国人民大学出版社，2007：81 - 85.

"再工业化"政策只会是一过性的。狂热阶段的集中体现是 90 年代的互联网泡沫和 21 世纪初的经济普遍繁荣。发轫于次贷危机的全球金融危机相当于技术经济范式中的转折期，全球金融危机后进入协同阶段，这一时期发达国家纷纷提出"再工业化"政策恰逢其时。大规模危机和金融恐慌的蔓延，足以使人们重新回归正常的理性思维，金融资本与产业资本的再度融合，可以推动新兴技术向传统产业的扩展，实现经济的稳定增长。

### （二）现代科学技术奠定了发达国家"再工业化"的物质基础

纵观世界经济的发展历程，制造业强国正在开始"第四次工业革命"。"第四次工业革命"是以物联网、大数据、人工智能、新能源、3D 打印、区块链和生物技术等为驱动，正在改变着人类的生产方式、生活方式、消费方式，并以难以置信的速度改变着全世界。

第一，工业互联网引领现代制造业未来。2015 年，美国通用电气公司（GE）发布了《工业互联网：打破智慧与机器的边界》，深度剖析了工业互联网时代的来临及其影响。

工业互联网是数据流、硬件、软件和智能的集合。由智能设备和网络收集的数据被存储之后，可以利用大数据分析工具对其进行数据分析和可视化，由此产生的"智能信息"可以由决策者进行实时判断和处理，或者成为大范围工业系统中工业资产优化战略决策过程的一部分。通用电气公司认为，工业互联网是继工业革命和互联网革命之后的又一次全球商业浪潮，是互联网与制造业的跨界融合，是人类社会的下一场生产力革命。工业互联网整合了两大革命性优势而出现，其一是伴随工业革命出现的无数机器、设备、机组和工作站，其二是在计算、信息和通信系统不断发展而形成的网络革命。工业互联网是将智能机器、高级分析和工作人员有机结合在一起，为企业和经济体提供无限的机遇。如果工业互联网的效率提高 1%，或产生巨大的经济效益。在商用航空领域，节省 1% 的燃料意味着将来 15 年间节省 300 亿美元的支出，若全球燃气电厂运作效率提升 1%，将节省 660 亿美元的能耗支出。

事实上，工业互联网革命已经出现，企业已经将工业互联网技术应用到工业生产，集中在商用喷气飞机、火力发电厂、机车、炼油厂和卫生保健等。但根据通用电气公司的报告，基于互联网的数字技术还没有将全部潜力充分运用到全球产业体系，如果得到全面推广，美国的劳动生产率还可以回到 1996 ~ 2004 年期间的 3.1%，远超 2005 ~ 2011 年的 1.6%，高于 1950 ~ 1968 年的 2.9%。

目前，国外的工业互联网企业已经获得了飞速发展，发展路径可以概括为三大类。一是传统工业企业的互联网转型升级，如美国的艾默生（Emerson）和霍尼韦尔（Honeywell）、日本的三菱电机、德国的菲尼克斯（Phoenix）等，这些企业长期经营中积累的大量设备和数据，成为发展工业互联网的先驱。二是以运营商和互联网企业为代表的信息技术巨头与工业企业融合，如美国的思科（Cisco）和亚马逊（Amazon），借助通信领域和互联网领域的技术积累，为制造业搭建云平台和物联网平台，提供云技术支持。三是专注于互联网领域的新兴企业，如美国的葛天那（Corlina）和德国的工人基地（workerbase）等，通过软件开发和工业数据分析，吸引了众多的风险投资流入。

工业互联网技术的开发和应用，必将对传统的制造业发展模式提出巨大的挑战。"新兴市场之父"、世界银行前经济学家安东尼·阿格塔米尔（Agtmael A. V.）在 2007 年美国投资家出版了《世界是新的：新兴市场崛起与争锋的世纪》，拓展了托马斯·弗里德曼（Friedman T.，2006）《世界是平的》中的观点，指出世界的重心正在向新兴市场转移，新兴市场的发展是世界经济发展的动力。而十年后的 2017 年，安东尼·阿格塔米尔与曾任荷兰《金融时报》主编的弗雷德·巴克（Baker F.）共同出版的《智能转型：从锈带到智带的经济奇迹》中指出，机器人技术、3D 打印和新材料等新技术将迅速影响人们的生产和生活方式，20 世纪 90 年代以来依靠低劳动成本和人口红利取胜的新兴市场将难以保持快速增长势头，发达国家，特别是 20 世纪 80 年代以来美国"锈带"地区凭借智能制造和人力资源优势将重拾竞争优势，成为智带地区。

第二，大数据将重塑制造业的全产业链。大数据技术是以数据为核心的新一代革命性信息技术。凭借大数据，用户需求和资源供给可以实现有效匹配，带动制造业、服务业和互联网行业的飞速发展。大数据将是未来制造业中重要的生产要素，可以适应个性化消费时代的定制化和智能化服务。大数据将融入全产业链，贯穿于设计、生产、研发、营销和服务等各个环节。在设计环节主要体现在大规模定制化，即通过对产品结构和制造流程的重构，以大规模生产的成本和速度，为单个客户和小批量多品种市场定制任意数量的产品（朱敏，2018）。在生产环节实现智能制造，智能制造的基础是大数据，核心是信息物理系统（CPS），应用过程包括数据搜集、汇总、分析、预测、决策和信息传送，使制造业的数据处理和分析自动化，能够精准、高效、智能地推进制造的智慧化，满足个性化需求，提升产业竞争能力。在研发环节体现在协同创新，实现数据整合、内外协作和决策支持，改变了传统制造业研发部门的封闭性，消除了企业内部各职能部门之间的信息壁垒，提高了研发效率和科技转化为生产率的时效。在营销环节主要体现在精准信息推送，大数据可以对于市场波动、宏观经济状况、周期性因素和季节性因素进行综合分析，并定量预测产品需求和价格变动情况，可以对用户的使用行为、偏好、正面负面评价等进行精准评价，实现从产品设计到交易的完整营销环节的精准化。服务环节的核心是运营维护和预测，运营维护是提升用户体验的重要环节，用户使用中问题的解决或故障的排除是提升用户满意度的重要一环，同时也对于产品的升级换代及其提升产品质量至关重要，借助大数据的机器学习技术，可以总结出具有规律性的事件，对未来的不确定性进行有效预测。

# 本 章 小 结

本章对于工业化—"去工业化"—"再工业化"历程的分析，说明了世界范围内各国步入了一条相似的工业化发展路径，而且从一定意义上预示着这一路径的合理性和必然性。"去工业化"是为了适应国际分工，把低附加值的环节转移出去，自己则更专注于核心技术、品牌、设计等附加值高的环节，以提高经济效率与产业竞争力，实质上是为了产业升级；"再工业化"同样是为了提升产业竞争力，占领未来的产业制高点，实质上仍然是为了产业升级，升级是目的。"去工业化"与"再工业化"都是手段。但不可否认的是,这一发展路径带来的负面影响也是巨大的。发达国家的过度和无差异的产业转移引发了国内严重的产业空洞化,发展中国家依赖廉价的劳动力和自然资源参与经济大循环,带来了经济的畸形发展,同时,一个更严重的问题就是加重了杰里米·里夫金(Jeremy Rifkin)所提出的熵账单,即全球气温上升、石化资源危机、资源浪费和过度消耗等现象。这迫使世界各国开始深刻反思传统的经济增长模式。

# 第二章  20世纪80年代美国"再工业化"政策及其效果

20世纪70年代两次石油危机重创了美国经济，制造业问题更加突出，引发了美国第一次"再工业化"政策的大讨论，学术界对于要不要实施"再工业化"、怎样实施"再工业化"等问题展开激烈争论，业界更是褒贬各异，智库和政界则倾向于刺激经济走向复苏，提升美国产业竞争能力。虽然不能将里根政府的经济政策等同于"再工业化"政策，但减税、放松监管、削减政府支出和鼓励科技发展的举措却有助于美国制造业和经济的发展。从"再工业化"政策效果来看，短期内的确促进了美国制造业的发展，但好景不长，经济全球化背景下传统产业对外产业转移迅速成为美国经济的主流，彻底淹没了80年代"再工业化"的政策效果。

## 第一节  20世纪80年代美国"再工业化"政策背景

第二次世界大战结束到20世纪60年代是美国经济发展的"黄金时期"。进入70年代后，第三次科技革命的迅猛发展，两次石油危机的相继爆发以及经济全球化步伐的不断加快等因素对美国经济产生了深刻影响，来自日本、联邦德国的经济挑战以及国内严重"滞胀"和老工业基地衰退构成了美国80年代"再工业化"政策背景。

### 一、国际科技经济形势的变化

首先以信息技术为主要特征的第三次科技革命推动了新兴产业发展。第三次科技革命兴起于20世纪40年代，标志是1946年宾夕法尼亚大学研制的第一台电子计算机，由此催生了一系列新产业，半导体产业成为20世纪五六十年代信息技术发展的主要产业，进入 20 世纪 70 年代后，个人计算机（PC）产业和局域网络（LAN）等新兴产业成为信息技术产业发展的重镇，同时，新型材料、生物工程、光导纤维以及激光等产业获得了飞速发展。信息技术的发展不仅促进了新产业的形成，同时对于运用新技术改造传统制造业，提高国家综合产业竞争力提供了契机。

其次是 20 世纪 70 年代两次石油危机改变了世界经济格局。1973 年第一次石油危机以及 1979 年第二次石油危机带来了原油价格的剧烈波动，每桶油价从 3 美元左右飙升到了 39 美元左右。石油危机对发达国家产生了重大影响。一方面，原油价格上涨，意味着重化学工业生产成本的增加，成本增加降低了在国际和国内市场的竞争力，市场竞争力下降进一步压缩了传统制造业的生存空间；另一方面，石油危机的爆发也为发达国家的产业结构调整提供了契机，这是由于石油价格上升，不得不让一些国家重新审视长期以来的重化学工业发展路径，被迫加速本国的产业结构调整，促进产业升级。

再次是布雷顿森林体系瓦解改变了企业的经济行为，成为经济全球化的润滑剂。布雷顿森林体系是战后美国主导的国际货币金融新体系，与强大的经济军事实力并存强化了美国的霸主地位。美元与黄金挂钩、其他国家货币与美元挂钩的制度安排是以美国超强的黄金储备为基础的，随着日本和欧洲国家经济复苏以及越南战争的持续，美国国际收支开始转为逆差，"特里芬悖论"一语成谶，20 世纪 60 年代后期开始多次出现的美元荒，导致 1971 年美国政府最终宣布美元与黄金脱钩，布雷顿森林体系就此瓦解。该体系的瓦解预示着国际储备货币向着多元化发展，国际货币体系规则也发生了巨大变化。这种变化极大地便利了美国企业的跨国经营，助推了美国企业走向国际。

最后是经济全球化的扩展。信息技术革命为经济全球化提供了动力和物质基础，石油危机和布雷顿森林体系瓦解同时成为经济全球化的助推器。在经济全球化进程中，跨国公司扮演着重要角色。战后到 20 世纪 60 年代后期，全世界跨国公司总数为 7000 多家，国外子公司或分支机构约为 27000 多家，其中美国跨国公司在数量和规模上均独占鳌头。如 1969 年，美国跨国公司产值达到 1400 亿美元，超过了当时美国和苏联以外的单个国家国民生产总值（樊勇明，2017）。跨国公司的发展推动了国际贸易的快速增长，如 1983 年美国跨国公司出口贸易占世界出口总值的 75% 以上，进口贸易占比超过 50%。根据世界银行统计，60 年代，全球贸易占 GDP 的比重保持在 25% 左右，到 1974 年，全球贸易的比重升至 35%，70 年代基本维持在这一水平。

直接投资和对外贸易的扩张在一定程度上改变了原有的国际分工体系，促进了经济的全球化。

## 二、联邦德国与日本的经济崛起

众所周知，第二次世界大战不但没有给美国本土造成战争创伤，而且还带来了战争景气、增强了美国的经济实力。与之相对应的是，联邦德国和日本的经济遭受了严重影响。然而，这两个国家经过20多年的经济恢复和发展，20世纪70年代再次走上世界经济舞台，尤其是在两次石油危机后，联邦德国和日本的崛起对美国经济形成了巨大挑战。

### （一）经济规模与经济增长率比较

联邦德国和日本作为二战的战败国，其经济是在战后废墟基础上发展起来的。得益于美国"马歇尔计划"和朝鲜战争的"特需"刺激，联邦德国和日本在20世纪50年代中期恢复到战前水平，之后通过有效的产业政策，两国在60年代均出现了"经济奇迹"。联邦德国在1950~1973年国民生产总值翻了两番，年平均增长率保持在7.2%（林进成、史文清，1979），60年代联邦德国经济规模超过法国和英国，居世界第二位，被誉为联邦德国的"经济奇迹"。日本1955年的国民生产总值为9.7万亿日元，1973年猛增到112.5万亿日元，不到20年时间内增长了11倍之多，1966年经济规模超越法国，1967年超越英国，1968年超越联邦德国，成为仅次于美国的第二大经济强国。对于严重依赖石油资源的联邦德国和日本来说，石油危机的影响是不言而喻的，但联邦德国和日本却比较成功地化解了石油危机的负面影响，尤其是日本成功实现了转"危"为"机"。日本自石油危机爆发以来，进入从高速增长到中低速增长的换挡期，主动调整国内产业结构，从高能耗的重化学产业向高附加值的新兴产业转换，产品实现了从重厚长大到短薄轻小的过渡。70年代日本产业结构升级和调整使之成为同时代世界经济的"优等生"。图2-1显示了70年代美国、日本和联邦德国的经济总量变化及其经济增长率的变动情况。

根据世界银行的统计，从经济总量来看，美国的经济地位是不可撼动的，但是日本和联邦德国与美国的差距却是在不断缩小。从单个国家来说，1970年日本GDP仅为美国的19%，1973年达到30%，1979年接近40%；联邦德国GDP在1970年为美国的20%，1974年达到29%，此后一直保持这一水平。

从日本和联邦德国加总 GDP 占美国 GDP 的比重看，1970 年两国之和的经济总量仅为美国的 39%，到 1978 年上升到 74%。

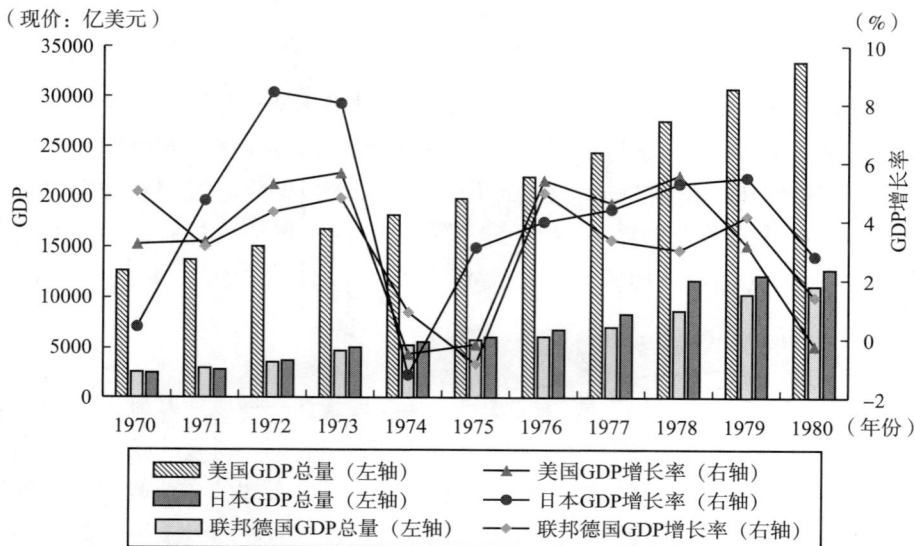

**图 2 - 1    20 世纪 70 年代日本、联邦德国、美国的经济总量及经济增长率状况**

资料来源：根据世界银行数据（The World Bank data）整理而成。

从经济增长率来看，三国的增长率明显受到两次石油危机影响，但受影响的程度存在差异。日本在石油危机爆发之前连续两年出现超过 8% 的经济增长率，分别高出美国、联邦德国 3 ~ 4 个百分点，第一次石油危机对于日本经济增长的影响最大，1974 年日本 GDP 下降了 9 个百分点，降幅远超过美国（6%）和联邦德国（4%），但日本先于两国走出危机，在美国和联邦德国仍未走出危机的 1975 年，其经济增长率超过 3%，而后持续保持增长势头，第二次石油危机后的 1980 年，日本保持了 2.8% 的增长率，远高于美国（ - 0.2%）和联邦德国（1.4%）。联邦德国经济受两次石油危机的影响小于日本和美国，而且恢复速度和平稳程度都高于美国和日本。日本和联邦德国经济规模的扩大与经济增速的加快，增加了守成大国的忧患意识。

## （二）劳动生产率差异

联邦德国和日本的崛起不仅表现为经济规模上与美国差距缩小和经济增长率上力压美国，还表现为劳动生产率的差异。图 2 - 2 显示出 20 世纪 70 年代美国、日本和联邦德国在劳动生产率方面的差异。20世纪70年代初，三国劳动生产率几乎保持同速，约在4%左右，而此后联邦德国和日本的劳动生产率始终高于美国。联邦德国受第一次石油危机影响最小，与上一年相比，1974年劳动生产率增长率仅下降1个百分点，而美国下降超过3个百分点，日本下降接近5个百分点，但受第二次石油危机的影响较大。与上年相比，1980年联邦德国劳动生产率下降了2个百分点，高于美国（0.4%）和日本（1.9%）。分时段来看，1971～1973年美国平均劳动生产率增长率为2.85%，联邦德国为4.81%，高出美国近2倍，日本为6.49%，超过美国2倍多。1975～1979年美国平均为1.5%，联邦德国为3.7%，日本为3.8%。从整个70年代来看，平均劳动生产率增速联邦德国为3.4%，美国为1.4%，日本为3.9%。

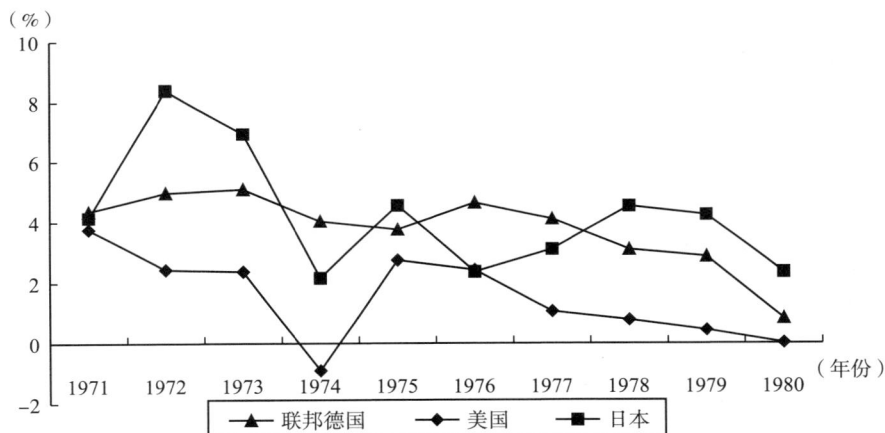

**图2-2  20世纪70年代美国、日本、联邦德国劳动生产率变化轨迹**

资料来源：根据经济合作与发展组织（OECD）数据整理（http://www.oecd.org）。

就制造业劳动生产率（以制造业每小时产量增长率表示）而言，更增加了美国的危机感。1950～1978年，美国平均为2.5%，联邦德国平均为5.7%，日本则为8.5%，就加工制造业方面来说，美国劳动生产率年平均增长率为2.5%，联邦德国为4.5%，日本则为7.3%（姚曾荫，1980）。从美国占绝对优势的钢铁产业来说，20世纪50年代日本生产每单位钢材的成本是美国的1.3倍，而到了1972年，成本降为美国的70%。1976年美国装配一辆中小型汽车所需人工27个小时，而装配同样的一辆汽车，日本仅需15个小时（赵援，1988）。单纯从这些数据就可以看得出来，经过战后数十年的发展，日本的生产效率已远超美国。事实上，美国生产率落后带来的是市场占有率下降，战后到 20 世纪 70 年代初，美国占全球制造业生产的一半左右，出口贸易占 1/3 左右，而到 1976 年，美国制造业生产仅占 1/3 左右，出口贸易更是降到了 1/9 左右（蔡俊才，1983）。德日两国制造业劳动生产率的提高，使美国在二战后积累的制造业优势渐渐丧失。

## （三）贸易收支差额比较

1951 年联邦德国加入关贸总协定（GATT），1952 年对外贸易开始出现顺差，到 1976 年顺差累计达到 3204 亿美元。1953 年联邦德国与美国的贸易关系发生逆转，联邦德国对美国出口增长了 26%，进口减少了 27%。日本 1955 年加入 GATT 后，1968 年外贸出现顺差。据日本海关统计，在 1955～1973 年，日本对外贸易增加了 15.8 倍，年均增长率高达 16.0%，远超同期世界贸易增长规模和增长速度。从二战结束到 20 世纪 60 年代中期的 20 年间，日本对美国的贸易一直处于逆差状态，1965 年，日本首次对美国出现贸易顺差，此后顺差幅度不断增加。图 2－3 显示了 70 年代以来美国、日本、联邦德国的国际贸易收支变动情况。

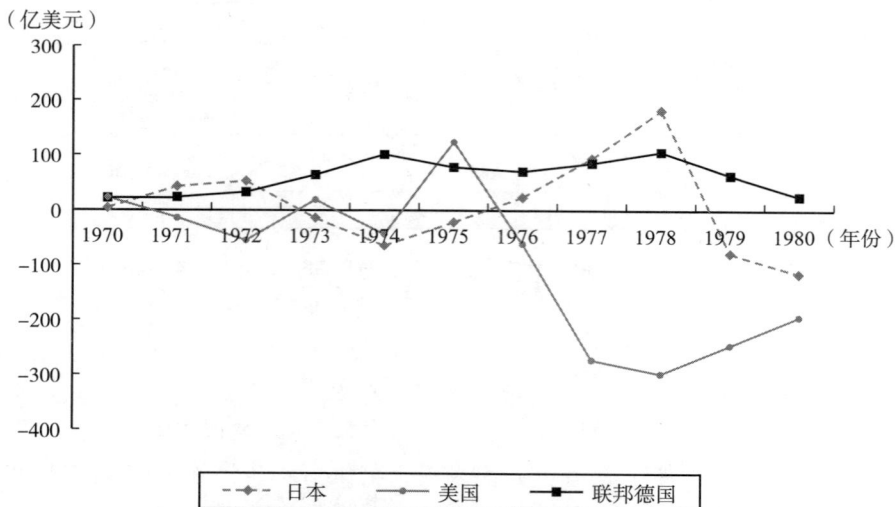

图 2－3　1970～1980 年美国、日本、联邦德国贸易收支变化轨迹

注：日本和联邦德国数据是依据当年平均汇率而得出的。
资料来源：根据 Wind 数据库整理。

1971 年开始美国出现贸易收支逆差，之后除 1973 年和 1975 年出现两次顺差之外，20 世纪 70 年代的其余 8 年均为逆差，而且逆差幅度不断扩大，1978 年接近 300 亿美元，足见美国在全球贸易中的优势正在不断下降。与美国贸易收支逆差趋势相比，联邦德国出现了稳定的贸易收支顺差，1974 年顺差突破 100 亿美元，之后虽有波动但没有改变顺差趋势。日本在这个时期出现了贸易收支的剧烈变动，第一次石油危机当年日本即出现了贸易赤字，之后连续 2 年均为赤字，1976 年转为盈余，并于 1978 年出现盈余新高，第二次石油危机时期显示出相同的趋势，而且逆差幅度又创新高。十年间出现了 4 次逆差，最大的逆差是 1980 年的 115 亿美元，最大的顺差是 1978 年的 181 亿美元，日本贸易收支的剧烈波动显示了日本经济对石油资源的依赖和经济结构调整的艰巨性。总之，两次石油危机给美日德三国对外贸易都带来了巨大冲击，贸易收支变动显示了三国贸易优势的变化轨迹，美国贸易竞争力的下降已经成为不争的事实。

### （四）汽车产业竞争力比较

日本、美国、联邦德国汽车产业比较更能说明美国产业的衰退。1948 年美国汽车产量占发达国家汽车产量的 84%，1970 年降至 33%。1970 年欧洲共同市场 6 国（法国、意大利、联邦德国、荷兰、比利时、卢森堡）的汽车产量达到 792 万辆，超过了美国的 655 万辆。1960～1969 年，联邦德国出口到共同市场 6 国的汽车从 1.31 亿美元增长到 7.45 亿美元，而同期美国对共同市场的汽车出口额从 3100 万美元下降到 2200 万美元。不仅如此，联邦德国还扩大了对美国市场的汽车出口，1960～1969 年，联邦德国对美国的汽车出口增长了 3 倍之多（柴方国，2000）。

战后在日本政府产业政策支持下，汽车产业迅速发展。20 世纪 60 年代日本的汽车产量为 16 万辆，对美国的出口量微乎其微，1970 年日本国内汽车产量达到了 317.9 万辆，对美出口 23.3 万辆，美国市场占有率仅为 2.8%，1976 年日本汽车在美国市场上的占有率超过 10%，1980 年超过 20%（见表2-1）。面对日本汽车产业的竞争压力，美国三大汽车制造厂商克莱斯勒、福特和通用在 1980 年相继出现亏损，汽车产业失业人数增加，1979 年 11 月美国汽车产业的失业人数为 10 万，1980 年 8 月失业人口飙升到 25 万，接近美国汽车产业工人的 40%（赵瑾，2002）。美国汽车产业的衰退对美国经济产生了重大影响。

表 2 - 1　　　　　　　　日本轿车对美出口及在美市场占有率

| 年度 | 生产量（万辆） | 对美出口量（万辆） | 在美国市场的占有率（%） |
|---|---|---|---|
| 1960 | 16. 50 | 0. 10 | 0. 00 |
| 1965 | 69. 60 | 2. 20 | 0. 20 |
| 1970 | 317. 90 | 23. 30 | 2. 80 |
| 1975 | 456. 80 | 71. 20 | 8. 60 |
| 1976 | 502. 80 | 105. 10 | 10. 80 |
| 1977 | 543. 10 | 133. 90 | 12. 40 |
| 1978 | 597. 60 | 140. 90 | 12. 90 |
| 1979 | 617. 60 | 154. 70 | 14. 90 |
| 1980 | 703. 80 | 181. 90 | 20. 80 |
| 1981 | 697. 40 | 176. 10 | 20. 90 |
| 1982 | 688. 10 | 169. 20 | 21. 80 |

资料来源：小宫隆太郎. 日本的产业政策［M］. 黄晓勇，译. 北京：国际文化出版公司，1988：324.

## 三、美国国内经济困境

### （一）国内经济"滞胀"

20 世纪 50 ~ 60 年代是美国经济高速发展的"黄金时期"。高经济增长、低失业率和低通货膨胀成为这一时期的典型特征，然而，进入 70 年代之后美国经济状况急剧恶化，表 2 - 2 显示了 70 年代美国宏观经济数据变动情况。

表 2 - 2　　　　　　　1970 ~ 1980 年美国经济"滞胀"情况　　　　　单位：%

| 经济指标 | 1970 年 | 1971 年 | 1972 年 | 1973 年 | 1974 年 | 1975 年 | 1976 年 | 1977 年 | 1978 年 | 1979 年 | 1980 年 |
|---|---|---|---|---|---|---|---|---|---|---|---|
| GDP 增长率 | 3.2 | 3.3 | 5.3 | 5.6 | -0.5 | -0.2 | 5.4 | 4.6 | 5.6 | 3.2 | -0.2 |
| 失业率 | 4.9 | 5.9 | 5.6 | 4.9 | 5.6 | 8.5 | 7.7 | 7.1 | 6.1 | 5.8 | 7.1 |
| 通货膨胀率 | 5.8 | 4.3 | 3.3 | 6.2 | 11.1 | 9.1 | 5.7 | 6.5 | 7.6 | 11.3 | 13.5 |

注：通货膨胀率为消费者价格指数。
资料来源：根据世界银行数据（The World Bank data）整理而成。

在经济增长方面，石油危机前美国的平均经济增长率为4.4%，与20世纪50年代和60年代增长率不相上下，第一次石油危机后的两年，连续出现两次负增长，虽然危机后的1978年出现5.6%的高增长，但很快又受到第二次石油危机的打击，而且持续时间更长，负增长幅度更大。70年代美国经济平均增长率仅为3.5%，比60年代低1个百分点；从失业率来看，第一次石油危机之前美国失业率开始缓慢上升，石油危机后1975年达到8.5%，即使在经济增长进入恢复期后，失业率依旧高企，第二次石油危机之后的1982年，失业率达到9.7%。整体来看，70年代平均失业率为6.2%，1980~1983年达到8.5%，远远高于之前的失业率。从通货膨胀率来看，第一次石油危机之前美国经历了较低的通胀率，伴随石油价格的暴涨，1974年通胀率提高到11.1%，1980年更是创纪录地达到13.5%，70年代的年均通胀率超过7%，远高于美国50~60年代的通货膨胀水平。经济增长缓慢、失业率高企和高通货膨胀同时出现的"滞胀"使美国经济苦不堪言，迫切需要推进经济结构改革。

### （二）国内财政赤字严重

20世纪30年代大危机后开启的凯恩斯主义政府干预政策在二战之后得以持续，财政政策成为美国政府的经济调节器，巨额财政支出增大了美国政府的财政赤字。图2-4描绘了20世纪70年代中期到80年代末期美国一般政府财政赤字状况（包括联邦政府财政赤字及地方政府财政赤字）。进入70年代美国一般财政赤字已经是高位运行，后来由于美国急于从越战抽身，国内财政赤字曾有一定的缓和，1973年降至GDP的2.7%。而石油危机爆发之后，1975年

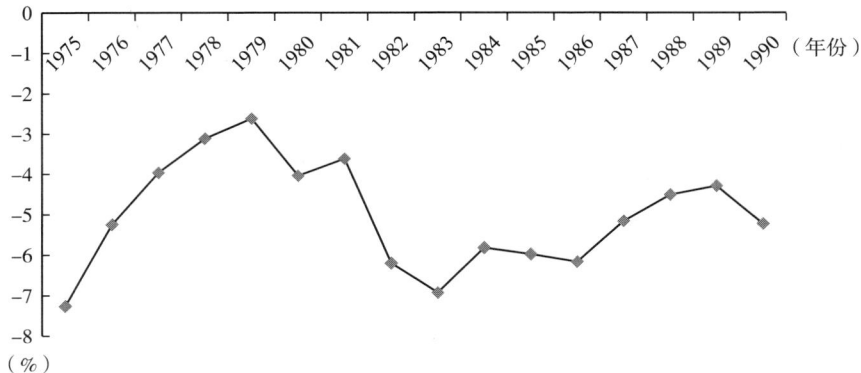

**图2-4 1975~1990年美国财政赤字占GDP比重**

资料来源：根据经济合作与发展组织（OECD）数据整理（http://www.oecd.org）。

财政赤字达到了 20 世纪 70 年代的高峰，占 GDP 的 7.3%，之后有一定下降，第二次石油危机后，1980 年赤字达到 595.9 亿美元，1983 年财政赤字占 GDP 比重再创新高，达到 6.9%。

美国巨额财政赤字的背后隐藏着巨额国防支出的因素，据美国政府支出网站数据统计，长达 20 年美国越战的军费支出占联邦预算支出的比重在 1970 年达到 48.4%。越战结束后，国防支出占联邦政府支出的比重一度下降，但 1983 年的里根政府提出的"星球大战计划"致使国防支出再次上升，1985 年国防支出占联邦政府支出的比重再次升至 31.2%。

### （三）老工业基地衰落

美国老工业基地指工业发展较早的东北部地区和五大湖地区。美国东北部包括新英格兰地区和中大西洋地区，是欧洲移民最早到达且工业发展最早的地区。整个地区环绕在阿巴拉契亚山脉四周。阿巴拉契亚山脉蕴藏丰富的煤铁资源，为该地区的冶金、煤炭等重化工企业发展奠定了基础。五大湖区同样拥有丰富的资源以及便利的交通，曾是全球最重要的制造业基地之一，集中了钢铁、汽车、化工等重工业。

20 世纪 70 年代，随着石油危机和世界产业格局的变化，老工业基地经济受到了严重影响。

一方面，由于传统工业面临的来自日本、联邦德国的激烈竞争，钢铁、汽车、某些化工等基础工业和机械制造工业中的一些部门受到了影响。据美国经济分析局统计，1970～1980 年，"锈带"地区制造业产值比重下降了 3.6%，其中产值比重下降最大的是汽车及汽车零部件产业，下降 2.5%。钢铁产业也面临着巨大的压力，以钢铁为主导产业的匹兹堡地区，钢铁工业产品在美国市场占有率由 50 年代的 25% 下降到 80 年代的 12.4%。

另一方面，受两次石油危机的影响，美国老工业基地许多工厂倒闭破产，《美国统计摘要》（*Statistical Abstract of United States*）公布了九大统计区的企业破产状况，其中老工业基地包括新英格兰区、中大西洋区和中西部东北区。图 2-5 绘制了老工业基地企业倒闭状况。在第一次石油危机前，美国老工业基地的企业破产数量基本保持稳定，每年维持在 5000 家以下，且处于缓慢下降趋势。第一次石油危机后，由于燃料成本上升，企业破产数量有所上升，在 1975 年突破 5000 家，达到 5422 家。之后企业破产数量有一定减少，到第二次石油危机前破产数量达到最低水平，只有 2889 家。但是随着第二次石油危机的到来，石油价格急剧攀升，随之而来的是企业倒闭潮，1981 年达到 5521

家，1983年该地区的破产企业数量更是接近1万家。企业破产增加带来失业率高企，美国汽车制造业中心底特律的失业率在1975年曾经高达18%，并有27%的劳动力闲置。

（家）

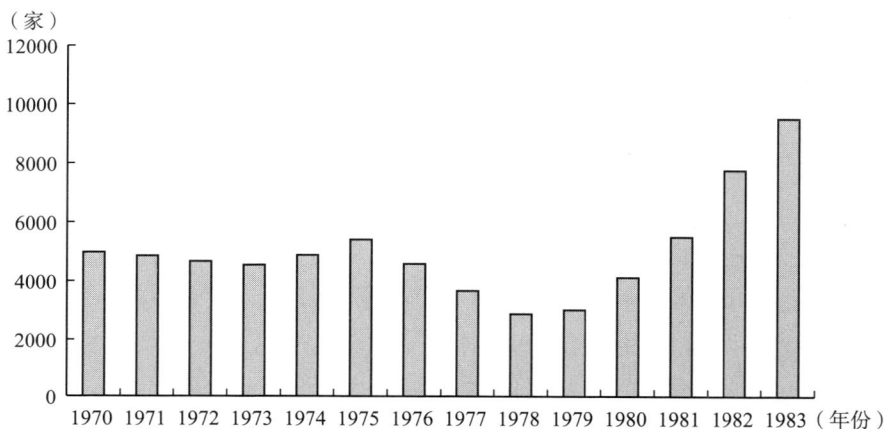

图2-5　1970~1983年美国老工业基地企业破产情况

资料来源：根据《美国统计摘要》（*Statistical Abstract of United States*）数据整理。

20世纪70~80年代美国经济的种种遭遇，突显了美国国内经济改革的必要性和紧迫性，"再工业化"政策舆论氛围也随之高涨。

# 第二节　20世纪80年代美国"再工业化"思潮

20世纪80年代初出现了"再工业化"概念，此后学术界、产业界以及政界等围绕着"再工业化"展开了激烈争论。学术界争论的焦点在于什么是"再工业化"以及"再工业化"与产业政策的关系等问题，产业界关注的是要不要实施"再工业化"，而政界和智库更加关注如何实现"再工业化"问题。

## 一、学术界关于"再工业化"问题的大讨论

### （一）"再工业化"内涵的争论

在美国首次从学术角度提出"再工业化"概念的是社会学家阿米泰·埃

兹奥尼（Etzioni A.）。阿米泰·埃兹奥尼在 1979～1980 年担任美国卡特总统时期白宫国内事务高级顾问，自诩为"再工业化"之父。早在 1979 年，埃兹奥尼在佐治亚理工学院进行演讲时就提出过"再工业化"概念，但当时并没有引起多大反响。1980 年先后发表三篇文章分析"再工业化"动机、本质和方向。第一篇是 1980 年 6 月 29 日发表在《纽约时报》上的文章，提出由于美国国内的过度消费以及投资不足，带来生产能力急剧下降，有必要花费十年左右的时间，"勒紧腰带"，进行"再工业化"（Etzioni A.，1980）。第二篇是金慰祖和于孝同摘译的 1980 年 6 月 30 日发表在《商业周刊》上的文章，详细梳理了美国制造业竞争力下降、创新能力不足、储蓄下降以及生产率增长停滞不前等问题，强烈要求实施"再工业化"政策，而且认为"再工业化"能否实现，取决于美国能否从联邦德国和日本等国家身上汲取经验或教训（Etzioni A.，1980）。第三篇是 1980 年 10 月 25 日发表在《国家》杂志上的文章，完整系统阐述了他的"再工业化"思想，认为"再工业化"的前缀"re"，不能从字面上简单地理解为回归美国传统工业化的老路，而应该理解为回归到一个强大的基础设施部门和生产资料部门。关于"再工业化"动机，他归结为三个方面：一是 20 世纪 70 年代以来的两次石油危机所引发的能源危机，对美国传统生产方式提出了挑战，需要积极开发替代能源，改变能源利用方式和提高利用效率；二是美国需要重振制造业，强化其竞争能力；三是要维持美国人的生活质量，需要继续夯实制造业的基础。这三篇文章的发表，也使"再工业化"话题的讨论逐渐升温。

罗伊·罗森和泽维尔德（Rothwell R. and Zegveld，1985）坚持认为，"再工业化"其实就是产业转型，这种转型会降低传统产业的比重，增加高科技产业的比重，其目的是以新技术为基础，生产和研发服务于新产品开发。要想成功实施"再工业化"，需要政府在保持政策连贯性的前提下，建立一个有利于产业发展的低利率和适度税收政策环境、改革过度的规制和限制，防范政策的波动性，同时还需要加强技术和创新的知识储备。詹姆斯·米勒等（Miller C. J. et al.，1984）认为由于美国没有能力准确判断未来产业发展的优先顺序，"再工业化"政策重要的并不是决定支持或扶植哪些产业，而是找到一种提高生产效率的方法，消除生产效率下降给本国技术进步和国防安全带来的隐患。

从上面的分析可以看出，许多学者将"再工业化"政策理解为一种危机对策，是美国在两次石油危机和国内外形势恶化、经济陷入严重危机时期的经济转型政策，而且这种危机应对政策与经济危机的深度和广度密切相关，其核心是提升美国的经济竞争能力。

## （二）"再工业化"政策与产业政策的关系

关于"再工业化"与产业政策的关系，曾长期困扰美国的学术界和政界。这是由于产业政策在20世纪80年代的美国还是一个非常敏感的问题，虽然学术界热衷于介绍日本或西欧的产业政策经验，积极推动政府出台类似的产业政策，而产业界对此忧心忡忡，担心政府对于产业的过度干预，对于政界来说产业政策更像一个烫手的山芋，富兰克林·罗斯福时期的《国家产业复兴法案》（*National Industrial Recovery Act of* 1933，NIRA）[①] 被高等法院判决违宪的记忆犹存，普遍的观念是产业政策只能在战时或危机时期触碰一下，而在和平时期更愿意维持现状。在这种背景下，"再工业化"政策与产业政策的异同点自然受到学术界的关注。

阿米泰·埃兹奥尼认为"再工业化"不同于产业政策，产业政策包括微观政策和宏观政策，微观政策是在制造业领域优胜劣汰，选择优势产业给予政府资助，同时淘汰落后者，宏观政策是制定全国性的产业发展规划，类似于社会主义国家的计划经济，这在美国几乎是不可能的。而"再工业化"政策并不需要微观和宏观政策，只需要优先照顾两个部门，即基础设施和生产资料生产部门，对这些部门给予一定的刺激政策，如加速折旧、减免税收等措施，支持企业研究开发，同时对于那些可以提高能源使用效率和使用替代能源的企业给予一定的政策保障或其他形式的支持（Etzioni A.，1981）。基于罗纳德·里根竞选时期提出的供给经济学和"再工业化"思想、吉米·卡特的产业振兴和约翰·安德森的产业政策观点，埃兹奥尼系统区分了"再工业化"与产业政策、供应经济学（supply side economics）的关系，将三者比喻为一个闭合集上的三个点，即激进保守主义、温和的中间派和左派自由主义。激进的保守主义就是供给经济学的观点，减少政治干预的范围和强度，将资源释放到私人部门，放松监管，让市场发挥应有的作用。左派自由主义指产业政策，即加强政府作用，通过政府的规划引导资源流向特定产业部门，并采取相应政策扶植私人经济的发展，联邦德国和日本都有成功的先例，主张建立政府主导的合作机制，将产业和劳动有机聚合在一起，政府部门与科学家合作共同参与，对于确定存在竞争优势的产业，政府给予各种补贴或援助，对于劣势产业则任其消亡。温和的中间派就是"再工业化"政策，这是半目标化的，介于供给经济

---

① 1933年，美国罗斯福总统公布了《国家产业复兴法案》，并成立了国家复兴管理局，指导劳资双方订立本行业的公平竞争法则，以防止产业间的盲目竞争导致生产过剩。由于该法案鼓励联盟，并中止反托拉斯法，1935年5月27日，全国产业复兴法案被美国最高法院一致判决为违宪。

学和产业政策之间，政策的核心是使资源进入私人部门，并引导进入基础设施和生产资料生产部门，特别鼓励私人企业加速折旧，更新陈旧设备，或者鼓励节能设备或替代能源设备的开发与应用（Etzioni A.，1980）。伯纳德·温斯坦和约翰·里斯（Weinstein B. L. and Rees J.，1982）认为虽然以供给侧改革为核心的里根经济学看起来是观念的创新或理念上的改变，但实际上就是前几年卡特执政时提出的"再工业化"的"重复"，卡特政府已经提出提高投资税收抵免和折旧费的政策。

更多的学者还是将"再工业化"政策视为产业政策，或者默认为产业政策。米勒的论文题目是《再工业化政策作为产业政策，是应该依靠协调合作还是自由竞争?》，在通篇共37页的文章中，没有明确分析任何"再工业化"政策，主要是围绕产业政策而展开的，系统研究了古典经济学家对重商主义的批判、美国经济发展早期的反垄断法和监管政策冲突，以及美国实施的战时产业政策、胡佛的自愿联合政策及其富兰克林·罗斯福的国家复兴管理局成立和违宪判决等问题，在此基础上总结了在日本和西欧广泛存在的指导性产业政策特征，得出的结论是由于众多政治层面的障碍，即使是在日本和西欧成功运用的产业政策，在美国也难于推行中央集权的产业政策（Miller C. J. et al.，1984）。阿尔文·考夫曼等（Kaufman A. et al.，1981）是将"再工业化"政策视为产业政策，系统分析了英国和日本的实践。英国被看作"去工业化"的典型，由于非市场部门资源占用的过度增长影响了市场部门的资源投入，出现了所谓"英国病"，而日本经济得益于长期视角的经营管理理念和有效的产业政策，实现了长期经济增长和繁荣。他坚持认为日本产业政策依赖于其特殊的文化和制度环境，并不能复制到美国，当面对结构性问题时，最佳选择是提供一个适宜的经济环境，减少"路障"，化解结构性问题的冲击波。杰瑞·莱姆巴科和马丁·哈特汉斯伯格（Lembcke J. and Hart – Landsberg M.，1985）认为欧洲、日本竞争力的增强和第三世界民族解放运动的成功限制了美国的海外扩张，因此，美国应该实施"再工业化"政策。他们提出了两个措施：一是充分发挥政府的作用，制订一个全国性的计划，并为产业提供资金；二是在资本家和劳动者之间建立全新的社会契约，使劳动者支持"再工业化"战略。

美国学者极力区分"再工业化"与产业政策的关系，实际上想回避比较敏感的具有中央集权性质的产业政策。从经济政策的层次来看，处于宏观经济政策与微观经济政策之间的中观经济政策指以地区或产业发展为对象而制定的经济政策，"再工业化"就是一个促进产业发展的产业政策；而从美国的政策体系来看，"再工业化"的产业政策并不像日本那样明确支持某类或某些产业，而是通过技术创新政策推动产业发展，关于这个问题，将在第四章、第五章展开分析。

（三）"再工业化"实现路径的讨论

美国学者对于"再工业化"实现路径存在截然不同的观点，归纳为恢复传统制造业、发展高科技产业以及发展服务业三大类。

第一，发展传统制造业的观点。支持这一观点的代表性人物仍属埃兹奥尼，正像前面所分析的那样，恢复传统产业的竞争能力不是回归到从前，而是重点发展基础设施和生产资料生产部门，主要包括促进交通运输、能源、R&D、人力资本、资本货物以及防务等部门的发展，完善制造业发展的硬件环境。布鲁斯·斯马基和迈克尔·科尔钦（Smackey B. M. and Kolchin G. M.，1986）认为"再工业化"不是简单地将大量资本投入落后停滞的或低效率产业，而是需要从消费者需求角度系统研究和判断哪些产业需要扶植，美国的问题在于没有重视市场需求的作用，"再工业化"目标是运用高能源效率和低成本的设备替代陈旧设备，基于实证研究，提出"再工业化"重点应该集中在钢铁、电子产品和健康护理领域。

第二，发展高科技产业的观点。与保护传统产业的思路不同，发展高科技产业的"再工业化"思路的代表人物彼得·德拉克（Drucker P.，1980）认为，美国应该让传统产业消失，允许蓝领工人失业，重点发展高科技产业，重新掌控制造业的国际竞争能力。他认为发达国家已经完成了从农业向制造业的转移，现在的转移是从蓝领工人向"知识工作"转移，预计到20世纪90年代，蓝领工人的需求量只相当于50年代的1/3或2/5，而且美国的劳动力就业结构已经发生变化，1980年，47%的就业人员集中在信息处理行业，只有22%的就业人员在传统制造业。具体的"再工业化"思路有三个：一是推行生产自动化，提高生产效率；二是开展生产流程管理，将整个工厂和全部生产过程整合起来，降低运行成本；三是将现代科技与生产相结合。通过这些措施，迫使蓝领工人转向"白领技工"，鼓励运用现代科学和知识改造和武装传统制造业。詹姆斯·欧氏和连·艾克兰德（O'Shea J. and Ackland L.，1981）认为"再工业化"政策的主要背景是来自日本的竞争压力，尤其是在半导体市场上，日本政府将半导体和计算机产业作为支柱产业，出台一些特殊政策支持发展，致使日本市场份额快速上升，极大地刺激了美国的工商业界，同时美国在经济发展中存在许多"路障（Road block）"，如管理者的短视观念、振兴传统工业与发展高新技术产业的矛盾、工资增长超过劳动生产率增长、R&D

的下降等因素都会制约美国经济发展。

第三，支持发展服务业的观点。将发展服务业作为"再工业化"重心的代表人物是金斯伯格·伊莱和乔治·沃伊塔（Ginzberg E.，Vojta G. J.，1981）。这里的服务业是广义的服务业，是农业、建筑业、制造业和采矿业以外的所有产业，包括批发零售业、通信产业、运输业、公用事业、会计、银行、咨询业务、餐饮住宿业和政府服务部门等。理由是，研究发现过去 30 年美国经济出现了四大显著变化：一是服务业发展在一定程度上取代了产品生产；二是非营利部门的迅速增长；三是人力资本的重要性增强；四是全球性业务体系的形成。由此带来服务业的快速增长，1948 年服务业占 GDP 的比重仅为 48%，1978 年提升到 66%。根据金斯伯格·伊莱和乔治·沃伊塔的观点，服务业为主导的社会不可能恢复以前传统制造业的辉煌，如果继续支持衰落的失去竞争力的产业，会导致严重的"英国病"。

从美国关于"再工业化"路径的讨论可以看出，三种实现路径包含了美国经济的所有部门，而从最终的效果看，传统制造业并没有得到有效发展，高新技术产业和服务业却获得了巨大发展。

## 二、产业界的针锋相对

### （一）传统产业的强烈支持

对于钢铁和汽车等传统产业来说，"再工业化"的概念如同雪中送炭，为饱受石油危机打击的产业似乎带来了曙光，如全美汽车工人联合会（UAW）的总裁道格拉斯·弗雷泽，自始至终都在为"再工业化"摇旗呐喊，并不断催促具体政策及早落地（Neikirk B.，1980）。与就业息息相关的美国劳工联合会—产业工会联合会（AFL-CIO，简称"劳联—产联"）极力支持"再工业化"。众所周知，劳联—产联是美国最大的工会组织，其宗旨之一就是改善劳工家庭生活状况。而在 20 世纪 80 年代初美国出现工厂关闭、企业破产、失业增加等诸多问题，劳联—产联主张成立一个由工人、产业以及政府三方组成的经济振兴委员会，设计并执行一套综合的"再工业化"政策，一方面保证将来美国能有一个多元化的工业基础，另一方面保护国家的安全（Townsend E.，1980）。经常被引用的产业界支持"再工业化"政策的唯有菲利克斯·罗哈廷（Rohatyn F. G.，2001），建议成立复兴金融公司（Reconstruction Financial Corporation），挽救陷入困局的传统产业。

### （二）新兴产业和主导产业的坚决反对

与传统产业相反，伴随着 20 世纪 70 年代后期信息技术革命而出现的高科技产业则对"再工业化"没有任何热情，认为只有钢铁、汽车以及橡胶等那些遭受严重危机的产业才需要"再工业化"，而像电信以及电脑等新兴产业似乎对这一概念不太感兴趣。在美国国会听证会上，花旗银行的沃特、通用汽车公司的托马斯和经济发展委员会主席费莱彻等重要人物强烈反对政府干预产业及其投资行为，一些主流经济学家也强烈反对"再工业化"，艾伦·格林斯潘、查尔斯·舒尔茨和赫伯特·斯泰因均直言反对"再工业化"（Miller C. J. et al.，1984）。在 1981 年沃顿商学院举办的产业政策研讨会上，更有很多产业界人士反对政府干预产业行为。产业界反对"再工业化"的理由有以下几个方面：一是在思想意识中反对任何形式的政府干预；二是坚信政府当局对自由主义战略存有偏见；三是担心商业决策的过度政治化；四是政府政策会破坏既得的经济利益（Burris V.，1985）。

华尔街的分析家认为"再工业化"对于政治家来说是一个"噱头"，但同时也预估，如果通过减税等政策实施"再工业化"政策，传统产业中的基础工业、机械工具以及高科技产业中的半导体、微机、电子元件等都会有一个很好的发展前景（Bryant Q. J.，1980）。

## 三、政界和智库对"再工业化"的认识

### （一）1980 年总统候选人的"再工业化"思想

"再工业化"对于学界和媒体来说是一个概念或口号，而对于处在 1980 年美国选举年的每个总统候选人来说，"再工业化"变成了一把利器。在党内初选阶段，民主党前加州州长杰里·布朗和参议员爱德华·肯尼迪率先提出了"再工业化"主张。初选结束后，不管是独立候选人约翰·安德森还是民主党候选人吉米·卡特以及共和党候选人罗纳德·里根都纷纷顺应"民意"，推出了自己的"再工业化"政策。

民主党人布朗认为，美国之所以出现竞争力疲软、持续通货膨胀等问题，是因为工业繁荣的根基受到了严重侵蚀，为了解决这些问题，必须坚定不移地推行"再工业化"政策，减少消费，利用公共部门和私人部门的力量，配合税收和监管等手段，将资本投资到环境、技术以及人力资本等领域，以维持美

国国内经济发展和提升国际竞争力（the Washington Post，1980）。

民主党参议员肯尼迪（Kennedy M. E.）沿用布朗的"再工业化"思想，主张建立一种由政府、企业和工人三方共同发挥作用的"新型经济伙伴关系"，这种关系是由政府推动、高校提供技术、企业生产，并兼顾每个公民的权益，即成立美国"再工业化"公司，类似于20世纪30年代罗斯福新政时的复兴金融公司，其职责是提供补助、贷款担保和利息补贴，目的是刺激投资，帮助美国公司提高国际竞争力（Reid T. R.，1980）。

在总统大选阶段，由于民主党势力主要集中在东海岸和西海岸的几个州，而共和党的势力主要集中在南部和中部的大平原地区，因此，两党在中西部"锈带"工业地区的争夺最为激烈。谁控制了中西部的工业地区，谁就赢得了美国大选。

独立候选人安德森在他的经济计划中明确表示支持"再工业化"，其经济政策的核心是产业重组和产业结构改革。此外，他在计划中还明确表示不会用减税来刺激消费支出和通货膨胀，而对于企业雇佣失业人员和陷入危机的中西部内陆地区的投资则会有一定的税收激励措施。

民主党候选人卡特的"再工业化"思想分为两个阶段。第一个阶段是执政期间的经济政策，1980年5月，卡特政府就承诺让汽车产业以及汽车工会领袖建立"伙伴关系"，7月在视察底特律汽车城之后，实施了一项针对美国汽车业的局部"再工业化"计划，主要包括：税收优惠组合，放松尾气排放规制，提供贷款担保，向因工厂倒闭而受到影响的社区提供救援补贴，要求特别贸易代表办公室［STR，美国贸易代表委员会（USTR）的前身］加快审议美国汽车工人联合会提出的对日本汽车实施进口管制的请愿（Elsner D. M.，1980）。第二个阶段的标志是1980年8月公布的一揽子经济复兴计划（*Economic Revitalization Plan*）。这项计划概括起来包括以下四部分：一是为了复兴美国经济，鼓励私人投资以及增加公共投资，目的是促进生产和出口，解决就业；二是建立一个前瞻性的政府、私人部门以及公共部门的伙伴关系，协力解决美国经济面临的问题；三是帮助严重受到产业调整影响的居民和社区；四是在保持稳定的通货膨胀条件下，减少劳动者的税收负担（Greenberg P.，1980）。

共和党在党内初选结束后出台了竞选纲领，主要内容包括立即大幅度增加国防开支、全方位解除能源价格控制以及三年税收削减计划。由于这份纲领中并没有提出针对以蓝领工人为主的中西部工业地区经济政策，鉴于中西部工业地区在选举中的地位，里根在大选初期就提出了《经济复兴计划》（*Economic*

*Recovery Program*，ERP)，主要内容包括中止对汽车产业的进一步管制并严格审查现有各项规则，建立加速折旧的税收减免政策，鼓励汽车设计创新，增加汽车产量，废除联邦汽油分配方法等。随后又提出了升级版的经济复兴计划《80 年代经济增长与稳定战略》(*Strategy for Economic Growth and Stability in the 1980s*)，该战略是经济复兴计划的细化，意图实施一项长期的国家政策，提升各界对经济复苏的信心。如果说经济复兴计划主要是获取中西部地区的选票，那么，《80 年代经济增长与稳定战略》不仅关注中西部工业区的问题，更加着眼于美国经济现实，其政策措施也更加全面和具有可操作性。

值得注意的是，里根的《经济复兴计划》和《80 年代经济增长和稳定战略》均没有使用"再工业化"概念，实际上，里根是吸取了卡特的教训，避免为其竞选带来不必要的麻烦。这是由于在卡特总统执政后期，已经推出了局部"再工业化"政策，试图救助遭受严重危机的地区和产业，但该政策一经推出，立刻在美国国内引起了轰动，普遍的观点是将这一政策视为产业政策，意味着政府要加强对经济的干预和控制，这在当时各界对产业政策忌讳莫深的美国，"再工业化"概念成为卡特总统的连任失败的原因之一。

### (二) 智库研究"再工业化"的视角

学界和媒体的热炒推动了智库对"再工业化"问题的关注。1983 年里根总统成立了产官学成员组成的产业竞争力总统咨询委员会 (President Ronard Reagon's Commission on Industrial Competitiveness)，经过一年半的调查和研究，1985 年提交了《全球竞争：新的现实》(*Global Competition – the New Reality*) 的研究报告，当时的产业竞争总统咨询委员会主席是美国惠普公司 CEO 约翰·杨 (Young J. A.)，该报告也被称为《杨报告》(Young J. A.，1985)，这是美国版的增长战略，也称为产业竞争力报告书。该报告非常强调美国制造业的重要性，重视学习日本振兴制造业的经验，通过提高国际竞争能力，实现美国经济的复苏。报告的出发点是美国竞争力的全面下降体现在劳动生产率、生活水平和贸易收支等方面，并据此提出了四个方面的政策建议：一是促进新技术的开发、应用和保护，这是美国最大的竞争优势；二是促进资本有效转化为投资，改善美国工商业运行环境和降低运行成本；三是建成一个高技能的、弹性的、机动的劳动大军；四是作为美国的优先战略，促进出口，保持国际竞争优势。

1986 年，美国竞争力委员会 (U. S. Council on Competitiveness) 成立。该委员会为政府、媒体、专家和一般公众提供咨询服务，为非营利机构。该委员会吸收商界、学术界、劳工界和政界的人士参加，深刻分析美国经济面临的机会和挑战，为政府和公众提供决策建议。1988 年，美国政府成立了竞争政策委员会（Competitiveness Policy Council），作为一个独立的联邦咨询委员会的机构，1991 年开始运行，1997 年关闭。在此期间竞争政策委员会向总统和国会提交了一系列研究报告，如 1992 年的《建立一个有竞争力的美国》，1993 年的《美国竞争力战略》，1994 年的《推进长期的繁荣》，1995 年的《更多储蓄和更好投资》等，此时使用的产业竞争力概念是广义的，是指美国生产更多的产品和服务，既能适应世界市场的变化，又能满足国民生活水平提高的需求。

从智库研究的角度来看，均是关注产业竞争力问题，而产业竞争力的核心随着时间的推移而发生了变化，产业竞争力总统咨询委员会关注的是制造业产业竞争力问题，到后来成立的美国竞争力委员会和竞争政策委员会，则是关注广义竞争力问题，产业的范畴包括制造业和服务业。这对美国的经济政策产生了一定影响，也在一定程度上推动了美国脱实向虚的发展进程。

从学术界和媒体热炒"再工业化"到产业界爱憎分明的表态，从 1980 年总统候选人有关"再工业化"问题的交锋，再到智库关注的制造业竞争力及产业竞争力的视角，足以证明美国 20 世纪 80 年代"再工业化"的重要性、艰巨性和复杂性。遗憾的是，强大的"再工业化"舆论并没有产生明确的"再工业化"政策，自然也不会产生明显的"再工业化"政策效果。

# 第三节　20 世纪 80 年代美国经济政策及与"再工业化"政策的关系

美国 20 世纪 80 年代"再工业化"政策主要是指里根执政时期的经济政策，主要政策主张来源于里根执政期间的国情咨文和相关法案。从表面来看，里根政府在官方文件中并没有使用"再工业化"概念，但第一任期内的四项改革计划中的三项，即减税、削减预算开支、放松监管，以及第二任期内的促进科技发展的种种举措均与振兴产业发展的"再工业化"政策密切相关。

## 一、里根政府的经济政策体系

为兑现竞选时的诺言，里根总统于 1981 年 2 月 18 日在国会联席会议上发表国情咨文，公布了《经济复兴计划》（*Program for Economic Recovery*）。过去当选总统第一年便在国会联席会议上发表国情咨文的只有1961年的约翰·肯尼迪总统。纵观执政期间的国情咨文，里根总统再没有使用"再工业化"一词，据此众多学者认为20世纪80年代美国并没有"再工业化"政策。事实上，里根竞选时实质是将"再工业化"狭义理解为复苏传统产业，是为争取中西部传统工业区选票而提出的，而当执掌政权之后，里根总统是根据美国当时的社会经济环境提出了更加现实和合理的政策。

1981年，美国经济面临的是 − 0.2%的经济增长率、7.1%的失业率和13.5%的高通货膨胀率，联邦优惠贷款利率高达21.5%，非薪资收入的最高联邦所得税税率是70%，1980年预算赤字达到738亿美元，比1977年增长了200多亿美元。如此严峻的局面对里根政府形成了巨大压力。作为严格的保守主义者，里根政策的出发点就是终结20世纪30年代以来罗斯福"新政"开始的合作联邦主义（cooperative federalism）① 政策，开启了新联邦主义实践，即削减联邦政府开支，缩小联邦政府规模，将权力下放到本应属于州和地方政府层面，这被外界称为"新联邦主义"。在这一政策理念下，四根经济政策支柱就是减税、削减政府开支、放松监管和稳定货币政策。除稳定的货币政策是针对严重的通货膨胀，建立适宜的经济发展环境之外，其余的三个支柱均是促进产业发展政策，这些政策与"再工业化"政策息息相关。

## （一）税收减免政策

在整个里根执政时期，减税贯穿其执政的始终，是最重要的经济手段。就一系列减税政策而言，里根执政时期的减税政策大致可分为两个阶段，第一阶段的减税政策主要指的是里根第一任期内的税收法案，第二阶段的减税政策主要指第二任期内的税收法案。为了便于更好地理解里根时期一系列的减税政策，按照税法颁布的时间整理了相关法案的主要内容（见表2-3）。

就里根总统第一任期的税收法案来看，主要包括《经济复兴税收法案》《税收公平与财政责任法案》《赤字削减法案》三个法案。在这三个法案当中，最重要的是《经济复兴税收法案》，主要包含四项内容。第一，全面降低个人所得税的税率。具体而言，第一年削减5%，第二年削减10%，第三年削减10%。除此之外，该法案还降低了非工薪收入所得税、资本收益税以及利息、遗产税等税率。第二，减免企业税。这是对企业投资给予的税收优惠，如购买

---

① 合作联邦主义是基于美国宪法，强调联邦政府的至高无上权威，并主张州和联邦共享权利，州是联邦的合作伙伴。

研发设备减税 6%，添置机器设备减税 10%，以及降低小公司的利润税率等。第三，加速折旧。该法案大大缩短了固定资产折旧年限并简化了分类，如厂房建筑折旧期由 32~43 年缩短为 10~15 年，机器设备折旧期由 5~15 年缩短为 5 年，汽车等折旧期一律定为 3 年等。第四，对研发支出给予一定税收抵免，鼓励企业增加研发投资。

表 2 - 3　　　　　　　　20 世纪 80 年代美国的主要税收法案

| 年份 | 法案名称 | 主要内容 |
|------|----------|----------|
| 1981 | 《经济复兴税收法案》（*Economic Recovery Tax Act of* 1981） | （1）3 年内分阶段下调个人所得税税率，最高税率从 70% 下降到 50%<br>（2）加速折旧，用加速成本回收制度（ACRS）取代现有折旧制度<br>（3）鼓励储蓄，15% 的净利息扣除替代之前 200 美元的利息扣除（900 美元的上限）<br>（4）分阶段增加遗产税豁免<br>（5）对于研究支出的税收抵免 |
| 1982 | 《税收公平与财政责任法案》（*Tax Equity and Fiscal Responsibility Act*） | （1）减少了加速折旧优惠力度<br>（2）收紧"安全港"租赁规则<br>（3）纳税人减少 50% 的基础投资税抵免<br>（4）扣除个人应得股息和利息收入的 10% |
| 1984 | 《赤字削减法案》（*Deficit Reduction Act*） | （1）废 1981 经济复兴法案的 15% 净利息扣除<br>（2）降低免税实体中物业租赁的税收优惠<br>（3）将建筑物折旧年限从 15 年延长到 18 年<br>（4）加强对免税债券持有的限制 |
| 1986 | 《税制改革法案》（*Tax Reform Act of* 1986） | （1）降低个人所得税税率（上限为 28%），取消资本利得免税待遇<br>（2）取消投资税抵免<br>（3）降低公司所得税税率，最高税率下降为 34%<br>（4）个人免税金额从 1080 美元上升为 2000 美元<br>（5）标准化扣除从 3670 美元上升到 5000 美元<br>（6）限制非利息扣除<br>（7）加强对个人退休存款账户扣除的限制<br>（8）修订公司最低税 |

资料来源：根据美国政府印刷局数据整理（https：//www. gpo. gov）。

　　然而，美国经济的现实表现又促使里根政府不得不适度改变政策取向。1982 年联邦贷款优惠利率再次飙升超过 20%，GDP 出现 1.9% 的负增长，这一状况超过 20 世纪 70 年代石油危机期间的经济衰退程度。1982 年里根政府出台了《税收公平和财政责任法案》，该法案取消了 1981 年法案中的加速折旧等规定，实现了部分增税，成为美国历史上最大的增税法案；1984 年出台

《赤字削减法案》，其目的是为了调整美国税收结构，减少赤字。这是里根总统在第一个任期内的有增有减的税制改革法案。

就里根总统第二任期的税收法案来看，《1986 年税制改革法案》是对 1981 年以来三个税收法案的修正。1984 年里根总统就要求财政部长设计一套公平、简单、有效以及能够促进经济增长的税收制度。但是，由于美国国内各方势力的干扰，直到 1986 年才正式出台。就内容而言，该法案主要包括两方面的改革，一方面是个人所得税改革，另一方面是企业税改革。就个人所得税方面而言，改革主要包括以下几项：一是降低个人所得税率及简化税级，将个人所得税税率由 11%～50% 共 14 档简化为 15% 和 28% 两档；二是取消了若干税收优惠，如股利税收优惠、失业救济金税收优惠等；三是取消了个人长期资本利得 60% 的免税优惠；四是加强了有关税种的扣除限制，如有关杂项扣除以及贷款利息支付扣除等。

就企业税方面而言，一是降低了企业税税率及税级，将企业税税率由 15%～46% 共 5 档简化为 15%、25% 和 34% 三档；二是取消了投资税抵免；三是降低了海外收入的免税额度；四是加强对中小企业费用扣除的限制等。总的来说，《1986 年税制改革法案》不仅对美国的税收体制进行了大刀阔斧的改革，关闭了许多税收漏洞的"后门"，而且还进一步降低个人所得税税率和企业税率，有助于增加个人消费和企业投资。

## （二）削减预算开支政策

削减预算开支是里根经济政策中极为重要的一环，也是与减税政策相配合的政策主张。里根之所以执着于削减预算开支，首先是因为里根的保守派理念中，一贯的主张就是削减开支；其次就是当时美国国内存在一种倾向，认为高福利降低了众多劳动者的工作积极性，使得一部分工人宁愿失业也不愿再就业，因此，削减预算开支会起到增加就业、降低国内失业率的效果；最后就是由于里根竞选时大张旗鼓地提出减税政策，在减税同时削减预算开支也成为必然的选择。

就其整个执政生涯来看，削减预算开支最成功的当属第一任期，因为在这一任期内，里根颁布了《1981 年综合预算调整法案》，制订了第一任期后三年削减预算开支 1326 亿美元计划，即 1982 年为 352 亿美元，1983 年为 460 亿美元以及 1984 年为 514 亿美元。里根第二任期内提出的三年预算支出削减计划是 1986 年为 508 亿美元，1987 年为 320 亿美元，以及 1988 年的 300 亿美元，但该预算法案遭到了国会的强烈反对而流产。

就第一任期的预算削减内容看，一是削减政府津贴，包括食品券、儿童营养、家庭补助、社会保险以及医疗保险等，二是其他项目的削减，包括对外援助、农业、司法行政及政府开支等。归结起来说，美国削减预算开支主要集中在社会保障领域和其他非军事的领域，而同期内的国防支出不减反增，致使联邦预算规模上升（见图2-6）。

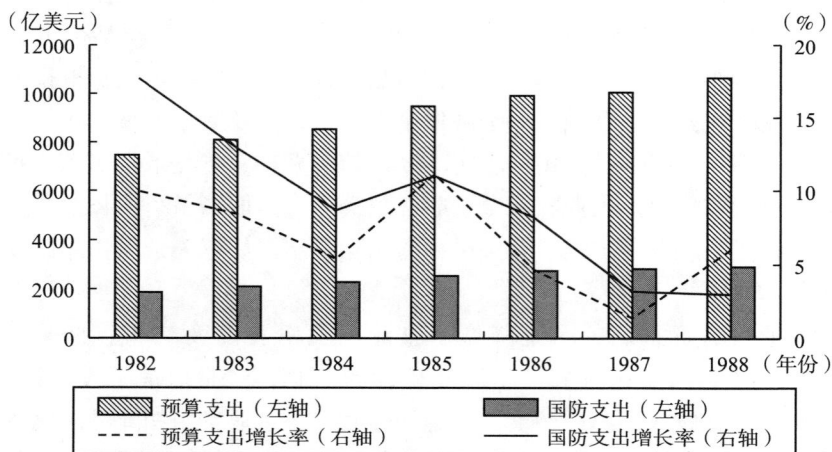

图2-6　1982～1988年美国预算支出与国防支出情况

资料来源：根据美国国会预算办公室数据整理（https：//www.cbo.gov/publication/51384）。

如图2-6所示，里根总统在任期间，美国并没有减少国防预算开支，而且还出现了增长趋势。就国防支出而言，1981年为1580亿美元，1984年增长到2280亿美元，占财政预算的比重由23.3%提升到26.8%，国防预算增长率在1982～1984年均超过全部预算增长率3～7个百分点，1985年出现了国防预算增长率低于联邦预算增长率，之后又出现了扩大趋势，直到1988年才出现了国防预算的一时下降。客观地说，里根的削减预算计划是有增有减，是财政预算结构的调整，最终服务于美国的整体战略。

## （三）放松产业管制政策

里根上任伊始，出台了一系列行政法令。为使监管更加科学化和规范化，1981年2月，里根签署了《第12291号行政命令》（*Executive Order* 12291），为监管机构制定了相应的监管原则，以使监管决策更科学化和规范化。1981年3月，里根成立了以副总统老布什（George Bush）为主任的放松监管总统特别小组，目的是强有力地推进监管制度改革。此外，里根连任总统之后，

1985年1月签发了《12498号行政命令》（*Executive Order* 12498），强调了在充分竞争的市场环境下，行政机构应减少对价格和生产的管控（郭帅，2017）。为了更好地让大家理解里根任期内的主要放松监管政策，将里根执政时期的主要放松监管法规措施整理如下（见表2-4）。

表2-4　　　　　　20世纪80年代美国放松或取消的部分政府规制

| 领域 | 放松或取消的规制 |
|---|---|
| 金融 | 1982年美国国会颁布了《加恩—圣吉曼存款机构法案》（*the Gam-St Germain Depository Institutions Act of* 1982），扩大储蓄机构的业务范围 |
| 航空 | （1）1981年10月正式取消CAB（民航委员会）的航线规制权<br>（2）1983年6月CAB对国内航空的定价权被取消<br>（3）1984年美国国会颁布《民用航空委员会废止法》（*the CAB Sunset Act*） |
| 电信 | 1982年美国司法部反托拉斯局对AT&T进行分割（AN&T Settlement） |
| 能源 | （1）行政命令12287（Executive Order12287），全面放开石油、天然气价格<br>（2）1987年颁布《能源法》 |
| 运输 | （1）《1982年公交管制改革法》（*The Bus Regulatory Reform Act of* 1982）<br>（2）《1986年地面货运代理商放松管制法》（*Surface Freight Reform Act of* 1982）出台，削弱ICC（州际商务委员会）作用 |
| 有线电视 | 国会颁布《1984年有线通信政策法案》（*The Cable Communications Policy Act of* 1984），促进有线电视行业竞争 |

资料来源：根据布鲁金斯学会（The Brookings Institution）数据整理。

表2-4涵盖了20世纪80年代美国放松监管的主要领域。在金融方面是扩大了储贷机构的业务范围，在航空方面取消了民航委员会（CAB）的监管权和定价权，在石油天然气方面全面放开了石油天然气价格管控，在运输方面削弱了运输管理机构的作用等。此外，还放宽了《反托拉斯法》和环境保护等方面的监管措施。

## （四）强化技术转移和转让政策

里根在执政期间，非常重视技术转让和创新，出台了一系列创新政策，这是首次将创新政策从科技政策中独立出来，推进科技成果及时转化为生产力。具体的技术转移和转让政策包括三个方面。

一是出台研发税收优惠政策，包括研发开支、固定资产折旧、风险投资、合作研发等领域的优惠，如1981年的《经济复兴税收法案》规定，若企业当年研究开发支出超过前三年平均值，对其增加部分可给予25%的税收减免，1986 年美国政府出台新减免税法规，规定对产品创新投资减免 20% 的税款等。

二是出台一系列措施，促进中小企业技术创新。如依据 1982 年的《中小企业创新法》，建立了小企业创新研究发展项目（SBIR），通过联邦财政预算支持小企业参与联邦研究计划和技术创新。1988 年《综合贸易和竞争法案》推出两个有利于中小企业的计划，即"先进技术计划"和"制造业拓展伙伴计划"。"先进技术计划"（Advanced Technology Program，ATP），是由隶属于美国商务部的国家标准与技术研究院（NIST）管理，旨在鼓励美国企业创新、促进前沿技术发展，并广泛地应用新技术。"先进技术计划"的目的是"为公共部门和私营部门提供一个平台，促进产业技术的发展"，并且帮助解决"大部分产业所关注的问题"。具体措施是基于技术和商业应用价值，为基础研究阶段风险较高的项目提供资金支持，推动产学研合作，搭建实验室到市场之间的桥梁，弥补了私人风险投资的市场失灵，为推动美国风险投资的健康发展提供了有力保障。"制造业拓展伙伴计划"（Manufacturing Extension Partnership Program，MEP）是联邦政府为振兴制造业而实施的一项国家计划，建立了覆盖全美的创新服务网络，帮助企业识别和采用新技术，共同推进技术的转让或转移。

三是依据 1984 年的《国家合作研究法案》推动技术研发与技术转移，成立了若干大学和产业界组成的技术移转联盟，政府对于技术联盟给予补贴，微电子和计算机技术公司（MCC）、半导体的研发联盟——半导体制造技术公司（SEMATECH）就成立于这一时期。1986 年《联邦技术转让法》加速推动国家实验室与企业之间技术转让，1989 年《国家竞争力技术转让法》又对共同合作研发协议做出了规范。更加具体的创新政策内容将在第五章展开分析。

## 二、里根政府经济政策与"再工业化"关系

从里根的经济政策看，其政策的核心是帮助美国产业的发展。

首先，里根政府的减税政策有利于促进美国高新技术产业的发展。一是税收优惠措施对于新建工厂和设备更加有利，不利于传统产业的发展。如果一家企业在俄亥俄州的钢铁厂追加投资，另一家企业关闭在俄亥俄州的工厂而在亚利桑那州建立一个新厂，后者会获得更大程度的税收减免。而且税法没有对关于关闭老工业基地工厂而向阳光地带或国外转移做出任何惩罚性的政策安排。

税法也不利于劳动密集型产业投资，因为相对于资本成本的降低，劳动成本高的劣势更加突出，这刺激了企业通过自动化实现资本对劳动的替代。同时，由于石油危机后传统产业的衰退，企业收益已经严重压缩，即使出台优惠的企业所得税政策，传统产业也难于享受到税收优惠。二是高科技产业可以更多从税收优惠中收益。受益于20世纪70年代信息技术发展，80年代大批半导体、个人计算机等新兴产业获得了飞速发展，税收优惠政策有利于这些产业发展，如降低公司所得税和资本利得税也是有利于创新型的中小企业，降低资本收益的税率，会使得美国风险投资得以快速发展，进而拉动高科技产业的快速发展等。

其次，里根政府名为削减预算实为预算结构调整的政策促进了军工产业发展。财政预算中国防支出的增加，刺激了20世纪80年代美国军工产业的发展，包括战略核武器和飞机、坦克等常规武器的发展，使得美国的军事实力不断增强。90年代后美国军用技术向民用技术转移，通过政府与企业的合作，推动了一大批高科技产业的发展，并带动传统产业的发展，同时还使国民享受到高科技带来的丰硕成果。

再次，放松管制为美国的"再工业化"创造了客观环境。美国20世纪80年代之前的监管政策严重阻碍了产业发展，对美国制造业，联邦政府出台了种类繁多的管制政策，这些政策严重阻碍或限制了美国制造业的发展。而里根政府放松监管政策之后，制造业企业可以充分利用现有的宽松环境进行生产工艺改造、技术创新，从而提高产业竞争能力，可见，放松监管为"再工业化"的发展创造了客观环境。从放松监管的范围看，主要集中在航空、电信、运输和金融等领域，突显出美国更加重视为高新技术或新兴产业松绑，促进高科技产业发展。

最后，里根政府的科技支持政策促进了美国高科技产业发展。如果说里根总统的第一任期经济政策是隐含支持高新技术产业发展，第二个任期的政策就是更加明显的。随着"星球大战计划"和"美国第二次革命"口号的提出，出现了一个高新技术发展的黄金时期。"星球大战计划"极大地促进了火箭技术、航天技术、高能激光技术、微电子技术、计算机技术等在内组成的高技术群发展。里根总统将"美国第二次革命"形容为"一场把知识和空间的疆界推到新高度的革命，是一场触及美国灵魂的能唤起巨大生命力的精神革命"。知识和空间的革命就是推动太空和其他尖端技术的发展。前已述及的"先进技术计划"并没有因里根执政的结束而终止，其后得到后继总统老布什以及克林顿总统的支持。在老布什执政期间，每年国会通过联邦预算议案，划拨专款用于"先进技术计划",在克林顿政府执政时期,更是将其作为提高美国产业国际竞争力、促进经济增长的一个重要手段,将此项计划作为美国公共技术政策的一个重要组成部分。直到 2007 年 8 月 9 日,小布什总统签署了《美国竞争法案》(*The America Competes Act*, H. R. 2272),替代了"先进技术计划"。这些政策为美国创新生态系统的建设和发展起到了非常重要的作用,将在第五章进行深入分析。

## 第四节　20 世纪 80 年代美国"再工业化"政策效果

如果使用制造业产值或就业指标评价 20 世纪 80 年代美国"再工业化"政策效果,可以说美国经济在短期内出现了恢复迹象,但很快被经济全球化浪潮下的产业对外转移所淹没,但从长期来看,这一时期"再工业化"政策为美国高科技产业发展注入了活力,推动了 90 年代美国"新经济"的出现和发展。

### 一、美国国内对 20 世纪 80 年代"再工业化"政策效果的评价

20 世纪 80 年代美国国内对于"再工业化"政策效果的评价主要是针对"锈带"地区或传统产业而展开的,基本存在三种截然不同的评价。

比较乐观的评价是保罗·麦奎肯(McCracken W. P., 1987)发表在华尔街日报上的评论文章《绣带的未来复兴》,认为美国制造业经过 20 世纪 80 年代阵痛已经出现了一些复苏迹象,从制造业占 GNP 的比重看,过去十年的比重为 22%,到 1986 年还基本维持这一比重,没有下降就是源于制造业的恢复!他认为制造业复苏的原因在于美国企业采取了有效的价格战略,产成品价格增长速度低于成本增长速度。低价战略挤压了公司利润,同时公司的利润结构也发生了变化。根据美国商务部统计,在 1981 ~ 1986 年,公司利润中来自制造业以外的利润增长均超过 50%,来自贸易的利润增长了 56%,来自金融投资的利润增长了 77%,总公司利润增长了 20.1%,而来自制造业的名义利润减少 17%,实际利润下降近 1/3。制造业利润的降低在于公司的瘦身和转型,提高了制造业的劳动生产率。根据 1987 年 2 月美国总统经济报告,1981 年第三季度到 1986 年第三季度,美国制造业劳动生产率提高 3.8%,非制造业劳动生产率提高 0.1%,总的劳动生产率提高 1.1%。制造业劳

动生产率的提高降低了制造业对劳动力的需求，出现了制造业"有增长无就业"现象。

对于"再工业化"政策效果比较悲观的是罗纳德·库兹舍和沃来瑞·培森尼柯（Kutscher E. R. and Personick A. V.，1986），他们从宏观和微观两个方面否定了传统产业或制造业恢复现象，肯定了美国向服务业转移的现实。从美国1960～1985年的就业绝对数量看，产品生产部门（包括制造业、建筑业、采矿和农业）就业人数一直保持稳定，服务业就业比重不断上升，25年间翻了一番；从就业相对量来看，产品生产部门和服务业就业比重变化更加显著，1959年为60∶40，1984年为28∶72；从产出来看，却没有出现如此大的变化，产品生产部门产出在1959年占比54.9%，到1984年为46.7%，仅下降了8个百分点。如果单纯分析制造业的话，1959～1984年，制造业就业下降6.6%，产值下降2.3%，再次说明了美国产品生产部门劳动生产率提高的现实。从微观产业来看，若将美国产业分为三类，第一类是就业和产出增长的产业；第二类是产出增长就业减少的产业；第三类是就业和产出均下降的产业。众多的制造业尤其是耐用消费品制造产业和高技术产业居第一类，许多的食品加工行业、化学、金属制品和工业机械行业居第二类，采矿业、香烟行业、皮革产业、橡胶产业、木质容器、手表和钟表业等属于第三类。由此得出传统产业的衰退是一个不争的事实。

布鲁斯通·哈里森和杰夫·克鲁沃（Harrison B. and J. Kluver，1989），既看到了马塞诸塞州（以下简称"麻省"）"再工业化"政策的成功，更重要的是分析了"麻省奇迹"破灭的原因。1979～1984年，麻省的就业增长是全国平均的183%，产业结构也从传统产业转向了高科技产业，高科技产业的就业年均增长6%，被称为"麻省奇迹"。但自1984年以来，麻省的就业增长是美国全国平均的73%，1984～1988年，制造业失去了9万个工作岗位，250个工厂关闭，高科技产业基本处于停滞状态。根据美国劳工局当时制定的高科技产业的标准（16个制造业行业和3个服务业），1979～1984年高科技产业年均增长率为6%，1984年之后仅为0.5%。通过分解1973～1979年、1979～1984年和1984～1987年的就业变化，显示该州的竞争优势已经转向少数的商业服务、金融和相关的房地产和建筑业。对"麻省奇迹"的破灭，哈里森和克鲁沃给出了全新的结论：一是麻省就业的下降不是源于工作机会的下降，而是源于劳动力的短缺和人才外流，而人才外流的原因却是报酬偏低（战后到20世纪70年代之前，麻省的工资低于全国平均工资的5%～20%）和房价高涨；二是1982年以来美国联邦军费开支下降打击了麻省的军工产业；三是麻省在经历了"再工业化"浪潮之后进入了一个新的产业增长点,即重点发展金融、商业等的现代服务业。

## 二、20 世纪 80 年代美国制造业的发展态势

一般使用制造业产值和就业判断"再工业化"的政策效果。从数据看,1982 年经济危机之后出现了制造业的短暂复苏,其后虽然产业出现了一个高峰,但就业一直没有得到恢复。

图 2-7 显示了 20 世纪 80 年代美国制造业产业和 GDP 增长变动情况。从图中可以看出,除 1982 年和 1986 年之外,80 年代制造业产值都在增长,而且增长的波动幅度相当大。经历了 1982 年经济危机之后,美国制造业恢复相当迅速,1984 年制造业产值增长了接近 10 个百分点,经历了 1985 年和 1986 年的两次回调,1987 年增长率再次超过 9%,高出 GDP 5 个百分点。从 GDP 增长情况看,并不像制造业产值那样出现剧烈波动,除 1982 年出现近 2 个百分点下降之外,80 年代 GDP 保持了 3.2% 的增长率,与 70 年代相差无几。

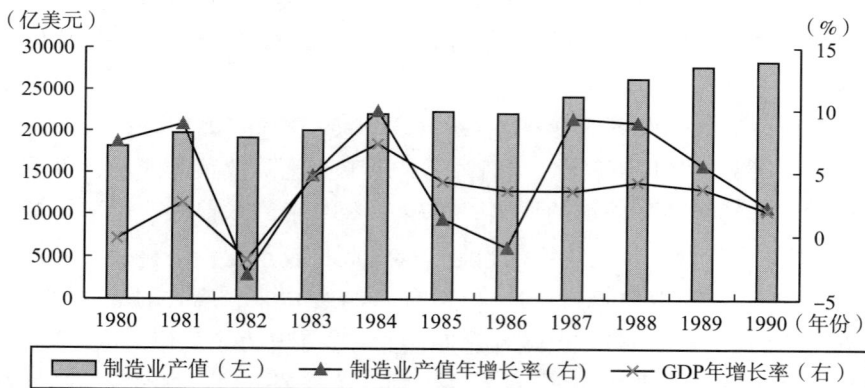

（亿美元）

```
30000                                                    15（%）
25000
20000                                                    10
15000
10000                                                    5
 5000                                                    0
    0                                                   -5
     1980 1981 1982 1983 1984 1985 1986 1987 1988 1989 1990（年份）
```

▢ 制造业产值（左）　▲ 制造业产值年增长率（右）　✕ GDP年增长率（右）

**图 2-7    1980~1990 年制造业产值变化趋势**

资料来源:制造业产值数据来源于美国经济分析局（https://www.bea.gov/data）,GDP 数据来源于世界银行数据库（The World Bank data）。

图 2-8 显示了 20 世纪 80 年代美国制造业就业人数与总就业增长率变化状况。从 80 年代制造业就业来看,制造业就业数量在减少,1980 年制造业总就业数量为 2076 万人,1989 年减少到 1996 万人,净减少 80 万人。总就业增长率也出现与制造业就业增长率相同的趋势,只是在美国经济走出 1982 年经

济危机后，制造业就业并没有恢复到危机前水平，出现不断下降的趋势，20世纪80年代整体下降3.8%，比90年代平均下降多出1.3个百分点。关于制造业就业下降的原因，一般归结为劳动生产率提高，如在1974~1982年，美国年平均劳动生产率增速为0.76%，是主要发达国家中最低的，而在1983~1987年，美国平均劳动生产率增速提高到4.7%，远高于其他发达国家。由此可以说明制造业就业下降更多是来源于劳动生产率的提高，呈现"有增长无就业"的现象。

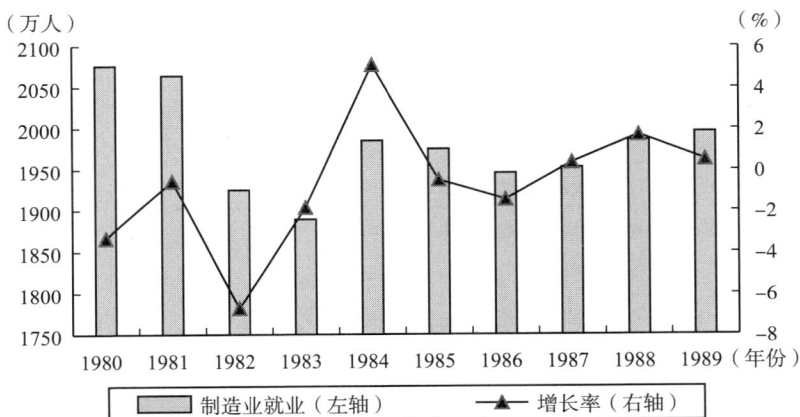

图2-8  20世纪80年代美国制造业就业规模及增长率

资料来源：根据美国经济分析局数据计算整理（https://www.bea.gov/data）。

## 三、20世纪80年代美国高科技产业发展与"新经济"关系

### （一）20世纪80年代硅谷出现的高科技公司

从前面的分析可以看出，里根政府所采取的科技创新政策措施为美国高科技产业发展发挥了至关重要的作用。

首先就是里根政府的经济政策为高科技产业发展创造了一个良好的环境，突出标志之一就是20世纪80年代美国硅谷集中成立了一些对美国科技和产业发展趋势具有深远影响的公司，并出现了一些代表性事件（见表2-5）。

表 2 - 5　　　　　　20 世纪 80 年代硅谷成立的公司和一些标志性事件

| 年份 | 标志性事件 |
|---|---|
| 1980 | MS - DOS 的前身 86 - DOS 操作系统面世，希捷 Seagate 推出第一款硬盘驱动器 |
| 1981 | IBM 发布第一台 PC；西门子金字塔（Siemens Pyramid） |
| 1982 | 奥克泰尔（Octel）通信公司成立 |
| 1983 | 加维兰（Gavilan）成立，第一款便携电脑面世；Internet 启用 TCP/IP 协议 |
| 1984 | 苹果（Apple）公司宣布麦金塔电脑诞生，Powerpoint 开发成功 |
| 1985 | NASA 推出"虚拟环境工作站" |
| 1986 | 赛耐普提克斯（Synoptics）成立，PLX 科技公司成立 |
| 1987 | Microsoft 收购 Powerpoint；急转弯（Quickturn）发明逻辑竞争技术 |
| 1988 | 软件公司乔鼎（Promis）成立；数据公司客观性（Objectivity）成立 |
| 1989 | Adobe 公司推出了 Photoshop 软件；推出"BSD 授权协议" |

资料来源：阿伦·拉奥，皮埃罗·斯加鲁菲. 硅谷百年史［M］. 闫景立，侯爱华，译. 北京：人民邮电出版社，2014：476 - 482.

　　其次，里根政府的减税政策不仅对高科技产业发展发挥了直接作用，它还对高科技产业发展起到了间接作用，即通过风险投资产业发展进一步促进了高科技产业发展。如在 20 世纪 80 年代后期的税制改革中，60% 的风险投资收益可以免税以及其余 40% 可以减半征税，这些措施极大地刺激了美国风险投资的发展。表 2 - 6 显示了美国 1985 ～ 1989 年风险投资的规模及其投向。5 年内，美国的风险投资增长了 20%，规模从 27 亿美元增长到 33 亿美元，而且在此期间，风险投资投向也发生了很大变化，1985 年风险资本主要投入软件、计算机及外围设备以及半导体，占比达到 47%，1989 年降至 28%，与此相对应的是，生物技术、工业/能源、医疗器械及设备的投资出现了较大增长，从 1985 年的 19% 增长到 1989 年的 31%。风险投资投向的变化反映了美国主导产业的变化趋势。

表 2 - 6　　　　　　　　1985 ～ 1989 年美国风险投资投向领域　　　　　　单位：百万美元

| 领域 | 1985 年 | 1986 年 | 1987 年 | 1988 年 | 1989 年 |
|---|---|---|---|---|---|
| 软件 | 612 | 577 | 519 | 482 | 457 |
| 生物技术 | 136 | 223 | 290 | 369 | 334 |
| 工业/能源 | 201 | 208 | 290 | 222 | 345 |

续表

| 领域 | 1985 年 | 1986 年 | 1987 年 | 1988 年 | 1989 年 |
|---|---|---|---|---|---|
| 医疗器械及设备 | 181 | 182 | 259 | 340 | 347 |
| IT 服务 | 26 | 38 | 51 | 39 | 36 |
| 媒体与娱乐 | 101 | 118 | 155 | 166 | 151 |
| 消费品及服务 | 69 | 135 | 176 | 153 | 86 |
| 半导体 | 253 | 293 | 255 | 294 | 165 |
| 电信 | 178 | 174 | 148 | 161 | 124 |
| 零售/分销 | 32 | 114 | 296 | 232 | 217 |
| 计算机及外围设备 | 449 | 473 | 392 | 370 | 311 |
| 网络及设备 | 224 | 164 | 143 | 137 | 197 |
| 医疗保健服务 | 81 | 125 | 140 | 97 | 155 |
| 金融服务 | 81 | 96 | 62 | 209 | 233 |
| 电子/仪器仪表 | 120 | 121 | 122 | 77 | 110 |
| 企业产品和服务 | 29 | 81 | 64 | 53 | 52 |
| 其他 | 3 | 3 | 0 | 6 | 0 |
| 总额 | 2776 | 3125 | 3362 | 3407 | 3320 |

资料来源：根据美国风险投资协会中的 Yearbook 2013 整理（http://nvca.org/）。

根据美国数据处理服务组织协会（ADAPSO）的数据，美国信息产业在 1982~1987 年的 5 年间，年营业额平均增长率为 24%，软件产品的年营业额平均增长率高达 33%，20 世纪 80 年代美国制造生产的计算机占全球市场的 80%（金建，1995）。

## （二）20 世纪 90 年代"新经济"与里根经济政策

20 世纪 90 年代中期，美国媒体针对美国经济发展态势造出了许多新概念，如"新经济"（New Economy）、新范式（New Paragigm）或新模式（New Model），其依据是 90 年代中期美国经济出现了三个不寻常现象。一是自 1991 年开始到 2000 年出现了长达 110 个月的经济增长，超过了 60 年代 106 个月的经济增长，90 年代 GDP 平均增速达到 3%，超过 80 年代的 2.8%，制造业劳动生产率更是达到 3.7%，超过 20 世纪 80 年代将近 1 个百分点。二是菲利普斯曲线变形，即自然失业率下降。菲利普斯曲线是表示失业与通货膨胀之间的一种替代关系，即当一国通货膨胀率较高时，失业率会降低，反之亦然。在美国历史上，只要失业率低于6%物价一定会上升，而1993年美国失业率低于6%，并没有带来物价上升，到1998年失业率维持4.5%的低水平，90年代通货膨胀一直维持3%的低水平，低于80年代2个百分点。三是股价的持续上升，美国道琼斯指数在1966~1983年一直保持在1000点水平，1983~1995年上升到4000点左右，1995~1999年道指突破了万点大关（刘树成、李实，2000）。针对上述现象，媒体出现了非常乐观倾向，甚至认为传统的经济周期已经消失，通货膨胀也已熄灭，美国经济即将进入一个长期繁荣时代，尤其是在20世纪90年代日本经济的长期萧条和1997年亚洲陷入波浪式的金融危机之后，更凸显了美国经济的繁荣和"一枝独秀"。

实际上，"新经济"并没有在美国得到广泛认可，持反对或怀疑态度的人认为这是由于新技术的使用而带来的一时繁荣或狂热，以前所有技术革命开始时期都出现过这种现象。学术界没有认真研究这一问题，官方正式报告中也没有使用这一概念，1999年总统经济报告使用的新经济战略（new economy strategy），2000年总统经济报告是使用创纪录的增长（record breaking expansion）。1997年美国《商业周刊》发表了斯蒂芬·谢泼德（Shepard S. B.，1997）主编的文章，指出20世纪90年代美国出现的新现象是新技术革命与经济全球化的结果。

对于"新经济"至今仍有不同的理解，一般认为"新经济"有广义和狭义之分。广义是指技术革命引发的对经济增长方式、经济结构及经济运营规则的影响，而狭义就是理解为新技术革命对经济增长的影响，因此有的学者将"新经济"理解为信息经济、数字经济或网络经济等。实际上，在这里不应该只强调技术的影响，在以前的技术革命爆发时期，也曾出现过经济狂热或一时的繁荣，但20世纪90年代的繁荣更加突出，这是国际经济环境的变化。90年代，世界美国主导的经济全球化为美国经济带来了巨大利益，这是美国经济获得的又一桶金。

美国20世纪90年代"新经济"的形成路径可以归纳如下。首先，信息技术的突破和IT关联产品价格下降带来互联网的快速发展，可以快速获取全球各类信息以降低交易成本，这里的成本包括搜寻成本、处理成本等，同时也降低了企业的参与门槛，大量企业进入该领域，加剧了企业之间的竞争。其次，企业之间竞争加剧出现三个影响路径，一是促使企业利用IT网络效果降低生产的边际成本。IT网络效果是指随着IT技术的更新，提高IT投资价值，降低边际成本。如众多人使用计算机操作系统，使用微软软件的人越多，软件价值会越高，对于公司来说增加生产的边际成本近乎零。在这个过程中，美国 20 世纪 80 年代里根政府所采取的一系列放松监管的政策发挥了关键性作用，而美国独具的创新文化也是功不可没的，如风险资本投资和系列创新政策的出台等。二是促使美国企业对外产业转移，利用发展中国家的劳动力或资源优势进一步降低生产成本，因此出现了离岸生产、外包等新的国际分工方式。三是促使美国企业进一步提高劳动生产率，降低成本和价格。上述效应均可减轻美国国内的物价上涨压力，因此出现了高经济增长、低失业率和低通货膨胀的效果。

在这个过程中，美国的产业政策，特别是里根时期的经济政策发挥了至关重要的作用。世界银行发展经济研究部研究主管沙希德·尤苏夫（Shahid Yusuf，2003）分析美国高科技发展的影响因素，重点指出了 11 个条目，其中排在第一位的是里根政府的减税政策，认为减税对于促进民间投资和发挥民间活力起到非常大的作用；排在第二位的是稳定的金融市场，这也是里根执政时期严格控制货币供应量的效果；排在第三位的是政府出台的一系列放松监管政策；排在第六位的是企业与研究机构之间的紧密联系，这也是里根政府创新政策的效果；排在第七位的是冷战结束后军事工业向商用和民用工业的转移，这点也与里根政府的联邦政府支出结构密切相关。里根执政期间降低了社会保障等的一般支出，但没有降低国防支出，国防支出的增加促进了美国高科技产业的发展，冷战结束后促进了军工产业向商业和民用的转移。

因此，从技术革命角度来说，20 世纪 90 年代美国经济繁荣可以看成是 80 年代里根政府的科技举措推动以个人计算机为核心的创新"蜂聚"和 90 年代克林顿政府的互联网为核心的创新"蜂聚"共同作用的结果。正像前面所分析的那样，80 年代美国兴起的高科技产业开启了个人计算机时代，为 90 年代克林顿政府的互联网的发展奠定了坚实的物质基础。从当时的全球经济环境来说，"新经济"也是美国通过推动经济全球化、降低企业生产成本的结果，充分享受了经济全球化的垄断利益，而后才开始逐渐感受到经济全球化的负面效应。

## 四、20世纪80年代美国"去工业化"与制造业对外产业转移

### (一) 20世纪80年代以来美国"去工业化"现象

虽然美国制造业产值和就业绝对值在20世纪80年代出现了短暂繁荣，90年代的"新经济"期间再次显示了美国制造业的辉煌，但如果从制造业与服务业的份额来看，80年代以来美国"去工业化"现象却是不争的事实（见图2-9）。

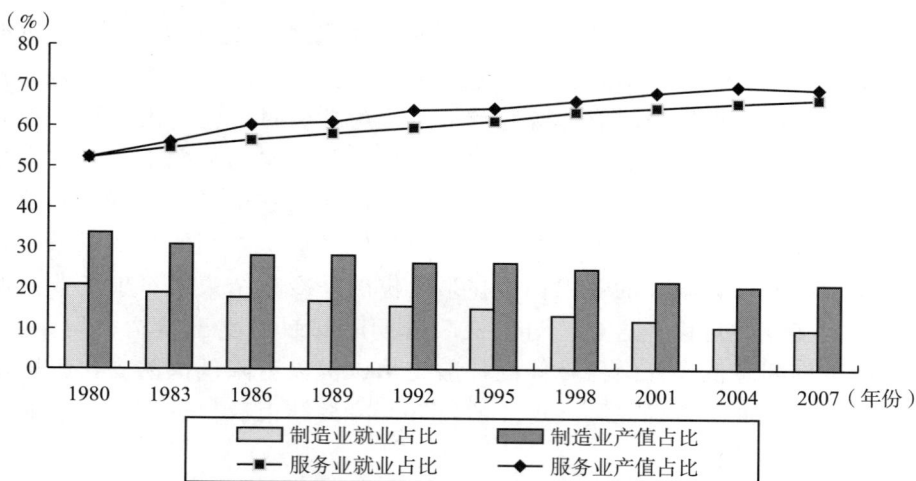

**图2-9　1980~2007年美国制造业和服务业结构**
资料来源：根据美国经济分析局数据计算整理（https://www.bea.gov/data）。

图2-9显示了1980~2007年美国制造业和服务业产值和就业结构变化轨迹。从图中可以看出，美国制造业就业和产值比重均处于持续下降趋势，如制造业就业比重从1980年的20.8%降至2007年的9.7%，同期制造业产值占比从33.6%降至20.8%，17年间，美国制造业就业比重下降了11个百分点，产值比重下降了13个百分点，服务业就业占比和产值占比分别上升14个百分点和16个百分点。从这两个指标来看，美国在此期间出现了非常典型的"去工业化"现象。

在第一章分析发达国家"去工业化"的因素分解过程中，很多实证结果都证实发达国家国内因素在"去工业化"过程中的重要作用，在国际因素中，

国际贸易因素大于直接投资因素的影响。国际货币基金组织（IMF）的内部工作论文也实证了美国1970～1994年期间"去工业化"的影响因素，显示美国制造业就业减少了10.4%，其中国内因素占80%，国际因素占24%，其他因素使美国制造业就业增加4%，在国际因素中，北南贸易占据了20%。而随着经济全球化进展和美国制造业对外产业转移的进展，"去工业化"进程中对外直接投资的作用逐渐提升，这可以从美国制造业直接投资和投资流向两个方面进行说明。

### （二）美国制造业对外产业转移与"去工业化"

美国是最早开始对外产业转移的国家，20世纪50年代的第一次产业转移是美国向日本、联邦德国等国转移钢铁、纺织等传统行业，第二次产业转移是美国、日本、联邦德国向亚洲新兴工业化国家转移劳动密集型或资本密集型产业中的劳动密集型生产环节，第三次产业转移是90年代以后美国、日本、联邦德国等向包括中国在内的发展中国家转移劳动、资本密集型或技术密集型产业中的低附加值生产环节。而从统计数据来看，出现了一个看似不可思议的现象，即在20世纪80年代，美国是直接投资的净流入国，而不是净流出国。这可以从IMF国际收支平衡表统计年报中得到证实，1967～1972年，流入美国的直接投资占世界直接投资的14.5%，流出美国的直接投资占60%，而在1980～1990年，流入美国的直接投资占比46.6%，流出美国的直接投资占比为17%。因此，才出现了上述许多研究忽视了美国对外直接投资对制造业就业下降的影响，而实际上，如果考察美国制造业对外直接投资变化，就会发现美国制造业对外直接投资在降低制造业就业方面的作用还是非常显著的。

首先，在1983～1996年，美国制造业的对外投资流出大于流入。图2-10显示了20世纪80年代以来美国制造业直接投资流入和流出情况。1983～1996年，美国制造业的对外直接投资均高于对内直接投资，1983～1987年每年的差额都约在300亿～400亿美元，虽然对内直接投资增速长期高于对外直接投资，但直到1997年美国制造业对内直接投资与对外直接投资基本持平，此后美国成为直接投资的净流入国，第四章将对这个问题进行分析。

其次，从美国制造业对外直接投资增速看，可以发现美国制造业对外投资的转向，图2-11显示了1986～2001年美国制造业对外直接投资的区域增速变化特征。

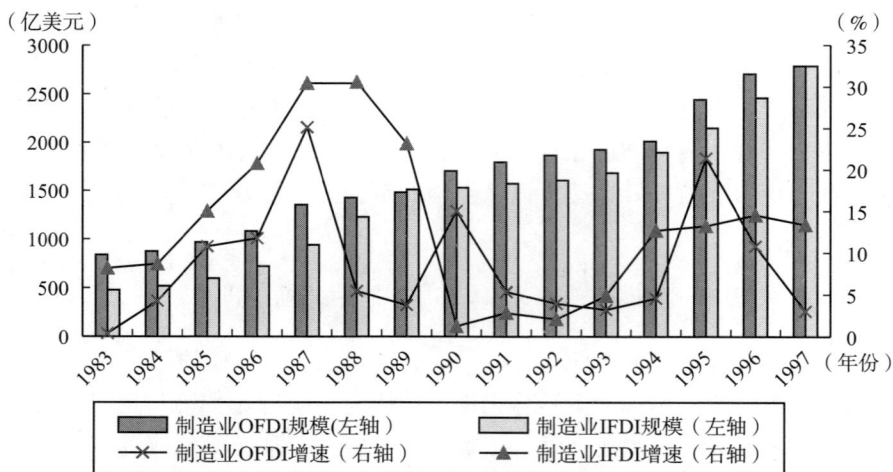

**图 2 - 10　1983 ~ 1997 年美国制造业 OFDI 及其增速情况**

资料来源：根据美国经济分析局数据计算整理（https：//www. bea. gov/data）。

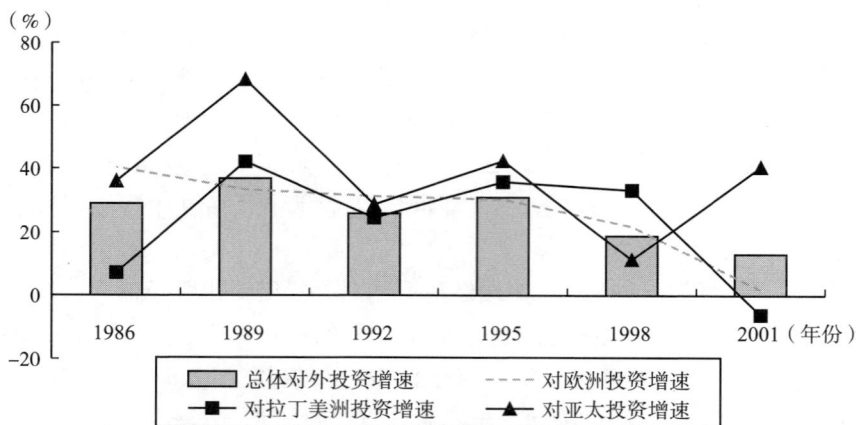

**图 2 - 11　1986 ~ 2001 年美国制造业对不同地区投资增速**

注：1986 ~ 1998 年行业分类按 SIC 原则统计数据，1999 ~ 2001 年按 NAIS 原则统计数据。

资料来源：根据美国经济分析局的数据计算整理（https：//www. bea. gov/data）。

　　美国对欧洲的投资增速基本维持了美国制造业对外投资的平均增速，个别年份低于平均水平。而对拉丁美洲和亚太地区的投资出现了较大幅度的增长。20 世纪 90 年代对亚太的投资增速一直高于平均水平，2001 年增速超过平均水平近3倍。在美国对亚太地区的直接投资中，对日本和澳大利亚的投资一直占据绝对地位。20世纪80年代中期开始，美国对亚洲"四小龙"的制造业投资增加，21世纪以来又转向了更多的东盟国家和中国。对中国的制造业直接投资在2000年为70亿美元，到2004年超过90亿美元，2007年达到184亿美元，首次超越日本（170亿美元），成为亚太地区最大的吸引美国制造业直接投资的国家。美国对拉丁美洲的投资出现了较大波动，21世纪之前对拉丁美洲的投资一直高于平均水平，而在21世纪IT泡沫崩溃之后，连续出现了对外直接投资下降现象。在对拉美国家的直接投资中，主要投资流向了巴西和墨西哥等新兴市场国家。

美国制造业对新兴市场国家直接投资增长的现实，反映了全球范围内国际分工模式的变化，即全球价值链模式的形成，也就是跨国公司利用产品或技术优势，在全球范围内配置资源和产业布局，将以前统合在制造业内部的研发、制造及市场销售等部门以外的制造环节外包或委托给低劳动或要素成本的发展中国家，而美国专注于研发创新和市场营销。全球价值链模式既发挥了发展中国家的低成本优势，又极大激发了美国的研发优势，这种看似"双赢"的模式却带来了美国制造业岗位的减少，尤其是与组装、加工相关的蓝领工人的就业岗位大量萎缩。

美国制造业增加对外直接投资和产业转移，使美国部分产业几乎完全消亡。最具代表性的是皮革及相关产业、纺织和服装制造业。皮革及相关产业是一个规模庞大、品类繁多的产业，19世纪末就业人数占全部制造业就业人数的15%，20世纪中期劳动力人数还在30万以上，1990~2010年该门类的总就业人数减少了82%。纺织和服装行业也出现同样现象，60年代就业人数开始下降，在20世纪90年代至21世纪的前10年，纺织厂和纺织品厂就业人数下降了67%，而服装制造商的雇佣人数减少82%。仅这两个行业就业数量减少约120万人。

## （三）美国20世纪80年代"再工业化"与"去工业化"关系

表面来看，"再工业化"与"去工业化"是一对矛盾体，不可能同时出现。而现实是在20世纪80年代美国"再工业化"过程中，同时出现了"去工业化"现象，而且"去工业化"效果远大于"再工业化"效果。

首先，美国"再工业化"加速了产业结构调整，形成了"去工业化"的物质条件。如前所述，20世纪80年代美国"再工业化"思潮中，虽然学者一直在纠结传统产业、高科技产业或服务业发展问题，而智库理解却是关注美国竞争力问题,而且竞争力概念还经历了从狭义到广义的过程,即从单纯提升制造业竞争力到全产业乃至国家的竞争力,里根政府的经济政策目标就是提升产业的竞争能力。从政策效果来看,20 世纪 80 年代美国"再工业化"实质是对美国产业的一次"筛选",对于传统产业和高科技产业采取不同的对策,对传统产业进行调整和改造,大力促进和发展高科技产业和第三产业,根本目的在于重塑美国产业优势。美国对于传统产业的调整和改造选择了对外产业转移方式,按照边际产业转移理论,将传统产业转移到经济发展相对落后的国家及地区,国内则集中优势资源发展高科技及高端服务业,因此,制造业对外产业转移应运而生。

其次,美国的"去工业化"现象具有一定的经济合理性,同样提升了美国制造业的竞争能力。从整个世界经济发展态势看,20 世纪 80 年代末 90 年代初,开始了世界范围内的第三次产业转移。随着科学技术的进展和经济全球化浪潮的推进,建立了以新技术和新工艺流程为特征的国际分工模式,推动了全球价值链的形成与发展。在新的国际分工体系下,一国的比较优势不再是某个具体的产业及特定的产品,更多是在整个价值链上的某一环节或工序,这样更多的发展中国家,即使是最不发达的国家也可以融入世界经济大循环,促进了世界经济的整体发展。在新的国际产业分工体系下,美国基于附加值最大化的原则在全球布置供应链,将附加值最高的研发及营销环节留在国内,将低附加值的制造环节转移到了国外,美国可以继续执掌和巩固其在全球价值链的高端地位。随着全球价值链越向深度或广度的进一步扩展,美国在全球价值链中的地位越加稳固。根据 2017 年全球价值链发展报告,美国在 2005 ~ 2010 年,全球价值链参与指数提升了 4 个百分点,是发达国家中增长最快的国家,尤其是对下游的参与率最为显著。

最后,随着新兴技术的进展和世界经济环境的变化,美国"去工业化"弊端逐渐显露,"再工业化"又成为必然。全球金融危机的爆发促使美国正视"去工业化"的弊端,"制造业重要性"古老命题再次进入美国政界和学术界视野,"再工业化"政策应运而生。当然,科技经济社会的变化为"再工业化"提供了种种有利条件,如现代科学技术发展降低了制造环节的成本压力,个性消费和定制化消费更要求生产地与消费地的接近,资源环境保护和污染物排放的限制要求减少生产过程中的多次出入境运输等成本负担。

# 本 章 小 结

　　20 世纪 80 年代美国"再工业化"是国内外政治经济形势变化的结果,是美国试图挽救激烈竞争压力下的制造业而提出的政策主张,但由于在许多关键议题上各界并没有达成共识,里根政府出台的经济政策并不是学术界所期望的"再工业化"政策,而是促进产业发展和恢复制造业竞争能力,从现实的政策效果看,短期内制造业就业和产值有了一定恢复,但很快"去工业化"进入加速度过程。不可否认的是,"去工业化"过程同样提升了美国制造业在新国际分工体系下的竞争实力,稳固和推动了美国的领先优势。同时,里根政府所采取的一系列经济政策促进了高科技产业的发展,为 90 年代的新经济创造了有利条件,也为全球金融危机后的"再工业化"奠定了基础。

# 第三章 20 世纪 80 年代美国三大工业区"再工业化"实践

美国传统的三大工业区有不同的发展路径，东北部地区受益于英国工业革命后大规模对外产业转移，20 世纪中期主导产业为纺织、服装产业，"锈带"地区则是发端于第二次工业革命时期和"西进运动"，主导产业以钢铁业和汽车业为主，阳光地带兴起于第二次世界大战后的第三次科技革命，以高科技产业和先进制造业为主，其主导产业是航空航天、电子信息等。由于三大工业区产业结构的差异，20 世纪 80 年代美国"再工业化"期间各工业区面临的问题、采取的措施和政策效果方面都存在很大差异。

## 第一节 美国三大工业区经济发展历程

按照美国工业化进程的继起性划分为三大工业区，三个工业区形成了不同的产业结构特征，如东北部的轻纺工业、"锈带"的重化学工业和阳光地带的新兴产业，产业结构的特征决定三大工业区受石油危机的影响不同，也决定了三大工业区的制造业和经济发展状况，这成为三大工业区实施"再工业化"政策的现实基础。

### 一、美国三大工业区工业化历程

#### （一）美国三大工业区的地域划分

按美国工业化发展进程，主要可以分为三个主要工业区，即东北部工业区、"锈带"地区和阳光地带（以下简称"三大工业区"），三大工业区形成初期分别具有不同的产业结构特征，即东北部的轻纺工业特征、"锈带"地区的重化工业特征以及阳光地带的新兴产业特征。美国人口普查局把全国划分为九大地区，即新英格兰区、中大西洋区、中西部东北区、中西部西北区、南大西洋区、中部东南区、中部西南区、西部山区、西部太平洋区。三大工业区基本是按照这一区域划分而展开的。

美国东北部（northeast）工业区是最早开始工业化的地区。该地区北邻加拿大，西接美国中西部，东邻大西洋，是美国人口最密集、工商业最发达、都市化程度最高的地区之一。东北部工业带由两大统计区域构成，即新英格兰地区的全部州（康涅狄格州，缅因州，马萨诸塞州，新罕布什尔州，罗得岛州和佛蒙特州）和中大西洋地区北部两个州（纽约州和新泽西州）。

美国"锈带"地区（Rust belt）是指曾经以钢铁和汽车产业而闻名的传统重工业的发达地区。20 世纪 70 ~ 80 年代由于工业急剧衰落、工厂大量倒闭、失业率增加而使闲置的设备锈迹斑斑，被人们形象地称为"锈带"。关于"锈带"地区的范围，一直没有一个规范的定义。一般认为"锈带"就是指五大湖周边的各州。1993 年布鲁金斯学会的罗布特·克兰德尔（Crandall W. R.，1993）认定的范畴是五大湖地区和宾夕法尼亚州和纽约州。维基百科定义了"锈带"城市，包括宾夕法尼亚州匹兹堡、伯利恒、麦基斯波特和伊利，俄亥俄州扬斯敦、带顿、斯托本维尔和克利夫兰市，印第安纳州加里，密歇根州弗林特、底特律市，威斯康星州密尔沃基，伊利诺伊州岩岛和纽约布法罗等。根据这一说法，纽约州只有位于最西部的布法罗进入"锈带"城市名单。由于本书的工业区划分是基于产业结构特征，考虑到纽约州工业化过程中的劳动密集型特征，将纽约划到东北部工业区。因此，按照"锈带"地区重化学工业的产业特征，将该地区定义为中西部东北区的全部州（伊利诺伊州、印第安纳州、密歇根州、俄亥俄州和威斯康星州），以及中大西洋地区的宾夕法尼亚州①。

阳光地带（Sun belt）一词来源于 1969 年凯文·飞利浦（Phillips K.）出版的《共和党的崛起》一书。飞利浦从人口统计学角度认为美国经济正在发生的重大转变，南部日照充足和气候温和地区的工业化正在兴起，美国工业布局也由东北部和"锈带"地区向阳光地带扩散。阳光地带也没有一个准确的范畴，本书采用经济学和地理学视角下的定义，即阳光地带是指第二次世界大战后迅速工业化、城市化、经济高速发展的美国南部和西南部地区。区域包括南大西洋地区（南卡罗来纳州、乔治亚州、佛罗里达州）、中部东南地区（亚拉巴

---

① 这是狭义"锈带"地区概念，第五章的部分内容使用的是广义"锈带"地区，即指美国东北部及五大湖周边的传统工业衰退的地区。

马州、密西西比州)、中部西南地区(路易斯安那州、得克萨斯州)和西部山区(内华达州、亚利桑那州、新墨西哥州),以及西太平洋区(加利福尼亚州)。

### (二) 美国三大工业区的工业化进程

美国三大工业区是伴随着科技革命或工业革命而相继形成的,各自形成了不同的产业结构特征。

美国东北部作为英国最早的美洲殖民地区,拥有丰富的自然资源,是美国最早开发的地区,也是最早进入工业化的地区。18世纪至19世纪上半叶英国开始向北美地区进行产业转移,美国东北部地区率先成为英国产业转移的承接地。东北部地区工业化经历了萌芽、成长和成熟三个阶段。第一个阶段是工业化的萌芽阶段,始于殖民主义时期(1620年)并持续到18世纪后期,这一时期是工业化的准备阶段,农业、商业和港口贸易比较发达,造船、酿酒、捕鱼是当时的支柱产业。美国独立战争前新英格兰地区已经形成了比较成熟的市场经济,而独立战争后的宪政体制进一步推动了市场经济的发展。第二个阶段是工业化成长阶段,从18世纪末一直延伸到19世纪中期。1790年,美国工业革命之父塞缪尔·斯莱特将新型纺纱机带到美国,开启了东北部工业化的进程。仅在1820~1832年,全美纺织工人就增长了4倍有余。同时,蒸汽动力的引进开始了交通运输的新时代,一些钢铁、纺织机械等重型工业也随之发展起来,到1850年东北部制造业和矿业产值达7亿美元,占全国2/3以上,仅马萨诸塞州一州就生产了全国近50%的纺织机械(隋笑宇,2009)。第三个阶段是工业化成熟时期,始于19世纪中期,完成于20世纪50年代。1860年美国南北战争为东北部带来了丰富的资源和劳动力,这一时期东北部工业空前繁荣,纺织业、制鞋业和服装业等劳动密集型产业极为发达,与"锈带"地区并列称为美国的制造业地带。

"锈带"地区源于美国的"西进运动"(Westward Movement)。随着美国经济的发展,原来的13个州疆土已经成为美国经济发展的天然屏障,因此,18世纪末开始美国开展了"西进运动",即东部居民向西部的迁移过程,这一过程一直持续到19世纪末期。这是美国历史上最黑暗的一段历史,西进过程伴随的是大规模屠杀和迫害当地印第安人的过程,幸存的印第安人被迫迁入更加荒凉和不适合人类居住的"居留地"。伴随人口的向西迁移,工业也开始向中西部转移,率先成就了五大湖地区。五大湖地区凭借优越的地理位置和丰富的自然资源,19世纪上半叶的主导产业还是农业。工业西进给五大湖地区带来了充足的劳动力和资本,结合当地的原材料和能源等资源优势,令五大湖地区迅速发展成为美国的重工业基地。钢铁冶金、机械制造、汽车、石油等重化工业获得了快速发展，致使美国的工业中心逐渐从东北部向中西部地区转移。如19世纪60年代，东北部地区产值占据了全国60%以上，到1939年，五大湖地区的制造业产值占据全国的30%，跃居全国之首，曾经辉煌一时的东北部工业区仅占8.6%，大西洋沿岸中部各州占比28%。到了20世纪初期，伴随着第一次世界大战爆发，当地制造业在军事工业的带动下逐步发展走向成熟，钢铁和汽车产业成为当地的支柱产业，形成了著名的"汽车城"底特律和"钢都"匹兹堡。20世纪50～60年代，美国的钢铁和汽车产业冠绝全球。但伴随着二战后联邦德国和日本的经济崛起，尤其是受到20世纪70年代石油危机的影响，大批制造业企业破产，人员被解雇，设备废弃生锈，昔日"制造带"变成"锈带"。

阳光地带的地理位置决定了其发展晚于东北部和"锈带"地区，也是工业"西进运动"的受益者，更是第二次世界大战的受益者。阳光地带的范围大致是在美国南北战争时期南方的7个州向西南部延伸的地域。美国南北战争之前南部多为种植园经济，产业以资源加工型产业为主。南北战争之后，南方成为北方工业品倾销地和原材料供应地，并没有推动南方的工业化进程。第二次世界大战爆发以来，美国为保证太平洋地区的军事行动，开始在太平洋东岸的加利福尼亚、华盛顿和大西洋西岸的南卡罗来纳等州发展军工产业。军工生产是阳光地带发展的推动力，伴随军工产业发展而壮大的半导体、航空航天、原子能等高技术产业逐渐成为阳光地带的主导产业。20世纪70年代后期，南部和西部接受的国防订货额是东北部和中西部的两倍。军工及相关工业的发展还推动了军事工业转商用或民用的进程，促进了机械装备、汽车等重工业发展。阳光地带逐渐成为美国最重要的工业区。50～60年代，阳光地带制造业产值增长6.2倍，远高于全国其他地区。70年代，阳光地带投资增长速度是五大湖地区的2.5倍，就业增长速度则高出3倍有余。这一现象被称为美国产业和人口的第二次大迁移。

阳光地带兴起是伴随着东北部和"锈带"地区的衰落，这是唐·格兰特和迈克尔·沃莱茨（Grant D.，Wallace M.，1994）经过实证研究发现的结论，认为20世纪70年代之前美国东北部和"锈带"地区向阳光地带的产业转移是前两者走向"去工业化"的主要原因。事实上，许多位于新英格兰地区或五大湖传统工业区的公司选择关闭当地工厂，将资本转移到工会组织水平低、议价能力弱、税收水平低和资源丰富的南方地区，成就了阳光地带的经济增长。典型的产业转移目的地是西雅图、旧金山、洛杉矶、休斯敦、新奥尔良、迈阿密等西部和南部城市。

## 二、20 世纪 70 年代美国三大工业区经济发展状况

20 世纪 70 年代以来,美国经济陷入了滞胀局面,即经济停滞与通货膨胀并存局面,而"滞胀"现象在不同的工业区也呈现出不同特征。

### (一) 三大工业区 GDP 增长状况

20 世纪 70 年代美国经济衰退时期,美国三大工业区经济增速都出现了放缓趋势,尤其是东北部和"锈带"地区的经济停滞最为显著。表 3 -1 详细列出了三大工业区典型州的实际 GDP 增长率,需要说明的是,这是考虑数据的可得性而编制的,所选州的 GDP 总和超过所在工业区 GDP 的 80% ,基本可以反映该工业区的经济发展状况。

与全国平均 GDP 增长率相比,美国东北部和"锈带"地区主要都市区的GDP 增长率明显低于全国水平,且受两次石油危机冲击,经济下滑相当严重,阳光地带虽然也受到石油危机的冲击,但主要州 GDP 增速要高于其他两个工业区,多个城市在多个年份增速均高于全国平均增速。

表 3 -1　　　　20 世纪 70 年代美国三大工业区典型州 GDP 增长情况　　　　单位:%

| 年份 | 美国平均增速 | 东北部工业区 | | | "锈带"地区 | | | | 阳光地带 | | | |
|---|---|---|---|---|---|---|---|---|---|---|---|---|
| | | 马萨诸塞州 | 新泽西州 | 纽约州 | 伊利诺伊州 | 密歇根州 | 俄亥俄州 | 宾夕法尼亚州 | 加利福尼亚州 | 佛罗里达州 | 乔治亚州 | 得克萨斯州 |
| 1971 | 3.30 | 1.50 | 2.10 | 0.90 | 2.20 | 6.60 | 2.70 | 1.30 | 2.30 | 5.90 | 6.00 | 4.30 |
| 1972 | 5.30 | 4.60 | 5.30 | 2.40 | 4.60 | 4.90 | 4.10 | 4.00 | 6.00 | 11.40 | 9.40 | 7.00 |
| 1973 | 5.60 | 3.60 | 3.00 | 1.70 | 4.90 | 5.40 | 5.20 | 4.20 | 4.90 | 12.20 | 8.80 | 9.40 |
| 1974 | -0.50 | -2.30 | -1.40 | -2.20 | -0.60 | -8.10 | -2.50 | -0.10 | 0.80 | 1.80 | -1.20 | 6.10 |
| 1975 | -0.20 | -2.40 | -3.20 | -2.30 | -0.40 | -2.70 | -3.60 | -1.50 | 0.90 | -2.90 | -3.60 | 5.90 |
| 1976 | 5.40 | 2.90 | 2.30 | -0.30 | 3.60 | 11.40 | 6.00 | 2.30 | 4.90 | 0.70 | 7.90 | 9.10 |
| 1977 | 4.60 | 5.00 | 2.50 | 3.70 | 3.40 | 6.80 | 4.50 | 4.50 | 9.50 | 4.60 | 5.40 | 7.90 |
| 1978 | 5.50 | 4.90 | 5.90 | 6.30 | 4.00 | 3.90 | 3.80 | 3.80 | 7.00 | 8.30 | 5.70 | 6.80 |
| 1979 | 3.20 | 2.30 | 2.70 | 1.00 | 0.40 | -2.00 | 0.60 | 1.20 | 3.20 | 5.30 | 3.20 | 6.30 |
| 1980 | -0.30 | 1.50 | 0.00 | -0.70 | -4.30 | -9.40 | -5.10 | -3.20 | 2.50 | 4.10 | 0.10 | 8.50 |

资料来源:根据美国政府支出网站数据整理(https://www.usgovernmentspending.com)。

　　20世纪70年代由于纺织和服装等支柱产业衰落，东北部地区失去了经济增长动力。相较全国增速而言，东北部地区主要州的GDP增速在70年代的大多数年份都是低于全国平均水平，尤其是在第一次石油危机之后的1974年和1975年，三个典型州的GDP增速低于全国水平大约2个百分点。第二次石油危机后东北地区的GDP增速表现要好于全国，表现最差的是纽约州，在整个70年代除1978年增速稍高于全国增速，其他9年均低于全国水平，11年间出现了4年的负增长。

　　重化学工业是"锈带"地区的支柱产业，由于钢铁和汽车等传统产业的衰落，经济增长速度更加低落。各典型州的GDP增速普遍低于全国增速，其中伊利诺伊州、俄亥俄州和宾夕法尼亚州在11个年份中出现了4年负增长，最为严重的是密歇根州，出现了5年负增长，最大的负增长是1980年，GDP下降超过全国平均9个百分点。

　　阳光地带受两次石油危机的影响，经济增速也出现了放缓或负增长，但由于半导体、原子能和航空航天等新兴产业异军突起，加之能源产业的带动，南部阳光地带经济表现要明显优于全国平均水平，更好于东北部和"锈带"地区，但也存在一些差异性。受益于石油等能源价格上涨，得克萨斯州等南部能源州在整个20世纪70年代经济表现亮眼，平均增速高达6.7%，加利福尼亚州除1970年出现一次负增长外，两次石油危机时期只是放缓了增长速度，而佛罗里达州和乔治亚州等东南部各州受第一次石油危机的影响较大，第二次石油危机并没有影响这两个州的经济增长。

## （二）三大工业区通货膨胀状况

　　20世纪70年代美国处于严重的通货膨胀时期，三个工业区也不例外，但还是存在一定的差异。基于数据的可得性，表3-2也显示了三个工业区内典型城市的通货膨胀情况。

表3-2　　20世纪70年代美国三大工业区典型都市区通货膨胀情况　　　单位：%

| 年份 | 美国平均增速 | 东北部工业区 | | "锈带"地区 | | | 阳光地带 | | | |
|---|---|---|---|---|---|---|---|---|---|---|
| | | 波士顿 | 纽约 | 芝加哥 | 底特律 | 密尔沃基 | 旧金山 | 洛杉矶 | 休斯敦 | 达拉斯 |
| 1971 | 4.40 | 5.00 | 5.80 | 3.90 | 3.50 | 3.70 | 3.70 | 3.60 | 3.60 | 2.90 |
| 1972 | 3.20 | 3.60 | 4.40 | 3.00 | 3.90 | 3.10 | 3.30 | 3.20 | 3.40 | 2.80 |
| 1973 | 6.20 | 5.90 | 6.20 | 6.30 | 6.40 | 6.20 | 5.90 | 5.60 | 5.60 | 5.80 |

续表

| 年份 | 美国平均增速 | 东北部工业区 | | "锈带"地区 | | | 阳光地带 | | | |
|---|---|---|---|---|---|---|---|---|---|---|
| | | 波士顿 | 纽约 | 芝加哥 | 底特律 | 密尔沃基 | 旧金山 | 洛杉矶 | 休斯敦 | 达拉斯 |
| 1974 | 11.00 | 10.60 | 10.80 | 10.60 | 10.80 | 9.60 | 9.80 | 10.30 | 11.90 | 10.00 |
| 1975 | 9.10 | 9.00 | 7.70 | 8.00 | 7.60 | 8.80 | 10.20 | 10.60 | 11.50 | 8.90 |
| 1976 | 5.80 | 7.50 | 5.90 | 4.70 | 5.40 | 6.50 | 5.40 | 6.80 | 7.60 | 6.20 |
| 1977 | 6.50 | 5.20 | 5.20 | 6.30 | 6.90 | 6.50 | 7.70 | 6.90 | 7.20 | 7.30 |
| 1978 | 7.60 | 5.20 | 5.20 | 5.70 | 7.40 | 8.20 | 9.40 | 7.40 | 9.40 | 7.70 |
| 1979 | 11.30 | 10.20 | 8.70 | 12.50 | 12.70 | 13.60 | 8.60 | 10.70 | 13.30 | 12.80 |
| 1980 | 13.50 | 12.80 | 11.40 | 14.50 | 15.90 | 15.00 | 15.20 | 15.80 | 12.50 | 16.90 |

资料来源：根据美国劳工统计局 BLS 数据整理（https：//www.bls.gov/data/）。

在东北部地区，20 世纪 70 年代初通货膨胀率高于全国平均水平，也高于其他两个工业区，而在两次石油危机期间或其后，波士顿和纽约都市区的通胀水平略低于全国水平，显示石油危机并没有为东北部工业区带来很严重的通货膨胀；锈带地区在石油危机前通货膨胀率大多低于全国平均水平，第一次石油危机爆发后通货膨胀几乎与全国持平，到第二次石油危机期间，"锈带"地区的通胀水平均高于全国 1～2 个百分点，1980 年底特律的通货膨胀水平高达15.9%，高出全国平均水平 2.4 个百分点；阳光地带与"锈带"地区相同，在20 世纪 70 年代初通货膨胀水平低于全国，受两次石油危机的影响很大，第一次石油危机之后，休斯敦连续 2 年超过全国平均水平，之后几乎所有城市均超过全国平均水平，第二次石油危机后更加显著，1980 年达拉斯的通胀水平超过全国 3.4 个百分点。

总体来说，20 世纪 70 年代"锈带"地区和阳光地带通货膨胀较为严重，而东北部除 70 年代初外，通货膨胀相对较轻，这与各地的产业结构有一定的关系。东北部劳动密集产业工资上升出现在 60 年代，石油危机对于当地产业的影响相对较小，而作为重化工业为主导产业的"锈带"地区和阳光地带受石油危机影响深重，通货膨胀无论是严重程度还是持续时间都更胜于东北部。

综合经济停滞和通货膨胀，三大工业区出现了不同表现，即东北部工业区经济增长停滞最为显著，通货膨胀问题相对较轻，"锈带"地区既有严重的经济停滞，也有较高的通货膨胀；阳光地带的经济增长表现相对较好，通货膨胀却异常突出。

## （三）三大工业区制造业发展状况

从制造业产业和就业变动来看，美国的三大工业区也呈现出不同特征。这里选择的数据除制造业整体之外，还选择了传统的最能代表三个工业区特征的若干产业展开分析。

表3-3显示了20世纪70年代三大工业区制造业产值占比情况。根据美国经济分析局的统计数据，1971年东北部、"锈带"和阳光地带的制造业占比分别为23.2%、32.9%和17%，昔日辉煌的东北部工业区制造业比重已经不足1/4，制造业地位严重下降，"锈带"地区的制造业仅占1/3，也已经失去了制造业霸主地位，阳光地带的制造业地位上升，接近1/5。从20世纪70年代制造业占比的变化看，三大工业区都出现了一些下降，下降最为严重的是"锈带"地区，下降最少的是阳光地带。

表3-3　　　　20世纪70年代美国三大工业区制造业产值占比情况　　　单位：%

| 年份 | 东北部工业区 | | | | "铁锈"地带 | | | | | 阳光地带 | | |
| --- | --- | --- | --- | --- | --- | --- | --- | --- | --- | --- | --- | --- |
| | 制造业 | 纺织品行业 | 服装及其他纺织业 | 食品行业 | 制造业 | 工业机械设备 | 原料金属 | 金属制品 | 汽车及零部件 | 制造业 | 电子及电子设备 | 石油和天然气开采 |
| 1971 | 23.24 | 0.73 | 1.48 | 1.89 | 32.92 | 4.42 | 3.82 | 3.12 | 5.28 | 17.04 | 1.57 | 3.45 |
| 1972 | 23.23 | 0.74 | 1.51 | 1.75 | 33.10 | 4.52 | 4.02 | 3.25 | 4.98 | 17.26 | 1.57 | 3.17 |
| 1973 | 23.02 | 0.71 | 1.36 | 1.52 | 33.17 | 4.62 | 4.22 | 3.41 | 5.03 | 17.04 | 1.66 | 3.30 |
| 1974 | 22.33 | 0.66 | 1.23 | 1.51 | 31.83 | 4.63 | 4.99 | 3.29 | 3.65 | 16.42 | 1.51 | 4.66 |
| 1975 | 21.48 | 0.57 | 1.21 | 1.74 | 30.60 | 4.58 | 4.15 | 3.19 | 3.71 | 16.48 | 1.46 | 4.94 |
| 1976 | 22.43 | 0.52 | 1.16 | 1.65 | 31.85 | 4.55 | 4.03 | 3.31 | 4.78 | 16.79 | 1.53 | 5.07 |
| 1977 | 23.07 | 0.55 | 1.24 | 1.69 | 32.44 | 4.80 | 3.90 | 3.21 | 5.13 | 17.14 | 1.72 | 5.07 |
| 1978 | 22.83 | 0.49 | 1.21 | 1.49 | 32.36 | 4.88 | 4.26 | 4.95 | 16.85 | 1.76 | 5.03 | |
| 1979 | 22.81 | 0.46 | 1.14 | 1.41 | 31.59 | 4.78 | 4.26 | 3.22 | 4.18 | 17.37 | 1.80 | 5.07 |
| 1980 | 22.20 | 0.43 | 1.05 | 1.46 | 29.28 | 4.76 | 3.84 | 3.02 | 2.83 | 16.38 | 1.90 | 7.64 |

资料来源：根据美国经济分析局数据计算整理（https：//www.bea.gov/data）。

从制造业占比的变化来看，东北部工业区在20世纪70年代制造业占比下降约1个百分点，其中劳动密集型产业下降最为显著，如纺织、服装及食品行业在此期间产值占比下降近3个百分点；"锈带"地区制造业比重下降3.6%，尤以两次石油危机期间最为严重，1973～1974年制造业占比下降超过1个百分点，由33.2%降至31.8%，1979～1980年由31.6%降至29.3%，下降超过2个百分点，其中产值下降最大的是汽车及汽车零部件产业，下降达到2.5个百分点，工业机械设备、原料金属和金属制品等重工业的下降幅度不大，说明在20世纪70年代石油危机背景下，"锈带"汽车行业受到了日本省能源汽车的严重打击；阳光地带的制造业比重仅降低0.7%，两次石油危机期间阳光地带的石油行业迎来了黄金发展时期，石油天然气行业产值比重从石油危机前的1973年的3.3%提升至1980年的7.6%，提高了4个百分点，电子及其他电子设备行业也都出现了一定增长，与"锈带"地区相同，汽车行业在20世纪70年代的地位显著下降，汽车业产值在1973年和1980年分别下降6.5亿美元和10.17亿美元，占制造业比重由1971年的5.3%降至1980年的2.8%。

　　表3-4显示了20世纪70年代美国三大工业区制造业就业情况。从制造业总就业人数的年度变化看，20世纪70年代美国三大工业区制造业就业有升有降，东北部和"锈带"地区出现了就业人数的净减少，阳光地带制造业就业出现了增加趋势。

表3-4　　　　　　　20世纪70年代美国三大工业区制造业就业变化情况　　　单位：万人

| 年份 | 东北部工业区 | | | | 铁锈地带 | | | | | 阳光地带 | | |
|---|---|---|---|---|---|---|---|---|---|---|---|---|
| | 制造业 | 纺织品行业 | 服装及其他纺织业 | 食品行业 | 制造业 | 工业机械设备 | 原料金属 | 金属制品 | 汽车及零部件 | 制造业 | 电子及电子设备 | 石油和天然气开采 |
| 1971 | -29.38 | -0.87 | -2.43 | -1.14 | -31.58 | -10.21 | -5.15 | -2.52 | 2.32 | -12.78 | -3.46 | -0.01 |
| 1972 | -1.51 | -0.31 | -0.78 | -2.69 | 9.33 | 3.20 | 0.26 | 1.60 | 2.45 | 19.64 | 3.12 | -0.18 |
| 1973 | 10.23 | 1.35 | -0.56 | 0.53 | 37.17 | 7.81 | 5.70 | 4.62 | 5.65 | 29.84 | 6.71 | 1.10 |
| 1974 | -3.60 | -1.47 | -2.95 | -0.96 | -9.25 | 4.01 | 0.68 | -1.37 | -4.28 | 7.31 | 2.88 | 1.88 |
| 1975 | -36.41 | -2.48 | -2.66 | -1.37 | -68.08 | -8.53 | -12.46 | -3.34 | -8.67 | -28.62 | -7.34 | 2.02 |
| 1976 | 8.73 | 0.55 | 1.17 | -0.11 | -0.75 | 0.81 | 2.97 | 5.52 | 24.19 | 3.19 | 1.44 | |
| 1977 | 8.41 | -0.09 | -0.45 | -0.20 | 20.20 | 2.47 | 1.24 | 2.71 | 3.78 | 23.40 | 3.49 | 3.11 |
| 1978 | 12.57 | -0.27 | 0.11 | -0.20 | 20.19 | 3.92 | 1.34 | 2.68 | 3.48 | 32.24 | 6.64 | 4.58 |
| 1979 | 7.70 | -0.76 | -1.23 | -0.31 | 0.10 | 2.79 | 0.36 | 0.23 | -0.92 | 27.61 | 6.26 | 3.86 |
| 1980 | -5.14 | -0.66 | -1.02 | -0.43 | -54.77 | -4.77 | -7.66 | -7.59 | -14.22 | 2.01 | 2.83 | 7.51 |

资料来源：根据美国经济分析局数据计算整理（https://www.bea.gov/data）。

　　东北部工业区在20世纪70年代制造业就业净减少了28.4万人，就业减少最大的三个年份分别是1971年（减少29.4万人）、1975年（减少36.4万人）、1980年（减少5.1万人）。20世纪70年代初制造业就业下降更多是源于劳动生产率的提升，20世纪70年代中期和末期的两次就业下降显然是受到两次石油危机的影响，其中在东北部地区净减少的28.4万人中，纺织行业、服装及其他纺织业和食品行业的净减少人数高达22.5万人，这意味着在制造业就业减少过程中，80%来自传统的劳动密集型产业。

"锈带"地区制造业就业变化基本与东北部相同，只是比东北部地区下降幅度更大，20世纪70年代就业净减少58.7万人，其中，原料金属行业就业减少最为严重，70年代净减少14.9万人，占总就业减少的25.3%。三个最大就业减少年份是1971年、1975年和1980年，分别减少31.6万人、68.1万人和54.8万人。1975年就业减少最严重的是冶金行业，就业减少15.8万人，占该地区制造业就业减少人数的近1/4。1980年就业减少最严重的是汽车行业，占总就业减少人数的25.9%。

与东北部和"锈带"地区制造业就业大幅度下降相比，阳光地带制造业就业虽然也出现了两年负增长，但20世纪70年代制造业就业净增加124.8万人，其中电子及其他电子设备行业增加24.3万人，石油与天然气开采行业增加25.3万人。从绝对数量上来看，阳光地带新增就业的70%是由第三产业吸收的，制造业新增就业不及20%，制造业就业人数由1971年的419万增至1980年的557万，增长了33%，金融、保险和房地产等行业就业从1971年的519万人增至1980年的799万人，增长了54%。

## 第二节　20世纪80年代美国三大工业区的经济政策措施

20世纪80年代期间，三大工业区针对不同的经济状况，在联邦政府政策基础上，出台了一系列政策措施，东北部工业区经济政策注重高科技产业发展，"锈带"地区更加关注传统产业的重组及其发展，阳光地带则是双管齐下，一方面大力发展高科技产业，另一方面注重传统产业的升级。

### 一、东北部地区促进高科技产业发展的政策措施

东北部地区促进经济增长的政策措施开始于20世纪70年代中后期，马萨诸塞州最为典型。两度担任马萨诸塞州州长（1975～1979年和1983～1987

年）的迈克尔·杜卡基斯（Dukakis M.）在第二个任期内提出了一个宏大的经济发展计划，包括完善基础设施、提供融资补贴、加强职业培训等一系列措施，使一个严重遭受打击的传统工业区成功转型为高科技发展地区，麻省 128 号公路周边形成了可称为"东部硅谷"的高科技产业集群，20 世纪 80 年代中期曾实现 2.9% 的全美最低失业率，在 70 年代中期到 80 年代中期的 10 年间创造 80 万个工作岗位，个人收入比 80 年代初增长了 63%，税收下降、政府服务增加，因此被广泛誉为"麻省奇迹"。

## （一）实施多项税收抵免或减免政策

从第二章分析得知，美国在 1981 年的《经济复兴税收法案》中制定了对研发支出的税收抵免政策，实际是"研究与实验的税收抵免制度"（Research and Experiment Tax Credit，R&E 抵免制度），规定以过去 3 年企业研发有效投入的平均值为基准，如果企业在纳税年度研发活动的合格支出超出基准值，税收可抵免 25%。当时出台政策时是作为一项临时制度，有效期到 1986 年 1 月，此后每年到期都要通过法律延长期限，在 1981～2015 年共进行了 16 次延期，延长期限有长有短，最长的有 5 年，最短的有 5 个月，2015 年 12 月美国发布《2015 年保护美国人免于高税法》（H. R2019；P，L. 113～114）将美国联邦研发税法抵免制度永久化，同时税收抵免的条件和方式也都有了很大改进（于洋，2017）。

在这一税收抵免制度中有两个条件，一是合格的研究与实验活动，二是合格的研究开发支出，这些都是沿用 1954 年《国内税收法典》的标准。合格的研发活动要满足以下条件：一是研究和试验的内容要与纳税人的经营与交易相关；二是可以抵免的是研发项目成本及其相关的开发和改良成本；三是研发是探索科学技术本质的活动；四是研发成果用于开发和改良纳税人的产品或加工过程以及配方或发明等；五是研究活动要包括实验程序。合格的研究支出（Qualified research expense，QREs）是指满足上述研发活动的在企业内部进行或通过合同外包给其他企业的与开发和改良相关的所有经营性支出，包括从事合格研究活动或管理研究活动人员的工资成本、除土地和可计提折旧的财产之外的有形资产成本、使用第三方设备的成本、支付给第三方的研发费用。

麻省是美国最早对研发企业实施税收抵免长期化的州政府。《马萨诸塞州研发税收抵免法》（Massachusetts R&D Tax Credit）是对于在麻省境内的所有美国和外国制造业或研发公司实施的一定的税收抵免制度，分为两大类：一类是对于符合联邦政府规定的合格研发活动的企业给予10%的税收抵免；另一类是对于从事基础研究的任何成本，如向大学或医院捐赠或出资的成本给予15%的税收抵免。关于合格研发活动和合格研究支出均是采取联邦的立法标准，但与联邦立法所不同的是，麻省的此项立法从一开始就是永久性的，不需要每年经过议会批准。而且还规定如果纳税人在前三年没有合格的研发支出，也可以进行抵免，抵免比率为当年合格研究支出的5%。并对抵免上限做出了规定，公司法人税在2.5万美元时，最大规模可以抵免100%，超过2.5万美元时抵免75%。麻省出台此项政策后，其他的许多州也出台了类似的政策，目前，研发税收的抵免政策在激励研发政策中占据了重要地位，而且也成为大型企业获取联邦政府补贴的最主要依据。

此外，为了助力科学研究，州政府还修订了慈善公司向高等院校和研究机构捐赠资产的税收减免额政策，这些资产包括科研设备、仪器资产、用于物理或生物科学研究的资产等。总的来看，无论是研发税收抵免，还是税收减免政策，都极大地激发了当地创新活力，使得企业的研发投入逐渐增加，也加速了当地高科技产业的发展。

马萨诸塞州一度被称为"多税诸塞州"（Taxachusetts），第二章第四节曾介绍了哈里森和克鲁沃分析"麻省奇迹"破灭的原因之一是住房价格的高企、财产税过高导致人才外流，因此，麻省还进行了财产税的改革。1980年提出《2.5动议》（Proposition 2 1/2）（1982年生效），对征收财产税做出了限制，内容包括：第一，每年市政府征收的财产税收入不得超过其评估价值的2.5%；第二，来自新不动产财产税税收金额年增长率不能超过2.5%。自此以后，马萨诸塞州的财产税增长受到严格限制，1980～2010年，马萨诸塞州在全国各州的人均财产税排名从第2位下降到第23位。此次减税措施大大降低了企业和居民的生产生活负担，营造了宽松的经营和生活环境。

## （二）加大教育投入，为高科技产业发展奠定人才基础

麻省的高等院校大多位于大波士顿地区，其中波士顿市就拥有35所大学、学院以及社区大学。包括哈佛大学和麻省理工学院在内的8所研究型大学在争取联邦科研经费支持以及为当地经济和高科技行业发展方面贡献巨大。州政府为了培养人才和营造创新环境，加大了对教育的直接投入力度。1977～1989年，麻省的教育直接投入额远高于全美平均水平，如1980年的教育投入是32亿美元，超过全美平均6亿美元。从三大工业区看，20世纪80年代东北部地区的教育支出年均增长率为7.3%，高于"锈带"地区（6.2%）1个百分点，

略低于阳光地带（8%）。

在联邦资金的大力资助下东北部的大学培养了大批优秀人才，其中大部分毕业生都选择在临近地区工作，使得东北部地区的人才优势更加显著，为高科技行业的发展奠定了坚实的人才基础。

### （三）成立特别机构助力高科技产业发展

为促进高科技产业发展，1982 年麻省成立了创新性公共发展机构——麻省技术园区公司（Massachusetts Technology Park Corporation），职能是推动该州的就业和经济增长，巩固麻省在全球创新创业中的领导地位。该机构通过制定发展战略、协调投资、主导项目、支持企业等方式，统筹管理麻省的重点部门、项目和人才，着重支持新创科技企业成长，从战略层面培育产业生态系统。该机构 1994 年更名为麻省科技（Mass tech），目前的主要目标是支持麻省创新经济发展，主要包括支持产业集群发展及生态系统建设、人才支撑及劳动力发展、为技术企业提供商业协助三方面任务，麻省正在引领全球数字经济的前沿。

为了推动高科技成果转化的速度，在联邦技术转让法的支持下，政府积极促进产学研合作。以马萨诸塞州大波士顿地区为例，当地研究型大学积极与工业界合作共同研发，极大地缩短了高科技成果的市场化进程。研究型大学与工业界有着许多科研合作项目，例如在 1988 年，麻省理工学院（MIT）的工学院和斯隆管理学院共同主持的一个项目，也就是"制造业领先项目"（Manufacturing Lead Project），该项目就是不断改进制造业的操作流程，提高制造效率。此外，哈佛大学的技术许可办公室和波士顿大学的公共技术基金也都为大学科研成果的转让提供了专门支持。

麻省政府建立了一个相对完善的金融体系，主要包括各种形式的金融代理机构，这些代理公司的主要业务就是进行风险投资。根据 1981 年的一份报告，东北部的麻省和纽约州以及西部的加利福尼亚州集中了美国风险资本的 60%，其中纽约市和波士顿市在美国风险投资城市排名中排在第一位和第四位。为了合理运用资金以达到在全州范围内维持和创造就业的目的，州政府还建立了各种形式的金融代理机构。比如：马萨诸塞社会发展金融公司（Massachusetts Social Development Finance Corporation），主要是为社会发展项目提供小额贷款担保以及提供风险资本；马萨诸塞产业金融机构（Massachusetts Industrial Finance Agency），具有运用"免税产业发展公债"和"征税产业发展公债"以及基金会资金的权利，主要目的是促进就业和投资；马萨诸塞的"卓越中心",目的是支持技术创新,为生物工程、海洋科学光电技术等新兴领域的创业和新产品研发提供金融支持。

综上所述,在石油危机后,东北部地区以马萨诸塞州为例的"再工业化"政策主要是围绕高科技产业而展开的,其中鼓励研发和科技创新政策为高科技产业发展提供技术支撑,改革财产税、降低企业和居民负担助力环境建设,产学研合作的目的则是加速高科技成果的转化,使得高新技术能够快速应用到市场从而形成高科技生产能力,加大教育投入以及发展金融、专业和商业服务则是为高科技行业的发展提供高技术人才支撑和先进服务配套,多管齐下使得当地的高科技行业发展如鱼得水,创造了著名的"麻省奇迹"。

## 二、"锈带"地区扶植传统制造业发展的政策措施

"锈带"地区在 20 世纪 80 年代经济政策的核心是改善基础设施,建立宜居宜商宜游的现代城市,同时注重传统制造业改造,在一定程度上重振了传统产业的竞争能力,加强了政府与企业、高校之间的协作,强化了技术的转让和应用,这为"锈带"的转型奠定了坚实基础。

### (一)完善基础设施并重新规划工业园区

20 世纪 80 年代,由于"锈带"地区长期推动国内以及对外产业转移,带来大量企业倒闭,原来的厂房闲置、设施破旧不堪,曾经的工业化城市呈现出一片衰败景象,而且长期发展重化学工业对当地的环境造成了沉重负担。"锈带"地区在这一阶段特别注重基础设施的更新改造。

如被称为"钢都"的宾夕法尼亚州匹兹堡市,曾有 300 多家与钢铁生产相关的企业,一度长期垄断美国的钢铁产业。长期发展重工业带来巨大经济利益的同时也带来了一系列环境污染问题,匹兹堡市被形象地称为"打开了盖子的地狱"或"烟雾城",由于长期以来钢铁产业的垄断地位导致创新不足,设备老化、工人工资上涨过快等问题使得钢铁产业竞争力受到严重影响,大量工厂倒闭。从 1970～1980 年,制造业就业减少了 4 万多人,1981～1983 年,匹兹堡都市区总失业人数由 88500 增加到 212400 人,失业率也高达 18.2%,远高于全国平均水平(10.5%)。

面对上述问题,匹兹堡市政府先后于 20 世纪 70 年代中期和 80 年代进行了"城市更新运动"(Urban Renewal),包括清理老旧厂房、库房、码头设施在内的废弃资产或不良资产,开发城市中心、重建社区,改装或更新废弃的钢

铁厂房，提高工业基础设施的利用效率。匹兹堡政府还在金三角区（Golden Triangle）设立了一个文化创意区，把老旧的工业区即阿勒格尼河、莫农加希拉河与俄亥俄河交汇处的滨水区改造成多样化的休闲娱乐场所，每年吸引大量游客，带动了旅游业的发展。

在 20 世纪 80 年代另一项重要的成就是利用大学和研究机构共同扶植大型传统企业转型及新兴产业的发展，这是创新生态系统建设的起步阶段。在匹兹堡大学和卡耐基—梅隆大学的带动下，大批计算机软件、机器人、生物技术和生物制药等研发和生产的高科技企业得以发展，美国钢铁集团公司、西屋电气公司、美国铝业公司、亨氏公司等大型企业也在一定程度上提升了"锈带"地区的竞争能力，形成了传统产业与新兴产业共存的产业格局。

"锈带"地区还注重对工业园区的重新规划。威斯康星州密尔沃基市政府就对梅诺莫尼福谷（Menomonee Valley，当地的主要工业区）进行了土地规划以及基础设施改善，并制定了"梅诺莫尼福谷市场研究、工程和土地使用计划"（Market Study, Engineering, and Land Use Plan for the Menomonee Valley）。该计划的目的是发展当地制造业企业，并吸引新企业入驻，从而发展梅诺莫尼福谷东部的商业和社区（Sousa C. D., 2012）。实施这一计划使得工业区的基础设施得以完善，工业生产环境的改善以及科学的区域规划和充足工业用地等因素，为当地制造业发展创造了良好条件。到 21 世纪初期，密尔沃基市制造业仍是它的主导产业。

## （二）推动企业兼并重组和技术改造

为了重振制造业，"锈带"地区积极推进产业跨区整合以及企业兼并和重组，促进优势产业集中到同一地区，推动制造业的集聚发展从而实现规模经济。以密歇根州的汽车城底特律为例，由于国外汽车行业竞争加剧，制造业企业认识到当地的汽车工业布局比较分散，运输成本高昂。因此通过对汽车产业的兼并和重组，采取集中生产、技术改造、专业化分工、升级产品和研发新产品等举措，成功实现了汽车工业向底特律地区集中的新型工业格局。产业集聚使得汽车行业实现了规模经济，不但使得底特律保持了汽车中心的地位，而且带动了周边地区的经济发展。此外，威斯康星州的密尔沃基市政府也启动了一个企业合并重组计划（Merger and Acquisition Plan）。该项合并计划的主要措施是：将企业合并重组后闲置下来的土地作为工业用地，使得当地的企业可以扩大专业化生产规模，为企业发展提供一个更加舒适和优良的商业环境。同时，闲置下来的工业用地以低于市场的价格卖给意欲扩大投资的制造业企业。随着

20世纪90年代经济形势好转，企业用地需求逐渐提高，有效促进了制造业的发展。

"锈带"地区还注重对传统制造业进行技术改造，实现制造业的转型升级，从而重振当地的制造业部门。其中，宾夕法尼亚州（以下简称"宾州"）政府在1988年设立了《工业资源中心网络计划》（The Industrial Resource Center Network，IRC Network），该计划的目的是帮助制造商应对不断变化的市场、新技术及经济全球化带来的竞争压力，通过该网络与私人企业展开合作，聘请各领域的专家专门为公司和企业提供各种专业化服务，比如运营评估、教育和培训员工，以及市场化、厂房布局设计和管理重组等咨询服务，并为制造业企业的发展提供各种技术服务，致力于实现制造业的现代化，该计划的实施对加快制造业的转型升级起到了极其关键的作用。

（三）积极推进政府与民间企业和高校的合作

为加速高科技成果转化，在联邦政府政策的引导下，"锈带"各州也积极推进产学研的合作，并完善技术转让机制，加速了高科技成果市场化的进程。以宾夕法尼亚州的匹兹堡市为例，当地政府将高科技产业发展作为扭转衰败局面的关键，鼓励非营利机构与大学合作研发新技术，最典型的是东北宾州本·富兰克林技术伙伴（Ben Franklin Technology Partners of Northeastern Pennsylvania（BFTP/NEP）计划，这是1979～1987年担任宾州州长的迪克·桑伯格（Thornburg D.）在任期间出台的计划。本·富兰克林伙伴计划是将全州划分为四个高端技术区，每个地区都与当地的大学联合开展科技创新，增加就业。在伙伴计划框架下，政府提供科研经费、创业时期的种子基金或风险投资基金。匹兹堡大学和卡耐基—梅隆大学共同合作承担计算机应用、生物技术、高级材料的研究与开发，卡耐基—梅隆大学机器人学院利用黑泽伍德社区的遗弃褐地建立新的研究中心，迪凯纳大学经济转型研究所和钢谷职业技术学院共同为莫农加希拉河谷的私人企业开办"制造业2000"的技术培训课程等。在1996年，匹兹堡高技术委员会建立了高级制造业网络，为高科技企业提供新技术、新设备和技术人才的信息共享，致力于帮助制造企业通过改进生产技术以提高生产力。

为了提升当地职业教师的教学质量以适应科技发展的需要，当地州政府鼓励教师在假期直接到当地的工厂和企业挂职，或者到高等院校进修，以提高自身技术能力。当地的高等教育机构还为工业部门和商业社区提供技术转让服务、研究与开发服务以及培训服务。此外，州政府还设立了《定制劳动力培训计划》（*Customized Labor Training program*），为那些在新技术和制造业生产流程上进行投资的公司提供高达50%的培训新技术员工费用。当地职业技术教育的发展为当地工厂和企业培养了一大批高技术型人才，对留住当地制造业企业起到了极其重要的作用。

高等教育机构建立了完善的技术转让机制，实现了技术转让规范化和标准化。卡耐基—梅隆大学于1993年创建技术转让办公室，匹兹堡大学于1996年专门设立了技术管理办公室和企业发展办公室，迪凯纳大学于1998年成立了迪凯纳研究办公室，这些办公室负责学校的技术转让，一方面推动了科技成果的市场化，另一方面也新孵化了许多企业，极大地带动了当地高科技行业的发展。

综上所述，"锈带"地区改变以前依赖单一的重化学工业增长方式，关注经济结构多样化发展态势，不仅聚焦更新改造传统制造业，推动制造业的现代化和自动化，同时还注重高科技产业以及服务业多元化，最终"除锈"成功，由"锈带"转型为"智慧地带"，成为21世纪美国的创新生态中心。

## 三、阳光地带双管齐下的经济政策

20世纪80年代阳光地带经济政策重点是发展高新技术，如半导体、激光、生物工程、新能源、宇航技术等，建立高新技术园区，通过发展高技术产业促进当地制造业发展；同时注重传统制造业的升级，提升在价值链中的地位。

### （一）效仿硅谷模式建立高新技术园区

在20世纪70年代，即使美国经济受到两次石油危机打击整体陷入不景气的背景下，硅谷和北卡罗来纳州三角研究园区都保持了高速经济增长。受此启发，美国大部分地区，包括阳光地带，开始效仿硅谷模式建设高新技术园区。所谓硅谷模式，是指以大学、科研机构或实验室为中心建立工业园区，大学与企业进行合作使科研成果迅速成品化的一个产学研综合体，是继科学技术的个人研究、研究单位集体研究、国家组织的大规模研究之后，人类科技发展的又一重要模式，具有智力密集度高、研发和生产高度融合、风险资本密集等特征。加利福尼亚州圣地亚哥市的硅沼、佛罗里达州的硅滩、得克萨斯州的硅沟，以及新墨西哥州的桑迪亚研究中心，这些地区都是在20世纪80年代之后效仿硅谷模式而出现的高新技术园区，旨在以税收优惠、便利的基础设施等吸引高技术产业落户，从而形成产业集群，带动当地制造业发展。

亚利桑那州政府通过创造良好的发展环境，吸引到了摩托罗拉、英特尔等世界大型公司。同时，州政府的高科技办公室每年都组织当地企业代表团访问国内成功的高新技术园区，为当地企业提供学习和交流的机会（宋仁梁、杜芳芳，2001）；亚利桑那大学通过与企业合作将太阳谷办成第二个硅谷，通过"优胜项目"吸引了近2万名学生，为高科技企业培养了大批所需专门人才（王旭，2000）。

同时，一些军事用途的实验室也注重向民用技术方面转型，通过吸引民营企业参与高新技术转化，极大地促进了私营部门的经济发展。如1980年新墨西哥州桑迪亚国家实验室通过与英特尔公司合作，在阿尔伯克基市建立了一家芯片制造厂，为该市提供了约1.1个万制造业就业机会。在此之后，美国在线、MCI世界通讯、Sprint PCS等高新技术公司相继落户阿尔伯克基市，使之成为全美第七高科技地区。

## （二）大力发展职业教育和就业培训

20世纪80年代阳光地带承担了接收"锈带"地区和东北部地区失业移民的任务，这是联邦政府为防止社会不安或动荡，积极推进失业人群由"锈带"地区和东北部地区向阳光地带移民，如提供就业信息，补贴搬迁费用、住房费用等；同时阳光地带各级政府也大力发展职业教育和就业培训，加强劳动者的技能培训，为高技术产业提供配套劳动力。如佛罗里达州政府着重在全州范围内建设两年制社区大学网，并大力推行电视教育培训节目，积极吸收北方破产企业的中高级管理人才到当地工作（朱传一，1988）。除此之外，阳光地带各州还建立了一种可以满足新建企业职工需求的弹性制度（The start-up program），为新建企业提供各类技术人才。

以加利福尼亚州为例。截止到2001年，加利福尼亚共计开展39项工人培训计划，向在职员工和失业工人提供培训，平均每年投入50亿美元，受益面高达700万人次。这些职员培训计划，大多由政府牵头，由高等院校负责讲授培训课程，政府基金负责培训费用，为洛杉矶及加利福尼亚各县市培训了产业发展所需的高技术人才和熟练工人，极大地提高了当地企业的生产率。表3-5显示了加州的部分职业培训项目。

表 3 - 5 加利福尼亚州部分职业培训项目

| 项目名称 | 项目简介 | 投入金额 |
|---|---|---|
| 加利福尼亚就业培训组（California's Employment Training Panel） | 该计划于 1982 年创建，初始目的为了安置从制造业企业倒闭后失业的工人，后来转为对制造业和高技术部门在职工人的再培训 | 7000 万美元~1 亿美元 |
| 加利福尼亚社区学院（California Community Colleges） | 20 所加利福尼亚社区学院开展的高技术工人培训计划，并与当地企业签订合同提供高素质人才 | 年均约5 亿美元 |
| 职业资格检查（Pending Examination） | PE 计划源自 1980 年的洛杉矶，并在随后推广到加利福尼亚州的其他地区。PE 计划为工厂提供了持有职业资格的熟练制造业工人，降低了投资企业的人力成本 | — |

资料来源：根据美国州政府网站整理（https：//www.ca.gov/）。

## （三）注重传统产业的升级改造

洛杉矶致力于恢复传统优势产业——服装产业、家具产业和电影等娱乐性产业，引导传统制造业向高端化、时尚化发展。服装产业虽然在 20 世纪 60 ~ 70 年代损失惨重，但是洛杉矶通过产业复兴策略，采取快速弹性的生产流程、大众时尚的设计理念，积极引导服装产业向微笑曲线两端的高附加价值环节（刘艳艳，2013）。洛杉矶市中心时尚区成立了商贸经济开发区（Business Improvement District，BID），根据城市发展规划，激活当地的经济社会活动，通过对服装产业的改造升级，目前时尚区（Fashion District）已经取代纽约成为全美第一大时尚专区。同时洛杉矶另一优势传统制造业是家具业，在产业转移浪潮下之所以能幸免于难，主要归功于政府的大力扶持，太平洋设计中心（Pacific Design Center）、家具业博览会（Wesweek）和洛杉矶家具展示中心（LA Furniture Mart）等也为家具业的复兴创造了良好环境。

20 世纪 80 年代美国佛罗里达州被称为 20 世纪 60 年代的加利福尼亚，这个一度被拓荒者称为"蛮荒之地"的最南部州获得了新生。20 世纪 80 年代全美经济增长速度最快的 13 个城市中，有 5 个在佛罗里达，1980 ~ 1985 年，非农就业率增长了 23.7%，居全美第三位。佛罗里达州的经验是大力发展与本州产业密切相关的技术，并推动技术在各行各业的应用。最典型的是"硅滩"，这里的科学研究不像加州及新英格兰地区的创新型、前沿性或基础性研究，专注于解决满足本地区产业发展需要，许多传统产业如食品、农产品加工、机械运输、矿产或木材等行业进行了现代化改造和设备更新，重新提升了竞争能力。

## 第三节　美国三大工业区"再工业化"政策效果

为评价20世纪80年代美国三大工业区的"再工业化"政策效果，本节运用美国经济分析局的各州数据，从产业规模、就业状况、区位熵和人均产值四个指标评价制造业和高新技术产业的短期政策效果。按照美国商务部基于研发密度定义的高科技产业标准，将标准产业分类（Standard Industry Classification，SIC）中的电子和电子设备、其他运输设备、化学品及相关产品三大类归为高科技行业。为消除价格变动因素对行业产值影响，实际产值均是以1984年为基期折算而来的。

### 一、三大工业区制造业及高科技行业产业规模

产业规模是表示一个产业发展状况的重要指标，而产业规模一般用行业产值增长率及产值占比来衡量。产值增长率可以反映该行业经济增速和发展趋势，产值占比可以表示该行业在地区经济中的地位。

#### （一）制造业及高科技产业产值增长率变化

表3-6显示了三大工业区制造业和高科技产业产值增长率情况。总体来看，东北部工业区和阳光地带的高科技产值增长率一般超过制造业产值增长率2个百分点左右。从不同工业区来看，东北部地区得益于其高校云集以及金融资本充裕的独特优势再加上州政府对高科技创新的鼓励政策，小型计算机等高科技行业在20世纪70年代中后期和80年代初期蓬勃发展，进而带动整个东北部地区经济飞速发展，其发展态势曾被称为"麻省奇迹"，从80年代的制造业产值增长情况看，东北部地区制造业净增长7个百分点，高科技产业增长了25个百分点。一个不容忽视的现象是，1985年以来东北部工业区高科技产业优势尽失，1985～1990年，高科技产业产值增长率陷入停滞状态，东北部转型为金融、商业等现代服务业地区。

"锈带"地区制造业产值波动相当显著，1982年出现了11.4%的负增长，1984年出现了10.2%的正增长，20世纪80年代制造业产值净增长6个百分点，而高科技产业产值增长率变化并不显著，10个年份出现了三个下降年份，而且下降幅度并不大，80年代净增长超过24个百分点，但低于阳光地带的高

科技产业产值增速。

表 3 - 6　　　　美国三大工业区制造业及高科技产业产值增长情况　　　　单位：%

| 年份 | 东北部地区 | | "锈带"地区 | | 阳光地带 | |
|---|---|---|---|---|---|---|
| | 制造业 | 高科技产业 | 制造业 | 高科技产业 | 制造业 | 高科技产业 |
| 1981 | 1.16 | 2.34 | 1.06 | - 0.01 | 3.34 | 1.35 |
| 1982 | - 3.66 | 4.62 | - 11.35 | - 4.15 | - 2.75 | 8.25 |
| 1983 | 2.75 | 8.28 | 3.80 | 6.54 | 1.44 | 8.76 |
| 1984 | 7.12 | 10.39 | 10.21 | 8.62 | 7.43 | 10.65 |
| 1985 | - 0.44 | 0.70 | - 0.49 | - 0.74 | - 0.16 | - 0.60 |
| 1986 | - 0.66 | 0.14 | 0.64 | 2.58 | 2.60 | 2.89 |
| 1987 | 2.35 | 0.53 | 1.31 | 4.55 | 8.45 | 6.33 |
| 1988 | 4.98 | - 1.58 | 5.31 | 0.62 | 7.80 | 5.68 |
| 1989 | - 2.90 | - 0.52 | - 0.44 | 4.57 | 0.43 | 2.01 |
| 1990 | - 3.58 | - 0.32 | - 4.04 | 1.92 | - 0.72 | - 1.48 |

资料来源：根据美国经济分析局数据计算整理（https：//www. bea. gov/data）。

阳光地带受益于第三次科技革命，美国四大高科技产业园中有两个位于阳光地带，分别是加利福尼亚州的硅谷和佛罗里达州的硅滩，20 世纪 80 年代以来阳光地带大力发展半导体、生物工程等高科技产业，承接东北部和"锈带"地区的产业转移使得当地的制造业和高技术行业的产业规模都有所上升。80年代，阳光地带的制造业产值增长率基本保持上升态势，只有 3 个年份制造业产值出现了略微下降，净增长达到 27.9%，高科技产业产值增长更加显著，只有 2 个年份出现了负增长，净增长超过 43%。

（二）制造业和高科技行业产值占比变化

表 3 - 7 显示了 20 世纪 80 年代三大工业区制造业及高科技产业产值占比情况。从 80 年代初的状况看，三大工业区中"锈带"地区制造业产值占比最高，接近 30%，东北部地区占比超过 22%，阳光地带占比接近 17%。在 80 年代，东北部地区制造业占比一直处于下降趋势，到 1990 年制造业产值占比降至不足 16%，下降了 6 个百分点；"锈带"地区制造业产值占比也出现一定下降，但下降的幅度并不大，不足 5 个百分点，而阳光地带制造业产值占比下降最为缓慢，降低了不到 2 个百分点。从高科技产业产值占比的变化情况看，

"锈带"地区和阳光地带在20世纪80年代保持稳中有升的势头,而东北部地区却出现了占比下降的势头,再次显示东北部地区高科技产业发展辉煌不再。

表3-7　　　　　美国三大工业区制造业及高科技行业产值占比情况　　　单位:%

| 年份 | 东北部地区 | | "锈带"地区 | | 阳光地带 | |
|---|---|---|---|---|---|---|
| | 制造业 | 高科技产业 | 制造业 | 高科技产业 | 制造业 | 高科技产业 |
| 1980 | 22.20 | 5.35 | 29.28 | 5.04 | 16.86 | 4.53 |
| 1981 | 22.04 | 5.38 | 29.52 | 5.03 | 16.53 | 4.35 |
| 1982 | 20.92 | 5.54 | 27.28 | 5.02 | 16.10 | 4.72 |
| 1983 | 20.40 | 5.69 | 27.43 | 5.18 | 15.91 | 5.00 |
| 1984 | 20.11 | 5.79 | 27.95 | 5.20 | 15.82 | 5.12 |
| 1985 | 19.07 | 5.55 | 27.09 | 5.03 | 15.12 | 4.87 |
| 1986 | 17.89 | 5.25 | 26.30 | 4.98 | 15.19 | 4.91 |
| 1987 | 17.28 | 4.98 | 25.85 | 5.05 | 15.76 | 4.99 |
| 1988 | 17.11 | 4.62 | 26.05 | 4.86 | 16.16 | 5.02 |
| 1989 | 16.53 | 4.57 | 25.42 | 4.98 | 15.77 | 4.97 |
| 1990 | 15.95 | 4.56 | 24.30 | 5.06 | 15.19 | 4.76 |

资料来源:根据美国经济分析局数据计算整理(https://www.bea.gov/data)。

## 二、三大工业区制造业及高科技行业就业状况

### (一)制造业及高科技产业就业人数增长率

表3-8显示了20世纪80年代美国三大工业区就业增长率变动情况。东北部地区和"锈带"地区制造业就业均出现了较大幅度下降,东北部地区制造业就业只有1984年出现正增长,整个80年代制造业就业净减少25.4%,"锈带"地区虽然出现了3个年份的正增长,还是净减少了接近20%,只有阳光地带制造业就业在11个年份中出现4个年份的负增长,净增长超过5个百分点。从高科技产业就业增长率看,呈现与制造业就业相同的态势,东北部和"锈带"地区的高科技产业就业下降均超过了24%,尤其是东北部地区在80年代中期以后高科技产业就业出现了连续下降趋势,6年间下降了28%,"锈带"地区高科技产业就业下降幅度也超过制造业就业下降幅度,阳光地带的

高科技产业就业出现了正增长趋势,净增长超过 5 个百分点。

表 3 - 8　　　　　美国三大工业区制造业和高科技产业就业增长率　　　　单位: %

| 年份 | 东北部地区 | | "锈带"地区 | | 阳光地带 | |
|---|---|---|---|---|---|---|
| | 制造业 | 高科技产业 | 制造业 | 高科技产业 | 制造业 | 高科技产业 |
| 1980 | - 1.26 | - 0.40 | - 2.20 | - 2.51 | 1.95 | 1.91 |
| 1981 | - 5.29 | - 2.67 | - 9.73 | - 7.88 | - 4.88 | - 1.50 |
| 1982 | - 2.09 | - 0.15 | - 3.58 | - 3.56 | - 1.41 | - 1.63 |
| 1983 | 3.19 | 6.43 | 5.44 | 4.80 | 5.55 | 7.13 |
| 1984 | - 2.05 | - 1.17 | - 0.70 | - 2.02 | 0.66 | 3.97 |
| 1985 | - 3.28 | - 2.79 | - 1.62 | - 1.52 | - 1.06 | - 0.29 |
| 1986 | - 3.13 | - 3.77 | - 0.11 | - 0.96 | 1.65 | 1.39 |
| 1987 | - 1.34 | - 11.96 | 1.75 | - 4.21 | 2.23 | - 8.96 |
| 1988 | - 2.79 | - 3.05 | 0.77 | - 0.05 | 0.74 | 0.64 |
| 1989 | - 6.07 | - 5.25 | - 1.39 | - 1.38 | - 0.68 | - 0.81 |
| 1990 | - 25.43 | - 24.14 | - 19.65 | - 24.33 | 5.12 | 5.75 |

资料来源: 根据美国经济分析局数据计算整理 (https://www.bea.gov/data)。

　　东北部地区就业下降的原因,可以归结为以下三个方面:一是石油危机加剧了东北部企业对外产业转移步伐,传统纺织和服装业对外转移,极大降低了制造业就业数量;二是东北部地区尤其是波士顿周边的地价房价上升,提高了从事高科技产业工作的生活成本和生活负担,造成了高科技产业劳动力的供给短缺,影响了高科技产业的发展;三是伴随制造业和高科技产业就业下降的是生产型服务业的快速发展,新兴生产型服务业已经在很大程度上摆脱了传统服务业部门低人均产值与人均产值系数、低工资的状况,现代服务业已成为该地区经济发展的重要支柱。

　　阳光地带制造业和高科技产业就业变动的原因可以归结为以下两个方面:一是阳光地带利用各种优惠政策吸纳其他工业化区移民使得当地制造业和高技术行业就业人数显著增加,如 1983 ~ 1989 年制造业就业人数从 532.5 万人上涨到 586.1 万人,增长了 10.1%;二是第三次科技革命为阳光地带的高科技产业带来的巨大商机,1970 ~ 1980 年高科技产业增加了 40 万个工作岗位,而 20 世纪 80 年代中期以来,也出现了下降趋势,1988 年下降了 8.9%。

## （二）制造业和高科技行业就业人数占比

表3-9显示了三大工业区制造业和高科技产业就业占比变化情况。从就业相对规模来看，三个工业区制造业和高科技产业就业相对规模都出现了下降趋势，只是下降幅度存在一定差异。1980年东北部、"锈带"和阳光地带制造业就业占比分别为20.5%、23.6%和15.3%，到1990年，三大工业区制造业就业下降幅度分别为7.7%、5.4%和2.9%。高科技产业就业在1980年分别为4.8%、4.1%和3.8%，到1990年分别下降1.6%、1.2%和0.8%。从制造业就业占比均值来看，1980~1990年，东北部平均为17%左右，同时"锈带"地区平均在20%，阳光地带在13%上下，"锈带"地区制造业就业相对规模分别高出东北部地区3个百分点和阳光地带7个百分点。

表3-9　　　　美国三大工业区制造业及高科技产业就业占比情况　　　　单位：%

| 年份 | 东北部地区 | | "锈带"地区 | | 阳光地带 | |
|---|---|---|---|---|---|---|
| | 制造业 | 高科技产业 | 制造业 | 高科技产业 | 制造业 | 高科技产业 |
| 1980 | 20.47 | 4.75 | 23.63 | 4.08 | 15.31 | 3.83 |
| 1981 | 20.07 | 4.70 | 23.31 | 4.02 | 15.23 | 3.81 |
| 1982 | 18.99 | 4.57 | 21.60 | 3.80 | 14.44 | 3.74 |
| 1983 | 18.31 | 4.50 | 20.85 | 3.67 | 13.96 | 3.61 |
| 1984 | 18.14 | 4.59 | 21.21 | 3.71 | 14.04 | 3.68 |
| 1985 | 17.27 | 4.41 | 20.60 | 3.55 | 13.67 | 3.70 |
| 1986 | 16.28 | 4.18 | 19.86 | 3.43 | 13.28 | 3.63 |
| 1987 | 15.57 | 3.97 | 19.29 | 3.30 | 13.13 | 3.58 |
| 1988 | 14.97 | 3.41 | 19.12 | 3.08 | 12.94 | 3.14 |
| 1989 | 14.50 | 3.29 | 18.88 | 3.02 | 12.75 | 3.09 |
| 1990 | 13.75 | 3.15 | 18.33 | 2.93 | 12.37 | 2.99 |

资料来源：根据美国经济分析局数据计算整理（https://www.bea.gov/data）。

## 三、三大工业区制造业及高科技行业区位熵

区位熵是衡量特定行业在全国范围内专业化水平指标，根据产值和就业指标可以计算产值区位熵和就业区位熵。产值区位熵和就业区位熵的公式如下：

$$OLQ_{i,j} = \frac{GDP_{i,j}/GDP_j}{GDP_i/GDP}$$

式中，$OLQ_{i,j}$ 表示 j 地区 i 行业产值区位熵，衡量了 j 地区 i 行业创造产值的专业化水平，$GDP_{i,j}$ 是 j 地区 i 行业产值，$GDP_j$ 是 j 地区生产总值，$GDP_i$ 是全国 i 行业产值，GDP 是国内生产总值。

$$ELQ_{i,j} = \frac{EMP_{i,j}/EMP_j}{EMP_i/EMP}$$

$ELQ_{i,j}$ 表示 j 地区 i 行业就业区位熵，衡量了 j 地区 i 行业创造就业的专业化水平，$EMP_{i,j}$ 是 j 地区 i 行业的就业人数，$EMP_j$ 是 j 地区总就业人数，$EMP_i$ 是全国 i 行业就业人数，EMP 是全国总就业人数。就业区位熵也称为就业集中度。

如果区位熵大于 1，表明该行业在该地区专业化水平超过全国，属于地区专业化行业，且数值越大，专业化水平越高；区位熵小于 1，表明该行业在该地区的专业化水平低于全国，属于地区劣势行业；区位熵等于 1，表明其专业水平与全国相当，基本自给自足。

(一) 制造业产值区位熵与就业区位熵

图 3 - 1 和图 3 - 2 显示了三大工业区的区位熵变化情况。

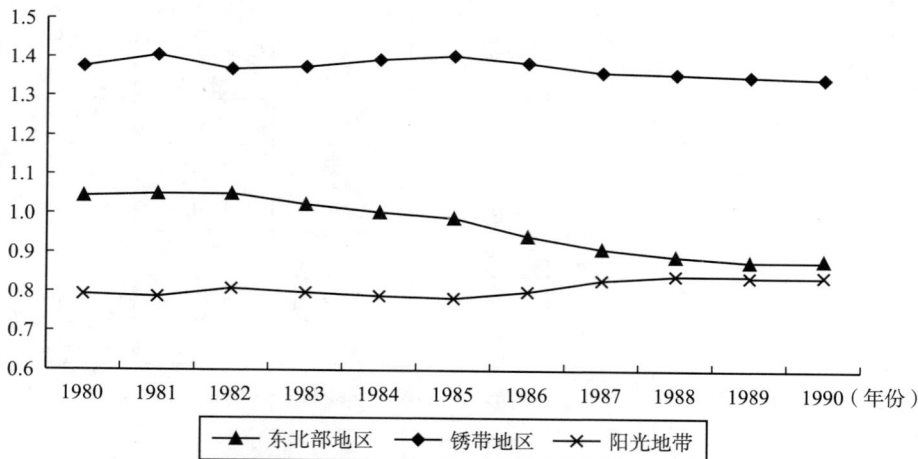

图 3 - 1   1980 ~ 1990 年美国三大工业区制造业产值区位熵

资料来源：根据美国经济分析局数据计算整理 (https：//www. bea. gov/data)。

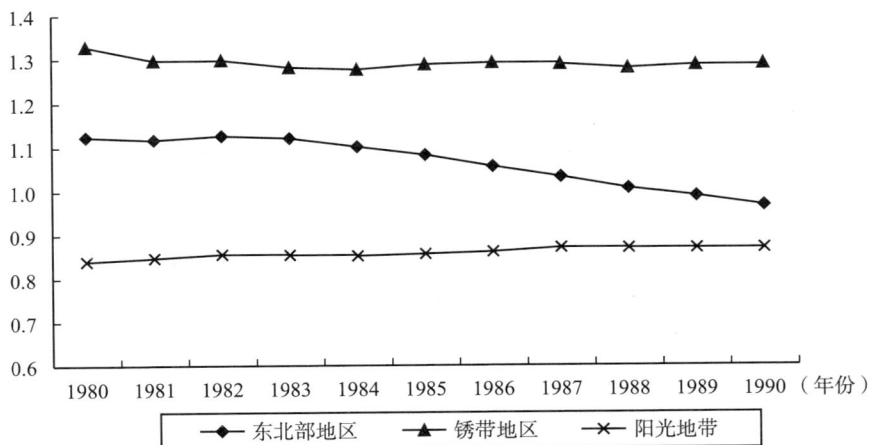

**图 3 - 2　1980 ~ 1990 年美国三大工业区制造业就业区位熵**

资料来源：根据美国经济分析局数据计算整理（https：//www. bea. gov/data）。

1980 ~ 1983 年期间，东北部地区制造业产值区位熵均大于 1，最大值为 1981 年和 1982 年，达到 1.05，表明这一时期高技术行业的带动使得当地制造业专业化水平高于全国平均水平，与全国相比具有一定比较优势，就业区位熵也出现了相同的趋势。随着 20 世纪 80 年代中期东北部地区制造业的衰退，东北部地区的产值区位熵与就业区位熵都出现了下降，尤其是产值区位熵从 1984 年的"1"开始下降，到 1990 年维持在 0.88，制造业就业区位熵自 1988 年突破"1"，1990 年降至 0.97。

从"锈带"地区来说，制造业产值区位熵和就业区位熵都领先于其他两个工业区。就产值区位熵而言，"锈带"地区的制造业产值区位熵在 1980 ~ 1986 年平均为 1.39，同一时期东北部地区为 1.01，阳光地带仅为 0.79，20 世纪 80 年代"锈带"地区一直保持超过 1.3 以上的产值区位熵指数，表明"锈带"地区制造业专业化水平远高于其他两个工业区。由于信息技术的快速发展加快了传统产业的改造进程，"锈带"地区提高了生产效率，带来制造业专业化水平的显著提升。从就业集中度看，"锈带"虽然出现缓慢下降趋势，但集中度一直在 1.3 上下徘徊，其专业化水平优势还是显而易见的。

这里特别值得关注的是阳光地带制造业产值区位熵与就业区位熵数据。20 世纪 80 年代阳光地带制造业产值区位熵有小幅度上升，从 1980 年的 0.8 略微上升到 1987 年的 0.9，此后一直持续在这一水平，就业区位熵更是稳定在 0.84 ~ 0.87 之间，远低于其他两个工业区水平。

　　对于这一问题，需要进行更深入的分析。如果展示阳光地带服务业的就业区位熵和产值区位熵，就可以发现阳光地带的服务业优势是显而易见的，如图3-3所示，1980年为1.01，1990年为1.02，处于比较稳定的优势，并且服务业产值增长率远远大于制造业，1990年比1980年增长97%，而制造业下降3.2%，阳光地带服务业产值占比一直处于上升趋势，1980年占比14.1%，1990年达到19.2%。由此可以说，20世纪80年代阳光地带的发展主要集中在服务业，尤其集中在生产性服务业领域，制造业的优势地位逐渐衰落。

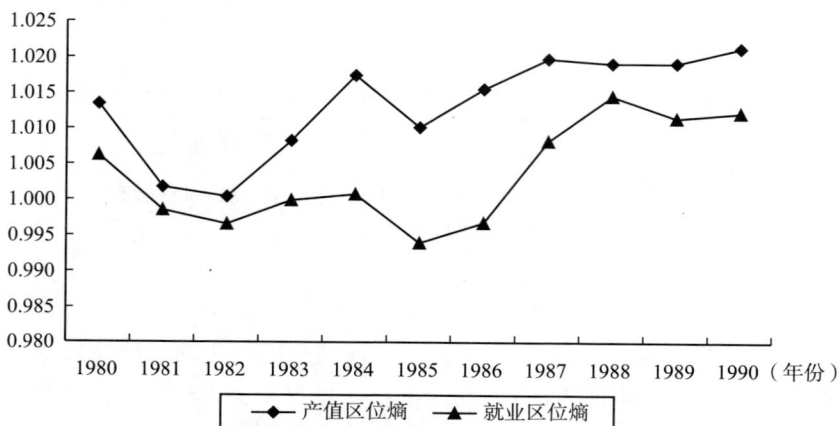

**图3-3　1980～1990年美国阳光地带服务业产值区位熵与就业区位熵**

资料来源：根据美国经济分析局数据计算整理（https：//www.bea.gov/data）。

## （二）高科技行业产值区位熵与就业区位熵

　　图3-4和图3-5展示了三大工业区高科技产业产值区位熵与就业区位熵。从整体来看，在1980～1990年期间东北部地区的高技术行业区位熵呈现下降趋势。东北部地区高科技行业产值区位熵在20世纪80年代初期处于较高水平，峰值为1981年的1.16，直到1985年之前虽然处于下降趋势，但总体情况还是具有比较优势，直到1987年产值区位熵小于1，而且被其他两个工业区超越，到1990年下降为0.95，高科技产业的产值区位熵低于其他两个工业区。这意味着东北部地区高科技产业优势已经尽失。

　　"锈带"地区高技术行业产值区位熵基本保持平稳态势，一直在1.01～1.08之间徘徊，20世纪80年代的平均产值区位熵为1.03，低于东北部地区0.03，高于阳光地带0.04，1987年产值区位熵超过东北部地区，1988年产值区位熵降至1，而后又升至1990年的1.06，显示出"锈带"地区的制造业专业化水平依然较高，具有一定的制造业专业化优势。而高科技产业就业区位熵是三大工业区中表现最差的工业区，平均就业区位熵为1.02，比东北部和阳光地带分别低0.18和0.1，表明高科技产业在"锈带"地区的专业化水平并不突出。

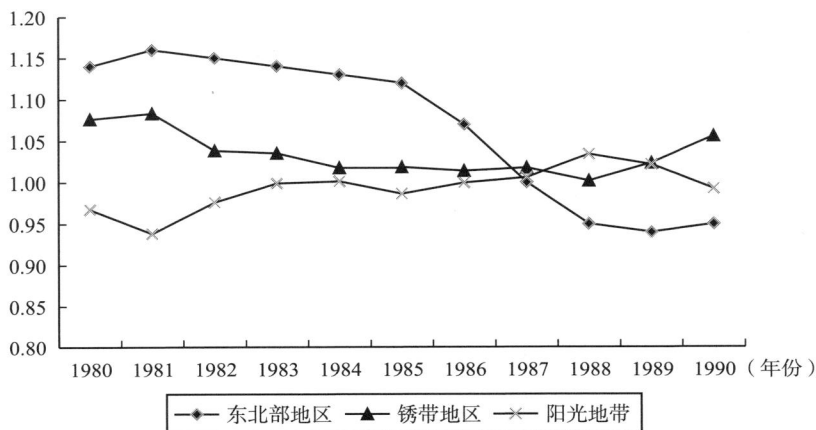

**图3-4　1980～1990年美国三大工业区高科技行业产值区位熵**

资料来源：根据美国经济分析局数据计算整理（https：//www.bea.gov/data）。

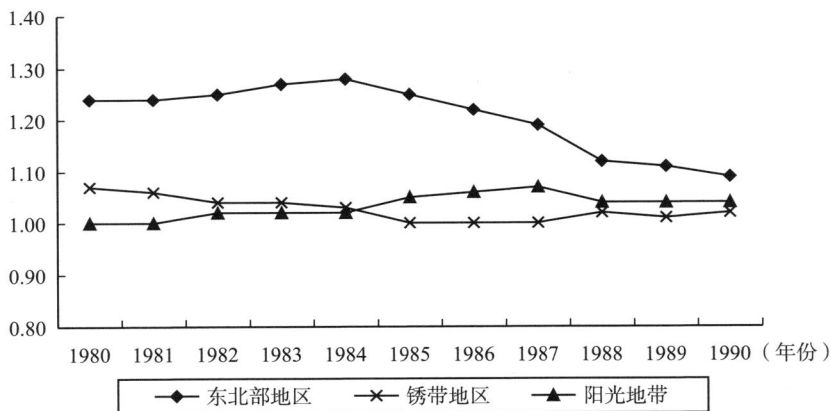

**图3-5　1980～1990年美国三大工业区高科技产业就业区位熵**

资料来源：根据美国经济分析局数据计算整理（https：//www.bea.gov/data）。

从阳光地带高技术行业区位熵的变化来看，产值区位熵和就业区位熵在20世纪80年代增长比较明显，其中产值区位熵由1981年的0.94增长到1988年的1.03，产值区位熵1987年超过东北部地区，1988年居三大工业区之首（1.03）。阳光地带高科技产业就业区位熵由1980年的1.0上涨为1987年的

1.07，说明该地区高技术产业专业化水平较高，但数据显示就业区位熵一直低于东北部地区，事实上，阳光地带内部的就业区位熵也存在很大差异，如佛罗里达州、加利福尼亚州和得克萨斯州三州的经济增长占到阳光地带的70%以上，其高技术的产业区位熵和就业区位熵也显著高于阳光地带的平均水平。

## 四、三大工业区制造业及高科技行业人均产值

### （一）制造业人均产值与人均产值系数

人均产值是一个国家或地区的GDP总值与总就业人数之比，也称为全员劳动生产率，反映的是产业水平、技术水平和生活水平，人均产值系数=某地区A产业产品的人均产值÷全国A产业产品的人均产值，产值系数高于1则意味着高于全国水平，反之亦反之。

东北部地区在1980～1990年，制造业人均产值一直在提高，如表3－10所示，1980年仅有2.7万美元/人，低于"锈带"地区3万美元/人和阳光地带3.4万美元/人。到1990年人均产值提升到5.55万美元/人，增长了1.05倍，人均产值系数也从低于1980年的0.95提升到1990年的1.07，居三大工业区之首。

表3－10　　　　1980～1990年美国三大工业区制造业人均产值变动情况　单位：万美元/人

| 年份 | 人均产值 | | | 人均产值系数 | | |
|---|---|---|---|---|---|---|
| | 东北部 | "锈带" | 阳光地带 | 东北部 | "锈带" | 阳光地带 |
| 1980 | 2.70 | 2.95 | 3.38 | 0.97 | 1.02 | 0.97 |
| 1981 | 3.02 | 3.33 | 3.42 | 0.97 | 0.95 | 0.96 |
| 1982 | 3.27 | 3.48 | 3.50 | 0.98 | 1.00 | 0.98 |
| 1983 | 3.56 | 3.89 | 3.60 | 0.98 | 0.96 | 0.96 |
| 1984 | 3.83 | 4.21 | 3.66 | 0.98 | 1.00 | 0.94 |
| 1985 | 4.02 | 4.35 | 3.63 | 1.00 | 1.04 | 0.93 |
| 1986 | 4.21 | 4.54 | 3.77 | 0.99 | 1.03 | 0.94 |
| 1987 | 4.56 | 4.73 | 4.02 | 1.01 | 1.00 | 0.96 |
| 1988 | 5.02 | 5.06 | 4.24 | 1.03 | 0.97 | 0.97 |
| 1989 | 5.21 | 5.20 | 4.23 | 1.03 | 1.00 | 0.97 |
| 1990 | 5.55 | 5.24 | 4.23 | 1.07 | 1.00 | 0.98 |

资料来源：根据美国经济分析局数据计算整理（https：//www.bea.gov/data）。

"锈带"地区的制造业人均产值增速也非常迅速，1980～1990年期间，制造业人均产值由3万美元/人上涨到5.2万美元/人，增长了1.8倍，从人均产值系数看，20世纪80年代均在1.0水平上下波动，与美国全国水平相当。

从阳光地带来说，人均产值增长的速度比较缓慢，由1980年的3.38万美元/人提升到1990年的4.23万美元/人，仅增长25%，人均产值系数也是维持在低于全国平均的水平。

### （二）高科技产业人均产值与人均产值系数

表3-11显示了三大工业区高科技行业人均产值变动情况。三大工业区高科技行业的人均产值在20世纪80年代呈现快速增长态势，东北部地区人均产值增长了1.2倍，"锈带"地区增长1.07倍，阳光地带增长52%。从产值系数来看却不乐观，20世纪80年代三大工业区的平均产值系数最高的为9.77（东北部和阳光地带），最低的为9.16（"锈带"），均低于全国平均水平。

表3-11　　1981～1990年美国三大工业区高科技行业人均产值变动情况

单位：万美元/人

| 年份 | 人均产值 | | | 人均产值系数 | | |
|------|----------|----------|----------|----------|----------|----------|
| | 东北部 | "锈带" | 阳光地带 | 东北部 | "锈带" | 阳光地带 |
| 1981 | 3.15 | 3.29 | 3.60 | 0.97 | 0.90 | 0.97 |
| 1982 | 3.59 | 3.64 | 3.96 | 0.97 | 0.88 | 0.99 |
| 1983 | 4.05 | 4.18 | 4.38 | 0.96 | 0.86 | 1.00 |
| 1984 | 4.35 | 4.48 | 4.52 | 0.96 | 0.92 | 1.00 |
| 1985 | 4.57 | 4.69 | 4.32 | 0.98 | 0.96 | 0.96 |
| 1986 | 4.81 | 4.98 | 4.46 | 0.98 | 0.95 | 0.95 |
| 1987 | 5.15 | 5.39 | 4.68 | 0.96 | 0.93 | 0.95 |
| 1988 | 5.96 | 5.86 | 5.43 | 0.98 | 0.89 | 1.00 |
| 1989 | 6.35 | 6.37 | 5.50 | 0.99 | 0.91 | 0.99 |
| 1990 | 6.93 | 6.83 | 5.46 | 1.02 | 0.94 | 0.97 |

资料来源：根据美国经济分析局数据计算整理（https://www.bea.gov/data）。

总体来说，在20世纪80年代期间，东北部工业区在初期曾经出现了制造业和高科技产业的发展辉煌，中期以后双双步入下降通道，从产值和就业两个方面都出现了显著下降趋势，专业化程度下降，尤其是高科技产业产值区位熵被其他两个工业区超越，但东北部地区的人均产值相对较高；"锈带"地区的制造业和高科技产业的产值增长率出现波动性增长，制造业产值增长显著，高科技产业产值增速低于阳光地带，制造业和高科技产业就业也出现了净减少，但"锈带"地区的产值区位熵和就业区位熵一直处于较高水平，意味着始终具有专业化优势；阳光地带高科技产业增速最快，制造业和高科技产业就业在20世纪80年代出现了净增长，而阳光地带制造业产值和就业区位熵始终低于全国平均水平，其原因在于区域内服务业的快速发展，服务业的区位熵远远高于全国平均水平。

# 本 章 小 结

　　基于工业化进程和产业结构特征而划分的三大工业区受到石油危机的影响不同，"滞胀"阶段的经济表现也存在较大差异，不同工业区在联邦政策基础上也相应出台了一些政策，如东北部工业区重点出台了一些促进高科技产业发展政策，如促进科技创新的税收减免政策，大力发展生产性服务业助力高科技产业发展等，"锈带"地区更是从产业基础设施入手改造更新传统产业，通过产学研的合作，为后来的"锈带"转型创造了条件，而阳光地带是双管齐下，在促进高科技产业发展同时，实现了传统产业的升级，提升了在全球价值链中的地位与作用。关于20世纪80年代经济政策的短期效果，虽然三大工业区制造业和高科技产业的产值和就业表现存在一定差异，但总体来看效果不显著，而且正像第二章分析的那样，80年代"再工业化"政策期间的"去工业化"现象更加突出，制造业产业和就业比重的下降均说明了这个问题，但从长期来看，80年代各个工业区的政策和实践为全球金融危机后第二次"再工业化"的政策效果奠定了基础，关于这个问题将在第五章进行分析。

# 第四章　全球金融危机后美国"再工业化"政策及其效果

20 世纪 80 年代以来，美国经济在"再工业化""去工业化"交织过程中实现了经济增长，90 年代出现了"新经济"和互联网泡沫，20 世纪初出现了服务业过度发展和制造业的持续萎缩等问题，严重的"脱实向虚"成为美国 2007 年爆发次贷危机、进而导致全球金融危机的重要原因。危机发生后，美国上至朝野、学界，下至媒体、企业，都开始反思服务业过度发展的弊端。奥巴马政府重提"再工业化"政策并迅速达成共识，以促进先进制造业为目标的一系列"再工业化"政策短期内促进了美国制造业产值和就业的增长，从长期看促进了美国创新生态系统的建设和发展。

## 第一节　美国金融危机后"再工业化"政策背景

美国第二次"再工业化"政策源于严重的全球金融危机。从次贷危机到"两房"危机，从国内的金融危机到全球金融危机，显示此次金融危机的严重性和复杂性。虚拟经济膨胀、金融服务业的超常发展和制造业的严重衰退凸显了美国产业发展的极度失衡，增强了再次实施"再工业化"政策的必要性。

### 一、基于严重金融危机的"再工业化"必要性

分析 2008 年全球金融危机的演变过程，需要了解美国的住房金融体系。美国住房金融体系是由一级市场和二级市场组成的。一级市场是面对普通大众发放抵押贷款的金融机构，包括联邦住房贷款银行系统（FHLBS）和储贷机构（S&L）。根据借款人的信用程度分为优惠级（prime）和次级（subprime）两类。次级是为信用程度较差和低收入阶层提供的住房抵押贷款（subprime

mortgage loan），贷款利率一般比正常的住房贷款利率高出 2～3 个百分点。二级市场的职能是购买一级市场的抵押贷款或者将抵押贷款做担保发行担保债务凭证（CDO）、抵押贷款支持证券（MBS）等资产担保证券（ABS），并将这些证券提供给投资者。1938 年成立的房利美（Fannie Mae）、房地美（Freddie Mac）（以下简称"两房"）是二级市场主力机构，它们是基于联邦律法成立的政府授权企业（government sponsored enterprises），既可以享受政府的税收优惠，还接受美国财政部的信贷优惠，更重要的是存在政府的隐性担保。2008年全球金融危机就是从美国的次贷危机延伸到"两房"危机最后引发的。

如前所述，美国经济经历了 20 世纪 90 年代的"新经济"繁荣，进入 21世纪以来，随着互联网泡沫的崩溃和 2001 年"9·11"恐怖事件爆发，经济增长严重滑坡。为了刺激美国经济增长，美联储连续 13 次降低联邦基准利率，从 2000 年 5 月最高时的 6.5% 降至 2003 年 6 月的 1%。超低利率带来了美国住房市场繁荣，住房抵押贷款迅速膨胀。据统计，2004 年美国销售的房产中，24% 是基于投资目的，12% 是购买第二套住房，25% 的其他购房者和 42% 的第一套住房购买是利用零首付的住房抵押贷款。2004 年 6 月开始美联储进入了加息周期，到 2006 年 6 月连续 17 次加息，联邦基金利率由 1% 升至5.25%，美联储连番加息抑制了美国房地产市场过度繁荣，也成为美国房地产市场的拐点。2006 年之后，约有 1 万亿美元抵押贷款需要调整利率，利率上升加重了借款者还本付息负担，到 2007 年次级抵押贷款逾期率达到 11%。而次贷危机的全面爆发始于 2007 年 3 月第二大次级贷款机构新世纪金融公司的破产，该事件引发了 30 多家次级贷款公司停业，公司股票全面下降。

2008 年 7 月，次级贷款市场违约率上升使二级市场上的"两房"陷入危机。根据 2008 年美国财政部公布的数字，在 12 万亿美元的住房抵押贷款中，约 42% 的 5 万亿美元贷款被"两房"持有或担保发行了证券，其中 3 万亿左右证券由美国金融机构购买，1.5 万亿美元证券由外国投资者购买（肖炼，2011）。次贷危机爆发后，"两房"股价暴跌，市值从 389 亿美元和 220 亿美元降至 76 亿美元和 33 亿美元。面对"两房"的危机，为防止引发系统性金融风险，布什政府力排众议，在 2008 年 9 月 7 日对"两房"实施了国有化。

美国政府救助"两房"并没有中止危机的蔓延。2008 年 3 月，美国第五大投资银行贝尔斯登被摩根大通收购；半年后，美国银行收购了美林证券；9月 15 日，雷曼兄弟公司申请破产保护，高盛和摩根士丹利转为银行控股公司。2008 年全年，美国有 25 家银行倒闭，超过此前 5 年的总和；2009 年 2 月，又有 14 家银行倒闭。美国道琼斯工业股票平均价格指数也在 2009 年 3 月 2 日报收 6763.29 点，成为 1997 年 4 月以来的最低价格。雷曼兄弟的倒闭迅速波及欧洲、亚洲国家的金融市场，引发了全球性的多米诺骨牌效应。

金融危机迅速波及美国的实体经济，房地产业、制造业和服务业出现了严重萎缩。2008 年三大汽车业巨头（通用、福特和克莱斯勒）和花旗银行陷入经营困难、濒临倒闭，寻求政府救助，经济危机势态远远超过了市场预期。根据美国商务部公布的数据，2008 年美国全年的实际 GDP 增长率降至 1.6%，第三季度的 GDP 增长为 -0.5%，第四季度为 -6.3%，2009 年全年的实际增长率降至 -2%。

面对不断蔓延的金融危机和实体经济的问题，2009 年 2 月入驻白宫的奥巴马政府最初提出的"再工业化"实际上是一项危机对策，试图在短期内扭转美国经济的颓势，迅速恢复美国经济的正常秩序。

## 二、虚拟经济的过度膨胀与服务业快速发展带来的问题

虚拟经济是从马克思的虚拟资本（Fictitious Capital）衍生而来的。马克思提出的虚拟资本是在借贷资本和银行信用制度基础上产生的，是独立于现实资本运动之外、以有价证券等形式存在的、能给持有者带来一定收入的资本，包括股票、债券等金融商品（马克思，2004）。随着经济全球化和金融自由化的发展，人们对股票、债券等金融产品进行了二次虚拟甚至多次虚拟，创造了远期、期权、期货、互换等各种金融衍生产品。金融衍生产品的出现和大规模交易使虚拟经济脱离实体经济约束，进入了相对独立运行的经济状态，形成虚拟经济。

虽然 20 世纪 80 年代美国政府及学界积极推动"再工业化"政策，但实际上美国企业却开始了大规模的产业结构调整，一大批低附加值的劳动密集型或资本密集型产业转移到拉丁美洲及亚洲太平洋地区，本土重点发展高科技产业和金融服务业。高科技产业发展促使美国在 20 世纪 90 年代出现了信息产业带动的"新经济"，虚拟经济开始膨胀。1994～1999 年，美国公司发行股票总市值从 5.5 万亿美元增至 17.1 万亿美元，道琼斯指数上涨了 3 倍，而作为"新经济"标志之一的纳斯达克指数更是翻了 5 倍多，2000 年 3 月达到创纪录的5048 点（大卫·科茨，2003）。股票价格高涨带来了巨大的财富效应，增加了居民消费倾向，带动了整个经济的繁荣。巨大的泡沫必然会伴随泡沫的崩溃，2000 年 3 月 10 日开始，高科技股的领头羊如思科、微软、戴尔等股票暴跌，纳斯达克指数崩盘。

　　2000 年美国互联网泡沫崩溃之后，巨额资本从高科技产业的实体经济退出，同时却进入了另一个制造"房地产泡沫"的过程，主要表现就是次级抵押贷款增加及贷款资产证券化等金融创新工具的出现。2006 年次级抵押贷款的总规模达到 6400 亿美元，是 2001 年的 5.3 倍。次级抵押贷款的证券化形成了一个金融创新链条，居民向一级市场房贷机构申请贷款，房贷机构将贷款卖给二级市场上的"两房"，后者将贷款打包发行资产担保证券，供商业银行、保险公司、养老金、对冲基金在内的全球投资者购买，美国的整个金融市场均嵌入了这一链条。据美国财政部统计，2005 年美国担保债务凭证（CDO）的市场总值为 1510 亿美元，2006 年为 3100 亿美元，2007 年第一季度就达到 2000 亿美元，抵押贷款支持证券（MBS）从 2000 年的 810 亿美元增长到 2006 年的 7320 亿美元，7 年间增长超过 9 倍（姚大庆，2016）。

　　根据美国标准产业分类（SIC）规则，服务业包括批发与零售业，交通与仓储业，信息业，金融、保险、房地产、租赁，专业和商业服务，教育服务，医疗保健，社会救助，艺术、娱乐和餐饮服务等产业。自 20 世纪 80 年代起，服务业在美国国民经济中的地位不断上升，服务业增加值在 GDP 中的占比由 1980 年的 59.64% 上升到 2008 年的 72.17%，就业人数占总就业人数的比重由 1980 年的 64% 提高到 2008 年的 80.96%。在整个服务业中，金融保险业的发展更加迅速。根据美国经济分析局的统计，2000 年金融保险业的增加值为 7500 亿美元，到 2007 年增长到 10405 亿美元，8 年间增长了 38.7%。

　　趋利资本的过度运行，严重扭曲了实体经济与虚拟经济的利润空间结构，1975 ~ 2005 年，美国制造业所创造的利润在全国利润总额中的比重由 50% 降至不足 15%，而金融行业的利润占比却从 14% 提升到 40%。1980 年通用电气公司 90% 的利润来源于制造业，到 2007 年，一半以上的利润来源于金融服务业（李长久，2012）。美国金融服务业的过度膨胀，不仅带来了严重的金融危机，更突显了制造业衰退的现实。

## 三、制造业的严重衰退

### （一）制造业产值增速下降，制造业就业绝对下降

　　20 世纪 80 年代以来美国制造业产值一直保持增长，但制造业产值增速呈下降之势。根据美国经济分析局的统计数据，20 世纪 80 年代制造业产值年增长率为 4.7%，到 90 年代降至 4.1%，2000 ~ 2007 年下降至 3.5%。如前所

述，90 年代美国进入"新经济"以来，经济一直保持较高增长速度，即使是在互联网泡沫崩溃之后，美国的经济还是保持中速增长，2005 年出现了 6.7% 的高速增长，2000～2007 年 GDP 的平均增速达到 5.2%，而同期的制造业产值的平均增速仅为 2.2%，与此相对应的是金融保险产业产值年均增长达到 8.1%。不仅制造业产值增速下降，在 19 个制造业大类中，15 个制造业产值出现绝对减少。如在 2000～2009 年，家具和纺织品行业下降 43%，服装行业产值下降 40%，塑料行业下降 31%，纸制品、非金属矿物产品和主要金属制品行业下降 28%，机械行业下降 14%，印刷行业下降 15%，汽车行业下降 18%（Ezell S. J.，Atkinson R. D.，2011）。

伴随美国制造业产值的相对下降和绝对下降，美国制造业占全球制造业的比重也开始下降。如在 1970～2008 年，联邦德国（1990 年后为德国）、日本制造业产值份额基本保持不变，奥地利、瑞士的份额增长了 10%，韩国增长了 14%，芬兰增长了 23%，美国却从 28.6% 下降至 17.9%，降低了 12 个百分点（Ezell S. J.，2012）。

伴随制造业产值下降的是就业人数逐年减少。1980 年美国制造业就业人数还维持在 2043 万以上，整个 20 世纪 80 年代，制造业就业净减少 126 万人，90 年代净减少 121 万人，2001～2007 年净减少 259 万人，6 年的净减少人数相当于过去 20 年的减少之和。制造业就业人数下降固然有美国劳动生产率提高的因素，而更加重要的是美国许多制造业转移到了海外，致使部分产业在美国完全消失。

## （二）美国国内制造业投资和私人固定资产投资下降

制造业投资和资本存量的减少预示着美国制造业竞争力的下降。美国制造业投资，不论是绝对数量还是与其他发达国家相比均出现下降。2000～2007 年，美国制造业固定资产投资下降 7%，其中汽车产业下降 42%，家具产业下降 50%，在世界范围内处于领先地位的电子行业、化学产品也分别下降 4% 和 13%。图 4-1 显示了 20 世纪 50 年代末期以来的制造业投资和私人固定资产投资存量变动情况。

20 世纪 60～70 年代，私人固定资产投资存量保持高位增长态势，制造业投资也保持了高位增长态势，制造业投资存量增速低于私人固定资产大约 10 个百分点。80 年代私人固定资产投资存量增速降至 40%，制造业投资存量增速更是降至 22%，90 年代美国"新经济"时期，私人固定资产投资和制造业投资存量增速均出现了一定反弹，但到 21 世纪初，私人固定资产投资存量增长率降至 80 年代水平，而制造业投资存量增长率只有 80 年代的 1/3。私人固定资产投资和制造业投资存量下降成为制造业衰退的主要原因之一。与国内制造业固定资产投资下降相对应的是美国制造业企业海外投资增加。2000~2009年，美国制造业企业的海外投资增长 16%，1998~2007 年，制造企业投资海外的 R&D 经费是国内的 2.65 倍。

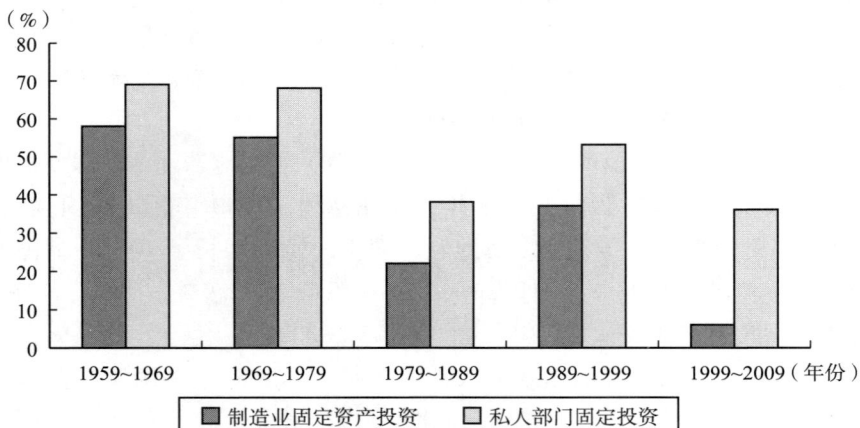

**图 4-1　1959~2009 年美国私人部门固定资产和制造业存量变化趋势**

资料来源：Ezell S J，Atkinson R D．The case for a national manufacturing strategy ［J］．Information Technology and Inno Science and Engineering Indicators 2010vation Foundation，2011：22．

综上所述，全球金融危机是美国实施"再工业化"政策的契机，而危机所暴露的深层次的问题是产业结构失衡，过度发展服务业、轻视制造业最终导致美国产业竞争力的下降或部分产业完全丧失，这些因素均构成了美国"再工业化"的政策背景。

## 第二节　全球金融危机后美国"再工业化"思潮

与 20 世纪 80 年代"再工业化"思潮相比，全球金融危机后美国各界在"再工业化"问题上迅速达成了共识，基于制造业重要性的"再工业化"必要性得到了广泛认同，从产业公地的角度探索摆脱危机的对策得到了政府部门的采纳，发展先进制造业成为政策的核心诉求。国内各界不再纠结"再工业化"政策与产业政策的异同，均主张通过产业政策振兴美国制造业。

## 一、基于制造业重要性的"再工业化"思潮

关于制造业重要性的研究文献最早出现在 20 世纪 80 年代"再工业化"时期。1987 年 6 月加州大学伯克利分校的斯蒂芬·科恩（Cohen S. S.）及政治科学家约翰·齐思曼（Zysman J.）编著的《制造业的重要性：后工业经济的神话》首开研究制造业重要性的先河。如前所述，在当时"再工业化"实现路径中，存在复苏传统产业、发展高科技产业和推进服务业发展的三种不同观点，这些观点都是站在各自不同角度基于自身利益提出的设想，只有上述二位学者从制造业重要性角度思考问题，认为美国"失去了制造业就会失去在高科技产业的竞争优势，就会失去一切"，但这一观点当时并没有引起政府和业界的注意。而在全球金融危机后美国"再工业化"问题的研究文献中，强调制造业重要性基本成为共识（Cohen S. S.，Zysman J.，1987）。

美国总统科技顾问委员会（President's Council of Advisors on Science and Technology）在全球金融危机后的报告中指出，对美国而言制造业是相当重要的，不仅在贡献 GDP 产值、增加出口和就业方面发挥了重要作用，其技术创新能力还是保家卫国的重要一环，由于制造业的对外产业转移，美国的高科技产品出口优势、制造业创新能力都受到了严重挑战（Anderson A.，2011）。格里高利·塔西（Tassey G.，2010）认为，在日益严峻的国际竞争局势下，各国都在努力尝试新的经济增长战略，制造业对于保持美国经济的国际竞争力是相当重要的，发展制造业具有内生合理性。史蒂芬·埃泽尔和罗伯特·阿特金森（Ezell S. J.，Atkinson R. D.，2011）从贸易平衡、就业、科技研发、外溢效应、国防安全等五个方面研究了制造业的重要性，指出在美国这样的大型经济体内，一旦失去了充满活力的制造业，就很难保持稳定的国际竞争能力。瓦科拉夫·斯米尔（Smil V.）提出了《国家繁荣为什么离不开制造业》的命题，回顾了美国自 19 世纪中期开始的制造业发展历程，将其分为三个阶段，即 1865～1940 年上升期、1941～1973 年统治期、1974 年至今的衰落期。在第二个阶段的四分之一世纪内，美国处于世界制造业的绝对霸主地位，而衰落期的 20 世纪 70 年代之后，美国制造业"渐露疲态"，实际上这就是美国 20 世纪 80 年代的"再工业化"时期，1991 年虽然整个经济出现了繁荣局面，但制造业却是困境重重，从危机四伏的汽车产业到电子制造业的衰退，再到高科技霸主地位的动摇，美国制造业的衰退已经是不争的事实。

## 二、基于产业公地的制造业重要性

加里·皮萨诺和威利·史（Pisano G. and Shih W. C.，2012，2014）的一系列文章提出了"产业公地"概念，并从产业公地严重损毁的角度展示了美国制造业危机和国家竞争力下降问题，还为制造业跨国公司的全球产业布局提出了指导性原则，可以视为美国产业回流的理论基础。

最早的"公地"概念来自牧区供牧民自由使用的牧场，相当于公共用地，是牧区发展的重要公共资源。根据皮萨诺等的描述，产业公地（Industrial common）是由各种专有技术、产业运作能力和专业化技能网络交织而成、为产业发展提供的公共资源，产业公地上的主体包括劳动者、竞争者、供应商、消费者、合作型研发项目及大学等，通常向多个产业部门提供支持。任何产业发展都需要一个公地，一是产业之间的相互依存性，如半导体、平板电视、太阳能电池和照明设备之间存在复杂的相关性，这种相互依存性就意味着一个行业的健康发展在很大程度上取决于其他行业的发展；二是地理位置邻近的重要性，虽然现代互联网技术的发展便于将信息编成数字格式，正像托马斯·弗里德曼《地球是平的》所描述的那样，在地球的任何地方都可以即时获取信息，但在现实中可编码的知识或信息只是人类知识中很小的一部分，众多的知识属于20世纪哲学家迈克尔·波兰尼提出的"缄默知识"，即不能言传的知识，是需要通过近距离面对面的沟通或磨合来传播的知识；三是产业公地类似于自然界的生态系统，每一个物种必须保持各自优势并获得稳定回报，同时，由于存在共享基础设施，这些公共设施也需要社会回报，如果一旦不能获得稳定的回报，公地上的企业就会离开公地。伴随一个公地上众多企业转移，共享基础设施也难以维系，最终导致产业公地的缩小或者完全消失。

皮萨诺与史所提出的产业公地理论试图解答两个问题：一是将制造环节转移到远离研发的其他国家是否会损害公司或国家的长期创新能力？二是哪些产业的产品研究开发可以与制造环节完全分离？

为解释第一个问题，两位学者从美国产业工地兴起和发展历程出发，说明美国强大的经济实力来源于雄厚的产业公地。第二次世界大战结束后美国联邦政府在基础科学和应用技术上的支出和企业研发投入的快速增长，带来了美国产业公地的繁荣。而目前美国制造业存在的问题在于，制造环节的对外转移人为割裂了制造与研发和销售之间的联系。很多产业的新产品都是在美国研发出来的，但制造环节外包给其他国家，最终却丧失了该产业的竞争能力，如超重型机械制造、金属切割机床、可充电电池、显示器和节能照明用 LED 的制造、半导体制造和液晶显示器、精密玻璃等，目前这些产业在美国已经消失或濒临消亡，其中半导体产业公地的消失最为显著。20 世纪 50 年代美国在世界范围内开始半导体开发和制造，晶体管、集成电路、动态随机存储芯片和微处理器都是美国发明并率先制造的。70 年代半导体技术和制造进入日本，到 80 年代中期日本半导体产品在国际市场上占据了绝对优势，芯片市场占有率在 1989 年高达 53%，远高于美国的 37%。日本和美国之间长达 10 余年的半导体贸易摩擦，打压了日本半导体产业的发展，却并没有重振美国的半导体产业，只是成就了日本以外的亚洲国家（地区）半导体产业的发展。目前，70% 的半导体芯片制造产能集中在中国台湾，其余生产能力集中在新加坡、中国和韩国等，美国虽然还有几家芯片制造商，但芯片测试和封装业务等都在美国以外进行，半导体产业公地几乎完全消失。因此，得出的结论是，制造与创新的分离不仅会损伤企业的竞争能力，更重要的是严重影响一个国家（地区）的竞争能力。

关于第二个问题，两位学者提出应该从模块化程度和制造工艺成熟度两个方面综合考虑制造环节与创新环节的分离问题。模块是可以单独进行设计和制造的部件，这些部件又可以多种方式组合形成产品，模块化是将复杂的产品生产过程分解为独立的标准模块的过程，模块化程度取决于社会分工和科学技术的发展。工艺成熟度是指工艺进化的程度而不是技术使用的时间长短。如果一个产品制造环节的模块化程度较高，工艺的成熟度也很高，或者虽然工艺的成熟度不高，但工艺改进与产品创新的关系并不密切，可以将产品研发与制造活动分离。如果模块化程度不高，意味着产品设计不能完全以规范化语言进行编码化处理，不管是工艺成熟度高还是低的行业，都不能将创新和制造环节分离。根据模块化和工艺成熟度编制的制造与创新的关系如表 4-1 所示。这里将产业划分为工艺嵌入式创新、工艺驱动式创新、纯产品创新和纯工艺创新。在工艺嵌入式创新产业中，虽然工艺技术已经成熟，但工艺的细微变化可以改变产品的特性，设计与制造不能分离；工艺驱动式创新是指创新处于科学前沿，重大工艺创新不断涌现，研发与制造一体化的价值最高，对于这个象限中的企业，一旦失去制造能力，就意味着失去了新产品的创新能力，制造业不能对外转移或外包；纯产品创新是指工艺比较成熟的产业，产品创新与制造紧密结合所带来的附加值并不高，将制造过程外包不会影响创新能力；纯工艺创新是指改进制造工艺的时机已经成熟，与产品创新的关联度不大，设计部门与制造部门可以分离。

表 4 – 1    不同模块化、工艺成熟度条件下设计与制造的关系

| | 工艺嵌入式创新 | 纯产品创新 |
|---|---|---|
| 高 | | |
| 工艺成熟度 | 工艺技术已经成熟但模块化程度低,工艺属于产品创新的组成部分,工艺上的细微变化都会改变产品特性。<br>例如工艺品、高级葡萄酒、高档服饰、热处理金属加工、先进材料和专业化学药品等。 | 工艺成熟且模块化程度高,产品设计与制造相结合的可能性较低,适宜将制造外包。<br>如台式计算机、消费性电子产品、原料药和半导体产品等。 |
| | 设计与制造不能分离 | 设计与制造可分离 |
| | 工艺驱动式创新<br>主要的工艺创新发展迅速,会对产品特性产生巨大影响,研发不能与制造脱离。<br>如生物技术药物、纳米材料、OLED 和电泳显示器、超小型装配等行业。 | 纯工艺创新<br>工艺技术快速发展,但与产品创新关系不紧密,不需要创新场所接近制造环节。<br>如先进半导体和高密度柔性电路等。 |
| 低 | 研发与制造不能分离 | 研发与制造可分离 |
| | 模块化程度 | 高 |

注:从表格的横向来看,从左到右代表了模块化程度由低到高;从表格的纵向来看,从下到上代表了工艺成熟度由低到高。

资料来源:Pisano G. , Shih W C. Does America Really Need Manufacturing [J]. Harvard Business Review, 2012, 94(3):94 – 102.

从产业公地衰落角度分析美国制造业对外产业转移和外包,实际是对传统的全球价值链及其分工体系的反思,是对制造和创新之间内在关系的重新诠释,尤其是基于模块化和工艺成熟度分析制造与创新的关系,既可以作为跨国公司进行全球产业布局的依据,还成为美国产业做出回流决策时考虑的因素。

这一观点一经提出,就得到了美国政府及智库的积极响应。2000 年美国竞争力委员会发布了《创新美国》(Innovate America)计划,提出美国创新的基础是人力资本、创新投资和基础设施,根本没有考虑制造环节在创新过程中的作用,而该委员会在 2011 年提出了《制作:一个美国制造的运动》(Make: An American Manufacturing Movement),正式提出制造是创新生态系统中不可或缺的组成部分。在 2012 年美国国家科技委员会发布的《先进制造业国家战略计划》中,专门提出了"强化产业公地"战略,其原因是美国中小企业占公司总数的 86% ,就业占制造业劳动力的 41% ,但中小企业在新技术运用上比较滞后,而且它们的创新一般是在地理位置相对集中的地区或在产业集群内,这些产业集群应该纳入某一个产业公地,使中小企业有机会从共享的知识资产和物质设施中更新或推广它们的技术,公地的资源有助于加速创新和随后的市场渗透。

## 三、发展先进制造业是"再工业化"的实现路径

先进制造业（advanced manufacturing）是相对于传统制造业而言的，是指传统制造业吸收电子信息、计算机、机械、材料以及现代管理技术等方面的高新技术成果，并将这些先进制造技术综合应用于产品的研发设计、生产制造、在线检测、营销服务和管理的全过程，通过优质、高效、低耗、清洁以及灵活生产等方式，实现信息化、自动化、智能化、柔性化以及生态化生产。

全球金融危机后，美国先后出台了"先进制造合作伙伴关系"和"先进制造业国家战略计划"，并设立了以政府机构为主导的一系列创新中心，为"再工业化"的实施和推进奠定了坚实基础。2011 年 6 月，美国总统行政办公室及美国总统科学家和技术咨询委员会提交了一个《确保美国先进制造业领导地位》的总统报告，报告指出，先进制造业是恢复美国制造业领导地位的路径，并且还会更好地支持全国的经济增长率和持续的知识生产及科技创新。2012 年 7 月，总统行政办公室及美国总统科学家和技术咨询委员会向奥巴马提交了一个《恢复国内先进制造业竞争优势的总统报告》，以提升竞争力的方式重塑制造业。

我们已经注意到，上述政策均属于产业政策的范畴，但这些政策并没有像 20 世纪 80 年代"再工业化"时期那样引起各界对产业政策的高度敏感，各界也不再纠结"再工业化"政策与产业政策的关系。这也意味着全球金融危机后美国"再工业化"问题的讨论比较集中，经历了虚拟经济的长期繁荣后再次体会到了制造业的重要性，追求低成本的对外产业转移严重损毁了美国的产业公地，影响了美国制造业和国家竞争力，这些都成为美国"再工业化"的理论基础，通过产业政策促进美国先进制造业发展成为全球金融危机后"再工业化"政策的实施路径。

## 第三节　全球金融危机后美国"再工业化"的政策措施

全球金融危机后，美国大张旗鼓地推出"再工业化"政策，颁布了一系列政策法案，成立了多个执行机构，为推进"再工业化"战略提供激励和保障，同时也展示了全球金融危机后"再工业化"的清晰路径，即初期阶段致力于提振与复苏严重衰退的美国经济，走出衰退后转向发展先进制造业。这里

主要围绕奥巴马主政时期的政策展开分析。

# 一、全球金融危机后美国"再工业化"政策特征

2009 年 1 月，奥巴马总统入主白宫，随即推出了"再工业化"政策举措。奥巴马政府的主要政策清单如表 4 - 2 所示。

表 4 - 2　　　　　　　　奥巴马政府主要"再工业化"政策

| 政策名称 | 时间 | 主要内容 |
|---|---|---|
| 《复苏与再投资法案》（American Recovery and Reinvestment Act）<br>《国家创新战略》（American Innovation Strategy，2009） | 2009 年 2 月<br>2009 年 9 月 | 一揽子救济计划，包括基础设施、教育、卫生保健、能源等，总金额为 7870 亿美元，其中创新投资为 1000 亿美元 |
| 《重振美国制造业框架》（A framework for revitalizing American Manufacturing） | 2009 年 12 月 | 涉及加强工人培训、加大科技创新、发展资本市场、投资基础设施、改善商业环境等方面 |
| 《国家出口倡议》（National Export Initiative） | 2010 年 3 月 | 5 年内出口翻一番，通过出口创造 200 万个就业机会并援助中小企业发展 |
| 《"选择美国"计划》（Select USA） | 2010 年 3 月 | 联邦政府牵头，致力于为 IFDI 提供技术支持和完善商业环境，定期举办招商引资峰会 |
| 《美国制造业促进法案》（Manufacturing Promotion Act） | 2010 年 8 月 | 减免制造业企业进口原材料关税，扩大国内生产和增加就业 |
| 《能源安全未来蓝图》（Blueprint for a Secure Energy Future） | 2011 年 3 月 | 提高美国能源独立性，包括 2025 年前削减 2/3 的石油进口量，提高本土石油产量，并且寻找替代能源 |
| 《美国创新战略：推动可持续增长和高质量就业》（American Innovation Strategy：Promoting Sustainable Growth and High Quality Employment） | 2011 年 3 月 | 在 2009 年复苏与再投资法基础之上，支持创新、教育和基础设施投资，启动清洁能源革命，支持先进汽车技术和信息技术发展 |
| 《先进制造伙伴关系》（Advanced Manufacturing Partnership） | 2011 年 6 月 | 构建政府、工业界和高校研究机构的合作关系，推动先进材料、机器人和节能等产业技术发展 |
| 《先进制造业国家战略计划》（A National Strategic Plan for Advanced Manufacturing） | 2012 年 2 月 | 将发展先进制造业确立为国家战略 |
| 《振兴美国制造业和创新法案》（Revitalize American Manufacturing and Innovation Act） | 2014 年 12 月 | 建立政府、学术界、科研实验室和工业界之间的创新中心，总投资 10 亿美元，"国家制造业创新网络计划"更名为"美国制造（Manufacturing US）计划" |

续表

| 政策名称 | 时间 | 主要内容 |
|---|---|---|
| 《美国创新战略》(*A Strategy for Amercian Innovation*) | 2015 年 10 月 | 要素是创新基石、私营部门和创新者；创新目标是提升就业和拉动经济、优先领域突破以及建设创新型政府 |

资料来源：根据美国政府相关网站整理。

从政策目标来看，可以分为两个阶段。

第一阶段，"再工业化"政策目标在于提振严重衰退时期的美国经济。2009 年 2 月出台《复苏与再投资法案》，推出了 7870 亿美元的经济刺激计划，救助受到严重打击的金融企业及实体产业，其中 5010 亿美元属于联邦政府增加支出（64%），2860 亿美元来自减税（36%）。这一法案是第二次世界大战以来美国出台的最大经济刺激计划，这是典型的危机对策，奥巴马总统在 2010 年国情咨文中也称其为"刺激法案"；9 月，美国总统行政办公室下属的经济委员会和科技政策办公室发布了《国家创新战略 2009》，目的是确保可持续增长和高质量就业，7870 亿美元的救助计划中，1000 亿美元用于创新战略；12 月出台的《重振美国制造业框架》系统梳理了美国制造业的现状和问题，指出了影响美国制造业发展的关键成本因素，即劳动力、技术和商业运作、设备、选址、运输、市场准入环境及法规和税收，制造业振兴要从上述七个方面入手，而创新是最根本的手段；2010 年 3 月，美国总统执行办公室发布国家出口倡议，制定出口倍增计划，即 2009 ~ 2014 年出口规模翻了一番；同月，美国商务部发布"选择美国"计划，为吸引国外资本到美国投资，决定隔年召开一次大型招商引资峰会；8 月奥巴马政府推出《美国制造业促进法案》，该法案为美国"再工业化"提供了法律保障。2014 年 12 月，《振兴美国制造业和创新法案》(*Revitalize American Manufacturing and Innovation Act*) 在美国国会获得通过。

第二阶段，在美国经济初步走出衰退后，"再工业化"政策实施重点转移到促进先进制造业发展上来。2011 年美国总统科技顾问委员会提交了《确保美国在先进制造业的领导地位》的报告，深入分析了美国制造业的重要性和衰落的事实，成为支撑美国制造业发展的重量级报告。奥巴马政府此后相继颁布了《美国创新战略：推动可持续增长和高质量就业》（2011）、《能源安全未来蓝图》（2011）、《先进制造业伙伴计划》（2011）等计划，同年成立国家先进制造项目办公室（AMNPO）和白宫制造业政策办公室等机构，共同推动先进制造业的发展。

2012 年，美国总统科技顾问委员会推出《先进制造业国家战略计划》，将发展先进制造业提升为国家战略，在 2012 年 7 月先进制造伙伴成立一周年的总结报告《抓住国内先进制造业的有利先机》中，提出了建立国家制造创新网络（NNMI）构想，报告出台 1 个月后就成立了第一个增材制造创新中心，由国防部利用原有拨款组建创新中心，目的在于探索研究院的运行模式。在成立了 4 个创新中心后，2014 年 12 月通过的《振兴美国制造业和创新法案》出台了国家制造创新网络构想，计划在 5~7 年内建立 15 家由政府、学术界、科研实验室和产业界共同成立的创新中心，通过制造业创新带动美国经济增长，总投资约 10 亿美元；[①] 2014 年 10 月，美国总统科技顾问委员会发布了《加速美国先进制造业发展》报告（AMP2.0），其核心从 AMP1.0 的"抓住竞争先机"到了 AMP2.0 的"加速发展"，明确了先进制造业技术的识别原则，即根据产业和市场的需求拉动力、技术交叉能力和国家与经济安全等原则，识别先进技术领域，并制定了优先发展原则，最优先的技术领域是先进材料制造（AMM）、先进传感控制与平台（ASCPM）、可视化和数字化制造（VIDM）。2015 年最终出台的《美国创新战略》是将美国政府设定为创新型政府，落实国家创新中心计划，加大对于基础研究和 STEM（Science、Technology、Engineering、Math 的首个字母组成，以下简称 STEM）教育的投入力度，建设世界一流的基础设施及以宽带、无线技术为代表的数字基础设施，为下一个美国奇迹"铺路搭桥"。2016 年 9 月国家制造创新战略更名为"美国制造"（manufacturing USA）。

奥巴马执政期间的"再工业化"政策战略目标非常明确，就是继承和发扬 20 世纪 80 年代美国"再工业化"政策宗旨，通过发动一场新的科技革命和产业革命，重塑美国制造业优势，巩固其在全球制造业的领先地位。

## 二、推进"再工业化"的具体政策措施

为推进"再工业化"战略，美国政府从提高劳动者技能、促进科技创新和科技成果转化、软件制度建设和硬件基础设施等方面出台了一系列政策，以期提升美国制造业的竞争能力。

### （一）加强教育投资和职业培训以提升劳动者素质

奥巴马政府出台政策和激励措施，以保障劳动者有效获得提高生产技能的

---

① 迄今成立了 14 家，具体内容在第五章第三节展开分析。

机会。第一，加大对高等教育投资，构建大学与企业及教育机构的协作体系。通过增设奖学金和助学贷款，政府为更多人接受高等教育提供了便利。如奥巴马政府安排 2000 亿美元预算用于未来十年高等教育的奖学金和助学贷款，并成立 25 亿美元的基金以构建联邦、地方之间的合作体制，进而促进高等教育的发展。同时，加大对社区大学的投资力度，帮助社区大学与企业、其他教育组织构建合作伙伴关系，培育更多人才。第二，传授未来新技术革命下的知识和技能，培育具有综合和高水平素质的劳动力。奥巴马政府通过对高等教育进行的改革，计划在十年内培养 10 万名 STEM 教师，加强科学、技术、工程、数学等方面的人才储备和培训；通过《学生资金援助法案》（SAFRA）为接受高等教育的学生提供贷款，使高等教育资源惠及更多低收入家庭学生。第三，促进高素质人力资本的培育、扩大对失业人员再就业培训，并为创业者提供培训和指导。政府不仅提供高质量就业培训资金，还专注于帮助劳动者掌握行业专业技能，如取得职业资格证、行业公认凭证等。

## （二）以创新为突破口提振国家的竞争实力

奥巴马政府以促进创新为突破口推行"再工业化"政策，力推创新生态系统建设，意在提振美国国家竞争实力。主要措施包括三个方面。第一，巩固和夯实美国在基础研究领域的主导地位。《复苏与再投资法案》提供 183 亿美元用于基础研发，2012 年预算中，将美国三大基础科研机构——国家科学基金会、能源部科学办公室和国家标准技术研究院（NIST）的科研预算增加至 2 倍。第二，完善知识产权政策，为企业创新提供激励和保障。奥巴马政府出台的《2010～2015 年美国专利计划》，通过商标局（UPSTO）等执行机构推动专利制度改革，改革包括缩短专利申请时间、建设快速通道提高申报效率、建立专利复核程序以保证专利质量等措施。第三，通过增加创新创业资金渠道、发展创业联盟、促进创新集聚等措施鼓励创新创业。《小企业工作法案》（SBJA）汇集资金以促进小企业的投资与发展，通过协调企业家、公司、大学等构成创业联盟，促进创新创业。区域集群激励（RCI）、农业科技创新伙伴协议项目（ATIPP）、能源创新聚集体系（EEBSIC）等项目，旨在推进重要科技部门的创新聚集。而美国司法部、联邦贸易委员会联合发布《合并指南》（HMG），指导和规范市场上企业的合并行为，防止行业垄断，保证市场的公正性，以竞争促进创新。

对于市场力量难以惠及的至关重要的创新领域，政府提供一系列激励措施，促进关键领域的科技突破。这些领域包括清洁能源、生物科技、纳米技术、先进制造、空间技术等。奥巴马政府通过创设《清洁能源标准》（CES），扩增清洁能源研究机构数量，增加用于清洁能源创新的研究经费，以促进清洁能源的研究成果及时转化为生产力。美国国立卫生研究院（NIH）成立国家医学转化中心（NCATS）研究生物技术的医学应用，全国纳米技术委员会（NNI）投资于纳米电子学，以改良晶体管、电子管，美国航天部、国防部以国家空间政策（NSP）为指导，发展下一代空间技术。

### （三）从软件和硬件上营造良好的营商环境

奥巴马政府出台的措施是确保出口商和新创企业有利可图。美国进出口银行提供破纪录的 210 亿美元用于支持出口商，并通过运用多种金融工具，以更灵活的方式为出口商提供资金支持。奥巴马政府还通过增加多边、双边贸易谈判，强化贸易规则，减少贸易壁垒等方式为出口商拓展海外市场。其中最为典型的就是奥巴马政府积极推进的跨太平洋伙伴关系协定（TPP），[①] 为出口商提供广泛的亚太地区市场，通过推进 WTO 的多哈谈判、跨大西洋贸易投资伙伴协议（TTIP），与巴拿马、哥伦比亚和韩国达成双边贸易协议等，为出口商提供优质的海外市场。同时，督促美国贸易代表办公室（USTR）、商务部加强对不公平贸易行为的调查并课以惩罚性重税，成立综合贸易执法中心，严格执行贸易协议。

《复苏与再投资法案》增设了小企业管理局的保障性贷款，用于支持小企业的商业借贷，同时，加大对重点制造业领域的资金支持，还为清洁能源领域的公司提供 230 亿美元的资金支持。此外，创建有效的金融监管体系，以确保资本市场的安全有效。如加强对金融体系构成重大威胁的金融控股公司的监管，加强防火墙建设，避免一家控股公司的倒闭对整个金融体系的系统性冲击，加强国际监管标准的整合与协作等。

奥巴马政府还曾力推国家"基础设施银行"，提高商品、人力、能源和信息等的流通速度，降低流通成本。主要有三个方面的措施。一是改良并建设现代化交通设施。政府加大对道路、桥梁和公共交通的投资，改良高速铁路网，发展下一代航空设施。2009 年为改善高速公路和公共交通等基础设施提供 360 亿美元的资金，2010 年预算提出每年将增加 10 亿美元预算用于支持该体系的

---

① 美国于 2009 年参加由新西兰、新加坡、智利和文莱发起的自由贸易协定，2016 年 2 月，12 个成员国签署协定，协定需通过各个成员国立法部门通过，特朗普总统执政后退出了 TPP 协定。2017 年 11 月美国以外的 11 个成员国签署全面且先进的跨太平洋伙伴关系协定（Comprehensive Progressive Trans – Pacific Partnership，CPTPP）。

建立。2010 年联邦预算提供 8.65 亿美元的资金，用于建设下一代航空运输体系。二是推进电网现代化，拓展宽带，增强远程通信能力。2009 年，美国政府提供 45 亿美元的资金预算用于智能电网建设，缓解用电拥堵、维持电网可靠性和实现新能源发电的并网，提供 72 亿美元的资金用于宽带拓展项目，2010 年以补贴或贷款的形式提供 13 亿资金用于提高远程通信能力。三是加速清洁城市基础设施的建设。美国能源部提供 30 亿美元的资金用于补贴 25 个清洁城市基础设施的建设，该项目包括支持 9000 辆可替代能源车辆的生产和 500 个配套基础设施的建设。

全球金融危机之后美国"再工业化"政策目的是明确的，即在经济危机时出台危机对策，挽救经济和救助严重受损的产业，当美国经济走出危机时多措并举发展先进制造业，将人才和科技放在最重要的位置，完善软硬件环境为人才和科技创新服务，其目的是继续掌控世界科技和创新发展的前沿。

## 第四节　美国金融危机后"再工业化"政策效果

与 20 世纪 80 年代美国"再工业化"时期相比，全球金融危机之后美国的经济表现相对良好。制造业产值在波动中增长，平均增长率超过了 GDP 增长率，制造业就业在 2009 年触底之后也出现了连续 7 年的正增长。高科技产业或高端产业出现了不俗的表现，产值得到了缓慢回升，就业出现了快速增长态势，制造业出口也出现了缓慢增加态势，但高科技产业出口下降的局面并没有得到改善。

### 一、美国金融危机后"再工业化"政策效果的文献梳理

对于美国金融危机后"再工业化"政策效果的研究开始于 2012 年，当时有很多学者或机构开始评价 2009 年开始的"再工业化"政策效果。

美国波士顿咨询公司（The Boston Consulting Group）是一家著名的企业管理咨询公司，也是最为积极推动制造业回流的机构。其研究报告显示，美国制造业回流的重点是计算机及电子产品、电气设备、机械设备、家具及金属制品等，高度评价了制造业回流的经济效果（The Boston Consulting Group，2012）。裕利安怡经济研究（Euler Hermes Economic Research，2014）认为"再工业化"政策实施以来，美国制造业劳动力单位成本呈现下降趋势，相比中国，

成本劣势逐渐缩小，能源产量逐年提高而价格逐步趋低，吸引制造业回流，提供了众多就业岗位，展示了"再工业化"政策对制造业就业和产值的影响。美国商务部（The U. S. Department of Commerce，2014）的数据显示，美国制造业出口额显著增加，出口增加显著增加了就业机会，降低了失业率，同时，出口的增加促进了制造业企业全要素生产率的提高，得出的结论是美国"再工业化"效果显著。孟琪（2012）的研究表明美国"再工业化"政策效果已经显现，表现为就业率上升，出口增加，国际竞争力提升，制造业投资回暖，制造业交货值增加。崔日明（2013）认为自美国实施"再工业化"战略至今，其在促进出口、降低失业率、平衡贸易逆差、重振制造业的发展等方面取得了明显成效。宋国友（2013）认为奥巴马的"再工业化"战略已经取得了较为明显的成效，美国的三大经济失衡情况均有所好转。林珏（2014）认为，美国"再工业化"取得了初步进展，具有 21 世纪"产业公地"性质的制造业机构网络正在形成，制造业投资有所增长，制造业产值、就业人数增加，单位劳动力成本下降，国际竞争力显著提升。

　　上述研究基本都是实证分析"再工业化"政策产生的效果，还有学者也是从实证角度得出效果并不显著或者没有效果的结论。如许平祥和周鑫（2018）利用投入产出表，基于经济虚拟化的基本特征，将原来的第二产业、第三产业重新划分为三大新部类，即传统实体经济部门、虚拟经济部门和专业服务部门，第二产业归为传统实体经济部门，第三产业中的金融、保险和房地产业属于虚拟经济部门，第三产业中的其他部门划分为专业服务部门。他们根据美国国民经济分析局的相关统计数据，计算了 2010～2017 年各部门的产业占比情况。数据显示，虚拟经济部门的占比从 20.07% 提升到 22.55%，专业服务类占比从 11.22% 升至 13.68%，而传统实体经济部门从 29.94% 降至 27.18%，其中制造业比重从 14.23% 降至 11.42%。基于这一分析，得出的结论是：美国当前的经济增长路径恢复到了全球金融危机之前的"再金融模式"，而不是"再工业化"。

## 二、从产值和对外贸易看"再工业化"政策效果

### （一）美国制造业产值和就业有了一定改善

　　制造业产值绝对值和增长率是衡量制造业业绩变化的重要指标。图 4 - 2 显示了 2007 年次贷危机以来美国制造业产值的变动情况。从制造业产值规模

来看，2009 年比 2008 年减少 1 万亿美元，仅为 4.5 万亿美元，2010 年开始回调，2014 年超过 6 万亿美元之后回落，2017 年回到 2013 年水平。从制造业产值增长率来看，2008 年增长速度放慢，2009 年出现了 18% 的负增长，之后出现了连续 5 年的增长，2010~2011 年增长率均超过 11%，但在 2015 年和 2016年两年再次出现两年的负增长。虽然制造业产值增长短期出现了波动，若从2007~2017 年的年平均增长率来看，制造业产值年均增长为 1.9%，超过了GDP 的平均增长速度（1.51%）。

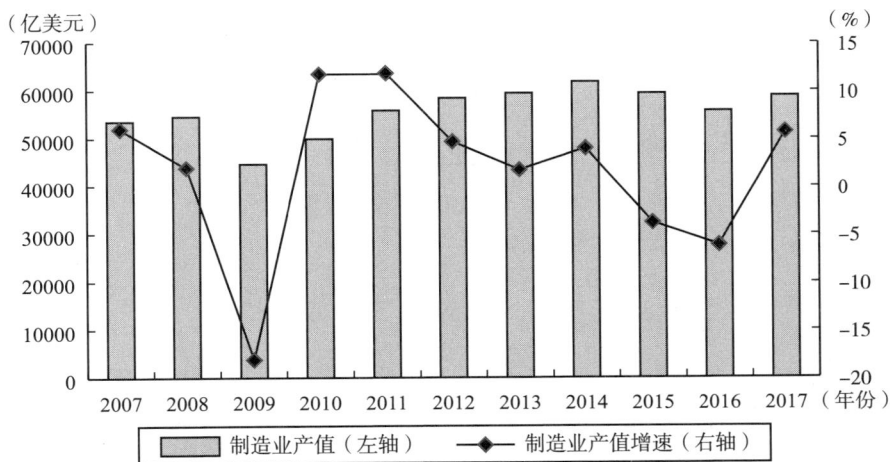

**图 4 - 2　2007~2017 年美国制造业产值变化情况**

资料来源：根据美国经济分析局数据计算整理（https：//www.bea.gov/data）。

　　图 4 - 3 显示了美国制造业就业变动及总就业增长率情况。制造业就业人数经过了 2007~2010 年的连续 4 年下降，从 2007 年 1387 万人下降到 2010 年的 1151 万人，下降了 17 个百分点，之后制造业就业开始缓慢上升，到 2017年增长到 1245 万人。美国总就业增长出现了与制造业就业增长的相同态势，但下降的幅度远远低于制造业就业下降幅度。2011 年制造业就业增长了近 2个百分点，出现了制造业就业增长率高于总就业增长率的现象。直到 2017 年，连续 7 年美国制造业就业一直保持正增长态势，这可以说是美国 20 世纪 80 年代以来出现的新现象。

　　从全球金融危机后美国制造业表现来说，能够在 20 世纪 80 年代之后实现制造业产值连续 5 年增长和制造业就业连续 7 年增长的业绩是非常难得的，因此可以视为美国"再工业化"的政策效果。

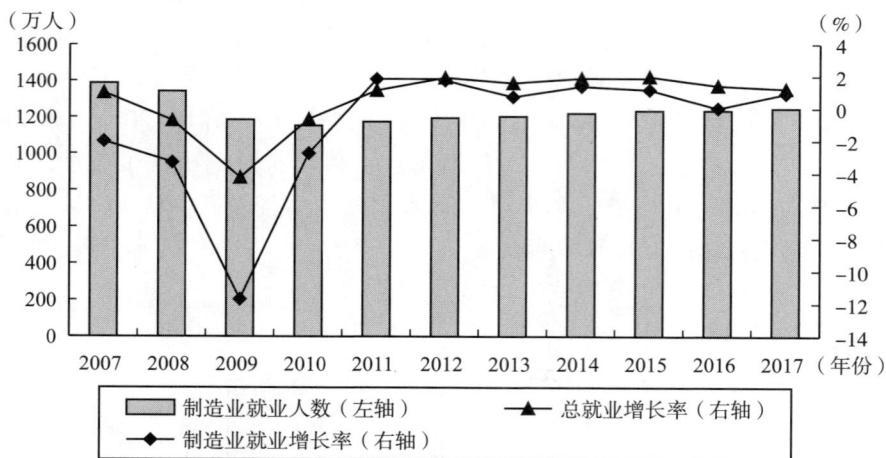

**图 4 – 3    2007～2017 年美国制造业就业及总就业增长率**

资料来源：根据美国经济分析局数据计算整理（https：//www. bea. gov/data）。

## （二）高科技产业或高端产业出现了不俗业绩

如前所述，虽然金融危机后美国"再工业化"路径是发展先进制造业，但美国对此并没有一个清晰的范畴或界定。许多研究将先进制造业理解为高科技产业，而美国对于高科技产业也没有一个共识的概念，不同的机构根据需要确定了高科技产业或产品范畴。

20 世纪 70 年代，美国商务部将研发密度（R&D intencity）作为评价高科技企业的标准，确定了 10 个产业为高科技产业。但由于不能反映其国际竞争能力，1989 年美国商务部又以 10 位海关编码为基础公布了高科技产品，由于标准过于宽泛，每年都需要对于高科技产业进行调整。1989 年 7 月，美国国家统计局公布了高科技领域或高科技产品，包括生物技术、生命科学、光电子、信息通信、电子、柔性制造、先进材料、航空航天、武器、核技术等 10 个领域或产品（娜仁图雅、雷衍华，1992）。

美国劳工统计局（BLS）定义的高科技产业以技术人才密集度为标准，如果一个产业的技术人才占员工总数的 9.8% 以上，则该产业被认定为高科技产业。在标准职业分类中，大约有 100 个职业属于 STEM，包括工程师、IT 职员、科学家、大学教师和管理者等。

美国商务部为推进"选择美国"计划，在北美产业分类系统基础上定义了高科技产业，接近美国劳工统计局的标准，规定高科技企业的 STEM 雇佣人数要高于国家平均的 2 倍，STEM 雇佣人数来源于 2010 年的标准职业分类。根据这一标准，将 16 个产业归为高科技产业，分布在能源行业、制造业和服务业部门。能源行业高科技产业包括石油和天然气开采、石油和煤炭产品，制造行业的计算机和电子产品、电气设备、电器和组件、机动车辆、车身和拖车以及零件、机械、其他运输设备等产业，服务行业包括批发贸易、出版业、公司和企业的管理、广播和电信、数据处理，互联网出版和其他信息服务、专业、科学和技术服务等。

　　本章基于商务部标准从国民经济分析局中抓取数据，表现了全球金融危机后美国高科技产业的产业表现。图 4－4 和图 4－5 分别显示了美国金融危机后高科技产业产值和就业情况。

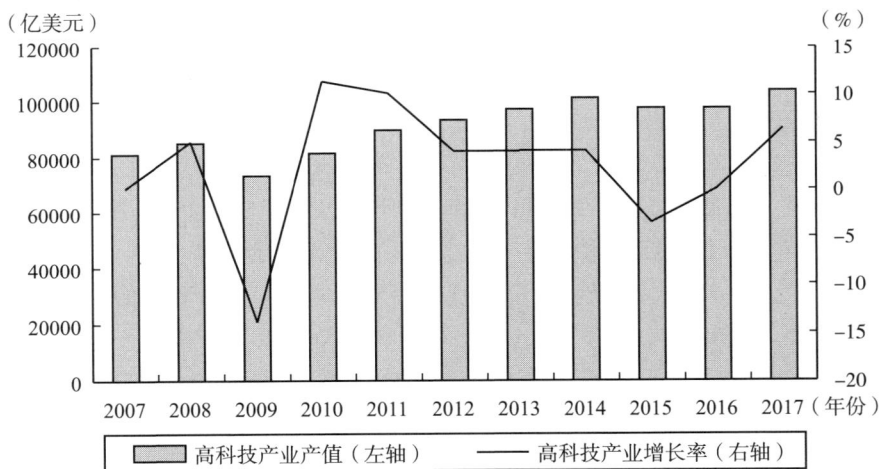

**图 4－4　2007～2017 年美国金融危机后高科技产业产值变动情况**

资料来源：根据美国经济分析局数据计算整理（https：//www.bea.gov/data）。

　　从高科技产业产值来看，经历了 2009 年的大幅度下降之后，2010 年和 2011 年连续两年出现超过 10% 的高增长，2015 年之前保持 5% 以上的增长率，2015 年经过短暂回调后，2017 年回到了 6% 的增长速度。其中产值增长最快的是专业科学及技术服务，占新增产值的 30%，其次为批发服务，占新增产值的 29%，计算机和电子产品及石油和煤炭产品等的产值出现了下降。

　　美国高科技产业就业呈现可观的业绩，总就业规模在 2010 年触底后开始持续上升，2014 年恢复到危机前水平，2017 年达到 2550 万人，比 2007 年增长了 89 万人，其中就业增加最为显著的是信息和数据处理、专业、科学和技

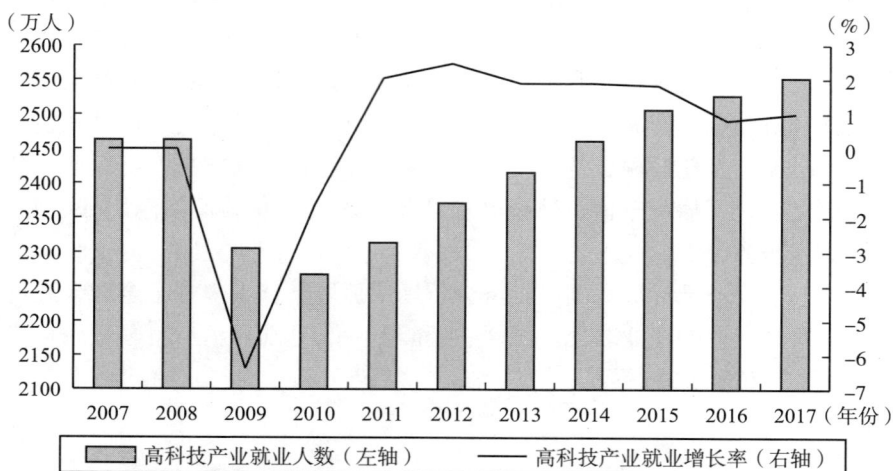

**图 4 - 5　2007 ~ 2017 年美国金融危机后高科技产业就业变动情况**

资料来源：根据美国经济分析局数据计算整理（https：//www. bea. gov/data）。

术服务以及公司和企业的管理，十年间分别增长 119 万人、1319 万人和 420 万人，2017 年三个行业就业占全部高科技产业就业人数的 72%。

　　近年来，美国布鲁金斯学会提出了高端产业概念，包括高端的制造业、服务业和能源业。其标准有两个，一是产业的研发支出要大于或等于全行业标准的 80%，即每个员工平均研发支出超过 450 美元；二是该产业中获得 STEM 学位的人数必须高于全国平均水平，或者在本行业中所占份额超过 21%。根据这两个标准，从制造业、能源行业和服务业中选择了 35 个行业作为高端产业，制造业包括汽车制造、航空航天、医疗设备、通信设备、半导体及其他电子元件、商业或服务业机械等，能源业包括发电和输送电、石油和天然气开采等，服务行业包括计算机系统设计、数据处理和托管、管理科学与技术咨询、卫星通信、软件出版业等。

　　根据布鲁金斯学会的统计，2013 年上述行业的就业人数达 1230 万，占全国就业人数的约 8.7%，而创造的产值高达 2.7 万亿美元，占美国 GDP 的 17%。与此同时，美国高端产业雇用了全美 80% 的工程师，承担了 90% 的私人部门研发，产出了大约 85% 的专利技术。高端产业还为美国广泛的供应链和其他形式的配套经济活动提供强力支持，带来巨大的引致需求，每一个高端产业就业将会引致国内 2.2 个工作机会，本地区 0.8 个就业机会，本地区之外的 1.4 个就业机会。这就意味着，除了 1230 万就业人口，美国高端产业还直接和间接引致了 2710 万就业机会。1980～2013 年，美国高端产业产值年均增长 5.4%，比美国经济年均增速高出 30% 左右。与 2010 年相比，2013 年美国高端产业部门新增近百万就业机会，就业和产值增长率比其他经济部门分别高 1.9 倍和 2.3 倍。而作为高端产业中的重要部门，高端服务业带来美国经济危机后的就业激增，创造了近 65% 的新增就业岗位。例如，计算机系统设计部门单独产生了 25 万个新的就业机会（Muro M.，Rothwell R.，2015）。

这里需要特别指出的是，美国高科技产业或高端产业的界定经历了从制造业向全产业扩展的历程，这种现象的出现既是现代科学技术背景下制造业与服务业融合的产物，也意味着美国"再工业化"政策的目标不再专注于制造业，先进制造业也不再仅限于高科技产业，而是注重新产业或新兴业态的发展。

（三）制成品出口增长显著，高科技产业出口增长缓慢

扩大出口是美国"再工业化"政策目标之一。根据世界银行的统计资料，20 世纪 90 年代，美国制造业产品出口和高科技产业产品出口始终保持增长态势，而且高科技产品出口增长速度高于制成品出口增长的有 5 个年份。进入 21 世纪以来，美国高科技产品出口波动非常大，2002 年出现了 11% 的负增长，比制造业产品出口低 3 个百分点。图 4-6 显示了 2007 年以来美国制成品出口和高科技产品出口情况。制造业产品出口增速保持较快增长，但高科技产业出口增速缓慢或严重下降，2007～2009 年高科技产品出口突破 2000 亿美元，

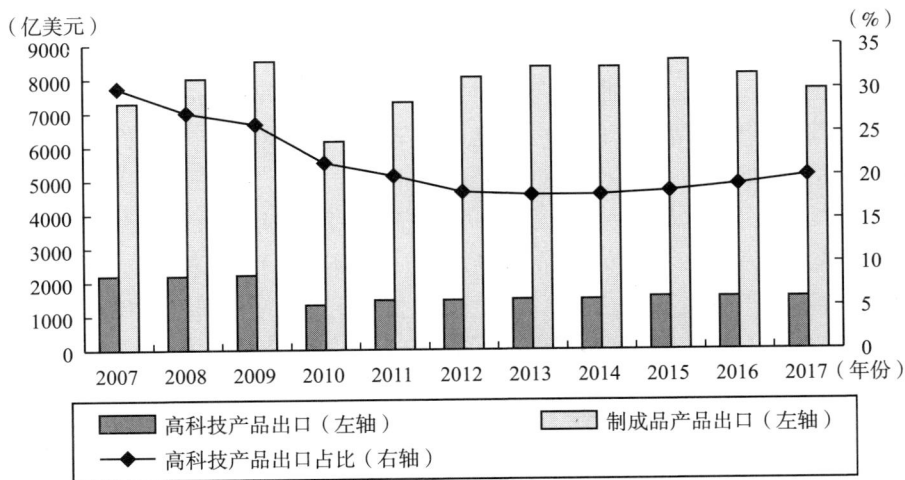

图 4-6　2007～2017 年美国制造业和高科技产品出口额及占比

资料来源：根据世界银行数据（The World Bank data）整理而成。

2010 年减少了 40%，此后一直在低位徘徊。由于高科技产品出口的不断下降，高科技产业在制造业产品出口中的比重也不断下降，从 2007 年的 24% 降至20%，与 20 世纪 90 年代相比，高科技产品出口在制造业出口中的比重降低了11 个百分点。

　　这种现象其实在进入 21 世纪以来已经出现，美国的"再工业化"政策并没有改变这一趋势。图 4-7 显示了 1995 年以来中国、美国、日本和欧洲高科技制造业产品的贸易收支情况。

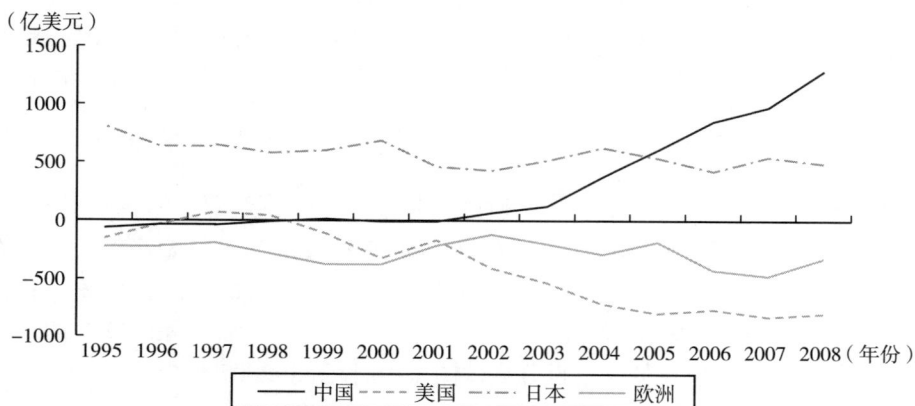

（亿美元）

**图 4-7　1995~2008 年中国、美国、日本和欧洲高科技制造业产品贸易收支情况**
资料来源：International/TIMSS. Science and Engineering Indicators 2010 [J]. National Science Foundation，2010，37（2）：90.

　　从这里可以看出，20 世纪 90 年代后期以来，美国高科技产品贸易开始出现逆差，2000 年出现了 320 亿美元逆差，2002 年后贸易逆差增长更加迅速，2005 年达到 795 亿美元，2007 年更是高达 824 亿美元，美国高科技产品出口在国际市场的占比也从 90 年代后期的 20% 降至 2008 年的 11%。从国际比较看，日本在高科技产品上的竞争优势虽有一定降低，但基本保持平稳，1995 年日本高科技产品顺差高达 810 亿美元，之后出现缓慢下降，2000 年到达一个阶段性高点 685 亿美元之后下降，2004 年又出现阶段性高点后再次下降，到 2008 年顺差还保持在近 500 亿美元。欧洲高科技产品贸易收支的变化不大，1995 年以来一直保持逆差，2001 年之前，欧盟是高科技产品贸易逆差最大的国家，2002 年美国的贸易逆差额超过欧洲，成为世界上贸易逆差最大的国家。中国的高科技产品贸易收支出现了与美国完全相反的趋势，1995~2001 年中国一直保持逆差，2002 年开始出现顺差，此后顺差规模不断扩大，2005 年贸易顺差超过日本成为世界上顺差最多的国家，2008 年达到 1286 亿美元。这种现象出现与全球价值链生产模式密切相关，也源于以海关出入境为基础的全额贸易统计体系的弊端，这将是今后继续研究的问题。

# 本 章 小 结

全球金融危机后美国"再工业化"政策出台的最主要原因在于美国次贷危机引发了严重的世界范围金融危机，金融危机的爆发凸显了金融服务业的过度发展和制造业的严重衰退。此次美国"再工业化"国内思潮不同于第一次"再工业化"，在学界及政界达到了高度统一，即强调制造业对一国经济发展的重要性，"产业公地"概念及其应用得到了政府当局的认可和采用。从政策目标看，奥巴马政府初期是作为危机对策的需求管理政策，更重要的是后期以发展先进制造业为特征的"再工业化"。从实施效果看，制造业及高科技产业产值和就业均出现了改善，高科技产业或高端产业的表现更为可观，但出口倍增计划的效果并不显著，尤其高科技产品出口增长缓慢，在世界范围内高科技产品竞争能力下降的趋势没有改变。

# 第五章 全球金融危机后美国"再工业化"实践及其成效

产业回流和吸引外国投资是全球金融危机后美国"再工业化"政策的主要目标。激情感召的回流政策、社会各界的不同反响以及回流倡议机构的高调回流业绩均预示着产业回流的局限性,周密设计的"选择美国"计划和三次投资美国峰会的召开,增大了美国制造业的外资流入规模,IFDI 的产业和流向分布也呈现出一些特征,美国创新生态系统建设开始于 20 世纪 80 年代,在几十年的经济发展历程中,这是唯一没有受到政权更替影响的项目,也可以说是两次"再工业化"的集成效果。

## 第一节 美国企业回流及其局限性

制造业回流是美国政府"再工业化"政策的重要目标之一,也是评价"再工业化"政策成效的重要内容。遗憾的是,美国至今没有官方统计的回流数据。本节首先以美国回流倡议机构这一非营利组织发布的调研报告为基础,分析回流企业创造就业数量、行业分布及技术分布、来源地和流向区域等情况,其次梳理影响美国企业回流的因素,最后研究回流倡议机构数据的可信度及制造业回流的局限性。

### 一、美国企业回流政策与社会各界的反响

美国金融危机之后的产业回流是政策先行,最初可以说是政策感召,同时也引发了各界对于企业回流的不同解读。

## （一）美国政府出台鼓励企业回流政策

促进制造业回流是奥巴马政府"再工业化"政策的重要一环。2009年的《复苏与再投资法案》和《重振美国制造业框架》、2010年的"国家出口倡议""选择美国"计划和《美国制造业促进法案》均倡导海外的美国制造企业回流国内。奥巴马总统的一些重要演说中，还多次打出爱国主义招牌，主张"爱国主义系出自一种本能、一种深藏在我早期记忆中的对国家的忠诚与热爱"，要求美国企业投入"振兴美国的伟大事业"中。在2013年国情咨文中，奥巴马总统特别肯定了在爱国主义背景下一些重点企业回归美国的案例，认为在过去长达10余年中制造业就业持续减少，而他执政以来已经增加50万个工作岗位，下一个目标是使国际投资者将美国视为最佳投资目的地。

2011年第112次国会以"将工作带回美国"为题展开了讨论，要求商务部制定制造业增长战略，每两年开展一次商务调查，评估或评价美国的营商环境，提出相应的改进方案，及时向社会发布调查结果，并要求商务部建立专门工作小组做好相应工作安排，同境外的制造企业和客户服务中心保持密切联系；修订1965年出台的《公共工程与经济发展法》（Public Works and Economic Development Act of 1965），[①] 对经济发展落后的社区提供经济援助以支持就业、促进产业和商业的发展，鼓励美国企业回迁国内，助推美国制造业发展；指导财政部研究美国企业回流的可行性以及新税收条款对制造业回流的潜在影响等问题。

奥巴马总统将2014年定为制造业回流的"行动之年"，包括吸引国外投资、扩大制造业出口、强化教育和培训、资助科研创新、提高国内油气产量和能源效率以应对气候变化、推进医保改革以及鼓励提高最低工资以缩小贫富差距等，这些措施均是为美国制造业发展，特别是为制造业回流及吸引国外投资创造了良好的营商环境。

## （二）各界对制造业回流概念的理解

奥巴马政府出台鼓励制造业回流战略之后，美国国内各界对这一问题展开了激烈讨论，并做出了不同反应，媒体和商界迅速做出积极响应，与此形成强烈反差的是学术界的谨慎和观望。

1. 媒体积极"造势"号召企业回流

2009年美国大众媒体开始使用企业回流这一概念，通过零星报道，比较

---

① 联邦政府选择特定地区采取具体措施带动当地经济发展、创造就业的法律。

通俗地解释了企业回流概念，更多关注金融危机后美国企业在爱国主义感召下将海外制造基地完全或部分回迁美国的案例，强调这些回流可以增加就业岗位、提高生活水平和刺激美国经济发展。

2010 年克瑞斯·马赫和鲍勃·提拓（Maher K. and Tita B.，2010）在《华尔街日报》发文指出，卡特彼勒公司（财富 500 强公司之一）正在考虑将一些重型设备从海外生产基地回迁到美国的新工厂，将更多的业务带回国内，其原因是美元持续疲软使得从海外进口产品的价格变得更加昂贵，回流将会是未来美国制造业发展的趋势。2012 年 4 月 4 日，美国最大的工业金属研究杂志《金属矿工》（Metal Miner）刊文指出，多年离岸化生产的通用电气公司正计划将其海外的家电制造业务迁回国内，而且认为这不是个例，通用电气回流将会产生羊群效应（Burns S.，2012）。2012 年 6 月 18 日，《华尔街日报》刊发詹姆斯·哈吉提（Hagerty J.，2012）文章，认为回流就是"将制造业带回家"，至于这个制造业是在哪个国家，是属于美国的全资子公司还是国外的供应商并不重要。2012 年 12 月 27 日，凯瑟琳·蓝贝尔和尼克·温菲尔德（Rampell C. and Wingfield N.，2012）在《今日美国》撰文指出，随着国内经济的不断增长和国内生产优势的不断扩大，苹果公司也计划加入"把制造业工作带回家"浪潮，一些分析师，认为像苹果公司这样的大型创新型公司回流，可能会带来美国制造业的全面复兴。2016 年 7 月 24 日，《华尔街日报》发表迈克尔·索特和塞缪尔·斯特宾斯（Sauter M. B. and Stebbins S.，2016）的文章，认为美国企业过去因国外廉价劳动力和宽松规章制度而选择离岸化的趋势正在发生逆转，就像此前的离岸化浪潮一样，大量企业回流也会成为一种趋势。

2. 商界高调宣布或推动企业回流

一方面，许多企业表现出强烈的回流意愿并且积极调整经营策略，尽快加入制造业回归美国的行列。银河解决方案（GalaxE Solutions）是一家为世界财富 500 强公司定制软件应用开发的公司，2010 年实施了"外包给底特律"计划，把工作带回美国，在 150 名专业人员的参与下，顺利地招聘 500 名 IT 职员。该公司还与当地大学和社区学院开展合作，为未来的 IT 专业人员开展培训和再培训项目。2010 年玛斯特机械锁（Master Lock）从中国迁回大约 100个工作岗位到密尔沃基，并计划继续把工作带回威斯康星州，以便高效地控制成本和更好地服务客户。2013 年 1 月 15 日，沃尔玛美国公司总裁兼首席执行官宣布，在未来十年中，将采购价值 500 亿美元美国制造商品。2015 年 12 月美国服装业巨头安德玛公司（Under Armour）迁回其品牌下的休闲运动服饰生产线，并在田纳西州开设了美国的第三个配送中心，投资逾 1 亿美元，预计未来 5 年能创造 1500 个新就业岗位。2017 年 8 月福特表示，将冻结为墨西哥准备的 160 亿美元建厂资金，转而投资 7 亿美元在密歇根州建立一家装配厂。

3. 学术界谨慎探索回流以及回流方式

与媒体、商界的乐观情绪相比，学者们对企业回流表现得更加客观、理性甚至存在质疑。

一方面，学术界对于回流的定义各有说辞，尚未形成共识。如迈阿密大学供应链领域教授丽莎·埃拉姆等（Ellram L. M. et al.，2013）在文章中认为回流是"把制造业转移回母公司所在的国家"。穆拉特·艾瑞克（Arik M.，2013）认为回流是先前离岸化商业经营活动的回归，意味着这些生产经营活动开始从新兴市场国家向美国国内转移。奥尔·米凯尔森等（Mikkelsen O. S. et al.，2014）则强调，回流并不一定将制造业迁回到最初离岸或外包的国家，有可能是迁入该公司位于另外一个国家的分支机构。卢西亚诺·弗拉托基等人（Fratocchi L. et al.，2014）将回流定义为区位的再选择，是制造商对先前离岸化经营策略的逆转。

另一方面，学者认为媒体或商界所说的回流只不过是为了吸引大众眼球的流行语，应该从不同视角研究回流现象。事实上，关于制造业回流存在不同的研究视角。如果基于地理位置维度，回流应该进一步区分为回岸化（reshoring、backshoring）和近岸化（nearshoring），罗南·马洛卡（Mcivor R.，2009）提出回岸化是指离岸化企业决定部分或完全搬迁生产活动到公司总部所在国家，近岸化是指将价值创造的生产活动从远离公司总部的国家迁移到邻近国家，如将原来在中国的制造业设施搬迁至邻国的墨西哥或其他拉美国家等。

约翰·加雷等（Gray J. V. et al.，2013）指出回流问题是供应链学者热衷研究的问题，认为回流是离岸化企业由于供应链某一环节的潜在成本低估或错估而导致的定位决策变化。其中系统分析了四个命题。第一个命题是哪些属于回流和哪些不属于回流，他们将回流分为四种形式：内部化型、外包寻求型、内包寻求型、外包型回流。内部化型回流是企业为满足国内市场需求，将全资经营的离岸生产活动转移到国内自己拥有的生产基地，外包寻求型回流是企业通过将其全资离岸生产基地的经济活动或工序重新外包给美国国内的供应商以满足国内市场需求，内包寻求型回流是企业通过将外包给离岸供应商进行的制造活动重新内包到全资拥有的国内生产基地，外包型回流是企业将外包给离岸制造商的生产活动重新外包给美国国内的其他制造商。区分这些的目的在于澄清作为跨国公司定位决策的回流与采购决策和所有权决策之间的关系，不同的回流形式对于企业经济效益存在不同的影响。第二个命题是回流是对以前离岸外包行为的纠正,只有那些先有离岸外包之后的回归国内才属于回流,因此回流应该是一个不能验证的现象。第三个命题是伴随国际社会环境规制或标准的提升,回流现象必然还会增加。第四个命题是回流不会增加发达国家的就业。

由此可见,基于不同维度对回流有不同的理解,本章的分析将以定位决策为基准,不考虑回流过程中是否伴随着所有权变更或采购政策的改变,将企业回流定义为美国跨国公司将设在海外的生产基地(或生产线)的全部(或部分)回迁美国本土的现象,理解为美国公司过去为了寻求国外廉价劳动力及其他要素等进行的离岸化生产的一种"逆向"流动。

## 二、美国制造业回流现状及其特征

虽然美国政府积极推动制造业回归,国内各界也都做出了相应表态,但迄今为止官方并没有发布任何企业回流的统计数据。目前所有研究使用的统计数据都是回流倡议机构发布的,本书也是根据该机构的数据展开分析。

回流倡议机构(Reshoring Initiative)是 2010 年由阿奇夏米尔集团(GF Agie Charmilles)前董事长哈瑞·摩泽尔(Moser H.)创立的非营利组织,目标是鼓励更多的美国企业将生产环节迁回美国,同时还帮助制造商核算当地生产经营的潜在成本和收益,识别潜在的利润空间,并最大限度地利用当地采购促进国内生产。该机构认为过去美国公司开展离岸化决策时往往忽略国外经营的机会成本或隐形成本,这些成本大约占总经营成本的 20% ~ 30%。该机构的具体职能包括帮助企业开展总成本核算、评估回流和离岸时的成本和收益,收集制造业、科技型供应商和经销商的成功回流案例,建立回流图书馆,运用在线研讨会或展览等方式展示回流机构大事记,发布年度调研报告等。

2018 年 4 月美国回流倡议机构发布了 2010 ~ 2017 年调研报告,信息包括回流和 IFDI 创造的就业数量、影响回流决策的因素、回流产业和技术水平分布情况、回流来源地、回流或 IFDI 在美国国内的流向等信息。据回流倡议机构称,这些信息来源于回流倡议机构图书馆,其中包括超过 5000 个已经发表过的文章,私人企业提交的回流案例和发表的新闻资料。检索的关键词包括回流、新增 IFDI 等,一个共同点就是这些公司都选择在美国生产,还有一些数据是来源于访谈或纸质信息。需要注意的是,回流倡议机构的许多统计数据并没有明确区分回流和 IFDI,大部分的数据是将二者合并,在一定程度上夸大了产业回流的数据,对此问题将在本节第三部分进行分析。

## （一）制造业回流和 IFDI 在美国创造就业状况

根据回流机构 2017 年调研报告，美国制造业回流和 IFDI 带来就业增加数据非常显著。2017 年美国企业回流和 IFDI 共创造就业人数超过 17.1 万人，而当年制造业新增就业总额为 18.9 万人，意味着回流和 IFDI 增加就业占新增就业人数的 90%。2009～2017 年，回流和 IFDI 共为美国创造 57.6 万个工作岗位，其中回流带来了 27.5 万个工作岗位，IFDI 带来了 30.1 万个工作岗位，变化趋势详见图 5 - 1。

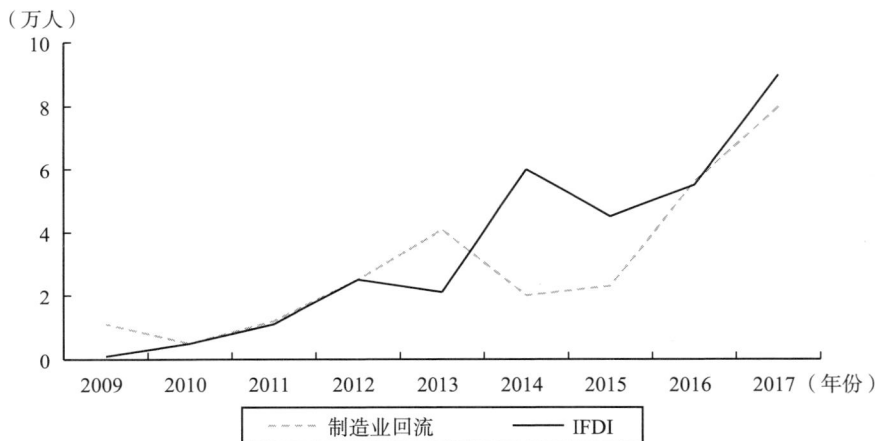

图 5 - 1　2000～2017 年制造业回流与 IFDI 的创造就业情况

资料来源：根据美国回流倡议机构历年调研报告数据整理（http：//www. reshorenow. org/. ）。

从时间序列看，2012 年前制造业回流与 IFDI 创造的就业数量基本保持同步增长，2013 年回流创造的就业超过 IFDI 创造的就业数量，2014 年回流创造的就业出现下降，2015 年仍保持下降态势，2016 年回流创造的就业开始上升，当年创造了近 6 万人就业，与 IFDI 创造的就业基本相当。

## （二）美国制造业回流和 IFDI 流入的主要特征

下面根据回流倡议机构发布的数据分析回流来源分布、产业分布和企业流向特征。

第一，从制造业回流和 IFDI 来源分布情况看，回流及 IFDI 来源最多的是欧洲，但为美国创造就业岗位最多的是亚洲。表 5 - 1 显示了美国回流企业及 IFDI 来源地的全球分布情况。

表 5 − 1　　　　　　2010～2017 年美国 IFDI 和回流带来的就业和企业数量

| IFDI | | | | | 回流 | | | |
|---|---|---|---|---|---|---|---|---|
| 排名 | 来源 | 就业人数（人） | 企业家数（个） | 就业占比（%） | 排名 | 来源 | 就业人数（人） | 企业家数（个） | 就业占比（%） |
| 1 | 德国 | 63416 | 227 | 21 | 1 | 中国 | 28388 | 721 | 62 |
| 2 | 中国 | 61601 | 186 | 20 | 2 | 墨西哥 | 8795 | 81 | 19 |
| 3 | 日本 | 50792 | 195 | 17 | 3 | 日本 | 3585 | 27 | 8 |
| 4 | 加拿大 | 17013 | 122 | 5 | 4 | 加拿大 | 2951 | 49 | 6 |
| 5 | 韩国 | 15785 | 47 | 5 | 5 | 西班牙 | 675 | 5 | 1 |
| 6 | 瑞士 | 11043 | 51 | 4 | 6 | 中国台湾 | 420 | 8 | 1 |
| 7 | 澳大利亚 | 10173 | 17 | 3 | 7 | 意大利 | 272 | 19 | 1 |
| 8 | 英国 | 8855 | 54 | 3 | 8 | 约旦 | 225 | 3 | 0 |
| 9 | 意大利 | 7034 | 56 | 2 | 9 | 斯里兰卡 | 207 | 5 | 0 |
| 10 | 印度 | 6731 | 48 | 2 | 10 | 阿联酋 | 122 | 3 | 0 |
| 11 | 法国 | 5861 | 53 | 2 | 11 | 匈牙利 | 105 | 3 | 0 |
| 12 | 中国台湾 | 5715 | 11 | 2 | 12 | 英国 | 92 | 5 | 0 |
| 13 | 瑞典 | 5532 | 14 | 2 | 13 | 德国 | 68 | 8 | 0 |
| 14 | 丹麦 | 5295 | 24 | 2 | 14 | 韩国 | 68 | 8 | 0 |
| 15 | 西班牙 | 5228 | 23 | 2 | 15 | 印度 | 8 | 11 | 0 |
| 16 | 墨西哥 | 3949 | 17 | 1 | 16 | 澳大利亚 | 0 | 5 | 0 |
| 17 | 巴西 | 3618 | 18 | 1 | 17 | — | — | — | — |
| 18 | 奥地利 | 3266 | 24 | 1 | 18 | — | — | — | — |
| 19 | 阿联酋 | 3258 | 3 | 1 | 19 | — | — | — | — |
| 20 | 荷兰 | 2768 | 24 | 1 | 20 | — | — | — | — |

资料来源：根据美国回流倡议机构历年调研报告数据整理（http：//www. reshorenow. org/. ）。

　　在美国 20 大 IFDI 来源地中，10 个来自欧洲，所创造的就业占到 39.8%，5 个来自亚洲，所创造就业占到 48.4%。从单个来源地对美国投资创造的就业来看，最大的 IFDI 来源地是德国，共有 227 家公司在美国开展直接投资，共为美国创造了 6.3 万个工作岗位。排在第二位的是中国，186 家投资企业共创造了 6.2 万个工作岗位。排在第三位的是日本，195 家企业创造了 5 万个就业岗位。排在第四位的是加拿大，122 家投资企业创造了 1.7 万个就业岗位。韩国排在第五位，47 家企业为美国创造了 1.6 万个工作岗位。前五个来源地创造的就业占到 IFDI 创造就业总人数的 68%。

在 16 个最大回流企业来源地中，共有 7 个来自亚洲，创造就业总额为 3.3 万人，占就业总数的 71.8%；美洲国家主要是墨西哥与加拿大，创造就业 1.1 万人，占比超过 25%。从回流创造就业排名看，排在第一位的是中国，721 家回流企业为美国创造了 2.8 万个就业岗位，占比达到 62%。排在第二位的墨西哥，81 家回流企业为美国创造了 8700 多个工作岗位。排在第三、第四和第五位的是日本、加拿大和西班牙，这三个国家创造了 7000 多个工作岗位。前 5 个国家所创造的就业占到总就业人数的 96.5%。

第二，从回流产业的技术分布看，主要集中在低技术和中低技术领域。2018 年回流倡议机构发布的调研报告中区分了美国制造业回流与 IFDI 的技术分布情况（如表 5 - 2 所示）。在回流美国企业中，低技术水平企业占比为 46%，中低技术企业占比 21%，二者之和占 67%，如果综合考虑创造就业状况，低技术水平企业的回流虽然占比最高，但只创造了 23% 的工作岗位，中低技术水平企业回流创在的工作岗位更少，仅为 9%。这说明回流美国低技术企业主要来自东亚的新兴市场经济体，伴随着这些经济体劳动力成本或其他要素成本的提高，缩小了与美国的差异，而美国自动化等现代科技的广泛应用，降低了回迁美国企业的经营成本，但并没有增加就业机会。回流企业创造就业最多的还是高技术产业，虽然企业数量仅占 14%，却带来了 29% 的就业，如英特尔、IBM、惠普、通用电气、惠而浦等高科技制造业的回流，一般是将原来在国外组装然后进口美国的生产模式改变为进口零部件在美国组装，因此回流所创造的就业反而高于低技术行业。

表 5 - 2　　　　2010 ~ 2017 年回流 + IFDI 制造业技术含量分布　　　　单位：%

| 技术水平 | 回流 | | IFDI | |
|---|---|---|---|---|
| | 就业数 | 企业数 | 就业数 | 企业数 |
| 高 | 29 | 14 | 17 | 19 |
| 中高 | 38 | 19 | 51 | 43 |
| 中低 | 9 | 21 | 22 | 24 |
| 低 | 24 | 46 | 10 | 14 |

资料来源：根据美国回流倡议机构历年调研报告数据整理（http://www.reshorenow.org/.）。

从 IFDI 来看，中高技术企业占比最多为 43%，其创造的就业岗位达到

51%，24%的中低技术企业创造了22%的就业岗位，19%的高技术企业创造了17%的就业岗位，14%的低技术企业仅创造了11%的就业岗位。这说明在IFDI中，以中高技术密集型的投资居多，显示出来自发展中国家技术追逐型跨国公司对美国投资增加的趋势。根据该报告的数据，2010～2017年，来自亚洲的对美国直接投资占比达到46%，超过欧盟的40%。

表5-3显示了美国回流企业和IFDI的产业分布及创造工作岗位状况。从回流企业的行业分布来看，回流+IFDI的产业分布主要在运输设备与电气类，其创造的工作岗位数、回流企业个数和平均创造岗位数均居所有产业之首。从创造工作岗位个数看，排在前十的产业有运输设备、电气设备及组件、服装、电子产品、塑料制品、化学物质、机械、木材及纸制品、医疗设备、金属制品。这十类产业共创造近了52万个工作岗位。具体来看，运输设备产业创造工作岗位数最多，超过20.8万个，占到总工作岗位数的36.3%，最少的是能源与矿产品，只创造了2363个工作岗位。这些行业的企业之所以选择回流除美国政府优惠的产业政策之外，更重要的是产品特性适宜回迁，如产品的尺寸或重量比较大，回流后可以节省运输成本或运输过程中的其他成本，一些日用产品属于设计变更频率或需求波动比较大的行业，可以更好和更及时地适应消费者的定制需求。伴随着回流和IFDI的发展，行业排名也发生了变化，如在2017年服装行业的排位由过去的第六位提升到第三位，医疗设备的排位也从第十四位提高到第九位，塑料和橡胶产业从第三位降至第五位，金属制品从第四位降至第十位。

表5-3　　　　　　　　　　2010～2017年回流+IFDI的产业分布　　　　　　　　单位：个

| 国际产业分类（编码） | 就业数 | 企业数 | 企业平均创造就业数 |
| --- | --- | --- | --- |
| 运输设备（336） | 208747 | 616 | 339 |
| 电气设备及组件（335） | 56515 | 295 | 192 |
| 服装（313-316） | 48525 | 952 | 51 |
| 电子产品（334） | 45210 | 241 | 188 |
| 塑料制品（326） | 38170 | 298 | 128 |
| 化学物质（325） | 37421 | 209 | 179 |
| 机械（333） | 21653 | 202 | 107 |
| 木材及纸制品（321、322） | 20736 | 79 | 262 |
| 医疗设备（33911） | 20681 | 106 | 195 |

| 国际产业分类（编码） | 就业数 | 企业数 | 企业平均创造就业数 |
|---|---|---|---|
| 金属制品（332） | 19889 | 299 | 67 |
| 食品和饮料（311、312） | 10938 | 94 | 116 |
| 非金属矿产（327） | 10114 | 67 | 151 |
| 家具相关产品（337） | 9876 | 106 | 93 |
| 杂项用品（339） | 8030 | 94 | 85 |
| 主要金属制品（331） | 7488 | 50 | 150 |
| 体育用品（33992、33993） | 5612 | 161 | 35 |
| 铸件品（3315） | 3025 | 35 | 86 |
| 能源与矿产品（324） | 2363 | 18 | 131 |

资料来源：根据美国回流倡议机构历年调研报告数据整理（http://www.reshorenow.org/.）。

第三，回流企业和 IFDI 主要分布在美国阳光地带和"锈带"地区。表5－4 显示了回流和 IFDI 的美国国内区域分布情况。从表中可以看出，排在第一位的是美国南部，1000 多家回迁或 IFDI 企业在西部创造了 32 万个以上的就业岗位，占新增就业总数的 62%，每个企业平均就业人数为 246 人，排在第二位的是中西部，进入中西部的投资企业有 651 家，创造就业超过 10 万人，排在第三位的是东北部，400 多家投资企业带来了 5 万多个工作岗位。按照三大工业区划分，阳光地带承接了 1600 多家企业创造了 36 万以上的就业岗位，占到美国三大工业区就业增量的 70%，"锈带"地区排在第二位，东北部地区排在了第三位。

表 5－4　　　　　2010～2017 年回流＋IFDI 的美国主要区域分布

| 区域 | 就业数（人） | 企业数（个） | 占比（%） | 企业平均创造就业数（人） |
|---|---|---|---|---|
| 南部 | 323226 | 1313 | 62 | 246 |
| 中西部 | 108109 | 651 | 21 | 166 |
| 东北部 | 51123 | 415 | 9 | 98 |
| 西部 | 42644 | 363 | 8 | 117 |

资料来源：根据美国回流倡议机构历年调研报告数据整理（http://www.reshorenow.org/.）。

从美国 2017 年回流和 IFDI 的各州分布看，绘制成了表 5－5，显示了 10

个接收回流和 IFDI 的州排名。

表 5 - 5　　　　　　　2017 年美国大型回流 + IFDI 企业的国内布局

| IFDI | | | | 回流 | | | |
|---|---|---|---|---|---|---|---|
| 排名 | 州 | 就业数（人） | 企业数（个） | 排名 | 州 | 就业数（人） | 企业数（个） |
| 1 | 南卡罗来纳州 | 16482 | 45 | 1 | 密歇根州 | 8359 | 32 |
| 2 | 得克萨斯州 | 10800 | 46 | 2 | 亚利桑那州 | 8235 | 8 |
| 3 | 印第安纳州 | 9981 | 47 | 3 | 亚拉巴马州 | 6016 | 14 |
| 4 | 亚拉巴马州 | 5883 | 48 | 4 | 田纳西州 | 4941 | 22 |
| 5 | 北卡罗来纳州 | 5102 | 49 | 5 | 宾夕法尼亚州 | 4288 | 32 |
| 6 | 威斯康星州 | 5100 | 50 | 6 | 纽约州 | 4172 | 27 |
| 7 | 密歇根州 | 4725 | 51 | 7 | 马萨诸塞州 | 4115 | 16 |
| 8 | 俄亥俄州 | 4475 | 52 | 8 | 得克萨斯州 | 2970 | 24 |
| 9 | 田纳西州 | 4463 | 53 | 9 | 南卡罗来纳州 | 2357 | 49 |
| 10 | 肯塔基州 | 3513 | 54 | 10 | 乔治亚州 | 2025 | 16 |

资料来源：根据美国回流倡议机构历年调研报告数据整理（http：//www. reshorenow. org/. ）。

从 IFDI 流入情况来看，排名第一的是南卡罗来纳州，共创造了 1.6 万个工作岗位，其次是得克萨斯和印第安纳州，创造了 1 万个左右的工作岗位。阳光地带的主要优势是工会力量相对薄弱，房地产等的生活成本较低，以及低廉的能源价格等。

从承接回流企业的国内分布看，主要集中在“锈带”地区和南部地区，这些地区的主要优势是雄厚的制造业基础和相对完善的制造业生态环境，如密歇根州承接了 32 家回流企业，创造了 8 千多个就业岗位，就业数量排在第二位的是位于西南部的亚利桑那州。亚利桑那州以其丰富的自然资源、劳动力资源和高科技产业发展著称，这里有最大的铜矿产区，劳动力资源主要是由于该州紧邻墨西哥边境，墨西哥的廉价劳动力资源可以继续原来的代工模式，高科技产业主要集中在航空航天、电子与半导体等方面，这些因素为吸引回流企业创造了充分的条件。其余的回流企业流入了宾夕法尼亚州、纽约州、马萨诸塞州等地的老工业基地，完善的产业基础和技术人才等因素成为吸引回流企业的主要优势。

## 三、美国制造业回流的动因及其局限性

制造业回流实质是跨国公司全球区位选择，而区位选择是众多因素共同作用的结果。下面根据回流倡议机构的调研报告展开分析。

### （一）美国制造业回流的动因分析

回流倡议机构的调研报告是在对回流及投资美国企业进行问卷调查基础上做出的，关于企业回流的动因，表5-6汇总了国内正面因素和国外负面因素两大类。

表5-6　　　　　　2010~2017年美国企业回流动因汇总

| 排名 | 国外的负面因素 | 企业数（个） | 排名 | 国内的正面因素 | 企业数（个） |
|---|---|---|---|---|---|
| 1 | 质量/返工/保修 | 292 | 1 | 政府激励 | 527 |
| 2 | 运输成本 | 196 | 2 | 接近客户/市场 | 493 |
| 3 | 总成本 | 147 | 3 | 熟练劳动力培训/供应 | 446 |
| 4 | 传送 | 100 | 4 | 形象/品牌 | 398 |
| 5 | 库存 | 91 | 5 | 生态系统协同效应 | 336 |
| 6 | 工资上涨 | 88 | 6 | 交货时间/上市时间 | 251 |
| 7 | 供应链中断风险/自然灾害/政治不稳定 | 78 | 7 | 基础设施 | 239 |
| 8 | 知识产权风险 | 64 | 8 | 自动化/技术 | 211 |
| 9 | 沟通交流风险 | 61 | 9 | 制造业/工艺联合创新 | 155 |
| 10 | 绿色意识 | 53 | 10 | 高生产效率 | 141 |
| 11 | 难于控制 | 51 | 11 | 对国内经济的影响 | 139 |
| 12 | 汇率波动 | 45 | 12 | 消费者响应改善 | 138 |
| 13 | 运输成本/时间 | 42 | 13 | 美国天然气/化学品/电力价格 | 137 |
| 14 | 价格 | 40 | 14 | 沃尔玛 | 121 |
| 15 | 创新困难/产品差异化 | 28 | 15 | 精益/其他业务流程改进技术 | 107 |
| 16 | 关税 | 20 | 16 | 定制化/弹性化 | 71 |
| 17 | 产品责任 | 18 | 17 | 原材料成本 | 68 |
| 18 | 社会/道德问题 | 13 | 18 | 产能利用不足 | 39 |

续表

| 排名 | 国外的负面因素 | 企业数（个） | 排名 | 国内的正面因素 | 企业数（个） |
|------|----------------|------------|------|----------------|------------|
| 19 | 合规性 | 12 | 19 | 劳工让步 | 28 |
| 20 | 紧急空运 | 9 | 20 | 低房地产/建筑成本 | 24 |
| 21 | 员工负担 | 8 | 21 | 3D 打印/增材制造 | 20 |
| 22 | 现场审计成本 | 6 | — | — | — |
| 22 | 紧张的离岸关系 | 6 | — | — | — |

资料来源：根据美国回流倡议机构历年调研报告数据整理（http://www.reshorenow.org/.）。

从表 5 - 6 可以看出，企业回流决策是多方因素共同作用的结果。

第一，政府政策鼓励或激励是美国企业最大的回流动机。在调研回流企业中，共有 527 家企业回答回流是响应政府号召或政策激励。从奥巴马的激情感召和政策激励，再到特朗普的"胡萝卜加大棒"的"将制造业带回家"计划，美国已经构筑了一个完善的鼓励制造业回流的政策体系，有助于企业回流。

第二，距离问题是影响回流的重要因素。在国内正面因素中，排在第二位的回流动机是接近消费者或市场，及时交货和及时上市成为第六大动机；在国外负面因素中，长距离运输和运费成为回流的第二大动机，难于及时交货成为第四大动机，这些都是与距离相关的因素。经济全球化是适应大量消费而出现的大量生产体制，而如今大量消费方式已经出现了明显变化，个性化消费或定制消费的出现已经预示了消费模式的转变，迫切需要建立起与之相适应的定制生产体制。公司为了迅速响应不断变化的消费者需求，并在短时间做出回应，也需要接近消费者或产品需求者。比如美国钢铁公司（U. S. Steel）、安德玛（Under Armour）等公司考虑的就是回迁国内生产可以接近消费者，便于掌握消费需求的变化。比如耐克（NIKE）、亚马逊（Amazon）等企业就是受到国内定制化需求量不断增加的趋势而选择了回流。

从消费环境看，作为第 12 个动机，107 家企业提到了美国国内消费者响应意识的提高，典型企业如美国羊毛公司（American Woolen Company）和美国纺织公司（American Textile Company）等。消费者响应意识主要表现在两个层面，一是心理层面的响应，即消费者对完美履行社会责任企业产生的好感与忠诚；二是行为层面的响应，即消费者由于企业忠实履行社会责任而引发的产品购买行为或偏好。消费者响应意识的提升意味着消费者对产品的偏好已经超过了产品所包含的物质价值，提升了消费者的社会责任感，即具有社会责任的消费者对具有良好社会责任的企业能够做出积极回应，并支持企业的发展，而企业从支持国内经济发展（139 家）的角度选择回迁。

第三，成本因素成为制定回流决策的重要因素。在国内的正面因素中，涉及了熟练劳动力、良好的产业发展基础设施、低廉的公共收费以及能源价格的降低。从劳动力角度来说，美国国内大量熟练劳动力处于失业状态，对于企业来说是一笔宝贵的人力资源。比如富士康（Foxconn）、美国钢铁公司（U. S. Steel）等回流就是因为美国具有大量熟练技术工人。根据美国经济分析局的统计数据显示，2010 年美国制造业失业人数高达 237 万人，虽然后来失业人数有所下降，但 2016 年仍有 130 多万人失业，这些制造业熟练工人经过再就业培训可以很快进入生产现场，提高生产效率。富士康公司（Foxconn）、通用电气（GE）等企业回流考虑的是美国国内的天然气与石油价格。纤维工业有限责任公司（Fiber Industries LLC）、约克钢铁公司（Nucor Corp）等公司是由于美国国内原材料成本低、质量较好而选择回流。美国依靠其成熟的能源开采、生产技术以及完善的管网设施，逆转了长期依赖进口天然气的局面。美国政府加大了本土石油的开采力度，降低了原油和天然气价格。根据美国能源部的统计，原油价格从 2013 年的每桶 98.05 美元降至 2016 年的 43.4 美元，天然气价格也从 2014 年每 100 万热量单位（BTU）4.3 美元降至 2016 年的 2.5 美元。

第四，降低企业管理风险的考虑。企业海外生产存在品牌影响力下降和供应链断裂风险，回归国内生产有利于企业的品牌建设，增加供应链的弹性，提高企业管理效率。比如福特（Ford）、通用汽车公司（General Motors Company）等 398 家企业是为了提升商标品牌价值而选择回流。品牌价值是企业产品所蕴含的企业价值理念与企业声誉，是企业的无形资产，是企业赚取高额利润的强力武器，也是企业最有效的竞争手段。企业的商标品牌是消费者对商品进行评价和选择的重要指标。美国产品特有的品牌效应成为消费者对企业总体认知的桥梁，品牌效应不仅仅是产品本身及其功能性的描述与说明，而且还能让消费者联想到与该品牌有关的商品特性与内涵。产品品牌所传递的这些内容是消费者区分同类产品与同类技术的主要依据，也会影响消费者的购买行为和购买决策。此外，陶氏杜邦公司（DowDuPont）、阿迪达斯（Adidas）等企业回归动因是在美国生产能够避免交货时间的困扰。企业离岸化使得产品供应链变得冗长而脆弱，容易带来交货时间滞后、供应链中断、质量低劣和返工等问题，这也是众多企业回流美国的原因之一。在新知识经济时代下，随着物流便捷化与网络交易常态化，消费者对于时间因素变得愈发敏感。时间因素也成为企业的竞争手段之一。交货时间不准时，不仅会导致企业库存成本上升、压缩企业利润空间，而且还有可能失去时间敏感型消费者市场，导致企业市场份额减少，不利于企业的长期发展。可见，如何确保准时交货成为企业在市场竞争中胜出的关键因素。

第五，科技创新驱动的回流。跨国公司选择回流更重视国内科学技术以及创新所带来的效率提升，特别是创新生态系统建设成为吸引企业回流的因素之一。如通用电气（General Electric Company）、美光科技（Micron Technology）、乐喜金星电子（LG Electronics）等企业选择回流是由于美国国内制造业自动化与科技因素，飞利浦（Philips）、波音公司（Boeing）等回流主要是迫于制造业联合创新的需要，国际商业机器公司（IBM）、谷歌（Google）等企业认为相对于在国外进行生产制造，美国生产具有较高的效率。这些企业之所以选择回流，原因是看重国内高水平的科技研发能力与创新能力，能够为企业发展提供科学技术支持。技术创新对企业的影响是深层次的，还会产生技术溢出效应。比如，劳动力成本会因生产技术的创新、高智能制造设备（比如机器人、3D 打印）的使用而下降。对企业来讲，先进的科学技术加上熟练的技术工人是提升自身生产效率的有力保障。

## （二）回流倡议机构数据虚高和制造业回流的局限性

从美国回流倡议机构公布的制造业回流规模和创造的工作岗位看，美国的制造业回流似乎已经形成了规模，但实际上制造业回流并没有形成规模效应，回流倡议机构数据的可信度和制造业回流的局限性值得关注。

第一，回流倡议机构高估了美国制造业回流对就业机会的影响。前已述及，回流倡议机构公布的数据大多是将外国公司对美国投资与美国制造业回流的数据合并统计的，正如第二节将要分析的那样，美国实施"选择美国"计划之后，制造业吸引外资的规模不断扩大，创造就业的数量也是非常可观的。如在 2016 年，回流倡议机构公布的制造业回流为美国增加了近 6 万个工作岗位，而根据《美国今日报》的统计，2010～2015 年最大的九家美国公司回流带来就业岗位合计仅为 2.2 万人，包括波音、福特、沃尔玛和通用、奇异等公司（林思源，2016）。美国彼得森国际研究所的琳赛·奥顿斯基（Oldenski L.，2015）也认为仅有回流案例是不够的。根据科尔尼咨询（A. T. Kearney）[①] 的报告，2010 年回流企业有 16 家，2011 年为 64 家，2013 年增加到 210 家，2014 年再次增加到 400 家。虽然回流企业的数量在增加，但考虑到美国在全

---

① 著名管理咨询公司，1926 年成立，总部位于芝加哥。

世界有超过 2.5 万家跨国公司，全球雇员超过 3.6 万人，回流在美国创造的就业还是微不足道的。而且也不应该只考虑单向的资本运动，从现实看，美国制造业回流的过程中仍有企业在进行离岸外包，因此应该考虑到外包和回流的净效应。琳赛·奥顿斯基运用科尔尼咨询发布的回流系数（reshoring index），即用美国制造业进口变化和美国总产出变化的比值来表示，说明在过去的 9 年中，制造业外包产品进口增速超过了美国制造业总产出增速，表明美国仍在进行外包返销，即在海外生产，制成品返销美国。

第二，产业回流是美国跨国公司全球产业布局的再调整。跨国企业全球布局需要综合考虑政府政策、生产成本、市场需求等各种因素，到目前为止，为节约成本而开展的全球采购与生产布局还是跨国公司的主流，回流部分生产或组装环节也是实现全球产业布局的一个途径。对于美国跨国公司而言，美国国内市场需求与规模决定了回流产业的类别与规模，海外市场同样还在为美国企业提供商机，有些产业适合选择回流，如前面所分析的回流企业主要集中在低技术密集型的产业。低技术密集型产业的回流是适应国外劳动力成本及其他要素成本增加的形势变化，更重要的是随着现代科学技术的发展，机器人等自动化技术和设备的使用，可以降低传统意义上的劳动成本，另一个重要因素是随着大众消费观念的变化，个性化定制化消费成为趋势，低技术密集型产品回流可以有效满足消费者的多样化需求。同样也有很多美国公司正在进行全球范围的布局调整，如美国 3D 机器人（3D Robotics）公司为节约劳动力成本将其机器人生产基地从中国迁移到墨西哥的圣迭戈，还有一些美国企业将设在中国的玩具制造或时尚制造企业转移到越南、柬埔寨等劳动力成本更加低廉的国家。这也意味着跨国公司产业布局不断进行调整，但并不都是回流到美国。

第三，由于美国产业公地并没有得到明显改善，产业回流必然存在很大局限性。正像第三节将要分析的那样，一个产业的发展需要一个共生网络，而共生网络是由上下游的供应商甚至竞争厂商共同构成的，在美国长期的对外产业转移中，伴随着大企业的产业转移，大企业的供应商也相应进行了转移，很多生产领域已经完全消失，在这种背景下的产业回流同样会遭遇供应链条断裂等风险。全球价值链的重建，不是一朝一夕可以实现的，对于跨国公司来说更大程度的回流是不现实也是不理性的。

## 第二节　"选择美国"计划与美国吸引外资

吸引外资是美国金融危机后"再工业化"政策的重要目标之一，"选择美国"计划就是为了吸引更多的外国资本进入美国。本节重点分析"选择美国"计划下的投资峰会以及全球金融危机后的美国吸引外资的产业和来源地分布，最后分析美国引进外资的国内流向以及路易斯安那州引进外资的政策措施。

## 一、"选择美国"计划及数次投资峰会

2011 年 6 月 15 日，美国总统奥巴马签署行政命令，创建一个针对招商引资的"选择美国"（Select USA）计划，并专门成立项目办公室，为海内外投资者提供一系列相关服务。主要包括三项主要任务，一是向全球投资者提供各种投资信息；二是作为在投资美国企业的保驾护航者，协助解决与投资相关的涉及联邦或地方政府的所有问题；三是为美国各州、市或地区争取全球直接投资。"选择美国"项目是联邦政府为投资者和经济发展组织提供的联络中心，代表着美国政府的主张。

根据该计划安排，每两年召开一次投资峰会。第一次投资峰会于 2013 年 10 月底在华盛顿召开，来自世界上 60 多个国家的 1200 多名与会者，主要包括商业领袖、政府官员和特区代表，中国派出了最大的企业代表团。奥巴马总统出席峰会，并提出了四项举措，前两项是将招商引资作为美国各驻外领事馆和各级政府官员的工作重点之一，第三项是联邦政府为意欲在美国的投资企业提供简化手续等便捷服务，第四项是联邦政府为各州和地方政府招商引资提供协助，包括提供引进外资的研究分析报告及其相关的投资信息。

2015 年 3 月在华盛顿举办了第二届峰会，来自全球 80 多个国家、地区及国际组织的 2600 多名代表参加会议，总统奥巴马、商务部长普里茨克及国务卿克里等重要政府官员到会并讲话，对投资美国的总体优势以及投资者签证、基础设施投资、创业资源及劳动力发展等问题做出了进一步承诺。

2016 年 6 月举办了以创新优势为主题的第三届峰会，强调美国在研发方面的绝对领先地位，以及如何利用美国的创新生态环境和丰富的科技资源协助外国投资者在美国投资。这次峰会改变了两年一次的惯例，是奥巴马总统希望在任期内再次巩固吸引外资的成果，来自 70 多个国家、地区和国际组织的 2500 多名代表参加了会议。

## 二、"选择美国"计划下美国吸引外资动向

全球金融危机以来奥巴马政府推行的"选择美国"计划和投资峰会的召

开，对美国的引进外资发挥了重要作用。

## （一）制造业吸引外资与对外投资规模的差距拉大

美国"再工业化"政策目标之一就是吸引外国直接投资。虽然从整体来看美国对外直接投资规模仍大于引进外资规模，但美国制造业引进外资却大于制造业对外投资，这是 1997 年以来出现的新现象，1998 年制造业吸引外资增速达到 24.8%，外资净流入为 500 多亿美元，2001 年更是高达 1484 亿美元。这是由于 1997 年金融危机促使国际资本逃离亚洲，美国制造业成为国际资本追逐的对象。次贷危机之前，美国制造业吸引外资出现了一定回落，而危机过后的"再工业化"时期，制造业吸引外资的规模不断扩大。图 5 - 2 显示了美国制造业外资净流入状况。2007 年制造业引进外资为 6479 亿美元，2010 年达到 7568 亿美元，2012 ~ 2013 年，每年均比上年增长超过 1000 亿美元，2015 ~ 2017 年，每年跃升 2000 亿美元，2017 年达到 1.7 万亿美元。美国制造业吸引外资与制造业对外直接投资的差距也在不断扩大。2007 年美国制造业吸引外资是对外投资的 1.33 倍，2013 年提升到 1.51 倍，2016 年更是提升到 2.09 倍，这可以说是"选择美国"计划的最大成效。

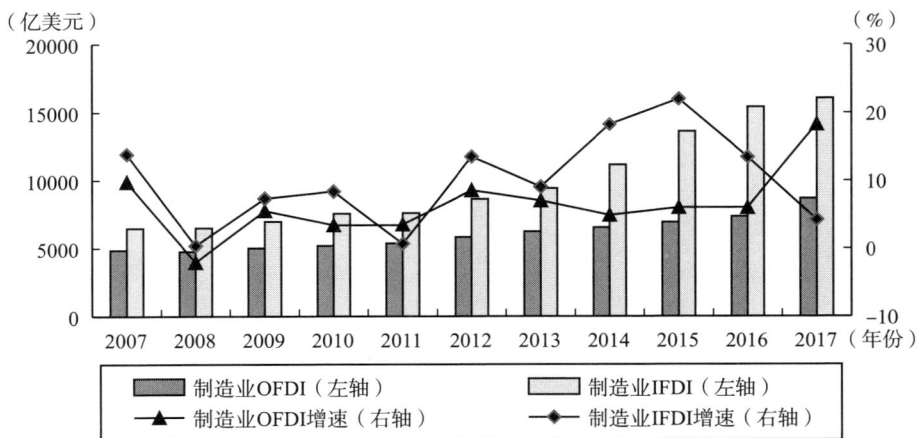

**图 5 - 2　2007 ~ 2017 年金融危机后美国制造业引进外资和对外投资的变化趋势**
资料来源：根据美国经济分析局数据计算整理（https：//www. bea. gov/data）。

## （二）美国 IFDI 产业分布及制造业 IFDI 分布状况

根据美国经济分析局统计数据制成的表 5 - 7 显示了 IFDI 的行业分布情况。从表中可以看出，IFDI 主要集中在制造业、批发零售业、金融业和科学与技术，其次为运输仓储业、采矿业和公用事业，最后为信息业、房地产租赁、建筑业。各产业具体投资状况分析如下：对制造业的投资规模大且增长迅速，从 2009 年的 534.2 亿美元增长到 2015 年的 2309.8 亿美元，虽然在 2016 年有所下降，但投资金额维持在 2044.4 亿美元，在所有 IFDI 中的比重由 2009 年的 25.8% 增长到 2016 年的 54.3%；对批发零售业的投资流量较为稳定，呈现出缓慢增长趋势；对金融业的投资波动比较大，在 2009 年和 2010 年表现出增长势头，但在 2011 年出现了急剧下滑，随后投资流量处于平稳状态，在 2015 年和 2016 年投资流量又迅猛增加；对专业、科学与技术的投资表现出良好态势，投资流量一路攀升，从 2009 年的 24.12 亿美元增长到 2016 年的 453.2 亿美元；对运输仓储业、公用事业和采矿业的投资具有波动剧烈和投资流量大的特点；对信息业的投资则波动较大，2009～2012 年表现为资金外流，2013 投资流量猛增，此后又呈现下降；对房地产租赁业和建筑业的投资在最近几年才有所增加，且投资量相对较小。通过上述分析可知，IFDI 在美国的产业分布表现为制造业为主体，金融业和科学与技术为两翼的发展态势。

表 5-7　　　　　　2009～2016 年美国 IFDI 的主要行业分布状况　　　单位：亿美元

| 行业 | 2009 年 | 2010 年 | 2011 年 | 2012 年 | 2013 年 | 2014 年 | 2015 年 | 2016 年 |
|---|---|---|---|---|---|---|---|---|
| 制造业 | 534.16 | 918.96 | 836.27 | 1033.92 | 856.19 | 1621.23 | 2309.81 | 2044.41 |
| 批发零售业 | 157.96 | 223.61 | 287.29 | 267.73 | 294.51 | 455.94 | 305.58 | 217.37 |
| 信息业 | -78.76 | -101.99 | -53.01 | -29.55 | 315.79 | 111.78 | 88.10 | 96.95 |
| 金融业 | 284.83 | 355.14 | 167.19 | 232.74 | 203.62 | 209.90 | 658.69 | 655.45 |
| 房地产租赁 | -10.21 | -5.81 | 6.30 | 78.21 | 9.43 | 117.41 | 84.24 | 85.03 |
| 科学与技术 | 24.12 | 156.99 | 49.51 | 91.58 | 80.66 | 182.14 | 229.98 | 453.20 |
| 采矿业 | 75.91 | 217.67 | 500.64 | 96.85 | -28.34 | 127.81 | 33.50 | 220.39 |
| 公用事业 | 87.68 | 10.68 | 28.73 | 33.70 | 44.48 | 92.53 | -5.89 | 248.72 |
| 建筑业 | 3.07 | 1.41 | -4.07 | 19.16 | 39.57 | 47.35 | 25.63 | 6.70 |
| 运输仓储业 | 57.96 | -10.72 | -27.69 | 32.12 | 53.99 | 192.27 | 76.09 | 217.46 |

资料来源：根据美国经济分析局数据计算整理（https：//www.bea.gov/data）。

根据美国经济分析局的统计数据制成了表 5-8，显示美国制造业引进外资的产业分布状况。从表中可知，外国资本主要集中在化学品、运输设备、机械、计算机与电子产品和电气设备、电器及部件等工业必需品制造部门。从时间序列看，化学品是外国资本增长持续增加且增长最快的领域，2009～2016

年外国资本投资化学品领域增长了 8 倍多，塑料和橡胶制品的投资也呈增长趋势，2014 年高达 113 亿美元，电子产品投资的波动较大，2014 年达到 130 多亿美元，2016 年达到 195 亿美元，运输设备投资出现下降趋势，由 2009 年的 160 亿美元下降至 2016 年的 75 亿美元。美国石油化工产业竞争力较为突出，特别是页岩气的开发吸引大批投资，根据美国化工理事会（ACC）发布的信息，在美国新投资建设的化工项目中，70% 的投资来自国外投资。

表 5 - 8　　　　　2009 ~ 2016 年制造业 IFDI 的主要产业分布　　　单位：亿美元

| 行业 | 2009 年 | 2010 年 | 2011 年 | 2012 年 | 2013 年 | 2014 年 | 2015 年 | 2016 年 |
|---|---|---|---|---|---|---|---|---|
| 食品制造 | 27.56 | 145.45 | -11.27 | 19.44 | 156.61 | 98.12 | 113.94 | 48.81 |
| 化学品 | 122.99 | 152.73 | 426.89 | 561.93 | 617.12 | 803.70 | 1693.78 | 1225.66 |
| 初级金属 | 38.94 | 48.16 | 50.26 | -16.88 | 29.51 | 3.49 | 27.62 | 27.17 |
| 机械 | 54.02 | 12.34 | 18.05 | 79.18 | 2.86 | 47.26 | 92.79 | 18.53 |
| 电子产品 | -39.74 | 53.99 | 33.85 | 8.50 | -33.21 | 130.72 | 32.06 | 195.29 |
| 电气设备及部件 | 21.87 | -1.21 | 25.62 | 240.18 | 60.62 | 27.69 | 27.82 | 48.95 |
| 运输设备 | 160.35 | 111.45 | 64.31 | 78.41 | 4.68 | 80.14 | 215.11 | 75.05 |
| 纺织品、皮革制品 | -2.11 | 1.58 | 0.63 | 2.50 | 3.01 | 1.64 | 1.07 | 1.54 |
| 纸制品 | -4.28 | 3.65 | -1.54 | 1.19 | 3.68 | 2.62 | 5.29 | 3.45 |
| 塑料和橡胶制品 | -0.37 | 5.06 | 10.27 | 2.49 | 17.86 | 113.23 | 20.40 | 61.12 |
| 非金属矿产 | 17.71 | -2.97 | 4.80 | -35.30 | 16.55 | -5.64 | 31.32 | 39.13 |
| 木制品 | -3.48 | 0.15 | -1.22 | -0.78 | -1.70 | 1.32 | -2.13 | 2.78 |

资料来源：根据美国经济分析局数据计算整理（https://www.bea.gov/data）。

### （三）美国 IFDI 来源地分布状况

据美国商务部统计，截至 2016 年底美国 IFDI 投资存量中，85% 来自发达国家，投资存量最多的三个国家是英国、加拿大和日本，分别为 5983.19 亿美元、4536.41 亿美元和 4243.47 亿美元，占比分别为 16.10%、12.20% 和 11.40%。在对美投资存量排名前十五位的国家中，投资存量为 581.54 亿美元，占全球对美 IFDI 存量的 1.60%。从 IFDI 存量年增长率来看，发展中国家对美国的投资表现出强劲增长势头，2009 ~ 2016 年对美国投资存量增长最快的三个国家分别是希腊、阿根廷和中国。

单纯的投资存量不能全面反映全球金融危机以来世界各国对美国的投资变化趋势，表 5 - 9 显示了 2009 ~ 2016 年美国 IFDI 流量的来源地分布情况。

表 5 – 9　　　　　　2009～2016 年美国 IFDI 流量的主要来源地分布　　　单位：亿美元

| 地区 | 2009 年 | 2010 年 | 2011 年 | 2012 年 | 2013 年 | 2014 年 | 2015 年 | 2016 年 |
|---|---|---|---|---|---|---|---|---|
| 欧洲区 | 990.73 | 1510.55 | 1286.87 | 1569.94 | 1143.04 | 937.68 | 3386.91 | 3181.77 |
| 法国 | 253.69 | 88.65 | 7.95 | 254.33 | −70.21 | 101.97 | 334.72 | 281.04 |
| 德国 | 123.20 | 187.60 | 163.96 | 67.72 | 124.27 | 371.21 | 253.53 | 149.31 |
| 爱尔兰 | −13.48 | 54.17 | −16.96 | −9.36 | 95.54 | 71.14 | 148.92 | 366.95 |
| 卢森堡 | 173.49 | 294.61 | 119.89 | 104.83 | 349.88 | 279.43 | 1727.40 | 573.98 |
| 荷兰 | 50.18 | 207.72 | 84.57 | 386.18 | 46.06 | 296.85 | 333.18 | 471.86 |
| 瑞士 | 107.10 | 414.06 | 198.94 | 161.10 | 184.20 | 311.39 | −57.32 | 561.55 |
| 英国 | 183.73 | 300.69 | 463.16 | 396.40 | 320.23 | −948.51 | 502.94 | 572.67 |
| 亚太地区 | 54.82 | 268.75 | 508.32 | 263.30 | 544.73 | 715.82 | 551.17 | 659.59 |
| 中国 | 5.00 | 10.37 | 11.05 | 34.19 | 19.20 | 22.01 | 51.27 | 254.45 |
| 日本 | 65.44 | 158.05 | 170.77 | 221.14 | 464.13 | 448.91 | 329.97 | 316.10 |
| 韩国 | 2.36 | 22.45 | 47.98 | 61.85 | 66.01 | 90.24 | 13.02 | 33.92 |
| 新加坡 | 13.28 | 14.96 | 28.62 | 5.44 | 5.62 | 39.11 | 26.60 | 20.13 |
| 北美洲 | 328.35 | 72.34 | 212.22 | 176.30 | 180.90 | 252.21 | 600.03 | 694.25 |
| 加拿大 | 303.66 | 73.57 | 187.90 | 173.26 | 149.33 | 234.79 | 588.87 | 670.53 |
| 墨西哥 | 24.69 | −1.23 | 24.32 | 3.04 | 31.57 | 17.42 | 11.16 | 23.72 |
| 其他地区 | 68.97 | 105.99 | 139.37 | −7.70 | 128.01 | 117.48 | 107.82 | 186.79 |
| 加勒比海 | 24.81 | 56.27 | 148.59 | 34.74 | 101.24 | 135.07 | 115.74 | −12.13 |

资料来源：根据美国经济分析局数据计算整理（https：//www. bea. gov/data）。

从美国吸引外资的来源地分布看，主要来自欧洲、北美洲和亚太地区。欧洲对美国投资长期居首位，年平均投资流量超过 1750 亿美元，主要投资国包括卢森堡、荷兰、法国、德国、瑞士和英国等发达国家。其中德国、卢森堡和荷兰对美国投资流量较大且有明显的上升趋势；法国和爱尔兰对美国的投资流量波动较大，呈现出先下降后上升的趋势；英国和瑞士投资波动较小，除了部分年份出现投资回流之外，整体上投资流量较为稳定。2009 年以来，亚太地区对美国投资势头表现强劲，2010 年超过北美洲成为美国 IFDI 第二大来源地，投资流量平均年增长率为 58.26%，投资主要来自日本和中国。北美洲对美国的投资总体上居于第三位，虽然在 2010 年投资流量下降较为显著，但是在随后几年里投资增长幅度较大，2015 年再次超过亚太地区成为第二投资流量来源地，投资主要来自加拿大，占据了 90% 以上的对美投资。

## 三、美国 IFDI 流入地分布及路易斯安那州的引资措施

### （一）美国 IFDI 的流入分布情况

在联邦政府的支持与积极推动下，自 2013 年"选择美国"计划举办第一届"选择美国"投资峰会以来，美国各州出台了一系列政策或优惠措施吸引外资。根据美国经济分析局的统计，IFDI 流入了美国 50 个州和华盛顿特区，由于个别州个别年份的统计数据没有披露，故不能准确判断外资的流向，表 5–10 汇总了流入三大工业区的外资流量。统计数据完整的州共有 14 个州，也是引进外资规模最大的州，其中包括东北部地区的马萨诸塞州、康涅狄格州、新泽西州、纽约州，"锈带"地区的伊利诺伊州、印第安纳州、俄亥俄州，阳光地带的加利福尼亚州、得克萨斯州、密西西比州、亚拉巴马州、乔治亚州、佛罗里达州、南卡罗来纳州。从三大工业区的引资规模看，阳光地带的引资规模最大，其次是东北部地区，排在最后的是"锈带"地区。从引进外资的变化趋势看，2014～2017 年引进外资增加幅度比较大的州，包括马萨诸塞州、康涅狄格州、得克萨斯州、佛罗里达州，如马萨诸塞州的引进外资从 2014 年的 66.7 亿美元增长到 2017 年的 143.4 亿美元，康涅狄格州从 15 亿美元增长到 135 亿美元，得克萨斯州从 229 亿美元增长到 396.7 亿美元，佛罗里达州从 42 亿美元增长到 69 亿美元，同期内引资规模下降的州分别为纽约州、加利福尼亚州，纽约州从 385 亿美元降至 117 亿美元，加州从 505.8 亿美元降至 416.4 亿美元。其余州的引资要么是引资规模较低，要么是变化趋势不大。

这里特别要提到位于墨西哥湾的路易斯安那州。2005 年卡特里娜飓风曾重创当地经济，2008 年全球金融危机以来当地政府采取了一些有效措施引进外资，取得了良好的引资绩效，从 2014 年的 6 亿多美元增长到 2015 年的接近 16 亿美元。2015 年 6 月，本书作者成员专门赴路易斯安那州进行调研，在路易斯安那泽维尔大学孔子学院的协调下，与设在州府巴顿鲁日市的路州经济发展局工作人员进行了座谈，调研了中国山东玉皇化工设在路易斯安那州的企业，总结了路易斯安那州的引进外资的经验，以下进行详细介绍。

表 5 - 10　　　　　2014～2017 年美国三大工业区主要州外资流入统计状况　　　单位：百万美元

| 地区 | 2014 年 | 2015 年 | 2016 年 | 2017 年 | 地区 | 2014 年 | 2015 年 | 2016 年 | 2017 年 |
|---|---|---|---|---|---|---|---|---|---|
| 东北部 | 654.83 | 504.78 | 460.80 | 456.21 | 宾夕法尼亚州 | （D） | 114.93 | 287.58 | 46.18 |
| 新罕布什尔州 | （D） | （D） | 1.96 | 1.11 | 密歇根州 | 22.14 | （D） | 133.12 | 30.15 |
| 佛蒙特州 | （D） | （D） | （D） | 1.90 | 阳光地带 | 828.31 | 1703.97 | 1110.98 | 950.87 |
| 缅因州 | （D） | 1.15 | （D） | 1.16 | 内华达州 | 2.82 | （D） | 3.08 | 3.24 |
| 马萨诸塞州 | 66.74 | 73.87 | 101.82 | 143.38 | 加利福尼亚州 | 505.78 | 1219.07 | 626.13 | 416.37 |
| 罗德岛州 | 8.05 | 0.00 | （D） | （D） | 亚利桑那州 | （D） | （D） | 13.39 | 2.83 |
| 康涅狄格州 | 15.06 | 8.85 | 43.81 | 135.31 | 新墨西哥州 | 1.87 | （D） | 1.60 | （D） |
| 新泽西州 | 179.03 | 188.22 | 55.98 | | 得克萨斯州 | 229.01 | 312.14 | 305.20 | 396.66 |
| 纽约州 | 385.95 | 232.69 | 313.21 | 117.37 | 路易斯安那州 | 6.45 | 15.92 | （D） | （D） |
| "锈带"地区 | 328.03 | 465.09 | 909.30 | 448.67 | 密西西比州 | 2.04 | 0.72 | 0.38 | 0.74 |
| 威斯康星州 | 24.85 | 18.60 | （D） | 52.34 | 亚拉巴马州 | 6.84 | 76.90 | 1.97 | 8.85 |
| 伊利诺伊州 | 239.97 | 239.98 | 427.71 | 259.90 | 乔治亚州 | 25.26 | 20.73 | 46.53 | 45.52 |
| 印第安纳州 | 18.00 | 12.83 | 49.29 | 20.57 | 佛罗里达州 | 41.93 | 54.10 | 106.23 | 69.03 |
| 俄亥俄州 | 23.07 | 78.75 | 11.60 | 39.53 | 南卡罗来纳州 | 6.31 | 4.39 | 6.47 | 7.63 |

注："D"表示数据未披露。
资料来源：根据美国经济分析局数据计算整理（https：//www. bea. gov/data）。

## （二）路易斯安那州引进外资业绩及其经验

路易斯安那州（State of Louisiana，以下简称"路州"）是美国南部的一个州，位于墨西哥湾沿岸，北邻阿肯色州，西邻得克萨斯州，东邻密西西比州，南临墨西哥湾。在 50 个州中，路州的面积排在倒数第 19 位，人口排在倒数第25 位，2010 年的 GDP 排名在第 24 位。该州保留传统的农业和渔业生产，工业生产集中在化学产品、石油煤炭、食品加工和运输设备行业，旅游业也是该州的重要支柱产业。由于路州特殊的地理位置，平均海拔只有 30 米，最低的海拔为负 2.5 米，2005 年卡特里娜飓风重创了路州经济，直接经济损失高达2000 亿美元，成为美国史上破坏最大的飓风，近 2000 人丧生，甚至引发了社会骚乱，导致近 30 万人口逃离该州。

2008 年全球金融危机后美国开展"再工业化"政策以来，路州政府根据当地的经济发展基础和条件，系统研究投资企业的需求，探索完善营商环境的措施或经验，取得了显著的经济效果，大量的先进制造业、航空航天产业、汽车、能源以及农工联合企业入驻该州。根据路州经济发展局 2015 第二季度报告，路州的就业率自 2008 年以来一直高于美国就业率，也高于南部各州的平均就业率，与 2008 年相比，2015 年 6 月路州私人部门就业增加了 6.3%，南部各州以及美国全国的增长率分别为 4.3% 和 3.4%。根据路州经济发展局 2015 年第三季度报告，2008 年以来，路州在国际商务活动上取得了巨大成就，来自 50 多个国家的 500 多家跨国公司在路州落户，创造了 91000 个新工作岗位，新增了 620 亿美元的资本投资，外商直接投资对路州经济增长发挥了重要作用。

良好的营商环境和商业环境得到了第三方评估机构的高度评价。《区域开发》是创刊于 1965 年的区域发展和产业设施规划杂志，它所发布的营商环境报告在美国具有重要的影响力，2015 年路州排名第八，连续 5 年进入前十名，这一营商环境的评估指标包括综合成本、税收环境、企业激励政策、获取资本及项目资金能力、州政府合作态度、监管环境、许可速度、可用土地项目、物业费用、劳动力竞争环境、劳动力禀赋、经济发展政策优化 12 个项目。这个评价显示了美国各州政府在促进本地经济发展方面的政策特征，也成为各州招商引资的重要风向标。2015 年美国《商业设施》杂志连续 6 年将路州经济发展局的"快速启动"项目排在职工培训项目的首位，其营商环境排名第三，连续 6 年进入前十名，2014 年排名第一。《选址》杂志在 2015 年将路州评为商业环境的第四名，其连续 6 年进入该排名的前十位，这一排名是根据选择该州企业负责人的问卷调查得出的，主要包括在该州开业的经历、该州开展的招商引资项目以及经营者的税收负担等指标。2013 年美国福布斯杂志将路易斯安那州形容为美国商务活动的前沿地区。

路州的国际商务活动与近年来州政府推出的一系列政策措施是密不可分的。

1. 机构设置与科学规划为路州的国际商务活动提供了保障

路易斯安那州经济发展局（Louisiana Economic Development，LED）是州政府层面的经济发展机构，负责优化路州的商业环境，活跃当地经济。2008 年开始，LED 每季度出版一部经济发展报告（2008 年首发的是前三个季度），直到 2018 年的第一、二季度合订版，共出版了 40 个季报报告。每一个季报报告是根据不同经济形势设计不同主题，2008 年首个报告主题为《改变理念、赶超全国趋势》，2015 年第二季度的主题是《走向国际》，重点介绍了路州实施的"快速启动"项目、路州主要外资企业情况以及制造业人才认证项目（C4M）等内容。

2014 年路州经济发展局编制了《2015～2019 年路州经济发展规划》，明确了路州经济发展愿景、使命、途径、目标、核心价值观和重点。愿景是使路州继续在增加就业和创造经济机会方面领先于南部各州和美国全境，使命是为路州增加就业和创造经济机会，途径是通过"产品开发"增强路州的引进外资和活跃当地经济活动，通过"业务拓展"影响公司的投资及选址决策，目标是增加路州就业，提升竞争能力，推动经济发展，核心价值是团队合作、诚实公正、高超领导力、完美服务与创新，重点是提升路州的经济竞争力和社区竞争力、专注于留住企业和促进企业的扩大再生产、开展具有国家水准的人才招聘和培训业务、培育中小企业和创新创业、积极讲好路州故事。

负责路州国际商务活动的政府机构是路州国际商务委员会（LaBIC）和国际商务办公室（OIC），这是根据 2012 年州议会通过的 723 号参议院法案而设立的。国际商务委员会负责制定州的战略规划，通过引进国内外投资和增加出口贸易，提升经济竞争力。该机构包括 24 个成员，来自州政府部门 5 人，包括经济发展局、运输部、农业委员会、文化事务部、综合商务办公室委员会，地方经济发展机构 8 人，商务制造业 2 人，国际商务 2 人，国际港口 2 人，机场 1 人。该委员会每季度召开一次会议，根据路州的《公开会议法》，会议全程向公众开放。2013 年 10 月完成了路州国际商务规划，该规划提出了提升路州国际贸易和投资战略举措，特别是针对外国直接投资、大宗贸易和回流等国际商务活动。规划认定了战略重要性产业名录，重工业中包括汽车、钢铁和其他金属、产业机械等，轻工业包括橡胶产业、塑料、耐用消费品等，制造业包括石油、天然气和化学产业，技术服务包括软件、信息技术、电信和业务流程外包等，这为外资企业选择地域提供了便利。

国际商务办公室（office of International commerce，OIC）是国际商务的执行机构，是为实现国际商务规划而设立的机构，主要负责引进外商直接投资，增加贸易规模和拓展与贸易相关的制造业活动，明确了 9 个目标市场，分别设立了加拿大、中国、德国（包括奥地利、瑞士）、日本、墨西哥、韩国和英国代表处，针对目标市场采取相应对策，取得了显著效果。

2. "快速启动"项目和选址服务成为国际商务活动中的品牌工程

"快速启动"（Faststart）项目成立于 2008 年，具有创新性、综合性、高弹性等特点，被《商业设施》杂志评为最佳的州劳动力培训项目。具体做法是基于公司的短期或长期的劳动力需求，快速启动小组设计独特的培训内容，保证提供高质量、灵活弹性的从业人员，形成一个综合的人力资源配置体系。创新性表现在运用数字平台提供及时的培训和效果反馈，既有传统课堂的培训，也有动手的仿真训练课程。综合性表现在为新企业或扩大再生产的企业提供交钥匙工程式的人力资源培训方案，所提供的劳动力服务包括员工的招募和筛选、管理者能力培养、特别是针对那些转岗或新入职的员工培训。高弹性表现在培训不是采用一体通用的内容，而是根据企业的人才需求，及时调整培训内容或方式，提供定制服务和排他性的培训计划。

3. "快捷通道"（Fastlane）满足了各类外商投资企业的需求

"快捷通道"是一个经商业和产业委员会批准的管理路州优惠商业项目的机构，其网站是一个安全的在线界面，用户可以直接发送电子数据到 LED 的数据库。主要的优惠政策包括创业园区政策（创业园区项目是刺激就业项目，对那些持续产生就业的路州新设和已有企业提供收入和特许经营税收的抵免）、工业免税（对制造业提供长达 10 年免除地方财产税，不需要申请，直接免除）、天使投资税收抵免（鼓励合格投资者在路州投资创业或扩充资本投资，对于 LED 认定为路州的创业企业，可以享受 25.2% 的税收抵免，每年360 万美元的项目规模，2017 年 6 月 1 日停止该项目）、优质高薪工作（对提供高工资工作和促进经济增长的企业提供税前抵扣）、装修时减免房产税（10年合同的直接减免，五年合同的需获地方当局批准）、电影产业税收抵免、数字互联媒体和软件发展优惠措施等。

近年来，路州经济发展局卓有成效的工作获得了美国各界的普遍认可。2015 年，经济发展局组织的"回家—路易斯安那活动"获得了美国商业金奖，也称为史迪威奖；2007 年以来，经济发展局 7 次获得国际经济发展委员会（一个非营利组织，服务于经济开发的组织，全国有 4700 个成员）颁布的年度会议奖，2012 年，经济发展局出版的路易斯安那经济季报获得杂志类的经济发展金奖。

# 第三节　美国创新生态系统建设及其运用

创新生态系统的萌芽开始于美国 20 世纪 80 年代第一次"再工业化"时期，20 世纪 90 年代克林顿政府明确提出这一概念，全球金融危机后奥巴马政府更是将创新生态系统建设作为重中之重。本节从创新生态系统的一般概念入手，分析美国创新生态系统的形成与发展，重点剖析创新生态系统在美国老工业基地，即"锈带"转型过程中的地位和作用。

## 一、创新生态系统的提出及其内涵

### （一）创新生态系统的提出

自 20 世纪初约瑟夫·熊彼特（Joseph Schumpeter）提出创新理论以来，关于创新问题研究的广度与深度不断拓展，创新范式也随之不断更新升级。目前普遍认为创新范式经历了三个阶段。第一阶段是基于新古典经济学派和内生增长理论，将创新视为由企业自主研发、投入与产出呈线性关系的范式。第二阶段主要基于创新系统理论的发展，认为创新是由产学研合作主导、投入与产出呈非线性关系的范式，其中国家创新系统受到了关注。英国著名技术创新研究专家克里斯托夫·弗里曼（Freeman C.）将 20 世纪 60～70 年代日本经济的高速增长归结为国家创新系统的作用，认为这是由政府和私有部门共同构建的网络系统，系统中各行为主体的制度安排和相互作用"使得日本的国家创新系统在 20 世纪后半叶成为全球最具效率的系统"。随后，本特·朗德沃尔（Lundvall B. A.，1992）、理查德·尼尔森（Nelson R.，1993）分别从交互学习的角度对国家创新系统进行了研究，认为系统中要素的相互作用与关系决定了国家或公司的创新效率，OECD 也启动了"国家创新系统研究项目"（NIS project）。理论界对于创新问题的研究也不断拓展，区域创新系统、产业创新系统和集群创新系统等相继进入研究的范畴。20 世纪 90 年代以来，日本经济的持续低迷使得国家创新系统受到了严重冲击，传统的创新系统理论似乎也受到了质疑。由此创新范式进入了第三个阶段，即创新生态系统。美国硅谷的实践促使学术界从全新角度研究创新问题，在创新系统理论基础上借鉴生态学理论提出了创新生态系统，标志着创新范式从工程化、机械式发展的第二阶段转向生态化、有机化发展的第三阶段。在创新生态系统的背景下，系统中要素的竞争性与共生性成为研究的重点，企业、大学、科研院所等主体的创新形式和政府的创新政策都将发生重大变化。

### （二）创新生态系统的内涵

创新生态系统概念一经提出便受到了普遍重视，引起了学者们的广泛关注。

自然生态系统是一个地区所有生物体（生物因素）以及它的物理环境（非生物因素）作为一个整体运作的系统，能够通过自身运作实现平衡。而创新生态系统从自然生态系统中演化而来，其构成与自然生态系统存在一定的相似性。

德博拉·杰克逊（Jackson D.，2011）认为创新生态系统是由基础研究驱动的知识经济和市场驱动的商业经济组成，知识经济所利用的资源是商业经济产生的利润，商业经济利用的资源是知识经济研究的成果，二者类似于自然生态系统中捕食者与被捕食者的关系，通过以资源形式表现出的"能量流"实现系统的稳定和持续发展。二者的不同在于生物学生态系统研究的是能量动力学，而创新生态系统是模拟经济动力学的复杂关系。

朱迪·埃斯特琳（Estrin J.，2008）认为创新生态系统里主要栖息着研究、开发和应用三大群落，三大群落两两相互关联、相互影响，共同构成创新生态系统，缺少任何一环，该生态系统的循环都不能得以延续，从而无法实现持续发展。欧盟发布的《开放式创新 2.0》报告中提出创新生态系统是基于"政府（公共机构）—企业（产业）—大学科研—用户（市民）"的四螺旋结构，这种结构中涵盖了政府、市场和社会三个层面，在跨组织的相互作用中形成网络式的创新（The European Commission，2013）。斯坦福国际研究院（Stanford Research Institute for International）提出创新生态系统应包括研发机构的创新观点、具有创新天赋的人才及技术性劳动力、持续投入的风险资本、联结利益相关者的市场准入机制、健康的商业环境以及将上述要素串联起来的关系网（SRI International，2016）。

2004 年美国竞争力委员会发布了《创新美国：在竞争与变化的世界中繁荣》的研究报告，构建了一个创新生态系统框架，详见图 5-3。这一创新生态系统不仅重视传统的创新系统中的创新供给投入，更注重市场需求变化，满足市场需求才是创新的意义所在，强调市场需求是从质量、安全、便捷、效率

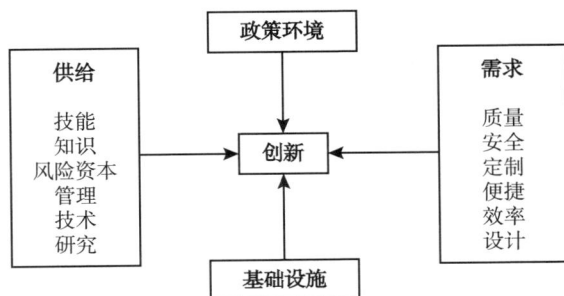

图 5-3　创新生态系统框架

资料来源：Council on Competitiveness. Innovate America：Thriving in a World of Challenges and Change［J］. 2004：47.

等多维度影响创新生态系统。同时，外部因素在创新生态系统中的重要性更加突出，尤其是包括教育、知识产权和规制等在内的政策环境和涵盖交通、能源、信息和商业网络等在内的基础设施方面。

迄今为止，学术界对于创新生态系统的概念并没有形成普遍接受的定义，但已经达成共识的是：创新生态系统理论是对创新系统认识的深入，是将研究内容从仅限于创新主体之间的相互作用延伸到创新主体与创新环境之间的相互作用。因此，一个可持续发展的创新生态系统至少需要包括四个核心部分：公共部门、私营部门、创新主体和创新环境。公共部门即以高校、科研院所和政府支持下的实验室和服务机构为主，私营部门包括大型企业、中小企业以及各类初创企业及孵化中心，创新主体主要是参与到创新互动中的人力资本，创新环境指的是文化环境，包括开放包容的社会氛围、锐意进取的冒险精神、积极主动的创新意愿等。更广义来说，创新生态系统可以看成是多样化的创新主体基于共同的创新环境而形成的相互依赖、共生共赢的具有稳定性的组织结构，创新主体在系统内的相互作用是保持该系统实现可持续发展的重要推动力量。

## 二、美国创新生态系统与老工业基地转型

### （一）创新生态系统的形成及其特征

克林顿政府在1994年的总统报告中提出，科学技术事业不再是简单的线性生产过程而是一个生态系统。美国总统科技顾问委员会于2003年初针对当时的世界环境以及国内创新实践展开研究以探索美国的创新领导力，于2004年先后发布了《维护国家的创新生态系统、信息技术制造和竞争力》和《维护国家的创新生态系统：保持美国科学和工程实力》的研究报告，正式提出了创新生态系统概念，报告指出美国的经济繁荣以及在全球经济中的领导地位得益于一个精心打造的创新生态系统，并首次提出通过加强国家研发能力、改善劳动力和教育状况、提升创新创业能力、改善基础设施以支撑创新生态系统的健康运行（PCAST，2004）。2005年美国竞争力委员会（US Council on Competitiveness）在此基础上从人才、投资和组织机制三个方面提出80余项政策建议，并把建设创新生态系统作为未来建设创新型国家的重点（Council on Competitiveness，2005）。

全球金融危机后，美国更加重视创新生态系统的建设和发展。奥巴马政府出台了三个创新战略以促进创新生态系统的建设与发展，即2009年的《美国

创新战略：创新有助于持续增长和有效就业》、2011 年的《美国创新战略：为促进可持续发展和高质量就业而创新》和 2015 年的《美国创新战略》。在《美国创新战略：为促进可持续发展和高质量就业而创新》中提出创新生态系统是美国创新金字塔基础层面的重点建设对象，是提升美国创新能力的基石。在 2015 年正式发布新版美国创新战略中，提出维持创新生态系统的 6 个关键要素，包括创新基本要素的建设、激发私营部门创新、赋予全国创新者权利，还包括创造高质量就业和经济持续增长、推动国家优先领域突破和建设创新型政府的三大计划，政府希望通过计划进一步激活创新要素以创造良好的创新生态系统。随着创新战略的不断提升，美国政府在创新生态系统中的参与度也不断提高。2009 年创新战略中政府只是适度介入创新生态系统，2011 年战略中则将政府视为创新生态系统中的创新主体之一，发挥与私营部门协作、营造良好的创新环境的主体作用，2015 年更加突出了政府在创新生态系统中的宏观引领作用。

　　创新生态系统的形成与发展催生了学术界对这一新生事物的系统梳理和解析。2014 年 6 月，布鲁金斯学会发布研究报告《创新区的崛起：美国创新的新地理》（The Rise of Innovation Districts：A New Geography of Innovation in America）提出了创新区（innovation districts）概念，明确创新生态系统中有领先的"锚机构"（Anchor Institutions）（包括大企业或大学、研究机构）以及初创企业、企业孵化器等主体，创新区空间紧凑、交通便利、通信网络顺畅，并提供了办公楼宇、商业公寓、居民住宅、零售中心等配套设施（Katz B. and Wagner J.，2014）。

　　根据该研究报告的分析，美国创新区域可以概括为三种模式。一是"锚 +"（Anchor Plus）或者锚机构模式，一般分布在城市中心区和次中心区。"锚机构"就是深入影响一个地区经济、社会、生活等方方面面的机构，可以是一所大学，也可以是一个大企业，还可以是一个研究机构等，该机构成为该地区重要的组成要素。"锚 +"创新区的典型案例是依赖于附近的麻省理工学院和麻省总医院等"锚机构"的麻省剑桥市的肯德尔广场（Kendall Square）、依托于宾夕法尼亚大学、德雷塞尔大学和大学城科学中心等机构的费城大学城、利用华盛顿大学、圣路易斯大学和巴恩斯犹太医院等机构而形成的圣路易斯市，以及依靠卡耐基—梅隆大学和匹兹堡大学医学中心的奥克兰市。二是改建的城市创新区（Re-Imagined Urban Areas）模式，往往由原来的工业区或仓储区改建而成，周边城市的高租金等提高了生活成本，低廉的生活和运营成本吸引大型企业入驻。此类创新区如波士顿的南湾、旧金山的米逊湾（Mission Bay）、西雅图的南湖联合区、布鲁克林的海军造船厂等。这是典型的将废弃老工业区改建成环境优美的宜居宜业宜游的典范。三是城市化科研区（Urbanized Science Park）模式，这类创新区远离传统的城市中心，通过提高城市空间密度，吸引国内外的创新机构。北卡罗来纳州的三角科研园（Research Triangle Park）是这类模式的最典型代表。三角科研园是为了改变当地经济的落后局面，作为一项经济发展计划于1959年开始建设而成的，位于美国北卡罗来纳州的罗利、杜兰和佩尔希尔三个主要城市之间的交接地带，并被北卡罗来纳大学、北卡罗来纳州立大学和杜克大学三所名校包围，因此被称为三角科研园。目前已经成为与硅谷、波士顿128号公路齐名的美国著名高科技园之一。

一个理想的创新区，需要具备三个条件，一是经济资产（economic assets），包括创新主体和周边的生活娱乐设施。创新的主体包括创新驱动者和创新耕耘者。创新驱动者既可以是该地区的重点或核心大企业，也可以是大学和研究机构，还可以是创业者或某个实验室等，这些都可以称为创新驱动者。创新耕耘者是指支持创新活动的风险资本投资公司、孵化器、技术转让中心、职业培训机构等。周边的生活和娱乐设施是为创新人员提供重要服务的场所，包括医疗机构、健身中心，餐馆、零售中心等。二是有形资产（physical asset），有形资产分布在公共领域、私人领域和相邻的大都市圈。公共领域的有形资产是为创新区的主体提供舒适宽松的生活娱乐环境，私人领域的有形资产是私人拥有的建筑空间，可以保护创新主体的隐私权和提高效率，大都市圈的有形资产是拥有便利的公共交通基础设施，便于与都市圈内的其他主体开展沟通与合作。三是网络资产（networking asset），指各参与主体之间的关系，包括人与人之间、个人与企业之间、企业与企业之间等诸方面的关系网络。三者的有机结合是一个创新区成功的必要条件，构成一个完整的创新生态系统。

2017年12月，美国布鲁金斯学会发布了《集群与创新区：来自美国的经验和教训》研究报告，明确指出，过去用于说明产业集群一般使用波特的"钻石模型"已经不适应曾经受到严重"去工业化"打击的"锈带"①地区复兴，而应该运用创新生态系统展开分析（Martin N. B.，2017），种种案例说明，许多"锈带"地区成功转型的城市均满足创新生态系统的三个条件，美国的许多老工业基地城市在创新生态系统建设上已经取得了很大成效。

## （二）美国老工业基地城市的成功转型

21世纪以来，发达国家曾经长期遭遇"去工业化"打击的老工业基地再

---

① 这里使用的"锈带"是泛指遭受"去工业化"打击的老工业基地所在的地区。

次引起了人们的关注。乔治·赫伯尔（Hobor G.，2013）运用模糊集对老工业基地的 69 个城市进行了分类，并根据 1970~2000 年的经济业绩评价了样本城市的经济绩效，由此判断哪些城市实现了转型。业绩指标使用的是都市统计区（MSA）的人口普查数据，主要包括总人口、失业率、贫困率、空置房比例、人均收入、中等收入家庭的百分比以及中等家庭所有者的财产价值，这些指标都是学者分析"去工业化"问题的指标，同时还展示了城市在不同产业的就业情况。对城市的选择是基于 1970 年的三个指标，一是中等规模城市，人口约为 40 万~75 万人，二是具有浓厚制造业传统的城市，制造业就业至少占30%，三是产业单一性的城市，至少 50% 就业集中在钢铁产业的城市。所选择的样本城市集中在康涅狄格州、伊利诺伊州、印第安纳州、马萨诸塞州、密歇根州、俄亥俄州、纽约州和宾夕法尼亚州，这些城市都是州际 90 号线连接的钢铁生产基地，包括汽车、电子、初级金属、金属制品和机械产业。完全符合上述条件的第一类共有 15 个城市，非中等具有产业单一性的传统制造业特征的第五类城市共有 32 个，非中等和非产业单一性的传统制造业的第六类城市为 13 个，上述三类占样本城市的 87%。基于业绩指标将上述城市使用自然间隔将所有城市划分为三类，即灾难型城市、稳定型城市、艰难型城市。众多文献将"锈带"城市作为灾难型城市的"样本类型"（菲林特、杨子镇、加雷和巴弗罗）。稳定型城市是所有指标都高于平均值的城市，意味着已经转型成功的城市。艰难型城市则好坏参半，在任何一个指标上都没有超过上述统计中的平均值。根据乔治·赫伯尔的实证分析，在 15 个第一类城市中，5 个灾难型城市、3 个艰难型城市、7 个成功型城市，32 个第五类城市中，9 个灾难型城市、11 个艰难型城市、12 个稳定型城市，在第六类的 13 个城市中，灾难型、艰难型和成功型的分布为 4：6：3。从这个实证结果可以看出，在 69 个样本城市中，24 个城市已经成功转型，一部分向着多样化发展，另一部分仍停留在制造业，而且更加专业化和效率化。

安东尼·阿格塔米尔和弗雷德·巴克自 2013 年开始联合对美国和欧洲曾经遭遇"去工业化"打击的"锈带"城市转型进行调研，在 2 年时间内走访了 8 个美国智带城市和 5 个欧洲智带城市，发现许多"锈带"城市正在转向"智带"，即建立了智力共享和智能制造的地带，每一个智带城市均拥有一个创新生态系统，其共性特征是有一个以联络者（connector）为纽带的网络，不同的参与者合作共享智力资源，系统参与主体合理兼顾专注性和开放性，良好的人文和自然环境既能吸引人才，还可以催生智慧灵感。得出的结论是 20 世纪 90 年代以来的靠廉价劳动力和资源取胜的新兴市场时代已经过去，原先的

"锈带"地区正在凭借智能制造创造东山再起的奇迹,创新生态系统将促使发达国家重新夺回失去的竞争能力(Agtamael A. V. and Bakker F., 2013)。

## 三、影响美国创新生态系统的主要因素

### (一)美国创新政策的延续性

科技政策和创新政策是密切相关的两个政策体系。科技政策解决的是科技领域中的知识生产或创造问题,关注基础性研究和以技术前沿为主的科学本身发展,创新政策是从科技政策衍生而来的,集中体现在对高校和科研机构的研发(R&D)政策,而创新政策主要是运用知识创造价值问题,解决如何将科技发明转化为生产力问题,是促进科技成果市场化转化的政策,作用的主体包括高校、科研机构和企业,且与广义的产业政策密切相关。

长期以来,美国并没有明确区分科技政策与创新政策,而是笼统地称为科技创新政策,并且在市场经济至上的美国,并不认可或鼓励政府过多介入科学研究以及创新活动。但来自国外的巨大冲击促使美国在一定程度上改变了政府对科技创新政策的态度。第一次冲击是第二次世界大战期间德国在前沿科技领域的巨大优势,迫使美国采取了战时特殊措施,动员全社会乃至全世界的科研力量应对危机,曼哈顿计划(Manhattan Project)①就是最典型的代表。第二次冲击是1957年苏联人造卫星的成功发射,使美国意识到国家科技实力对经济社会发展的重要性。为此,肯尼迪政府于20世纪60年代提出了一系列促进科技创新的计划,而这一计划最终没有得到国会两院及拨款委员会的认可而夭折。

进入20世纪70年代,美国社会在政府支持科学研究方面已经形成了共识,但关于技术转移或转让的创新政策却迟迟没能出台。卡特总统上台后一直为此努力,直到1980年即将离任之际出台了两个创新政策法案,分别是《拜—杜法案》(Bayh-Dole Act)和《斯蒂文森—威德勒技术创新法》(Stevenson-Wydler Technology Act of 1980),这两个法案的核心就是促进技术转移和转让。拜—杜法案首次明确了中小企业和大学科研机构可以拥有在联邦政府资助背景下取得的发明成果的专利权,调动了科研人员的积极性和主动性,据称这个法案成为

---

①　1942年6月美国政府以"高于一切行动的特别优先权"名义,集合西方纳粹德国以外世界优秀的核科学家之合力,开展的利用核裂变反应研制原子弹的计划,共有10万多人参加了这一工程,耗资20亿美元。

硅谷成功的重要因素，也使得硅谷模式以星火燎原之势传遍美国（Agtamael A. V. and Bakker F.，2013）。2002 年该法被英国《经济学人》杂志称为过去半个世纪美国最有影响力的一部法律（Schacht W. H.，2000）。《斯蒂文森—威德勒技术创新法》则是明确技术转移成为联邦政府相应部门的职责，强化了政府的服务职能，并打通了公共研究机构与私人企业间科技成果转移的渠道。

　　这两个法案的通过为 20 世纪 80 年代里根政府创新政策与法规的出台奠定了基础，此后出台了一系列法律，构建了一个完整的科研成果转移和转让的制度框架。表 5 – 11 显示了 1980～2007 年美国出台的涉及技术创新的主要法律法规，从表中可以看出，里根总统执政期间密集出台了一系列促进科技和创新的政策，克林顿总统执政后，延续了里根总统的创新政策，才有了 20 世纪 90 年代美国"新经济"繁荣和"锈带"地区的经济转型。

表 5 – 11　　　　　　　　1980～2007 年美国出台的技术转让法案

| 年份 | 法案 | 主要内容 |
|---|---|---|
| 1980 | 《拜 – 杜法案》（Bayh-Dole Act） | 鼓励小公司和大学等参加由联邦政府提供资金的研究开发项目，允许小公司或大学等对联邦政府资助的研究开发活动产生的发明申请专利 |
| 1980 | 《斯蒂文森 – 怀德勒技术创新法》（Stevenson-Wydler Technology Act of 1980） | 技术转移是联邦科研机构法定义务，要求国家实验室建立研究与技术应用办公室，必须将其研究开发预算的 0.5% 用于技术转让；建立国家实验室与私人企业之间的合作研发协议（CRADA） |
| 1982 | 《小企业创新发展法》（Small Business Innovation Development Act of 1982，SBIR） | 凡联邦部门研究与发展经费超过 1 亿美元的，每年必须从研究开发经费中拨出一定比例，支持小企业的技术创新开发活动 |
| 1984 | 《国家合作研究法案》（National Cooperative Research Act，NCRA） | 建立若干大学和产业界组成的技术移转联盟等，政府每年给予预算补贴，首批包括微电子和计算机技术公司（MCC）、半导体研发联盟（SEMATECH） |
| 1986 | 《联邦技术转让法》（Federal Technology Transfer Act of 1986） | 根据 CRADA 协议，国家实验室通过转移成果所有权或专利许可方式授权私营合作方进行科研成果的商业开发，拓展了斯蒂文森—威德勒技术创新法 |
| 1988 | 《综合贸易与竞争法案》（Omnibus Trade and Competitiveness Act of 1988） | 制造业拓展伙伴计划（Manufacturing Extension Partnership），建立公私部门科研合作平台，通过全美创新网络服务中小企业 |
| 1989 | 《国家竞争力技术转让法》（National Cpmpetiveness Technology Transfer Act of 1989） | 将 CRADA 机制的覆盖面扩展到国有民营类（GOCO）实验室；为了保护技术的商业价值，CRADA 产生的技术信息不能向第三方公开 |

续表

| 年份 | 法案 | 主要内容 |
|------|------|----------|
| 1995 | 《国家技术转让促进法》（*The national Technology Transfer and Advancement Act of 1995*） | 进一步扩展斯蒂文森—威德勒技术创新法，明确技术标准的重要性，鼓励联邦各部门与企业界合作，并以企业为主制定技术标准和研发路径 |
| 2000 | 《技术转移商业化》（*Technology Transfer Commercialization*） | 建立国家实验室技术转移绩效定期考核机制，授权联邦政府加强发明和专利的应用与推广 |
| 2007 | 《创造机会推动卓越技术、教育和科学研究活动法》（*Creating Opportunities to Meaningfully Promote Excellence in Technology，Education，and Science Act*） | 保持基础研究的领先地位：投资创新资金、提升美国竞争力<br>主要包括增加研究投入：将国家科学基金会、能源部和国家标准技术研究院的科研经费翻番；建立直接由联邦机构基金支持的创新研究计划；增加从小学到研究生阶段的STEM教育机会；建立和完善创新基础设施和创新架构 |
| 2017 | 《创新与竞争力法案》（*American Innovation and Competitiveness Act*） | 扩大基础研究影响，减轻联邦资助项目的行政管理负担，加强STEM教育，撬动私营部门创新，制造业创新，加速技术转移与商业化 |

资料来源：根据美国政府相关资料整理。

　　这里特别值得提到的是 2007 年国会授权乔治·沃克·布什（小布什）政府的《美国竞争法》。《美国竞争法》的全称是《创造机会推动卓越技术、教育和科学研究活动法》（*Creating Opportunities to Meaningfully Promote Excellence in Technology，Education，and Science Act*），首个字母组合 COMPETES 是竞争的含义，故简称为《美国竞争法》。2007 年 8 月 2 日国会众议院以 367 票对 57 票的绝对优势通过了该法案，几个小时后，该议案又在参议院以无记名投票方式通过。《美国竞争法》是在一系列智库报告和政府计划基础上出台的。

　　2004 年美国竞争力委员会发布《创新美国：在挑战与变革的世界中实现繁荣》（*Innovate America：Thriving in a World of Challenge and Change*）。该报告详细分析了世界范围内创新生态系统的发展趋势，指出了美国创新生态系统存在的问题和挑战，明确了全面提升美国创新能力的行动议程，在人才（talent）、投资（investment）和基础结构（infrastructure）上提出了具体的创新政策建议；2005 年 10 月美国科学院发表了《站在蓄积的暴风雨之上》（*Rising above the Gathering Storm*），提出了美国需要强化的 20 个"当务之急"，其中培养更多优秀的 STEM 教师位列榜首，要求通过强化美国的科学研究和学校教育以确保国民经济的健康发展；2006 年 2 月，时任美国总统小布什签署了《美国竞争力计划——在创新中领导世界》（*American Competitiveness Initiative：*

*Leading the World in Innovation*，*ACI*），将上述两个咨询报告所提出的建议或设想转化为联邦计划，提出了一个涉及 1360 亿美元的庞大方案。

2007 年通过的《美国竞争法》设计了美国科学技术发展的路线图，在增加政府投入、增加教育机会和构建创新基础方面提出了具体的实施方案。布什政府在提交给国会的 2007 年度财政预算中提出，未来 10 年中将美国国家科学基金会、国家标准技术研究院和能源部科学办公室的研究经费总额增加一倍。《美国竞争法》的出台为奥巴马政府成功推进制造创新政策奠定了坚实基础。

全球金融危机爆发后，2010 年奥巴马总统签署了《美国竞争力再授权法案 2010》（2013 年 9 月 30 日到期），落实了 10 年内（2007～2017 财年）国家能源部科学办公室、国家科学基金会和国家标准技术研究院的研发预算翻番计划，改善 STEM 教育环境，促进技术创新与技术转移等。

由于国际金融危机后美国联邦政府的财政状况异常紧张，到期后的竞争力再授权法案很难继续获得国会两党的支持，因此，奥巴马政府开启了美国《创新与竞争力法案》的立法进程，经过长达四年的拉锯战，2016 年 12 月 16 日在奥巴马总统即将离任的第 114 届国会结束前获得通过，特朗普总统于 2017 年 6 月签署。这一法案在创新投入、行政减负、人才培养、动员社会力量促进创新和成果转让方面做出了具体规定，该法案成为国家科学基金会、国家标准技术研究院、白宫科技政策办公室（OSTP）的行动指南，[①] 为联邦预算紧缩状况下最大限度地提高国家在基础研究方面的投资提供了法律依据，有助于提高美国的竞争力，创造就业机会，刺激发展新的商业和工业机会。

种种创新法案的出台，改变了美国技术转移和转让的管理体系，促使更多的科研成果转化为现实生产力，为美国的制造业复兴创造了良好条件。从中可以看出，尽管两党利益不同，美国国会和白宫之间存在相当的政策鸿沟，但在增加创新投入、提高国际竞争力方面美国社会的认知是一致的，而且也没有引起公众的注意。正像弗雷德·布洛克（Block F.，2008）所说的那样，美国成功地将政府对科学研究和创新的介入活动成功隐藏在公众的视野之外，成为一个"隐藏的发展型国家"。而使这种现象得以成形的根基就是美国从上到下的制造创新计划以及国内创新网络的形成和发展。

## （二）美国制造创新计划的承继性

20 世纪 80 年代以来的"再工业化"时期，虽然里根政府没有出台以"再

---

① 由于国会两党在气候变化问题上的分歧，没有将能源部科学办公室纳入其中。

工业化"命名的经济政策，但连续的具有一定承继性的制造创新计划成为美国创新生态系统建设的重要支点。

1. 1988 年美国开启的制造业拓展伙伴计划

1988 年出台的美国《综合贸易与竞争法案》中提出了《霍林斯制造业拓展伙伴计划》（Hollings Manufacturing Extended Partner），这是美国政府为提升中小制造业企业竞争力而设立的一项重要的国家计划，也是为了应对日本、联邦德国等国在消费电子、钢铁、汽车等领域的快速崛起和化解竞争压力而提出的。当时全美 33 万家中小企业就业人数约 970 万人，占全国制造业企业就业人数的 99%，产值占制造业产值的 60%。中国电子信息产业发展研究院（2018）出版的《美国制造创新研究院解读》统计了美国当时职工人数不足500 人的中小企业创新数量是大型企业平均职工数量的大约 2.5 倍，因此中小企业成为重振美国制造业基础的重要途径。

霍林斯制造业拓展伙伴计划由美国商务部下属的国家标准技术研究院组织实施。该计划是通过加强各州政府、地方政府、产业界、大学等的紧密协作，建立遍布全美的制造创新服务网络，由各制造业拓展伙伴计划地方中心为美国中小制造业企业提供战略咨询、技术开发、市场拓展、工艺流程改进、供应链优化、员工培训等一系列技术与创新服务。这一计划具有典型的区域化特征，就是充分利用当地的科研和高校资源建立伙伴关系，向当地的制造业提供制造业创新服务。经过 30 多年的发展和调整，目前共在全美 50 个州及波多黎各成立了 51 个制造业拓展伙伴计划地方服务中心，600 多个服务网点，1300 多名非联邦政府员工，2500 多个合作伙伴，合作伙伴主要包括联邦政府、州政府、地方政府、大学科研机构和实业界成员，无论是在美国市区还是郊区，任何制造商在 2 个小时的车程之内均可以找到一个制造业拓展伙伴计划网点。制造业拓展伙伴计划的经费筹措为公私合营的 PPP 模式，规定在初创的 1～3 年间，联邦政府资助占地方服务中心的总运行费不超过 50%，第 4 年降为 40%，之后不得超过 1/3，联邦资金的分配按照各州制造业发展的规模、水平和地方需求区别对待。其余经费由其他合作伙伴共同承担。制造业拓展伙伴计划通过自我学习和持续进化，不断适应制造业发展需求。据美国国家标准技术研究院（2014，2019）统计，1988 年以来，制造业拓展伙伴计划已向近 8 万家美国制造企业提供支持，协助企业实现销售收入 880 亿美元，节省成本 140 亿美元，创造就业岗位近 73 万个。2019 年，制造业拓展伙伴计划向 28000 多家企业提供了支持，帮助企业实现销售收入 157 亿美元，节约成本 15 亿美元，带来了45 亿美元的客户投资，创造或回流了 11 万个工作岗位。

2. 全球金融危机后的先进制造业计划

正像第四章分析的那样，制造业重要性在全球金融危机后成为美国各界的共识，基于产业公地理论验证了制造与创新无限分离的弊端以及局限性，促使制造业回流和重振美国制造业成为奥巴马政府"再工业化"政策的重要抓手，制订鼓励创新和制造业发展的计划自然成为政府的优先选择。

2011 年美国总统宣布了《先进制造业计划》(*Advanced Manufacturing Partnership*，AMP)，意图是通过产业界、高校科研机构和政府机构之间的合作，激发美国在先进制造业的发展潜力。2012 年开启了国家制造创新网络的探索和实践进程，2014 年《振兴美国制造业和创新法案》正式明确了国家制造创新网络计划，首先确定先进制造业发展所需的技术领域，在前沿技术领域内组成由政府、学术机构或实验室和产业界组成的制造创新中心，表 5 - 12 是在 2012～2017 年成立的技术创新中心信息。2016 年美国将国家制造创新网络计划更名为美国制造计划（Manufacturing USA），核心仍是 14 家创新研究中心。

表 5 - 12　　　　2012～2017 年美国国家创新战略下的创新中心

| 编号 | 核心技术领域 | 机构名称 | 牵头机构 | 总部所在地 | 成立时间 |
|---|---|---|---|---|---|
| 1 | 增材制造 | 美国制造创新中心（America Makes） | 国防部 | 俄亥俄州扬斯敦 | 2012 年 8 月 |
| 2 | 数字制造与设计 | 数字制造与设计创新中心（DMDII） | 国防部 | 伊利诺伊州芝加哥 | 2014 年 2 月 |
| 3 | 轻量化金属制造 | 明日轻质创新中心（LIFT） | 国防部 | 密歇根州底特律 | 2014 年 2 月 |
| 4 | 宽禁带半导体 | 电力美国创新中心（PowerAmerica） | 能源部 | 北卡罗来纳州罗利 | 2015 年 1 月 |
| 5 | 纤维增强聚合物复合材料 | 先进复合材料制造创新中心（IACMI） | 能源部 | 田纳西州诺克斯维尔 | 2015 年 6 月 |
| 6 | 光学集成电路 | 集成光子制造创新中心（AIM Photonics） | 国防部 | 纽约州罗切斯特和奥尔巴尼 | 2015 年 7 月 |
| 7 | 柔性电子器件和传感器制造 | 柔性混合型电子制造创新中心（NextFlex） | 国防部 | 加利福尼亚州圣何塞 | 2015 年 8 月 |
| 8 | 纤维材料与制造工艺 | 美国先进功能织物中心（AFFOA） | 国防部 | 马萨诸塞州剑桥 | 2016 年 4 月 |
| 9 | 智能制造和数控 | 智能制造创新中心（CESMII） | 能源部 | 加利福尼亚洛杉矶 | 2016 年 12 月 |

续表

| 编号 | 核心技术领域 | 机构名称 | 牵头机构 | 总部所在地 | 成立时间 |
|------|-------------|---------|---------|-----------|---------|
| 10 | 人机协作/人工智能/自动化 | 先进机器人制造中心（ARM） | 国防部 | 新罕布什尔州曼彻斯特 | 2017 年 1 月 |
| 11 | 下一代医药/生物组织工程 | 先进再生生物制造业研究所（BioFabUSA） | 国防部 | 新罕布什尔州曼彻斯特 | 2017 年 2 月 |
| 12 | 加速反应/模块化 | 加速化学反应研究所（RAPID） | 能源部 | 纽约州纽约 | 2017 年 3 月 |
| 13 | 生物制药 | 生物制药制造创新中心（NIIMBL） | 商务部 | 特阿华州纽瓦克 | 2017 年 3 月 |
| 14 | 再利用/再生制造 | 轻能源和减排放中心（REMADE） | 能源部 | 纽约州罗切斯特 | 2017 年 5 月 |

资料来源：根据美国国家标准与技术研究院发布的《美国制造 2018 年度报告》整理。

制造业创新中心是由联邦和地方政府、学术界、国家实验室以及实业界共同组成的研究机构，战略目标是提升美国制造的竞争力，促进技术转化为规模化、低成本、高绩效的制造业产出能力，加速先进制造业劳动力的培育和发展、开发商业模式实现制造创新中心的稳定和可持续发展。牵头的联邦政府包括美国国防部、能源部和商务部，其中隶属国防部的有 8 家，能源部 5 家和商务部 1 家。

创新中心实施分级会员制，不同的会员承担的出资义务不同，所享受的权利也不相同。如数字制造与设计创新中心（DMDII）将会员分为四类，分别是产业界、学术机构或非营利组织、州政府和地方政府以及联邦政府。前两类会员分别细化到三至四个等级，一级产业界义务是 5 年缴纳 40 万美元的会员费，至少为研究项目分摊 300 万美元经费，这些经费可以是现金或者现金等价物，所享受的待遇是拥有执行委员会和技术咨询委员会职位，拥有相应的知识产权。一级学术机构或非营利组织所享受的权力与一级产业界相同，承担的义务是 5 年间至少支出 500 万美元用于分摊成本。增材制造创新中心是 2012 年 8 月在美国在俄亥俄州的扬斯敦建立的第一家创新中心，主要研发 3D 打印技术，美国国防部等 5 家政府部门承诺出资 4500 万美元，俄亥俄州、宾夕法尼亚州和西弗吉尼亚的企业、高校和非营利性组织共同出资 4000 万美元，该研究院目前由 80 多家企业、13 所研究型大学、9 个社区学院和 18 个非营利组织参与经营，凭借在 3D 打印方面的技术优势，扬斯敦市已经从昔日一个废弃的钢铁城转型为现代产业中心。

2018 年 9 月美国发布的"美国制造"年度报告指出，截止到 2017 财年，14 家机构已经得到 30 亿美元的资金承诺，其中包括联邦政府提供 10 亿美元，20 亿美元来自非联邦投资，州政府贡献了 4 亿美元，会员总数达到了 1937 家，63% 的会员来自产业界，其中 70% 的是中小企业。

美国制造业创新网络的组织架构见图 5 - 4。

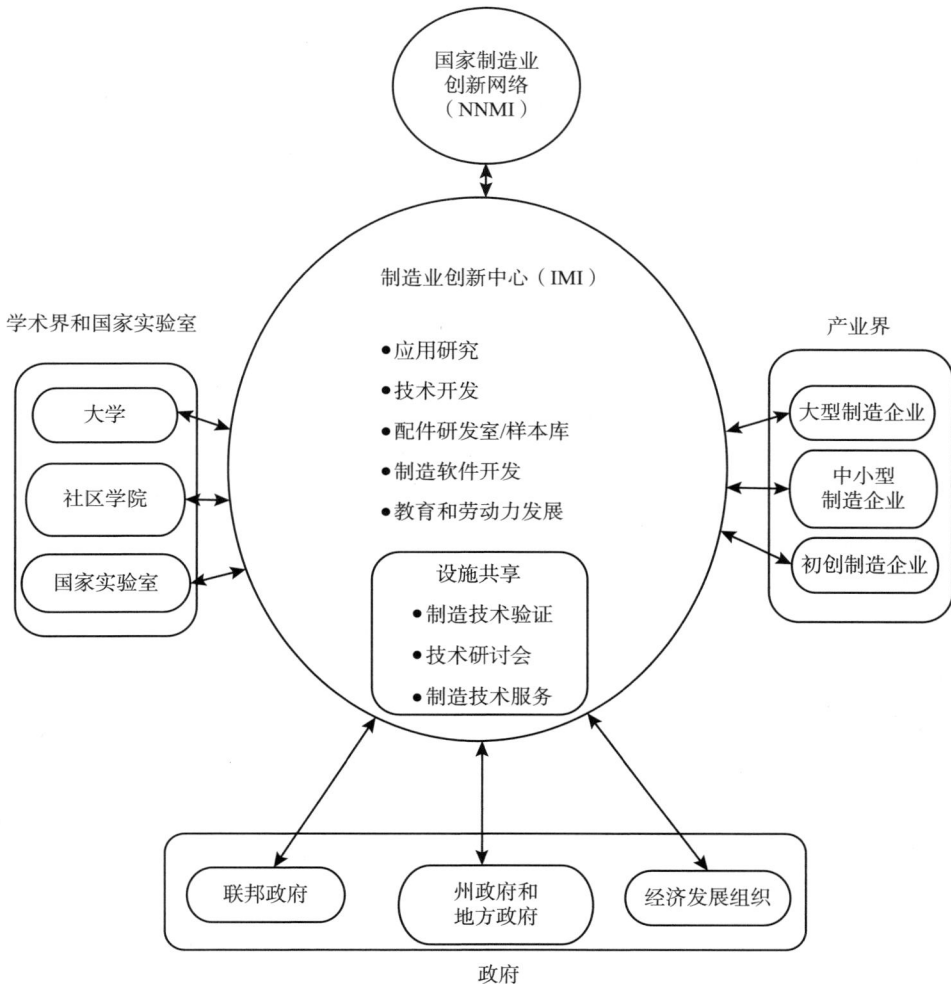

**图 5 - 4 美国国家制造业创新网络**

资料来源：Executive Office of the President. National Science and Technology Council. Advanced Manufacturing National Program Office；National Network for Manufacturing Innovation Program Annual Report（2015）. https：//www. manufacturingusa. com/sites/prod/files/docs/resource/2015 - NNMI - Annual - Report. pdf.

美国制造创新计划的特征可以总结为以下三个方面。

第一，制造创新计划是一个双层的制造创新网络计划。第一层是图 5 - 4 所列的制造创新中心，这是按照 PPP 方式由联邦政府机构、学术界和企业界合作和共同投资建设，致力于开发世界级的先进技术和能力，每个研究院集中突破某一个技术领域，并吸引相关技术领域参与其中。第二层是国家级国家制造创新网络，这是在 2014 年底通过的美国《制造业与创新复兴法案》（*Revitalize American Manufacturing and Innovation Act*，RAMI）规定的，正式授权商务部下属的国家标准技术研究院成立国家制造创新网络，制造创新中心及其下属机构是创新网络成员，2016 年 2 月，形成了《制造创新网络战略计划》，明确了制造创新网络的战略意图，并制定了业绩评估、知识产权管理方法等的相关规则。国家先进制造项目办公室（AMNPO）负责网络的运行和管理工作，可直接向总统行政办公室汇报，提高了创新网络的权威性。

第二，制造创新计划是一个边探索边实践的过程。2012 年 7 月在先进制造业计划（AMP）运行一周年之后，提出了建立国家制造创新网络（NNMI）构想，随即成立了第一个国家增材制造创新中心，并成立三家研究中心，2013 年 1 月总统科技顾问委员会提出了《美国制造创新网络（NNMI）：初步设计》，直到 2014 年 2 月出台国家制造创新网络，明确了建设目标和数量。

第三，制造创新计划与制造拓展伙伴计划的关系。两个制造业计划均是产学研政的合作计划，但制造创新计划主体之间的关系非常密切，而且技术实验室参与其中，按照美国国防部规定的 9 级技术成熟度标准，制造创新网络关注的是 TRL4 - 7 的应用技术研发，而制造拓展伙伴计划关注的是 TRL7 - 9 面向中小制造业的技术转让和转移，二者处于互补关系，美国增材制造创新中心的早期运行中，有若干制造业拓展伙伴计划参与其中。

美国的每个创新机构都是一个区域制造业创新中心，在当地的技术优势与产业优势基础上，集合高校、研究机构的综合优势，实现了技术优势和产业优势的有机结合；创新机构带动产业集群，共享关键设备和基础设施，帮助中小企业应用新的先进制造工艺和技术；创新机构还是一个"教学"工厂，培训企业员工和提升劳动者技能。一个城市设立创新机构，带动了整个城市的转型和发展，推动了区域经济发展。

## （三）创新主体的执着性

创新生态系统的创新主体是指大学和科研机构。在安东尼·阿格塔米尔和费雷德·巴克共同出版的《智能转型：从锈带到智带的经济奇迹》中指出，每一个智带都存在一个联络者，在许多智带地区，大学或科研机构成为创新生态系统中的"联络者"或"锚机构"，而且成为唤醒"睡美人"的核心角色，尤其是大学成为创新生态系统中不可或缺的组成部分。如前所述，联邦创新政策的出台，为大学或研究机构的科研成果转化为生产力提供了相当大的发展空间。各大学或科研机构纷纷成立技术转移办公室，并加入大学技术管理协会（AUTM），该协会的成员在 1979 年为 113 个成员，到 1989 年发展到 691 个，1999 年会员增至 2000 个以上。大学的学科建设成果为当地经济和产业发展奠定了基础，而当地的经济和产业发展又为大学的学科建设提出了新的需求和注入了新的活力，形成了大学与当地经济发展的良性循环。

表 5 - 13 显示了美国部分"锈带"转型城市中重点产业和大学、科研机构的分布情况。从表中可以看出，这些城市的重点产业几乎无一例外地集中在现代先进制造业或高端产业，助力美国顺应世界高科技发展潮流，也可以发现，大学在该地区转型中发挥了重要核心作用。阿克伦大学与阿克伦的转型以及纽约州立大学与奥尔巴尼转型的关系可以充分说明这个问题。

表 5 - 13    美国部分"锈带"转型城市的重点产业与大学、科研机构分布状况

| 州 | 城市或地区 | 重点产业 | 大学或研究机构 |
| --- | --- | --- | --- |
| 北卡罗来纳 | 达勒姆—罗利—教堂山（三角科研园） | 生物科学、新材料、能源（LED） | 杜克大学、北卡罗来纳大学、北卡罗来纳州立大学 |
| 纽约 | 奥尔巴尼（哈德逊科技谷） | 半导体 | 纽约州立大学、伦斯勒理工学院 |
| 俄亥俄 | 阿克伦 | 新材料、高分子 | 阿克伦大学、肯特州立大学 |
| 宾州 | 匹兹堡 | 机器人、信息技术 | 卡耐基—梅隆大学 |
| 纽约 | 罗切斯特 | 光子学（与奥尼巴尔相关） | 罗切斯特大学、纽约州立大学 |
| 纽约 | 布法罗 | 电池技术、清洁能源 | 纽约州立大学布法罗分校 |
| 纽约 | 硅巷/新泽西州 | 信息技术、数字媒体、电信生物技术 | 康奈尔大学 |
| 俄亥俄 | 代顿 | 航空航天、射频干扰、新材料、传感器 | 代顿大学、国家航空与航天情报中心、凯特琳大学 |
| 密歇根 | 底特律—奥克兰（自动化巷） | 自动化、汽车 | 韦恩州立大学 |
| 伊利诺伊 | 芝加哥（黄金走廊） | 材料、信息技术、工程、生物技术 | 北伊利诺伊大学 |

资料来源：［美］安东尼·阿格塔米尔，［美］费雷德·巴克. 智能转型：从锈带到智带的经济奇迹［M］. 徐一洲，译. 北京：中信出版集团，2017：168 - 182.

　　阿克伦（Akron，OH）是俄亥俄州的第五大城市，位于美国俄亥俄州东北部凯霍加河畔，是费尔斯通、固特异和普利司通等世界轮胎巨头的集群地，也是底特律汽车制造供应链中的关键环节。进入 20 世纪下半叶，在经济全球化的背景下，大部分供应链迁往海外，阿克伦陷入了严重的衰退。1999 年，路易斯·普罗恩扎（Louis Pronza）担任阿克伦大学校长，为了发挥阿克伦大学在地方经济发展中的作用，提出了一项名为"阿克伦模式：大学作为经济增长引擎"计划。阿克伦大学的传统优势学科是聚合物材料领域，例如复合材料、新型金属合金材料和高分子等专业，该校具备大量相关领域的人才，积累了丰富的专业知识，与当地经济和产业发展的需求密切相关。阿克伦大学还有很强的辐射作用，2008 年由阿克伦大学牵头，与阿克伦儿童医院、第一能源公司、奈特基金会和苏玛卫生系统成立了奥斯汀生物创新研究所，同样专注于研究高级聚合物。与阿克伦大学研究方向不同的是，该研究所关注的是应用于医疗设备和生物医学领域可应用的高分子材料，双方既做到了智力共享，又避免了同业竞争。除了阿克伦大学外，在阿克伦附近的肯特州立大学、俄亥俄州立大学，也都是阿克伦城市转型的重要推手。肯特州立大学重点研究液晶显示材料，俄亥俄州立大学则关注聚合物与纳米技术的联系。从阿克伦大学校长提出阿克伦模式至今，聚合物产业已经成为俄亥俄州的支柱产业，同时俄亥俄州也成为全球公认的聚合物行业的领导者。

　　奥尔巴尼（Albany）位于纽约州的中东部，哈德逊河西岸，南距纽约 225公里，东距波士顿 256 公里，与纽约和波士顿构成一个等边三角形。20 世纪80 年代末，纽约州政府、大学和企业深切地感受到来自国外及其他地区的竞争威胁，迫切需要解决传统产业的衰退问题。1988 年，纽约州长马里奥·科莫（Cuomo M.）邀请刚刚在伊利诺伊大学获得凝聚态物理博士的阿兰·卡洛耶罗斯（Kaloyeros A.）来到纽约州立大学任职，目的是"挑战亚洲世界芯片制造商的地位"。当时 IBM 已经是业内领先的半导体制造业，但长期以来封闭和孤立的模式已经难于应对国际形势和半导体技术发展的变化，卡洛耶罗斯提出了一个智力共享模式，实现的途径就是建立孵化器和创新中心，使其成为纽约州立大学纳米技术研究中心。卡洛耶罗斯本人既有专业的学术背景和影响力，又有前瞻性和创新创业的热情。他游说各类参与者落户到研究中心，又依靠自身的学术资历和商业背景吸引了世界各地的行业巨头。此外，在卡洛耶罗斯的积极推动下，2011 年纽约州立大学纳米科学与工程学院联合英特尔、IBM、三星、台积电、格罗方德组建全球 450 联盟（G450C），旨在促进行业标准向 450 毫米晶圆尺寸转型，智力共享的合作方式极大地提高了合作效率。

如今的奥尔巴尼，包括奥尔巴尼辐射而形成的哈德逊科技谷已经成为前景光明的智带。

# 本 章 小 结

美国回流倡议机构调研数据显示，回流的效果非常显著，实际上回流并没有形成趋势，企业回流还存在很大局限性。从吸引外资的规模和产业分布看，制造业引进外资比重增加以及国内投资流向都可以视为美国"再工业化"的政策效果。最为显著或者说对美国经济及世界经济影响最大的还是创新生态系统的形成和发展，它改变了传统的生产方式或分工模式，削弱新兴市场国家的低成本优势，使美国重新获得竞争优势，引领未来全球经济发展。

# 第六章　美国金融危机后"再工业化"对中国经济和制造业的影响

金融危机后美国实施的"再工业化"政策,对中美贸易格局、投资格局和制造业竞争力都产生了一定影响。本章首先从统计数据分析美国"再工业化"后中美贸易及投资格局状况,然后从增加值视角分析中美之间贸易格局的变化趋势,最后运用 RCA 指数分析评价中国制造业的国际竞争能力变化,特别从低技术和高技术两方面分析中国与越南和美国的制造业竞争力变化态势。

## 第一节　美国"再工业化"后的中美贸易投资格局

全球金融危机后,美国"再工业化"政策率先影响中美之间的贸易投资格局。在中美贸易格局分析中,重点分析中美进出口与制造业出口变化趋势,并研究中美贸易不平衡现状及传统数据统计上存在的问题。在中美投资格局中,沿着中美之间直接投资和制造业直接投资两条主线展开分析,重点研究美国"再工业化"政策之后是否减少了对中国的直接投资,最后站在跨国公司区位选择角度评价福耀集团投资美国案例。

### 一、"再工业化"后的中美贸易格局变化

#### (一) 中美进出口贸易规模及中美贸易情况

出口倍增计划是 2010 年美国出台的《国家出口倡议》中提出的目标,即在 2009~2014 年实现美国出口翻番,通过增加出口创造 200 万个就业机会,并促进美国中小企业的发展。

　　笔者根据美国经济分析局的统计数据制成了图 6 - 1,展示了 2009 ~ 2014 年美国的出口总额和出口增长率。数据显示:2009 年美国的商品与服务的出口增长率出现了 14% 的降幅;在出口倍增计划下,2010 年和 2011 年出口增长率迅速回升,分别为 18% 和 15%;而在 2012 ~ 2014 年,出口增速逐渐降低,在 3% ~ 5% 区间。五年间美国的出口仅增长了 43%,很显然出口倍增计划已经落空。

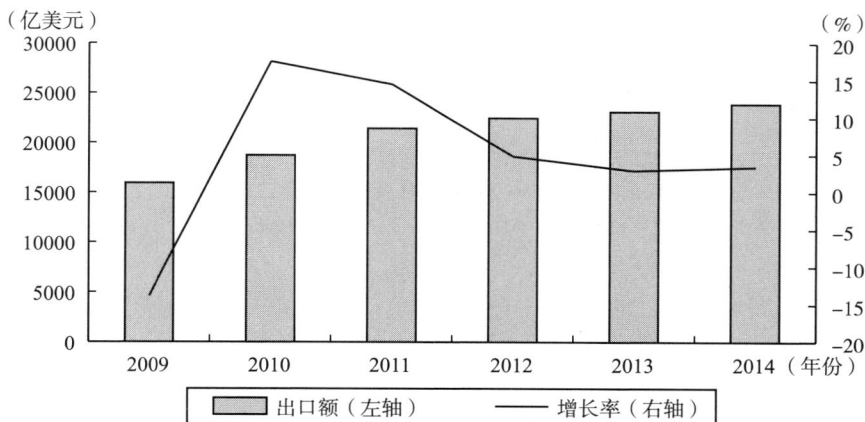

**图 6 - 1　2009 ~ 2014 年美国总出口变化情况**

资料来源:根据美国经济分析局数据计算整理(https://www.bea.gov/data)。

　　从美国对中国商品和服务的出口状况看,却出现了另一番景象。图 6 - 2 是根据美国经济分析局国际收支平衡表统计数据制成的美国对华出口规模及出口增长率状况。从总体出口规模看,在 2009 ~ 2014 年美国对华出口从 774 亿美元增长到 1690 亿美元,增长了 92.7%,增长率远远高于美国总体的出口增长率,已经接近原定的出口倍增计划(2017 年美国对华出口比 2009 年增长了 114%)。从美国对华出口增长率来看,2007 ~ 2014 年美国对华出口增长率均高于其进口增长率,2010 年达到创纪录的 31.8%,2010 ~ 2014 年平均出口增速均超过 14%,2015 年和 2016 年经历了短暂的回调,2017 年再次出现 2 位数的出口增长率。

　　2008 年美国对华出口出现了超过 12% 的增长速度,远超中国对美国出口增长速度(4.7%)。2009 年中国对美出口出现了 12% 的负增长,2010 年达到 22%,此后增长率除 2015 年外始终低于美国对华出口。2010 ~ 2014 年中国对美国出口年均增长率为 9.7%,而美国对华出口的平均增长率达到 14.4%。

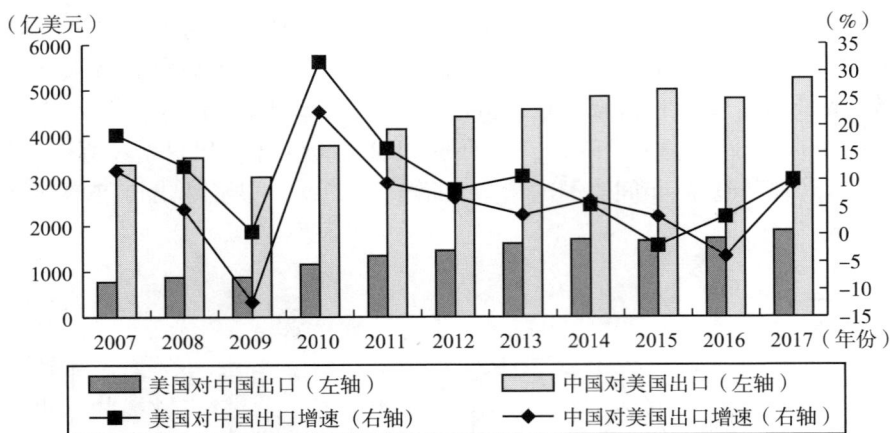

图 6 - 2　2007 ~ 2017 年中美两国进出口状况

资料来源：根据美国经济分析局数据计算整理（https：//www. bea. gov/data）。

尽管美国对华出口增速远高于中国对美出口增速，但根据美国商务部的统计，2016 年美国贸易逆差达 5023 亿美元，其中对中国贸易逆差为 3084 亿美元，占比超过 60%。

在中美官方公布的统计数据中，两国的进出口数额和贸易差额一直存在很大偏差，美国公布的进口额比中国公布的出口额高出 800 亿 ~ 900 亿美元，美国公布的出口额也比中国公布的进口额高出 100 亿 ~ 300 亿美元，中美官方统计的贸易差额也出现了 600 亿 ~ 800 亿美元的偏差。两国出现统计偏差，主要源于计价方式、转口贸易、贸易加价等方面的因素。如在计价方式上，中国货物出口统计采用离岸价格，而美国货物进口采用到岸价格和船边交货价两种，按到岸价格计算就包括国际运费或保费等运输过程中的成本，自然会高于中国统计的出口额。另外，由于中国对美国出口主要集中在货物贸易，也会扩大美国货物进口与中国货物出口之间的统计差异。中国出口的货物经过第三地的转运出口美国，美国按照原产地原则也将这部分计入来自中国的进口。还有加工贸易在中国出口商报关时与美国进口商报关时的报价不同所带来的差异，以及在海关统计中存在不一致的数据加工和处理方式，这些都会带来中美双方统计上的差异。

实际上美国商务部和中国国家统计局的统计标准都是联合国国际统计司制定的总贸易制方式，即以海关出入境为基础的全额贸易统计，只要货物进入一国或地区，无论是进行再加工，还是生产或消费，都统计为该国或地区的进口总值。从理论上来说，美国对中国的出口就是中国从美国的进口，中国对美国的出口就是美国从中国的进口。这种全额贸易统计方式已经不能适应经济全球化时代国际分工的现实。产品内分工的出现，使得众多产品都是由许多国家或地区分工完成的，每个国家或地区只承担生产过程中的某个零部件或工序，这意味着一种产品的生产会伴随着多次的中间品或零部件的入境或出境，而传统的全额贸易统计忽略了中间产品的贸易，并增加了重复计算的风险。如根据联合国贸发会议 2013 年的国际投资报告统计，在 2010 年 19 万亿美元的全球出口贸易中，约有 28% 的 5 万亿美元属于重复核算，是进口国仅仅为了生产某种出口产品而进口的中间产品。按照全额贸易统计还会增大最后组装出口国家的出口额，扩大贸易不平衡，因此，国际组织已经倡导并探索增加值贸易统计的方法。中国商务部《全球价值链与中国贸易增加值核算研究报告》（2018）计算了基于中美增加值贸易统计方式下的中国对美国出口值、进口值和中美贸易差额，形成了图 6 - 3，发现 2017 年中国贸易顺差只有 1584 亿美元，比中国官方统计低了 1174 亿美元，比美国官方统计低了 1773 亿美元。

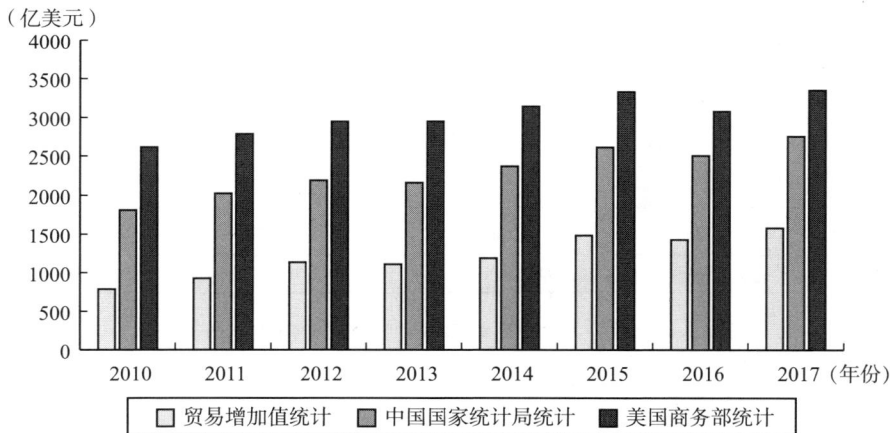

图 6 - 3　2010 ~ 2017 年中美官方统计和贸易增加值统计下的中美贸易差额

资料来源：中国国家统计局统计数据和贸易增加值统计数据来自中国商务部《全球价值链与中国贸易增加值核算研究报告》（2018），美国数据来源于美国经济分析局。

中美贸易不平衡中还有一个值得注意的现象就是中美贸易类型问题，如 2016 年中国向美国出口产品中加工贸易占比高达 44.8%，而中国总出口产品加工贸易的占比仅为 34.1%。根据 2017 年《中国外商投资报告》统计数据，2011 年加工贸易的 80% 以上均为外商投资企业出口，2016 年的外商投资企业出口占中国对美出口的比重高达 59%（中国科学院全球价值链课题组，

2018）。特别是美国在华的众多跨国公司都是利用中国低廉的劳动力从事加工贸易，然后将最终产品返销美国，供应美国消费市场。近年来随着美国企业回流，一些组装程序迁回美国，致使中间产品对美国出口增加，这将是第二节要分析的内容。

### （二）中美制造业出口变化及其特征

研究美国金融危机后的中美贸易格局必须深入分析两国制造业的进出口状况。图 6 - 4 是根据 OECD 数据库制成的中国对美国制造业出口总额及其变化趋势。

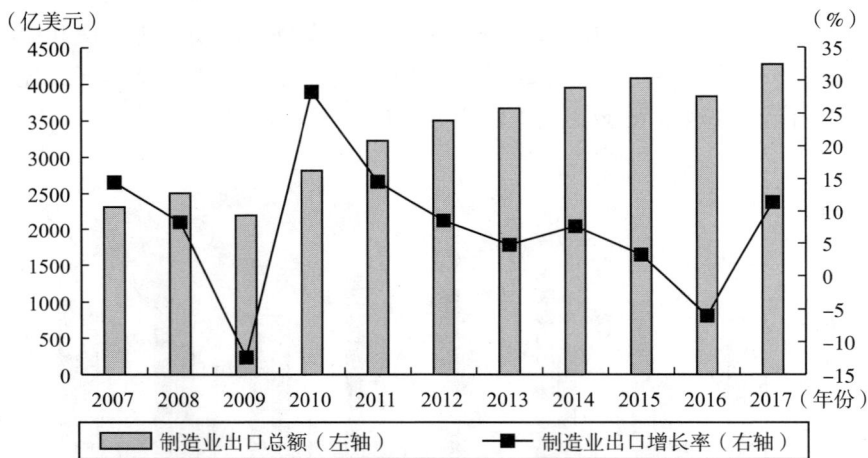

**图 6 - 4　2007 ~ 2017 年中国对美国制造业出口趋势变化**

资料来源：根据经济合作与发展组织（OECD）数据整理（http://www.oecd.org）。

根据 OECD 的统计，2007 年中国对美国制造业出口为 2312 亿美元，到 2017 年达到 4266 亿美元，增长 84.4%，其间虽有较大波动，如 2009 年出口下降 12.4%，这主要源于美国国内经济危机带来的需求下降，2010 年伴随美国经济的复苏，对美国出口出现了近 30% 的增长，之后仍保持较高的增长速度，2016 年再次触底，2017 年又恢复到两位数增长。关于 2016 年中国对美国制造业出口下降的原因，中国国家统计局做了更具体的细分，主要原因在于外商投资企业出口的下降，2016 年下降 2.2%，加工贸易出口下降 4.9%。

下面分析中美两国制造业出口产品的结构变化。这里使用劳尔（Lall S.，2000）的技术分类标准以及国际贸易标准分类第三版（SITC REV.3），将所有产品类别分为初级产品（PP）和制成品。初级产品是指鲜活肉类、大米、煤炭、原油、天然气等，制成品又分为资源性产品（RB）、低技术产品（LT）、中技术产品（MT）和高技术产品（HT），上述四类再细分为9类。资源性产品分为农林加工产品（RB1）和其他资源性产品（RB2）两类，前者包括预加工的肉类、饮料、木制品等，后者指石化产品、水泥、玻璃、石材等。低技术产品分为纺织服装等产品（LT1）和其他低技术产品（LT2），前者包括纺织产品、衣服、皮革制品和箱包等，后者指陶瓷、金属铸件、家具、珠宝、玩具等。中技术产品包括三类：第一类是汽车工业产品（MT1），含汽车、摩托车及其配件等；第二类是中技术加工产品（MT2），指合成纤维、化工制品、塑料、钢制品、管道制品等；第三类是工程机械产品（MT3），制造业机器设备、水泵、轮船、家用电器等。高技术产品包括电子电力产品（HT1）和其他高科技产品（HT2），前者包括办公自动设备、视频接收发送器、发电机等，后者包括制药产品、航空设备、精密光学仪器等。笔者按照劳尔的分类，运用联合国贸发会议的数据制成表6-1。

表 6 -1　　　　　　　2007～2017 年中美两国间出口商品结构变化趋势　　　单位：%

| 分类 | 方向 | 2007 年 | 2008 年 | 2009 年 | 2010 年 | 2011 年 | 2012 年 | 2013 年 | 2014 年 | 2015 年 | 2016 年 | 2017 年 |
|---|---|---|---|---|---|---|---|---|---|---|---|---|
| 初级产品 | 中对美出口 | 1.7 | 1.7 | 2.0 | 2.0 | 1.6 | 1.5 | 1.5 | 1.5 | 1.4 | 1.5 | 1.4 |
| | 美对中出口 | 14.3 | 18.6 | 20.8 | 21.3 | 20.7 | 26.2 | 23.2 | 21.5 | 19.3 | 20.9 | 20.9 |
| 资源性产品 | 中对美出口 | 6.1 | 6.9 | 5.6 | 5.5 | 6.1 | 6.1 | 6.2 | 6.0 | 5.5 | 5.5 | 5.5 |
| | 美对中出口 | 21.0 | 20.0 | 20.4 | 21.0 | 23.6 | 20.4 | 18.4 | 16.3 | 15.0 | 14.6 | 14.9 |
| 低技术产品 | 中对美出口 | 36.2 | 35.4 | 36.3 | 36.0 | 35.7 | 35.5 | 35.8 | 34.9 | 37.2 | 36.2 | 34.9 |
| | 美对中出口 | 4.0 | 4.4 | 3.8 | 3.8 | 3.8 | 3.6 | 3.5 | 3.7 | 3.9 | 3.8 | 4.3 |
| 中技术产品 | 中对美出口 | 19.4 | 21.0 | 18.5 | 18.5 | 18.9 | 19.4 | 20.0 | 21.0 | 21.4 | 21.6 | 21.6 |
| | 美对中出口 | 26.7 | 27.4 | 26.9 | 28.1 | 29.3 | 26.7 | 27.9 | 30.5 | 29.7 | 29.5 | 29.7 |
| 高技术产品 | 中对美出口 | 36.3 | 34.6 | 37.1 | 37.6 | 37.3 | 37.1 | 36.2 | 36.3 | 34.1 | 34.8 | 36.0 |
| | 美对中出口 | 32.8 | 28.2 | 19.3 | 18.0 | 15.1 | 14.6 | 15.3 | 15.4 | 17.7 | 17.4 | 16.1 |

注：由于存在一个未分类的出口项目，五个项目之和低于100。尤其美国未分类的比重偏大，2013年后均超过10%，中国的该项目占比较小。

资料来源：根据联合国贸易和发展会议数据库计算整理（https：//unctadstat. unctad. org）。

从美国来看，2017 年美国对中国出口中占比最大的是中技术产品，为29.7%，中技术产品出口在2014 年占比曾经超过30%。美国出口中国的中技术产品主要集中于工程机械产品和汽车工业产品，2017 年二者占比分别为11%和9.8%。排在第二位的是初级产品，2017 年占比为20.9%。自2007 年以来初级产品出口占比持续上升，到2017 年占比提高了6 个百分点，产品主要是大豆、原油、工业或药用植物等。排在第三位的是高技术产品，2017 年占比超过 16%。值得关注的是美国高技术产品对华出口的下降趋势，2007 年占比曾经高达 32.8%，是当时出口比重最大类的产品，此后两类高科技产品均出现了下降趋势，其中电子电力产品从 17.8% 下降到 2017 年的 10.5%，其他高科技产品从 14.9% 下降到 2017 年的 5.5%，主要出口产品是电气电机、航空器、光学、照相设备等。排在第四位的是资源性产品，2017 年占比为 14.9%。资源性产品的出口占比也经历了下降过程，2007~2017 年从 21% 降至 14.9%，降低了 6 个百分点，其产品主要是矿物燃料、矿物油及其产品，2017 年占美国对华货物出口的 4.7%。

从中国来看，排在前三位的中国对美国出口产品是高技术产品、中技术产品和低技术产品。2017 年高技术产品占比达到 36%，而且这一比重与 2007 年相比基本没有任何变化。从两类高科技产品来看，中国出口增加最为显著的是电子电力产品，2007 年高达 34.4%，2012 年曾经超过 35%，此后一直保持稳定，2017 年仍保持 34% 的水平，主要是电机电器、音响设备、机械器具等。排在第二位的是低技术产品，在出口占比中也是非常稳定，2007~2016 年都保持在 35%~37% 之间，2017 年略微下降到 34.9%，其中占比最大的是其他低技术产品，一直稳定在 20% 左右，纺织服装产品占比在 15% 左右，主要出口产品包括玩具、游戏或运动产品及针织服装等。在中技术产品中，占比最大的是第三类的工程机械产品，2007~2017 年从 13% 增长到 15%，主要出口产品是家用电器和其他零部件等。

中国对美国出口中高技术产品比重高的原因主要来源于外商投资企业。2013 年以来，中国利用外资快速增长，全国高科技企业中有三分之一为外商投资企业。根据中国科技部《2014 年高科技产业数据》，外商投资企业已经成为中国高技术产品的最大主体，2010 年在高技术产品中占比为 66.5%，2011 年达到 67%，到 2013 年仍保持 54.7% 的增长率。如果加上中外合资企业的高科技产品出口，2017 年外商和中外合资企业在高科技产品出口的占比仍超过 70%。从后面即将分析的美国对华制造业直接投资的行业分布看，在 1999~2015 年，美国在食品、化学、金属、机械、计算机、其他电子设备和交通运输设备行业等 7 大行业的直接投资占制造业直接投资的 85% 左右，这与中国对美国出口产品的行业分布高度相关。

## 二、"再工业化"后的中美投资格局变化

### (一) 美国对华直接投资变化及其特征

美国对华直接投资开始于 20 世纪 90 年代。根据美国经济分析局的统计，1992 年为 1.4 亿美元，1993 年和 1994 年出现了快速增长，分别增长 158% 和 365%，1994 年达到 16.4 亿美元。亚洲金融危机和美国互联网泡沫之后，美国减少了对中国的直接投资，1998～2007 年，美国对华投资出现了巨大波动，10 年间出现 7 年负增长，仅有 3 年的正增长，10 年间增长了 1.5 倍。图 6-5 显示了全球金融危机后美国对华直接投资的变动情况。2008 年美国对华直接投资达到 539 亿美元，增长了 81.5%，2009～2012 年投资额维持在 550 亿美元左右，2013 年之后超过 600 亿美元，2014 年投资额超过 800 亿美元，增长了 36%，2017 年则超过 1000 亿美元。

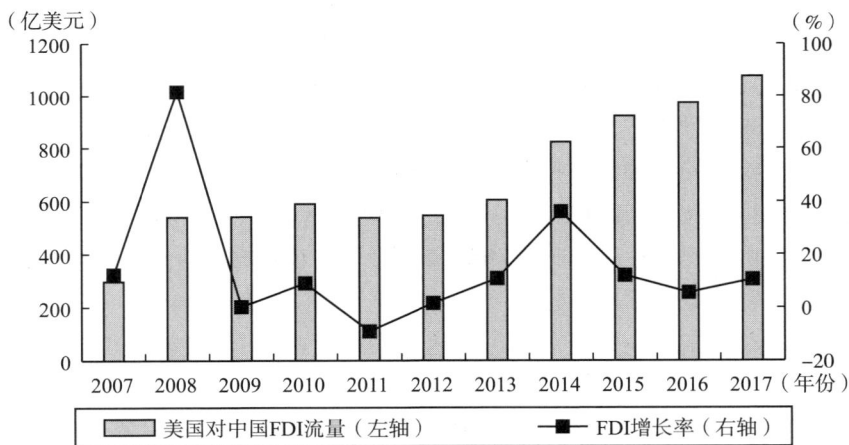

**图 6-5　2007～2017 年美国对中国直接投资流量及其增长率变化**

资料来源：根据美国经济分析局数据计算整理（https://www.bea.gov/data）。

如果从美国对外投资增长速度看，更能发现美国对华直接投资的波动剧烈。金融危机后，美国对亚太地区直接投资波动幅度高于美国对外直接投资波幅，从 2009 年的不足 4% 到 2014 年的超过 14%，平均增速为 7.9%，而对外直接投资的增幅在 3.5%～11.5% 区间，平均增速为 7.3%。

如果从美国对亚太地区投资最多的 5 个国家看，全球金融危机之后基本没

有发生很大变化。表 6－2 是基于美国经济分析局数据得出的美国对亚太国家的投资占比情况。

表 6－2            2007～2017 年美国对亚太国家的投资占比情况        单位：%

| 国家和地区 | 2007 年 | 2008 年 | 2009 年 | 2010 年 | 2011 年 | 2012 年 | 2013 年 | 2014 年 | 2015 年 | 2016 年 | 2017 年 |
|---|---|---|---|---|---|---|---|---|---|---|---|
| 澳大利亚 | 18.99 | 19.11 | 21.12 | 22.00 | 22.48 | 24.54 | 23.72 | 21.78 | 18.90 | 18.89 | 17.94 |
| 中国 | 6.69 | 11.12 | 10.75 | 10.35 | 9.07 | 8.10 | 8.52 | 10.10 | 10.88 | 11.04 | 11.43 |
| 日本 | 19.19 | 20.59 | 18.14 | 19.91 | 20.36 | 18.62 | 16.52 | 12.78 | 12.62 | 14.14 | 13.71 |
| 韩国 | 5.30 | 4.63 | 4.76 | 4.60 | 4.76 | 4.79 | 4.52 | 4.60 | 4.56 | 4.37 | 4.42 |
| 新加坡 | 21.06 | 17.16 | 17.48 | 18.03 | 20.18 | 21.59 | 25.66 | 28.13 | 29.90 | 28.98 | 29.14 |
| 其他 | 28.77 | 27.39 | 27.75 | 25.11 | 23.15 | 22.36 | 21.06 | 22.61 | 23.15 | 22.59 | 23.36 |

资料来源：根据美国经济分析局数据计算整理（https：//www.bea.gov/data）。

在美国经济分析局公布的对亚太投资的国家中，排名前五位的国家分别是澳大利亚、中国、日本、韩国及新加坡，这五个国家吸收的美国直接投资占比达到美国对亚太国家投资的 80% 左右。从美国对主要亚洲国家的投资占比变动看，2007 年美国对新加坡的投资占比最高，超过 21%，经历了 2008～2009 年的增速下降后，出现了持续增长态势，2017 年占比接近 30%。在此期间占比基本处于缓慢增长态势的是中国，2007 年美国对华投资的占比不到 7%，在全球金融危机期间美国对外投资大幅下降的背景下，对中国的投资占比出现了增加，其后虽有波动，2017 年的投资占比仍超过 11%，基本与 2008 年持平。同期内，美国对澳大利亚、日本和韩国的投资占比都出现了一定程度的下降，对日投资比重降低了 7 个百分点。

从美国对华制造业投资来看，20 世纪 90 年代曾出现过较快增长，平均增速超过 48%，进入 21 世纪以来有一定下滑，2006 年开始再次进入快车道，2006 年增长 60%。图 6－6 显示了 2007 年之后美国对华制造业直接投资状况。2007 年和 2008 年分别增长 25% 和 30%，2009 年基本维持了 2008 年的投资规模，之后进入低速增长阶段，2014 年之后维持 10% 的增长速度。与美国对亚太其他国家制造业直接投资相比，对中国的投资增速非常显眼，2007～2017 年，美国对亚太制造业直接投资增长了 1.1 倍，而对中国制造业投资增长了 1.9 倍。从美国对华制造业投资占亚太地区的比重看，2008 年达到 24%，之后基本保持稳定，2016 年和 2017 年分别提升了 2 个百分点。

从美国对华制造业直接投资的行业分布看，主要集中在食品、化学、金属、机械、计算机、其他电子设备和交通运输设备行业，1999～2015 年七大行业的直接投资占美国对中国制造业直接投资的 85% 左右。21 世纪初期，计算机及电子产品制造业吸收了美国制造业直接投资的 50% 左右。全球金融危机之后，该领域吸收外资的比重降低，2015 年占比降至 16% 左右，同时化学原料及化学制品制造业的投资比重不断提高，占比超过 20%，医药制造业投资的比重也在增加。

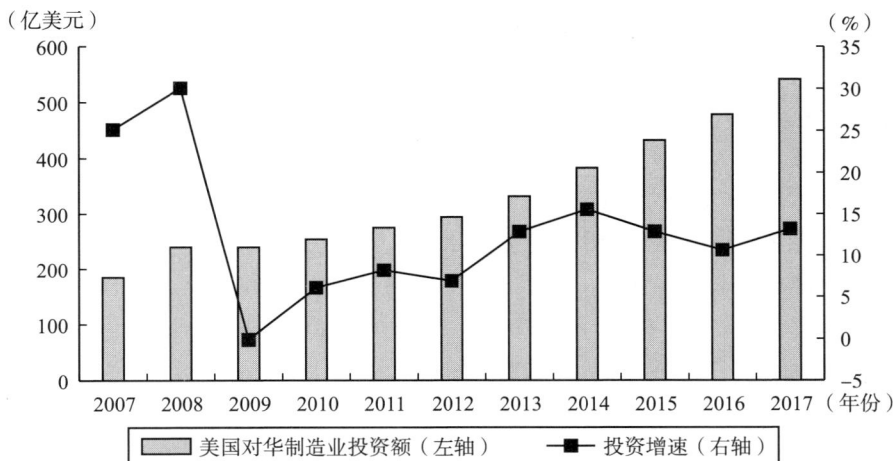

**图 6 - 6　2007~2017 年美国对中国制造业投资的变动趋势**

资料来源：根据中国商务部数据整理。

从上面的分析可以看出，虽然在金融危机后美国对华直接投资出现波动，但没有出现预期的大幅度下降局面。美国"再工业化"期间制造业回流现象是存在的，但还有很多美国企业在中国扩大了投资。在华美国商会自 2013 年开始发布每年度《中国商务环境调查报告》，在 2018 年对会员企业的调研中，针对"过去的三年中，贵公司是否曾向中国境外转移过产能？贵公司决定向中国境外转移产能最关键因素是什么"的问题，77% 的企业回答"没有计划转移"，12% 的企业回答"已经转移"，11% 的企业回答"计划向境外转移"。在问到转移原因时，回答"劳动力成本在内的各类成本上升"的占 33%，回答"战略布局调整"的占 18%，回答"工业和资源领域企业的未来政策不确定"的占 11%，回答"其他地区存在快速增长市场"的占 11%。"其他"的影响因素包括难以与本土企业竞争、中国经济增长放慢和所在行业不利于外资企业生存，回答占比分别为 7%、6% 和 3%。中国美国商会 2019 年发布调查报告显示，2018 年仍有 62% 的受访企业将中国作为首选投资目的地，与 2014

年相比降低了 6 个百分点，比 2016 年提升了 6 个百分点；仍有 29% 的企业将中国列为众多的投资目的国之一，该数值比 2014 年上升 5 个百分点，比 2016 年下降 5 个百分点；只有 10% 左右的企业回答中国不是优先考虑的对象。

## （二）中国对美国直接投资变化及其特征

改革开放以来中国重在招商引资，2000 年开始实施"走出去"战略，但发展速度非常缓慢。2006 年中国对外直接投资规模超过 200 亿美元，2008 年超过 500 亿美元，2013 年超过 1000 亿美元，此后对外投资的速度加快，2016 年接近 2000 亿美元大关。2016 年中国对外投资流量排名世界第二，仅次于美国，存量排名世界第六位。

根据 2004 年首次发布的 2003 年中国对外投资统计公报，2003 年中国对外投资总额为 29 亿美元，对美国投资为 0.65 亿美元，美国在中国对外直接投资对象国中排在第七位。图 6-7 是根据中国商务部公布的历年《中国对外直接投资统计公报》制成的，显示了 2007~2017 年中国对美国直接投资的流量状况。数据显示，中国对美国直接投资在巨大波动中增长，2007 年中国对美国投资出现了一次回落，2008 年增长了 137%，达到 4.6 亿美元，2012 年再次出现倍增，达到 40 亿美元，2014 年接近倍增，规模达到 75 亿美元，直到 2016 年的再次倍增，达到 170 亿美元。

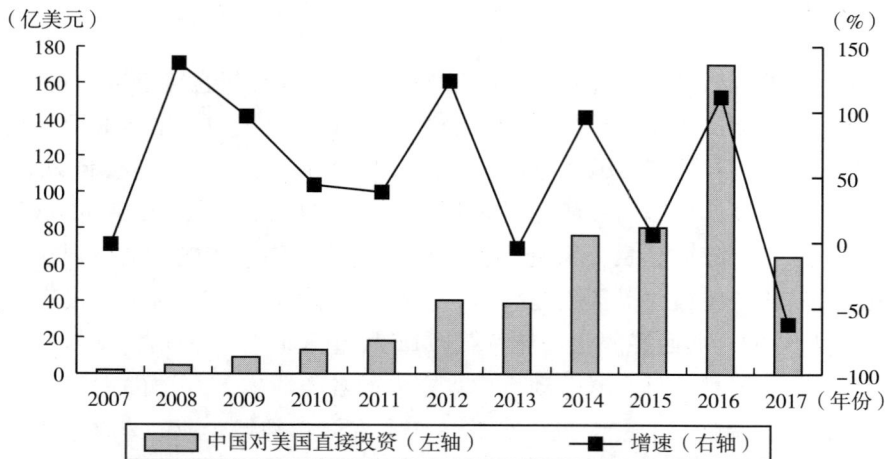

**图 6-7 2007~2017 年中国对美国直接投资流量及增速变化**

资料来源：根据中国商务部公布的历年《中国对外直接投资统计公报》数据整理。

从中国对美国直接投资的存量看，2007年为18亿美元，到2012年增加到170亿美元，2016年再次提升到600多亿美元，占中国对外直接投资的存量之比也从2008年的1%提升到2016年的4%。

中国对美国直接投资主要以兼并收购方式为主，尤其表现在投资规模方面，这也是中国对发达国家直接投资的一个重要特征。根据荣鼎集团（Rhodium Group）对美国投资监测网的数据统计，2000~2011年中国对美国绿地投资项目数量为382件，金额为39.96亿美元，而兼并收购项目数量为209件，金额却高达169.13亿美元。

2016年在中国对美国直接投资行业分布中，制造业所占比例为35.3%，信息传输、计算机服务和软件业占比25.9%，科学研究、技术服务和地质调查业占在美投资行业的12.2%，这三个行业占中国对美国直接投资流量的比重为73.4%。

我国对美国制造业直接投资增长相对滞后。美国商会的统计报告显示，2001年中国家电企业海尔在南卡罗来纳州投资家电产业，属于中国在美国投资较早的大型企业。2005年，中国电脑厂商联想集团收购了美国IBM公司的个人电脑业务，其后科尔、万向、中国电信等诸多企业开始对美国投资，但规模一直不大。笔者根据历年《中国对外直接投资统计公报》制成了图6-8。2008年中国对美国制造业直接投资不到1亿美元，2012年达到11亿美元，2016年跃升到将近60亿美元。

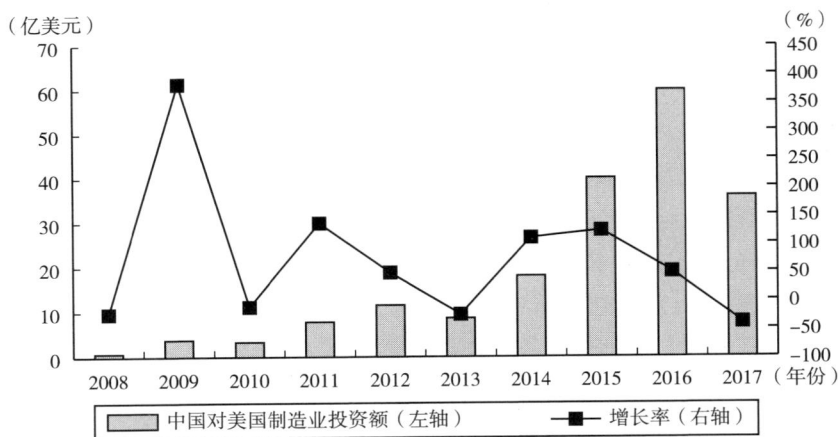

图6-8 2007~2017年中国对美国制造业投资规模及增速

资料来源：根据中国商务部公布的历年《中国对外直接投资统计公报》数据整理。

中国制造业对美直接投资的行业涉及范围较广，基于存量行业分布情况，对美直接投资主要分布在交通运输设备制造业、专用设备制造业、橡胶制品制造业、通用设备制造业、医药设备制造业、有色金属冶炼和压延加工业、金属制品业、纺织业等。另据美国经济分析局统计，截至2014年底，我国企业对美国化学工业、机械以及交通运输设备制造业的投资最多，投资额分别为153亿美元、583亿美元和657亿美元。此外，我国制造业对美国直接投资的领域也出现了变化，如：2003年对美投资主要集中在化学工业和交通运输制造业；2006年起对计算机及电子设备的投资迅猛增长，连续4年保持投资占比第一；2011~2014年对美投资主要集中在化学工业、机械、交通运输设备制造业、计算机及电子设备等行业。

中国对美国直接投资和制造业直接投资的增加，一方面，与美国金融危机后实施的"选择美国"计划有很大关系。2013年美国召开的第一次投资峰会，最大的代表团来自中国，峰会将中国列为"选择美国"十大投资来源地之一。另一方面，这也是受中国对外直接投资快速增长的影响，2014年中国对美国的直接投资几乎翻了一番，规模超过75亿美元。根据2017年《中国对外投资公报》的数据，2002年中国对外直接投资的流量在全球排在第26位，到2008年升至第12位，2014年升至第3位，2015年的投资流量仅次于美国，升至第二位。展望未来，伴随中美经贸摩擦的进展，美国对于外资安全审查标准的提升，必将影响中国对美国的直接投资规模和格局，也迫使中国企业做出相应的政策调整。

### （三）福耀集团对美国投资的案例分析

在美国"选择美国"政策感召下，2014年中国的福耀集团在美国俄亥俄州代顿市成立了福耀玻璃美国生产基地，一度成为网络热点。福耀集团创始人曹德旺接受媒体采访时的一句"牢骚话"引起网民的极大反感，"曹德旺跑路"等概念充斥网络。福耀集团是一家专业生产汽车玻璃的企业，成立于1987年。福耀集团生产的汽车玻璃在国内市场占有率达到60%以上，在国际市场的市场份额超过20%。1993年福耀集团在上证交易所上市，是当时中国第一家玻璃产业上市公司，2015年在中国香港联交所主板挂牌。这里从跨国公司区位选择的角度分析福耀玻璃在美国的投资行为。

第一，福耀集团在美国投资建厂是接近市场的需要。根据福耀集团的官方网页信息，福耀集团1994年进入美国市场设立营销中心，2014年福耀集团在美国投资建设的公司是全球最大的汽车玻璃单体工厂，也是中国汽车零部件企业在美国最大的投资项目，可提供全美四分之一的汽车玻璃配套需求，成为通用、宝马、福特、克莱斯勒等整车客户的供应商。

牧民放牧要找水草最丰美的草原，也就是所谓的草原"公地"，跨国公司的区位布局与牧民逐水草而居的道理一样，需要寻找"产业公地"。美国俄亥俄州位于五大湖地区，这里曾经是北美重要的汽车产业中心，20世纪80年代对外产业转移严重破坏了这里的产业生态系统，但近年来该地区吸引了大量的国际资本入驻，尤其是俄亥俄州的汽车供应链相当稳固，研发处于前沿水平，其地域优势就是可以在一天的客车车程内为所有重要客户供货。

福耀集团生产的产品属于生产者市场，具有购买者数量少、规模大且地理位置相对集中等特点。福耀集团汽车玻璃生产中最重要的是初始配件生产商（Original Equipment Manufacture，OEM）业务，即为汽车厂新车提供的汽车玻璃及服务，需要接近汽车生产者，故该地区的汽车产业聚集效应是吸引福耀集团投资的重要因素。

第二，福耀集团已经是一个国际化企业，国际业务收入在集团业务收入中的占比不断提高。根据2018年福耀玻璃年报，福耀集团已经在中国和俄罗斯、德国、美国、日本、韩国等国家建有52家子公司、6个研发中心、16个汽车玻璃生产基地、5个浮法玻璃基地，国际业务收入在全部收入中的比重不断增加。详见图6-9。

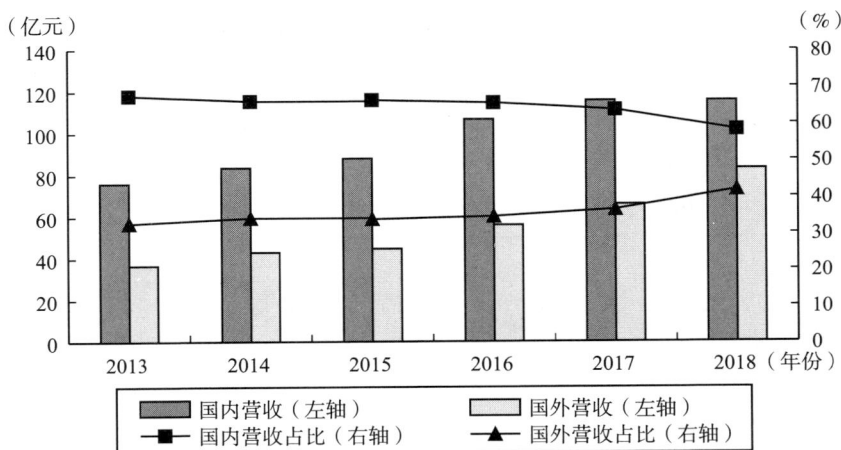

图6-9　2013~2018年福耀玻璃国内外营业收入状况

资料来源：根据福耀玻璃历年年报数据整理。

　　根据福耀集团年报，国外的营业收入在 2013 年为 32%，此后每年以 2 个百分点的速度增长，到 2018 年已经超过 40%。按照 2013 年统计数据，全球汽车玻璃生产商的市场份额占比情况如下：日本的旭硝子（2018 年改名为 AGC）占比为 22%，中国福耀占比为 20%，日本的板硝子占比为 19%，法国的圣戈班占比为 16%。考虑到福耀的经济实力，全球市场份额还应该有很大的提升空间，扩大国际化的进展也是必然的。

　　第三，福耀集团投资美国的成本优势不可忽视。

　　一是中美制造业劳动成本的差距不断缩小。表 6 - 3 统计出了 1990 ~ 2015 年中美两国制造业人均增加值、年平均成本和制造业劳动力成本产出比的变动情况。1990 ~ 2015 年，中国制造业年平均工资由 2073 元提高到 55324 元，16 年间劳动力成本上升了 26 倍。按人民币美元汇率计算，中国年均工资的提高也超过了 20 倍，而美国制造业平均工资仅提高了不到 2 倍，中美制造业平均工资差距已经由 1990 年的 65 倍降至 2015 年的 6 倍；从制造业人均产值看，1990 ~ 2015 年，美国人均产值增长了 3 倍多，中国以人民币计算的人均产值增长超过了 24 倍，在 2005 年之前，中国的人均产值增长率基本与工资增长率同步，而 2008 年金融危机后出现逆转，2015 年与 2000 年相比，中国劳动力成本快速增长超过产出增长速度，而美国的制造业工资水平在金融危机后出现下降，劳动力成本增速缓慢低于产出增速。从工资产出比来看，同期内，美国的工资产出比由 1.98 上升到 3.27，意味着一单位工资创造的产值从 1.98 单位上升到 3.27 单位，而中国工资产出比经历了一个先上升后下降的过程，由于人均工资增长超过了产值增长速度，2010 年之后的工资产出比出现了降低。这些因素的变化均凸显了美国制造业的成本优势。

表 6 - 3　　　　　　　　1990 ~ 2015 年中美制造业人均产值及劳动力成本比较

| 年份 | 美国 | | | 中国 | | | | |
|------|------|------|------|------|------|------|------|------|
| | 年均产值（美元） | 年均工资（美元） | 工资产出比（%） | 年均产值（元） | 年均工资（元） | 工资产出比（%） | 年均产值（美元） | 年均工资（美元） |
| 1990 | 55700 | 28173 | 1.98 | 5375 | 2073 | 2.59 | 1120 | 432 |
| 1995 | 68533 | 32673 | 2.10 | 17676 | 5169 | 3.42 | 2130 | 623 |
| 2000 | 90524 | 37468 | 2.42 | 28303 | 8750 | 3.23 | 3410 | 1054 |
| 2005 | 120073 | 43502 | 2.76 | 51746 | 15934 | 3.25 | 6388 | 1967 |

续表

| 年份 | 美国 | | | 中国 | | | | |
|---|---|---|---|---|---|---|---|---|
| | 年均产值（美元） | 年均工资（美元） | 工资产出比（%） | 年均产值（元） | 年均工资（元） | 工资产出比（%） | 年均产值（美元） | 年均工资（美元） |
| 2010 | 157878 | 49512 | 3.19 | 93388 | 30916 | 3.02 | 13734 | 4546 |
| 2015 | 176161 | 53857 | 3.27 | 132946 | 55324 | 2.40 | 21443 | 8923 |

资料来源：杨丹辉，渠慎宁，李鹏飞. 中国利用外资区位条件的变化：基于中美制造成本的比较分析［J］. 中国经贸，2017（09）：44－50.

二是美国企业税负水平低于中国。一般使用企业总税率判断一国企业承担的税负程度，即企业纳税总额占企业利润的比例。图6－10统计了2006～2015年中美两国企业的总税率变化情况，可以看出中国企业总税率要明显高于美国。中国在2010年税制改革之后，企业总税负水平从2009年的81%降至2010年的66%，但与美国企业税负水平差距还有20个百分点，2015年差距扩大到24个百分点。

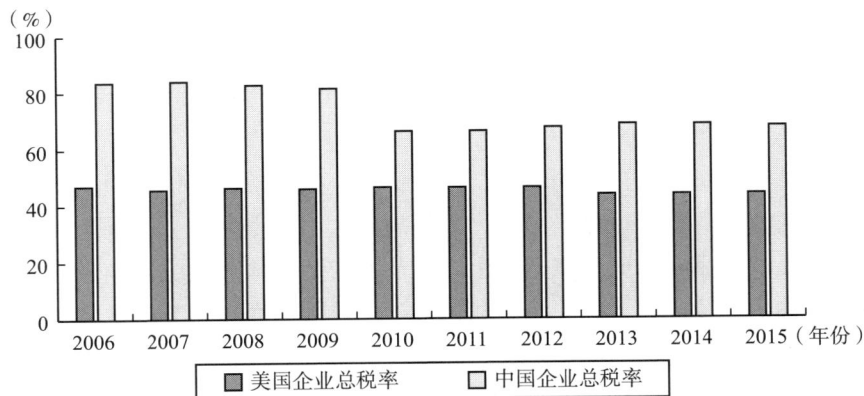

图6－10　2006～2015年中美两国企业总税率比较

资料来源：张金昌，齐雯，齐霁. 中国企业税负水平评价与国际比较［J］. 会计之友，2017（11）：79－84.

三是美国能源价格远低于中国。能源成本是制造业企业考虑的因素之一，而玻璃生产属于高能耗行业，天然气和电力等价格对企业的生产至关重要。从电力成本来看，2016年中国平均工业用电成本比美国高60%。美国工业用气价格约为0.91元/立方米，而福耀玻璃所在的中国华东地区工业用气价格为3.78元/立方米，是同期美国工业用气价格的4倍（杨丹辉、渠慎宁、李鹏飞，2017）。2004~2015 年，中国工业平均电价上涨了 60%，工业天然气价格也翻了 1 倍，而美国同期电价没有太大变化，天然气价格则下降了 25% ~ 35%（盛朝讯，2016）。

四是美国"再工业化"政策后的优惠政策降低了投资成本。如前所述，美国"再工业化"政策推出的"选择美国"计划中，发布了联邦政府吸引外资的政策，各个州或地方政府都还有一些优惠政策。福耀美国公司所在地前身曾是通用汽车的卡车装配工厂，2008 年金融危机后倒闭，厂区废置。现在福耀厂房约为 18 万平方米，270 亩地，土地价格为 1500 万美金，而俄亥俄州政府给予福耀集团各种补贴达 1700 万美元，补贴费用远超工厂改造和建设费用。当地政府还对录用的当地员工给予税收补贴和培训补贴，目前已经招录的2000 多名员工已经获得了 3000 万美元的补贴。

对于福耀美国公司经营中出现的一些问题，如管理层人才管理以及员工的效率等问题，这是任何一个跨国经营的公司都会面临的问题，并不是福耀美国公司单独面临的，需要在长期的经营过程中克服文化和经营理念上的差异，在不断的磨合中实现公司的健康成长。

# 第二节　基于增加值的中美制造业贸易格局

在经济全球化不断进展的时代，全球价值链生产模式使传统的以原产地规则为基础的贸易总额统计显示出极大的局限性，不仅产生大量的重复计算，还不能真实反映产品在不同国家不同生产环节的流动，国际组织已经开始倡导基于贸易增加值的统计方式，并建立和完善了统计数据库。本节以中美制造业贸易增加值为研究对象，利用 WIOD 数据库发布的世界投入产出表数据，使用扩展的 KWW 分解法，研究中美贸易中国内增加值和外国增加值变化趋势，分析全球金融危机之后中美贸易格局变化特征。

## 一、基于增加值贸易问题的研究及述评

最早提出从增加值角度计算一国竞争力的是约翰·霍普金斯大学已故经济学教授贝拉·巴拉萨（Balassa B.，1965），他定义了国际分工中中间品贸易增加所形成的垂直专业化现象（Vertical Specialization），指出应该通过计算每个国家在生产过程各阶段的贸易增加值来评价贸易竞争力，在此基础上提出了显示性比较优势指数（RCA），指一个国家某种商品出口额占其出口总值的份额

与世界出口总额中该类商品出口额所占份额的比率。里卡多·豪斯曼等（Hausmann R. et al.，2007）提出运用出口产品复杂度指数（SI）和国家出口生产力指数（EXPY）来计算出口竞争状况，重点测度全球产业链中的技术水平和国际分工中的地位。大卫·哈默斯（Hummels D. L. et al.，1999）提出了垂直专业化量化指标，并最早开始使用国家间投入产出表数据，从全球价值链（GVC）的视角测算一国在全球价值链中的分工地位，而该研究忽视了多国贸易中存在的返销国内状况。罗伯特·库普曼等（Koopman R. et al.，2010）将贸易数据和投入产出表相结合，提出了计算贸易增加值的方法，将一国总出口分解为国内增加值、国外增加值等 9 个部分，测度一国 GVC 参与指数（GVC - Participation）及 GVC 位置指数（GVC - Position），这种测算方法被称为 KWW 分解方法，是以 Robert Koopman，Zhi Wang 和 ShangJin Wei 三人姓氏的首字母而得名，用于核算出口贸易流中的国内外增加值。

王岚（2014）利用中国与其他国家构成的两国模型，通过将总出口分解为五大部分，测算中国的贸易地位，认为传统贸易统计中忽略中间品贸易，不仅不能正确反映全球价值链分工背景下国际贸易的实际情况，更导致了各国贸易额的统计偏差。王直和魏尚进（2015）在 KWW 分解法基础上，提出了扩展的 KWW 分解法，利用总贸易核算法，把中国官方贸易统计中总出口贸易的国内增加值部分分解为 16 个部分，对各部分进行分别测算，并以中日电器和光学设备行业为例，对中国对外贸易实际情况进行了重新判定。李昕和徐滇庆（2013）重新估算了中国外贸依存和外贸失衡情况，指出中国并不存在外贸依存度过高和严重外贸失衡的问题。王岚（2014）利用中国与其他国家构成的两国模型，将总出口分解为五大部分，测算中国的贸易地位。罗长远和张军（2014）运用增加值贸易框架，对中国出口增加值变化的动因进行实证分析。周升起等（2014）运用 TIVA 数据库，测算了中国制造业 1995～2009 年在全球价值链中的地位指数和变化情况。蒋庚华和张曙霄（2015）运用 WIOD 数据库中投入产出表的相关数据，对中日双边贸易的附加值情况进行分解，并按照最终品流向，归纳出中日出口贸易的不同特点。李俊和马风涛（2015）对中国总出口贸易进行分解，结合 WIOD 数据库的投入产出表，分析了中国制造业的垂直专业化结构特征。

综合比较上述的贸易核算方法可知，王直等提出的扩展 KWW 分解法能够客观地反映不同国家在国际贸易往来过程中的真实收益和发展趋势，并展示不同国家的贸易格局，这也是国际范围内广为运用的方法。它的特征是不仅局限于将价值分为国内价值增值和垂直专业化两部分，而是充分考虑了产品生产加工过程中的各种价值来源,将总出口分解为 16 个细分部分。因此,本书主要借鉴王直等的测算方法对中美制造业贸易格局进行分析和研究。

近年来,OECD、WTO、亚洲开发银行、欧盟等多个国际或区域组织及主要发达国家积极开展投入产出数据库的建设和开发,为研究全球价值链视角下中间品贸易状况,厘清各国贸易间增加值奠定了数据基础,并提供了比较科学合理的统计口径。OECD 推出了投入产出数据库(OECD – ICIO),澳大利亚研究委员会(ARC)开发建设了多区域投入产出数据库(EORA),欧盟建立了世界投入产出数据库(WIOD),日本通商产业省和亚洲经济研究所开发建成了亚洲国际投入产出表(AIIOT),美国普渡大学建立了 GTAP 数据库等。本书分析将使用欧盟开发的世界投入产出数据库,这是 2013 年首次发布的,基于40 个国家(27 个欧盟国家和 13 个非欧盟国家)的官方统计数据,依据国际标准产业分类修订 3.0 版(ISIC Rev. 3)发布了 35 个部门的统计数据。2016 年发布的最新投入产出表涵盖国家数增加到 43 个(新增加了瑞士、挪威和克罗地亚),依据国际标准产业分类修订 4.0 版(ISIC Rev. 4)对 56 个部门发布了统计数据。由于本节主要分析制造业领域的中美贸易格局变化,选取的是2000~2014 年世界投入产出表 r5 – r22 等 18 个行业数据。为了全面分析中美的贸易格局,在实证分析中将中美以外的所有国家视为其他国家。因此本节的实证结果不仅展示了中美贸易格局,也显示了中美在全球贸易格局中的变化趋势。

## 二、中美制造业贸易格局测算模型

利用国家间的投入产出表对中美两国制造业贸易增加值进行分解,以矩阵的表格形式反映不同国家、不同部门之间的投入产出关系结构,既可以观察每个国家和部门生产中所需要的中间产品投入,也可以追溯最终产品生产过程中每个阶段的投入。根据王直的计算方法,表 6 – 4 的投入产出表展示了包括中国、美国在内的所有国家(或地区)的 18 个制造业产业部门的投入产出状况,刻画出每个国家(或地区)的中间产品和最终产品的投入及使用情况。为了分析方便,将中国和美国以外的所有国家定义为其他,用 ROW(rest of world)表示。

表 6 – 4　　　　　　　　　　　投入产出简表

| 产出 ＼ 投入 | 中间使用 | | | | 最终使用 | | | | 总产出 |
|---|---|---|---|---|---|---|---|---|---|
| | 中国 | 美国 | … | ROW | 中国 | 美国 | … | ROW | |
| 中间投入　中国 | $Z^{CC}$ | $Z^{CU}$ | … | $Z^{CR}$ | $Y^{CC}$ | $Y^{CU}$ | … | $Y^{CR}$ | $X^{C}$ |
| 美国 | $Z^{UC}$ | $Z^{UU}$ | … | $Z^{UR}$ | $Y^{UC}$ | $Y^{UU}$ | … | $Y^{UR}$ | $X^{U}$ |
| … | … | … | … | … | … | … | … | … | … |
| ROW | $Z^{RC}$ | $Z^{RU}$ | … | $Z^{RR}$ | $Y^{RC}$ | $Y^{RU}$ | … | $Y^{RR}$ | $X^{R}$ |
| 增加值 | $VA^{C}$ | $VA^{U}$ | … | $VA^{R}$ | — | | | | |
| 总投入 | $(X^{C})^{T}$ | $(X^{U})^{T}$ | … | $(X^{R})^{T}$ | | | | | |

注：上角标 C 表示中国，U 表示美国，R 表示其他未单独统计的所有国家，$Z^{CU}$ 表示中国的产品被美国作为中间品使用的数值，$Y^{CU}$ 表示中国的产品被美国作为最终使用品的数值，$VA^{AU}$ 表示美国价值增加，$X^{U}$ 表示美国的产出值。

资料来源：王直，魏尚进，祝坤福. 总贸易核算法：官方贸易统计与全球价值链的度量［J］. 中国社会科学，2015（09）.

根据投入产出表可分析出下列关系：

$$\begin{bmatrix} Z^{CC} & Z^{CU} & \cdots\cdots & Z^{CR} \\ Z^{UC} & Z^{UU} & \cdots\cdots & Z^{UR} \\ \cdots\cdots & \cdots\cdots & \cdots\cdots & \cdots\cdots \\ Z^{RC} & Z^{RU} & \cdots\cdots & Z^{RR} \end{bmatrix} + \begin{bmatrix} Y^{CC} & Y^{CU} & \cdots\cdots & Y^{CR} \\ Y^{UC} & Y^{UU} & \cdots\cdots & Y^{UR} \\ \cdots\cdots & \cdots\cdots & \cdots\cdots & \cdots\cdots \\ Y^{RC} & Y^{RU} & \cdots\cdots & Y^{RR} \end{bmatrix} = \begin{bmatrix} X^{C} \\ X^{U} \\ \cdots\cdots \\ X^{R} \end{bmatrix}$$

设投入系数矩阵为 A，则 A 和 Z 之间的关系为：

$$\begin{bmatrix} Z^{CC} & Z^{CU} & \cdots\cdots & Z^{CR} \\ Z^{UC} & Z^{UU} & \cdots\cdots & Z^{UR} \\ \cdots\cdots & \cdots\cdots & \cdots\cdots & \cdots\cdots \\ Z^{RC} & Z^{RU} & \cdots\cdots & Z^{RR} \end{bmatrix} = \begin{bmatrix} A^{CC} & A^{CU} & \cdots\cdots & A^{CR} \\ A^{UC} & A^{UU} & \cdots\cdots & A^{UR} \\ \cdots\cdots & \cdots\cdots & \cdots\cdots & \cdots\cdots \\ A^{RC} & A^{RU} & \cdots\cdots & A^{RR} \end{bmatrix} \begin{bmatrix} X^{C} \\ X^{U} \\ \cdots\cdots \\ X^{R} \end{bmatrix}$$

设完全消耗系数矩阵为 B，也称为里昂惕夫逆矩阵，B 可表示为：

B＝（I－A）$^{-1}$，即：

$$\begin{bmatrix} B^{CC} & B^{CU} & \cdots\cdots & B^{CR} \\ B^{UC} & B^{UU} & \cdots\cdots & B^{UR} \\ \cdots\cdots & \cdots\cdots & \cdots\cdots & \cdots\cdots \\ B^{RC} & B^{RU} & \cdots\cdots & B^{RR} \end{bmatrix} = \begin{bmatrix} I-A^{CC} & -A^{CU} & \cdots\cdots & -A^{CR} \\ -A^{UC} & I-A^{UU} & \cdots\cdots & -A^{UR} \\ \cdots\cdots & \cdots\cdots & \cdots\cdots & \cdots\cdots \\ -A^{RC} & -A^{RU} & \cdots\cdots & I-A^{RR} \end{bmatrix}^{-1}$$

计算某国价值增值系数为 $V^{i}$，以美国为例，美国的价值增值系数 $V^{U}$ 可表示为：

$$V^U = \frac{VA^U}{(X^U)^T}$$

计算国内里昂惕夫逆矩阵 $L^{ii}$，以美国为例，美国的国内里昂惕夫逆矩阵为 $L^{UU}$，可表示为：

$$L^{UU} = (I - A^{UU})^{-1}$$

使用 WWZ 法，计算某一国家对另一国家的总出口，可以将其分解为 16 个部分。以美国对中国出口为例，美国对中国的出口为 $E^{UC}$。

$$E^{UC} = \overbrace{(V^U B^{UU})^T \# \sum_{U \neq C}^{G} Y^{UC}}^{T1} + \overbrace{(V^U L^{UU})^T \# (\sum_{U \neq C}^{G} A^{UC} B^{CC} Y^{CC})}^{T2}$$

$$+ \overbrace{(V^U L^{UU})^T \# \sum_{U \neq C}^{G} A^{UC} \sum_{t \neq U,C}^{G} B^{Ct} Y^{tt}}^{T3} + \overbrace{(V^U L^{UU})^T \# \sum_{U \neq C}^{G} A^{UC} B^{CC} \sum_{t \neq U,C}^{G} Y^{Ct}}^{T4}$$

$$+ \overbrace{(V^U L^{UU})^T \# \sum_{U \neq C}^{G} A^{UC} \sum_{t \neq U,C}^{G} \sum_{Cu \neq U,t}^{G} B^{Ct} Y^{tu}}^{T5} + \overbrace{(V^U L^{UU})^T \# \sum_{U \neq C}^{G} A^{UC} B^{CC} Y^{CU}}^{T6}$$

$$+ \overbrace{(V^U L^{UU})^T \# \sum_{U \neq C}^{G} A^{UC} \sum_{t \neq U,C}^{G} B^{Ct} Y^{tU}}^{T7} + \overbrace{(V^U L^{UU})^T \# \sum_{U \neq C}^{G} A^{UC} B^{CU} Y^{UU}}^{T8}$$

$$+ \overbrace{(V^U L^{UU})^T \# (\sum_{U \neq C}^{G} A^{UC} \sum_{t \neq U}^{G} B^{CU} Y^{Ut})}^{T9} + \overbrace{(V^U B^{UU} - V^U L^{UU})^T \# (A^{UC} X^C)}^{T10}$$

$$+ \overbrace{\sum_{U \neq C}^{G} (V^r B^{CU})^T \# Y^{UC}}^{T11} + \overbrace{(\sum_{t \neq U,C}^{G} V^t B^{tU})^T \# (A^{UC} L^{CC} Y^{CC})}^{T12}$$

$$+ \overbrace{(\sum_{t \neq U,C}^{G} V^t B^{tU})^T \# (A^{UC} L^{CC} E^C)}^{T13} + \overbrace{(\sum_{t \neq U,C}^{G} V^t B^{tU})^T \# Y^{UC}}^{T14}$$

$$+ \overbrace{\sum_{U \neq C}^{G} (\sum_{t \neq U,C}^{G} V^t B^{tU})^T \# (A^{UC} L^{CC} Y^{CC})}^{T15} + \overbrace{\sum_{U \neq C}^{G} (\sum_{t \neq U,C}^{G} V^t B^{tU})^T \# (A^{UC} L^{CC} E^C)}^{T16}$$

值得注意的是，在上面 16 个部分中，第 9 个和第 10 个部分表示来自国内账户的纯重复计算，第 13 个和 16 个部分表示来自国外账户的纯重复计算，均属于垂直专业化的组成部分，这些中间品交易计入海关的贸易统计，但不构成任何国家的 GDP 或最终需求，因此下面的分析将扣除这 4 个部分。去掉重复计算后的内容整理成表 6-5。

表6-5                        总出口细分表

| | 一级细分 | 二级细分 | 三级细分 | 代码 |
|---|---|---|---|---|
| 总出口（E） | 国内价值部分 | DVA（被国外吸收的国内增加值） | DVA_FIN（最终出口的国内增加值） | T1 |
| | | | DVA_INT（被直接进口国吸收的中间出口） | T2 |
| | | | DVA_INTrex（被直接进口国生产向第三国出口所吸收的中间出口） | T3~T5 |
| | | RDV（返回并被本国吸收的国内增加值） | | T6~T8 |
| | 垂直专业化 | FVA（国外增加值） | MVA（出口隐含的进口国增加值） | T11+T12 |
| | | | OVA［出口隐含的第三（其他）国增加值］ | T14+T15 |

资料来源：王直，魏尚进，祝坤福．总贸易核算法：官方贸易统计与全球价值链的度量［J］．中国社会科学，2015（09）．

## 三、中美制造业贸易格局实证分析

### （一）制造业最终品出口与中间品出口变化情况

宏观层面分析中美贸易格局是从最终品和中间品展开分析的，即将总出口（TEXP）拆分为最终品出口（TEXPF）和中间品出口（TEXPI）。表6-6显示了中美之间以及中美对其他国家制造业出口中最终产品和中间品出口的变化趋势。

从中国来看，中国对美国出口最终产品比重在波动中下降，而中间产品比重不断上升。2000年二者比例为74.8∶25.2，2009年最终产品出口达到了一个高点，二者比例为76.3∶23.3，随后出现快速下降趋势，与2000年相比，2014年最终产品比重降低了12个百分点。相对应的是中间产品比重增加，尤其是2012年之后，中国对美国出口中间产品比重有了较大提升，从2012年的27%提高到2014年的36.25%，3年提升近10个百分点。这说明中国对美国出口结构中最终产品占比下降，而中间产品占比在不断上升。与中国对美国的出口结构变化相比，中国对美国以外的其他国家也是出现最终产品减少和中间产品增加的趋势，只是变动的幅度较小，2000年二者比例为59.9∶40.1，

2014 年为 53.6∶46.4，变动幅度仅为中美之间的一半左右。

从美国来看，呈现出与中国完全相反的态势，即美国对中国出口中最终产品比重上升，而中间产品比重下降，2000 年二者的比例为 49.0∶51.0，中间品贸易略高于最终产品贸易。2003 年到国际金融危机之前，美国对中国的最终产品出口比重曾出现连续下降趋势，2008 年美国对中国的最终产品比重降至 38.1%，与 2000 年相比降低了 10 个百分点，2009 年最终产品的比重开始上升，2014 年达到 56.5%，比 2008 年提升了 18 个百分点。这说明，美国在全球金融危机后采取的"再工业化"政策不仅带来了第一节分析的美国对中国出口贸易的增长，也带来了美国对中国出口商品结构的变化。从美国对中国以外的其他国家来看，与中国对其他国家的趋势相同，也表现为最终产品比重下降和中间产品比重上升的趋势，只是变动幅度更小，15 年间变动了 3 个百分点。

表 6 - 6　　　　　　　2000 ~ 2014 年制造业最终产品和中间产品变化趋势　　　　单位：%

| 年份 | 最终产品出口 | | | | 中间品出口 | | | |
|------|------|------|------|------|------|------|------|------|
| | 中对美 | 美对中 | 美对其他 | 中对其他 | 中对美 | 美对中 | 美对其他 | 中对其他 |
| 2000 | 74.80 | 49.00 | 42.00 | 59.90 | 25.20 | 51.00 | 58.00 | 40.10 |
| 2001 | 75.40 | 53.90 | 42.40 | 60.00 | 24.60 | 46.10 | 57.60 | 40.00 |
| 2002 | 75.90 | 50.00 | 41.40 | 58.40 | 24.20 | 50.00 | 58.60 | 41.60 |
| 2003 | 76.00 | 44.50 | 41.00 | 58.70 | 24.00 | 55.50 | 59.00 | 41.30 |
| 2004 | 74.50 | 41.20 | 40.00 | 57.50 | 25.50 | 58.80 | 60.00 | 42.50 |
| 2005 | 75.00 | 43.90 | 40.00 | 58.30 | 25.00 | 56.10 | 60.00 | 41.70 |
| 2006 | 73.60 | 44.30 | 40.90 | 57.70 | 26.40 | 55.80 | 59.10 | 42.30 |
| 2007 | 74.50 | 39.20 | 41.90 | 57.90 | 25.60 | 60.80 | 58.10 | 42.10 |
| 2008 | 71.70 | 38.10 | 41.00 | 56.40 | 28.30 | 61.90 | 59.00 | 43.60 |
| 2009 | 76.70 | 45.30 | 40.00 | 58.50 | 23.30 | 54.70 | 60.00 | 41.50 |
| 2010 | 74.90 | 47.90 | 38.30 | 56.40 | 25.10 | 52.10 | 61.70 | 43.60 |
| 2011 | 72.60 | 49.20 | 37.80 | 55.00 | 27.40 | 50.80 | 62.20 | 45.00 |
| 2012 | 73.00 | 53.50 | 38.60 | 55.40 | 27.00 | 46.50 | 61.40 | 44.60 |
| 2013 | 65.20 | 53.00 | 38.80 | 54.80 | 34.80 | 47.00 | 61.20 | 45.20 |
| 2014 | 63.80 | 56.50 | 38.50 | 53.60 | 36.30 | 43.50 | 61.50 | 46.40 |

资料来源：根据 WIOD 数据库 2016 年发布的最新版世界投入产出表数据计算整理。

从上述变化可以看出，中美贸易格局变化表现为中国对美国出口的中间产品在不断增加，而最终产品的比重在逐渐降低，这与美国"再工业化"后美国产业回流有关，许多产业回流均是将原来在中国生产的零部件组装后向美国出口最终产品的模式转换为中国对美国出口中间零部件，在美国组装后满足美国消费者需求的模式，这意味着中国正在不断融入美国的产业链或供应链。中美两国对其他国家中间产品出口比重上升的现实也说明中美两国都在深度融入对方产业链，美国产业回流也是建立在全球价值链生产格局的基础上，完全脱离全球价值链重建美国的产业体系是不可能实现的。

## （二）制造业出口中本国增加值变化趋势

本国增加值（Domestic Value Added，DVA）是指美国或中国被直接进口国或第三进口国吸收的美国或中国的增加值状况。表6-7显示了中美两国出口的最终产品和中间产品中本国增加值的变化情况。

表6-7　　　　　2000～2014年制造业出口产品中本国增加值的变化趋势　　单位：%

| 年份 | 出口最终产品中本国增加值 | | | | 出口中间产品中本国增加值 | | | |
|------|------|------|------|------|------|------|------|------|
| | 中对美 | 美对中 | 美对其他 | 中对其他 | 中对美 | 美对中 | 美对其他 | 中对其他 |
| 2000 | 60.50 | 41.80 | 34.30 | 48.40 | 3.30 | 8.90 | 1.00 | 3.80 |
| 2001 | 61.90 | 46.60 | 35.20 | 48.70 | 3.00 | 8.20 | 1.20 | 3.70 |
| 2002 | 60.50 | 43.30 | 34.40 | 46.30 | 2.70 | 9.80 | 1.40 | 3.80 |
| 2003 | 58.20 | 38.30 | 34.10 | 44.50 | 2.50 | 12.70 | 1.70 | 3.30 |
| 2004 | 55.00 | 34.60 | 32.70 | 42.10 | 2.70 | 14.90 | 1.90 | 3.20 |
| 2005 | 55.60 | 36.80 | 32.30 | 42.70 | 2.70 | 14.70 | 1.90 | 3.10 |
| 2006 | 54.80 | 36.60 | 32.70 | 42.20 | 3.00 | 16.10 | 2.00 | 3.10 |
| 2007 | 55.00 | 32.10 | 33.70 | 42.30 | 3.20 | 18.20 | 1.90 | 2.70 |
| 2008 | 54.20 | 30.80 | 32.50 | 42.20 | 3.80 | 17.60 | 1.90 | 2.80 |
| 2009 | 60.90 | 38.80 | 33.30 | 46.10 | 2.90 | 12.80 | 2.20 | 2.30 |
| 2010 | 58.10 | 40.30 | 31.10 | 43.10 | 3.10 | 12.00 | 2.60 | 2.50 |
| 2011 | 56.40 | 40.50 | 30.00 | 42.20 | 3.70 | 10.70 | 2.70 | 2.51 |
| 2012 | 57.60 | 44.10 | 30.60 | 43.10 | 3.60 | 9.10 | 2.80 | 2.60 |
| 2013 | 52.30 | 43.30 | 30.70 | 42.80 | 4.40 | 8.80 | 2.80 | 2.60 |
| 2014 | 52.40 | 45.70 | 30.20 | 42.80 | 4.70 | 8.30 | 2.80 | 2.80 |

资料来源：根据WIOD数据库2016年发布的最新版世界投入产出表数据计算整理。

从中国来看，中国出口美国最终产品中国内增加值呈下降趋势，2000 年为 60.5%，经历了 2001 年冲高后开始下降，到 2008 年下降了 6 个百分点，2009 年再次冲顶后出现了持续下降趋势，2014 年比 2000 年降低了 8 个百分点。在中国对其他国家出口的最终产品中，国内增加值变化幅度较小，从 2001 年最高点 48.7% 降至 2004 年的 42%，之后没有出现太大变化。中国对美国和其他国家出口的中间产品中，国内增加值的变化也不显著，中国对美国出口中间产品的国内增加值从 2000 年的 3.3% 提升到 2014 年的 4.7%，提升了 1.4%，而对其他国家出口的国内增加值从 3.8% 降至 2.8%，下降了 1 个百分点。

从美国来看，首先，美国对中国出口最终产品中，美国增加值有较大幅度的波动，2000 年比重为 41.8%，2001 年达到了高点 46.6 之后开始下降，到 2008 年降至 30.8%，与高点相比下降了 15 个百分点，2009 年再次进入上升通道，到 2014 年提升了 15 个百分点。在美国对其他国家的最终产品出口中，美国国内增加值变化非常缓慢，2000 年为 34.3%，2001 年降至 30.8%，之后一直维持在 30% 的水平。其次，美国对中国出口的中间产品中，美国增加值的波动更大，从 2000 年的 8.9% 升至 2007 年的 18.2%，在经历了 2008 年的高位徘徊之后开始下降，到 2014 年基本降至 2000 年的水平。

从上述分析可以看出，中国对美国最终产品中国内增加值大幅下降，说明中国仍在不断从其他东亚、东南亚国家和地区大量进口零部件和半成品，在中国完成总体组装后向美国出口，说明中国作为亚洲价值链核心地位的现象并没有发生大的变化，中国正将亚洲整合为巨大的制造业集聚区。而中国对其他国家最终产品出口中本国增加值的高位运行，说明中国不仅是最终产品的出口大国，还通过大量的零部件或半成品出口到其他国家，形成了密切的区域或全球价值链条。美国出口中国产品中的国内增加值剧烈波动显示了美国制造业的结构调整，即增加最终产品对中国的出口，同时提升出口中的美国国内增加值，减少美国对中国的中间产品出口，并降低中间产品出口中美国的国内增加值。

## （三）返销国内的国内增加值变化趋势

返销的国内增加值（returned domestic value，RDV）指原材料或中间品由本国生产，出口到他国加工制造，再以返销形式进入国内，以满足本国生产或消费需求，也就是先出口再返销时的国内增加值。表 6-8 显示了中美两国返销产品中国内附加值的变化情况。

从中国来看，中国从美国进口商品中包含的中国增加值比重是增长趋势，但占比很低,最高时也只有 0.5%,中国从其他国家进口商品中国内增加值却是持续增长趋势,增长的幅度也比较大,从 2000 年的 0.6% 提升到 2014 年的 2.3%。从美国来看,美国从中国进口商品中包含的国内增加值在 2000 年达到 3%,之后缓慢增长到 2007 年的 5.1%,2009 年开始下降,2014 年降至 1.9%,而美国从其他国家进口商品中国内增加值出现了下降趋势,从 2000 年的 6% 下降到 2014 年的 3.5%,15 年间下降了 2.5 个百分点。

表 6 – 8　　　　　　2000 ~ 2014 年制造业出口返销国内时国内附加值变化　　　　单位:%

| 年份 | 返销国内的国内增加值 | | | |
|---|---|---|---|---|
| | 中对美 | 美对中 | 美对其他 | 中对其他 |
| 2000 | 0.10 | 3.00 | 6.00 | 0.60 |
| 2001 | 0.10 | 2.50 | 5.70 | 0.70 |
| 2002 | 0.10 | 3.30 | 5.80 | 0.90 |
| 2003 | 0.10 | 4.10 | 5.30 | 1.00 |
| 2004 | 0.10 | 4.70 | 5.00 | 1.10 |
| 2005 | 0.10 | 4.80 | 4.80 | 1.10 |
| 2006 | 0.20 | 4.80 | 4.50 | 1.20 |
| 2007 | 0.20 | 5.10 | 4.00 | 1.10 |
| 2008 | 0.20 | 4.30 | 3.50 | 1.20 |
| 2009 | 0.20 | 3.20 | 3.30 | 1.50 |
| 2010 | 0.30 | 2.90 | 3.50 | 1.80 |
| 2011 | 0.30 | 2.30 | 3.30 | 2.00 |
| 2012 | 0.30 | 2.00 | 3.40 | 2.10 |
| 2013 | 0.40 | 1.80 | 3.40 | 2.20 |
| 2014 | 0.50 | 1.90 | 3.50 | 2.30 |

资料来源:根据 WIOD 数据库 2016 年发布的最新版世界投入产出表数据计算整理。

这种现象说明在全球金融危机之前,美国从中国进口的商品中,美国企业向中国出口中间产品或零部件,在中国组装或完成生产后返销美国的现象非常普遍,这就是美国采取的先出后进的折返式价值链参与模式(刘斌、王乃嘉、屠新泉,2018),这种方式既可以通过中间产品出口控制价值链上游,又可以通过进口满足国内需求,进而控制价值链下游。金融危机后美国企业减少了对中国先出口再返销的现象，因此出现美国从中国进口商品中美国增加值下降的趋势。中国从美国进口产品中所包含的中国增加值比重偏低现象说明中国融入美国价值链的程度较低，中国从其他国家进口商品中国内增加值的提升预示着中国在美国以外的全球价值链中的地位提升，融入全球价值链的程度在加深。

### （四）制造业出口中隐含的国外增加值变化趋势

国外增加值（foreign value added，FVA）是出口中隐含的国外增加值，这部分增加值既可能直接来自直接进口国（MVA），也可能来自第三国（OVA）。表 6 - 9 显示了制造业出口中隐含的进口国增加值和第三国增加值的状况。从表中可以看出，美国出口到中国的制造业产品中隐含的中国增加值有一定增加，但幅度不大，从 2000 年的 0.3% 提升到 2014 年的 2%，而中国出口的制造业产品中隐含的美国增加值从 1.47% 下降至 1.14%。这里特别值得注意的是中美两国在对其他国家出口中进口国增加值普遍偏高，而且波动幅度也较大，如美国对其他国家出口中，隐含的其他国家增加值在 2008 年曾高达15.5%，到 2014 年一直保持较高的比重。中国对其他国家出口中隐含的其他国家增加值出现了先增后降的特征，2000～2007 年，比重由 16% 提高到接近22%，之后出现下降趋势，到 2014 年降至 15%。这种现象说明中国和美国均与其他国家的价值链之间存在密切联系，金融危机之前的联系更加密切。

表 6 - 9　　　　　2000～2014 年制造业 MVA 变化　　　单位：%

| 年份 | 出口隐含的进口国增加值 | | | |
|---|---|---|---|---|
| | 中对美 | 美对中 | 美对其他 | 中对其他 |
| 2000 | 1.80 | 0.30 | 11.80 | 16.00 |
| 2001 | 1.40 | 0.40 | 10.90 | 15.50 |
| 2002 | 1.50 | 0.40 | 10.70 | 16.90 |
| 2003 | 1.70 | 0.50 | 11.00 | 19.90 |
| 2004 | 1.90 | 0.60 | 12.30 | 21.90 |
| 2005 | 1.80 | 0.70 | 13.20 | 22.10 |
| 2006 | 1.90 | 0.80 | 14.10 | 21.80 |
| 2007 | 1.90 | 0.80 | 14.00 | 21.90 |
| 2008 | 1.70 | 1.00 | 15.50 | 20.60 |

续表

| 年份 | 出口隐含的进口国增加值 | | | |
|------|------|------|------|------|
|  | 中对美 | 美对中 | 美对其他 | 中对其他 |
| 2009 | 1.50 | 0.90 | 12.20 | 17.10 |
| 2010 | 1.50 | 1.10 | 13.50 | 18.90 |
| 2011 | 1.30 | 1.40 | 15.30 | 18.80 |
| 2012 | 1.30 | 1.40 | 15.30 | 17.60 |
| 2013 | 1.20 | 1.70 | 15.00 | 17.10 |
| 2014 | 1.10 | 2.00 | 14.70 | 15.30 |

资料来源：根据 WIOD 数据库 2016 年发布的最新版世界投入产出表数据计算整理。

表 6 – 10 显示了中美制造业出口产品中隐含的第三国增加值情况。

表 6 – 10　　　　　2000 ~ 2014 年中美制造业出口中的 OVA 变化　　　单位：%

| 年份 | 出口隐含的第三（其他）国增加值 | | | |
|------|------|------|------|------|
|  | 中对美 | 美对中 | 美对其他 | 中对其他 |
| 2000 | 16.50 | 10.80 | 0.40 | 1.40 |
| 2001 | 15.50 | 10.30 | 0.40 | 1.40 |
| 2002 | 17.60 | 9.60 | 0.40 | 1.50 |
| 2003 | 20.40 | 9.20 | 0.50 | 1.60 |
| 2004 | 22.70 | 9.90 | 0.70 | 1.80 |
| 2005 | 22.60 | 10.30 | 0.80 | 1.70 |
| 2006 | 22.00 | 10.60 | 1.00 | 1.80 |
| 2007 | 22.30 | 10.20 | 1.10 | 1.80 |
| 2008 | 20.80 | 11.10 | 1.20 | 1.70 |
| 2009 | 17.70 | 9.70 | 1.00 | 1.50 |
| 2010 | 19.50 | 10.90 | 1.20 | 1.50 |
| 2011 | 19.30 | 12.70 | 12.70 | 1.30 |
| 2012 | 18.20 | 12.90 | 1.40 | 1.20 |
| 2013 | 17.50 | 13.00 | 1.60 | 1.20 |
| 2014 | 15.60 | 13.10 | 1.80 | 1.10 |

资料来源：根据 WIOD 数据库 2016 年发布的最新版世界投入产出表数据计算整理。

从美国对中国出口来看，2000 年隐含的第三国增加值为 10.8%，此后略有下降，2008 年达到 11.1%，2009 年有一个短暂下降，然后开始上升，到 2014 年达到 13.1%。从中国对美国出口来看，2000 年隐含的第三国增加值为 16.5%，到 2005 年达到 22.7 的高点，高位运行 4 年后自 2009 年开始下降，到 2014 年降至 15.6%。中美相互出口中隐含的第三国增加值的规模不大，变化也不是非常显著。这说明在中美之间的相互出口中，隐含的第三国增加值占比都很大，尤其是中国对美国的出口产品中，第三国的增加值最高时超过了 1/5，美国对中国出口中的第三国增加值也超过 1/7，显示出美国和中国均是全球价值链中的中心国家。

# 第三节　美国"再工业化"后中国制造业国际竞争力变化

运用 RCA 指数评价中国制造业国际竞争能力的变化特征是本节的主要内容，包括中国制造业国际竞争力的总体评价、不同技术产品领域的主要竞争状况，重点分析中国与越南在低技术产品领域的竞争和中国与美国在高科技产品领域的竞争。

## 一、评价方法及中国制造业国际竞争力变化

### （一）评价指标及其数据选取和应用

出口商品比较优势是衡量一个国家产业国际竞争力的重要指标。巴拉萨提出用显示性比较优势（RCA）指数衡量一国产业在国际贸易中的比较优势。计算公式为：

$$RCA_{ij} = (X_{ij}/X_i) \div (X_{wj}/X_w)$$

式中，$X_{ij}$ 表示 i 国 j 产品出口额，$X_i$ 表示 i 国出口总额，$X_{wj}$ 表示全球 j 产品出口额，$X_w$ 表示全球出口总额。

根据日本贸易振兴协会（JETRO）的评价标准，如果 RCA > 1，则表示一国某产品在世界竞争中具有显示性比较优势，其数值越大，显示性比较优势越明显。如果 RCA > 2.5，则表明该国该产业具有极强的国际竞争力；如果 1.25 < RCA < 2.5，表明该国该产业具有较强的国际竞争力；如果 0.8 < RCA <

1.25，则认为该国该产业具有平均的国际竞争力；如果 RCA < 0.8，则表明该国该产业的国际竞争力较弱。

本节产品技术分类采用第一节中提到的桑贾亚·劳尔（Lall S.，2000）分类标准，将 35 类制造业产品分为 9 组，其中资源性产品（RB）5 类，低技术性产品（LT）9 类，中技术性产品（MT）13 类，高技术性产品（HT）8 类。采用联合国贸易发展委员会（UN Comtrade）的数据，依据《国际贸易标准产业分类》（修订 3）分类，按二位数编码选取 35 类制造业产品，计算出中国制造业各类产品的比较优势。制造业产品按不同技术类别计算的显示性比较优势制成表 6 - 11。

表 6 - 11　　　　按技术类别划分的中国制造业产品显示性比较优势

| 技术类别 | 产品描述及其二位数分类码 | 2009 年 RCA 值 | 2017 年 RCA 值 | 2009 ~ 2017 年 RCA | |
|---|---|---|---|---|---|
| | | | | 平均值 | 变化量 |
| RB1 | 未另列明的皮革和皮革制品以及裘皮（61） | 0.53 | 0.42 | 0.52 | -0.11 |
| | 未另列明的橡胶制品（62） | 1.11 | 1.12 | 1.17 | 0.01 |
| | 纸、纸板以及纸浆、纸和纸板的制品（64） | 0.51 | 0.86 | 0.73 | 0.35 |
| | 不包括家具在内的软木及木材制品（63） | 1.45 | 1.45 | 1.52 | 0.00 |
| RB2 | 未另列明的非金属矿产品（66） | 1.05 | 1.04 | 1.10 | -0.01 |
| LT1 | 纺织纱（丝）、织物、未另列明的成品及有关产品（65） | 2.84 | 2.82 | 2.85 | -0.03 |
| | 各种服装和服饰用品（84） | 3.30 | 2.56 | 3.05 | -0.74 |
| | 旅行用具、手提包及类似容器（83） | 4.06 | 3.24 | 3.80 | -0.82 |
| | 鞋类（85） | 3.57 | 2.72 | 3.26 | -0.85 |
| LT2 | 初级形状的塑料（57） | 0.26 | 0.38 | 0.33 | 0.12 |
| | 肥料（第 272 组所列除外）（56） | 0.64 | 0.87 | 0.95 | 0.23 |
| | 未另列明的金属制品（69） | 1.65 | 1.71 | 1.71 | 0.06 |
| | 家具及其零件；床上用品、床垫、软垫及类似填制家具（82） | 2.77 | 2.60 | 2.83 | -0.17 |
| | 预制建筑物；未另列的卫生、水道、供暖和照明设备（81） | 2.42 | 3.45 | 3.20 | 1.03 |
| MT1 | 陆用车辆（包括气垫式车辆）（78） | 0.36 | 0.40 | 0.41 | 0.04 |
| MT2 | 有机化学品（51） | 0.71 | 0.88 | 0.76 | 0.18 |
| | 无机化学品（52） | 1.11 | 1.23 | 1.17 | 0.12 |
| | 染色原料、鞣料及色料（53） | 0.56 | 0.68 | 0.64 | 0.12 |

续表

| 技术类别 | 产品描述及其二位数分类码 | 2009 年 RCA 值 | 2017 年 RCA 值 | 2009~2017 年 RCA 平均值 | 2009~2017 年 RCA 变化量 |
|---|---|---|---|---|---|
| MT2 | 香精油和香膏及香料、盥洗用品及光洁用品（55） | 0.27 | 0.33 | 0.32 | 0.06 |
| | 非初级形状的塑料（58） | 0.50 | 0.81 | 0.70 | 0.31 |
| | 钢铁（67） | 0.76 | 1.04 | 1.04 | 0.28 |
| | 有色金属（68） | 0.52 | 0.53 | 0.54 | 0.01 |
| | 其他运输设备（79） | 1.06 | 0.62 | 0.90 | −0.44 |
| MT3 | 动力机械及设备（71） | 0.71 | 0.71 | 0.73 | 0.01 |
| | 特种工业专用机械（72） | 0.62 | 0.81 | 0.71 | 0.18 |
| | 金属加工机械（73） | 0.76 | 0.67 | 0.68 | −0.09 |
| | 未另列的通用工业机械和设备及其机器零件（74） | 1.12 | 1.25 | 1.19 | 0.13 |
| HT1 | 办公用机器及自动数据处理设备（75） | 3.40 | 2.85 | 3.13 | −0.55 |
| | 电信、录音及重放装置和设备（76） | 2.90 | 2.88 | 2.85 | −0.02 |
| | 未另列明的电力机械、装置和器械及其电器零件（77） | 1.45 | 1.39 | 1.50 | −0.06 |
| | 未另列明的摄影仪器、设备和材料以及光学产品（88） | 1.02 | 1.00 | 1.05 | −0.02 |
| HT2 | 医药品（54） | 0.20 | 0.21 | 0.21 | 0.00 |
| | 未另列明的化学原料及其产品（59） | 0.59 | 0.70 | 0.63 | 0.10 |
| | 未另列明的专业、科学及控制用仪器和装置（87） | 1.18 | 1.04 | 1.17 | −0.13 |
| | 未另列明的杂项制品（89） | 1.62 | 1.76 | 1.85 | 0.14 |

注：产品类别括号内数字为《国际贸易标准分类》修订 3 版的二位数编码。
资料来源：根据联合国贸易和发展会议数据库计算整理（https://unctadstat.unctad.org）。

### （二）中国制造业竞争力变化特征

图 6-11 可以显示中国制造业竞争力变化的主要特征。

第一，从制造业产品分类看，中国制造业产品竞争力总体呈"U"形分布，即低技术制成品和高技术制成品处于高位，中等技术制成品处于低位运行。这意味着中国制造业在低技术产品领域和高技术产品领域拥有相对较强的国际竞争力，而中技术产品领域国际竞争力相对较弱。比较 2009 年和 2017 年的 RCA 值发现，在低技术产品领域和高技术产品领域，中国的竞争优势有所减弱。

第二，多数低技术产品的竞争能力比较强，但出现了竞争力下降的趋势。从 2009 年和 2017 年的 RCA 平均值看，中国在 9 类低技术产品中 6 类的 RCA 值

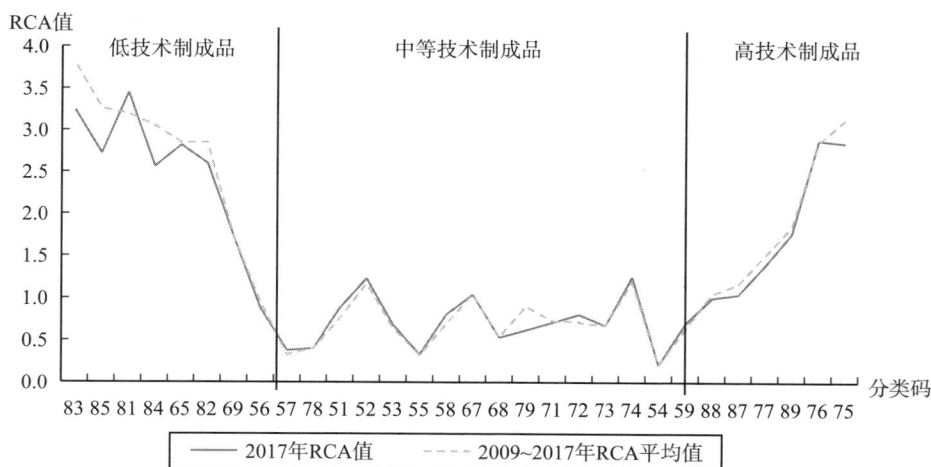

**图 6 – 11 按技术类别划分的中国制造业产品 RCA 值分布**

注:产品类别括号内数字为《国际贸易标准分类》修订 3 版的二位数编码。

资料来源:根据联合国贸易和发展会议数据库计算整理(https://unctadstat.unctad.org)。

大于 2.5,具有极强的国际竞争力,特别是 LT1 中的 4 类低技术产品均保持了极强的国际竞争力。LT2 中第 81 类和第 82 类 RCA 值大于 2.5,具有极强的国际竞争力,第 69 类也具有较强的国际竞争力,而其他 2 类(56 和 57)国际竞争力较弱。而从竞争力的变化趋势看,与 2009 年相比,2017 年在 6 类具有极强竞争力的产品中 5 类出现了下降,只有一类(第 81 类)出现了略微上升,其中 LT1 的全部 4 类都出现了下降,特别是服装服饰用品、旅行用具以及鞋类等劳动密集型产品的竞争力下降显著。这主要是由于金融危机后中国劳动力成本上升,劳动力密集型产品比较优势相对下降,带来了美国产业回流以及向东南亚等劳动力价格更加低廉地区的产业转移。关于美国产业回流企业的技术特征,第五章的表 5 – 2 显示,46% 的企业属于低技术水平企业,这是回流企业中占比最高的领域,这些回流企业更多是利用了现代化的机器人等自动化技术替代了劳动,降低了劳动成本。与 LT1 相比,LT2 类的多数产品的国际竞争力有所上升,其中上升最快的预制建筑类(第 81 类),RCA 提升超过 1 个百分点,其他的产品虽然竞争力并不高,但出现了上升趋势。从 LT2 的产品类别看,面向国内市场的产品均出现了竞争力提升现象,而面向国际市场的产品竞争力下降明显(第 82 类,家具及其零件)。这一现象显示中国国内产业规模扩大和国内需求增加的现实。

第三,中国的中等技术产品竞争力均有所改善,但总体仍缺乏竞争力。

2017 年与 2009 年相比, 13 类的 MT 产品中 11 类产品出现了竞争力改善状况, 改善较为显著的是第 58 类 (非初级形状的塑料) 和第 67 类 (钢铁), 出现下降的只有第 79 类 (其他运输设备) 和第 73 类 (金属加工机械)。如果对中等技术产品进一步分类的话, MT2 是资本密集型产品, 在 2009 年到 2017 年间均出现了竞争力提升现象。而 MT3 类产品具有资本/劳动力比率相对偏低的特征, 中国在金融危机后高技能工人工资的上升, 进一步削弱了该领域的竞争优势。MT1 类陆用车辆属于资本技术密集型产品, 也出现了竞争力略微提升的态势。但总体来说, 在 13 类 MT 产品中, 7 类 RCA 值低于 0.8, 属于国际竞争力较弱的产品, 5 类 RCA 值在 0.8 ~ 1.25 之间, 具有平均的国际竞争力, 只有 1 类产品 (第 74 类) 的 RCA 值略大于 1.25, 具有较强的国际竞争力。

第四, 高技术产品总体具有竞争能力, 但出现了两极分化现象。在 8 类高技术产品中, 两类 (第 75 类和第 76 类) RCA 指数超过了 2.5, 具有极强的竞争力; 两类 (第 77 类和第 89 类) RCA 指数超过 1.25, 具有较强的国际竞争力; 两类 (第 88 类和第 87 类) RCA 指数在 0.8 ~ 1.25 区间, 具有平均的国际竞争力; 其余的两类 (第 54 类和第 59 类) 产品不具有国际竞争力。从发展趋势看, 2009 ~ 2017 年, 具有竞争力的产品出现了竞争力下降趋势, 而不具有竞争力的产品出现了竞争力提升现象。竞争力下降最为显著的是办公用机器及自动数据处理设备 (第 75 类), 2017 年与 2009 年相比, RCA 指数下降 0.55。在不具有竞争力的产品中, 未列明的化学原料及其产品 (第 59 类) 的 RCA 指数上升 0.1。HT1 类产品的价值链终端的加工装配环节具有劳动密集型特征, 对技能工人的需求较大, 随着机器人的大规模应用, 劳动力低成本优势有所下降, 产业出现向美国和劳动力成本更低的东南亚转移的迹象。另外, 中国医药品的 RCA 指数只有 0.2, 说明中国医药行业国际竞争力很低, 虽然指数有所提升, 但显示与发达国家相比还有很大的差距。

## 二、低技术产品领域中国与越南的竞争

### (一) 中越两国在低技术产品领域的出口态势

越南与中国改革开放后有很多相似特征和发展路径, 均拥有充裕的廉价劳动力、良好的基础设施, 推行出口导向型经济发展战略等。近年来越南对外贸易发展迅猛, 2017 年和 2018 年的出口增长率分别达到 21.4% 和 14.6%。尤其在以纺织服装和鞋类为主的低技术产品领域, 凭借低廉的要素成本正成为中国

的有力竞争对手。尤其是越南在 LT1 的劳动密集型产品的出口增长非常迅猛，表 6-12 和表 6-13 分别列出了 2009 年以来中越两国在 LT1 类低技术产品领域对外贸易出口额增长率和市场占有率情况。

就出口增速而言，在 LT1 产品领域，中国在 2009 年以来出口增长率显著低于越南，尤其是 2012 年以来，中国出口增速明显放缓，两国增长率差距接近 15 个百分点，中国在 2015 年和 2016 年出口出现负增长，2017 年两国差距扩大至 19.6 个百分点。整体来说，在劳动密集型的 LT1 领域，来自越南的竞争正在激化。从 LT1 内部的 4 类产品来看，两国的竞争更加激烈，出口增速的差距在 2012 年后急剧拉大，十几个百分点的差距成为常态，个别年份中增速差距高达 30%。如 2014 年，越南旅行用具、手提包及类似容器（第 83 类）产品的出口额增速比中国高 34 个百分点，纺织品（第 65 类）和服装服饰（第 84 类）产品的两国出口增速的差距在 2017 年分别达到 22.4% 和 26.8%。

就市场占有率而言，中国在 LT1 产品领域的优势地位还很明显，世界市场占有率从 2009 年的 30% 提升到 2015 年的 36%，虽然之后进入下降通道，但世界市场占有率还维持在 1/3 以上。越南的市场占有率虽然较低，但增长速度很快，由 2009 年的 2.3% 上升到 2017 年的 5.7%。从 4 类产品来看，中国市场占有率增长显著的是第 65 类的纺织品，同期内市场占有率增长了近 10 个百分点，其次是第 83 类的旅行用品，也增长了近 3 个百分点，第 84 类的服装和 85 类的鞋类基本是在原地徘徊。而越南在 4 类产品中，市场占有率最高的是第 85 类的鞋类，从 2009 年 5% 提升到 2017 年的 10.9%，增长了 1 倍有余，第 83 类旅行用品和第 84 类服装类产品的市场占有率虽不能与中国抗衡，但同期的增速达到 3 倍多，增长势头不容小觑。

表 6-12　　　　　　2009~2017 年中越两国低技术产品的出口增速变化　　　　单位：%

| 年份 | HT1 | | 纺织纱、织物、未另列明成品等（65） | | 旅行用具、手提包及类似容器（83） | | 各种服装和服饰用品（84） | | 鞋类（85） | |
|---|---|---|---|---|---|---|---|---|---|---|
| | 中国 | 越南 | 中国 | 越南 | 中国 | 越南 | 中国 | 越南 | 中国 | 越南 |
| 2009 | -9.55 | -3.16 | -8.48 | 28.55 | -9.35 | 6.25 | -10.83 | -2.12 | -5.73 | -14.79 |
| 2010 | 25.13 | 27.56 | 28.50 | 52.38 | 40.62 | 33.16 | 21.50 | 21.66 | 27.19 | 25.96 |
| 2011 | 20.08 | 26.69 | 22.82 | 23.16 | 32.86 | 36.06 | 18.46 | 26.56 | 17.09 | 28.45 |
| 2012 | 4.35 | 9.94 | 1.10 | 3.31 | 5.90 | 20.60 | 3.90 | 9.84 | 12.20 | 11.87 |
| 2013 | 10.58 | 18.61 | 12.10 | 18.43 | 9.11 | 29.77 | 10.63 | 18.73 | 8.44 | 16.06 |
| 2014 | 5.22 | 19.77 | 4.67 | 15.56 | -1.62 | 33.02 | 5.65 | 17.64 | 10.81 | 22.57 |

续表

| 年份 | HT1 | | 纺织纱、织物、未另列明成品等（65） | | 旅行用具、手提包及类似容器（83） | | 各种服装和服饰用品（84） | | 鞋类（85） | |
|---|---|---|---|---|---|---|---|---|---|---|
| | 中国 | 越南 | 中国 | 越南 | 中国 | 越南 | 中国 | 越南 | 中国 | 越南 |
| 2015 | -4.68 | 11.34 | -2.68 | 5.59 | 3.65 | 13.49 | -6.42 | 8.79 | -4.87 | 16.35 |
| 2016 | -8.67 | 6.63 | -3.67 | 8.54 | -11.52 | 9.78 | -9.71 | 4.81 | -11.79 | 8.34 |
| 2017 | 2.22 | 21.82 | 4.76 | 27.18 | 6.73 | 22.29 | -0.63 | 26.19 | 2.08 | 12.17 |

注：产品类别括号内数字为《国际贸易标准分类》（修订3版）的二位数编码。
资料来源：根据联合国贸易和发展会议数据库计算整理（https：//unctadstat. unctad. org）。

表6-13    2009～2017年中越两国低技术产品的出口市场占有率变化    单位：%

| 年份 | HT1 | | 纺织纱、织物、未另列明成品等（65） | | 旅行用具、手提包及类似容器（83） | | 各种服装和服饰用品（84） | | 鞋类（85） | |
|---|---|---|---|---|---|---|---|---|---|---|
| | 中国 | 越南 | 中国 | 越南 | 中国 | 越南 | 中国 | 越南 | 中国 | 越南 |
| 2009 | 30.15 | 2.31 | 27.32 | 0.92 | 38.95 | 1.80 | 31.66 | 2.53 | 34.27 | 5.08 |
| 2010 | 32.68 | 2.55 | 29.45 | 1.17 | 44.52 | 1.95 | 34.67 | 2.77 | 37.08 | 5.44 |
| 2011 | 33.41 | 2.75 | 31.16 | 1.24 | 45.43 | 2.03 | 35.08 | 3.00 | 36.60 | 5.89 |
| 2012 | 35.17 | 3.06 | 32.69 | 1.33 | 45.55 | 2.32 | 36.78 | 3.32 | 40.01 | 6.42 |
| 2013 | 35.71 | 3.33 | 34.19 | 1.47 | 45.68 | 2.77 | 37.18 | 3.60 | 39.66 | 6.81 |
| 2014 | 35.94 | 3.81 | 34.89 | 1.66 | 44.15 | 3.62 | 37.40 | 4.03 | 39.89 | 7.58 |
| 2015 | 36.42 | 4.51 | 36.33 | 1.88 | 46.25 | 4.15 | 37.08 | 4.65 | 39.93 | 9.28 |
| 2016 | 34.31 | 4.96 | 36.21 | 2.11 | 42.29 | 4.71 | 34.42 | 5.01 | 36.31 | 10.37 |
| 2017 | 33.06 | 5.70 | 36.07 | 2.55 | 41.36 | 5.28 | 32.57 | 6.02 | 34.67 | 10.88 |

注：产品类别括号内数字为《国际贸易标准分类》修订3版的二位数编码。
资料来源：根据联合国贸易和发展会议数据库计算整理（https：//unctadstat. unctad. org）。

## （二）中越在低技术产品领域的国际竞争力分析

首先分析中越两国在低技术领域的比较优势变化情况。表6-14详细梳理了中越两国在劳动密集型低技术产品领域的比较优势。2009～2017年，越南LT1产品的RCA平均值达到4.89，远高于中国的2.95，这也表明了越南在劳动密集型低技术产品领域具有极强的比较优势。在4类LT1产品中，越南除第65类的纺织品的RCA值略低于中国以外，其他3类产品的RCA值在统计期内都远远高于中国的数值，具有极强的国际竞争力。最具有代表性的是鞋类（第85类），RCA值高达10.15，高出中国3倍有余，说明越南的制鞋业国际竞争力之强。从表 6 – 14 中数据可以发现，2008 年金融危机后，越南和中国低技术产品的显示性比较优势都在下降，说明中越两国同样都受到了美国等发达国家低端制造业回流的影响。

**表 6 – 14　　2009 ~ 2017 年中越 LT1 类产品显示性比较优势（RCA）比较**

| 产品类别 | 国家 | 2009年 | 2010年 | 2011年 | 2012年 | 2013年 | 2014年 | 2015年 | 2016年 | 2017年 | 期间平均值 |
|---|---|---|---|---|---|---|---|---|---|---|---|
| LT1 | 越南 | 5.06 | 5.41 | 5.20 | 4.94 | 4.79 | 4.82 | 4.60 | 4.50 | 4.71 | 4.89 |
| | 中国 | 3.14 | 3.17 | 3.22 | 3.18 | 3.08 | 2.92 | 2.64 | 2.62 | 2.59 | 2.95 |
| 纺织纱、织物、未另列明成品等（65） | 越南 | 2.01 | 2.49 | 2.35 | 2.16 | 2.12 | 2.10 | 1.91 | 1.91 | 2.11 | 2.13 |
| | 中国 | 2.84 | 2.86 | 3.00 | 2.95 | 2.93 | 2.82 | 2.64 | 2.75 | 2.82 | 2.85 |
| 各种服装和服饰用品（84） | 越南 | 5.53 | 5.87 | 5.65 | 5.36 | 5.19 | 5.10 | 4.74 | 4.54 | 4.98 | 5.22 |
| | 中国 | 3.30 | 3.35 | 3.37 | 3.31 | 3.21 | 3.03 | 2.69 | 2.63 | 2.56 | 3.05 |
| 旅行用具、手提包等（83） | 越南 | 3.93 | 4.12 | 3.84 | 3.75 | 3.98 | 4.58 | 4.23 | 4.27 | 4.36 | 4.12 |
| | 中国 | 4.06 | 4.31 | 4.38 | 4.11 | 3.59 | 3.36 | 3.22 | 3.24 | | 3.80 |
| 鞋类（85） | 越南 | 11.12 | 11.53 | 11.14 | 10.35 | 9.80 | 9.61 | 9.47 | 9.38 | 8.99 | 10.15 |
| | 中国 | 3.57 | 3.59 | 3.53 | 3.60 | 3.41 | 3.25 | 2.91 | 2.76 | 2.72 | 3.26 |

注：产品类别括号内数字为《国际贸易标准分类》修订 3 版的二位数编码。
资料来源：根据联合国贸易和发展会议数据库计算整理（https：//unctadstat. unctad. org）。

其次分析中越两国在低技术产品领域的贸易竞争优势。由于显示比较优势指数计算中只考虑产品的出口竞争能力，而没有考虑同类产品的进口因素，并不能完整地反映某一国家在某一产品上的国际竞争力，而贸易竞争优势指数（Trade Competitive Index，TC）是一国某种产品进出口贸易差额占进出口总额的比重，是综合考虑出口和进口竞争力的指标。计算公式为：

$$TC = (X_{ij} - M_{ij}) \div (X_{ij} + M_{ij})$$

式中，$X_{ij}$ 和 $M_{ij}$ 分别代表 i 国的 j 商品的出口额和进口额。贸易竞争优势指数的取值介于 – 1 到 1 之间，该值越大，表明产业竞争力越强。如果 TC 指数大于 0，表明该类商品具有较强的国际竞争力，越接近于 1，竞争力越强；TC 指数小于 0，则表明该类商品不具国际竞争力；指数为 0，表明此类商品为产业内贸易，竞争力与国际水平相当。

表 6 – 15 详细列出了中越两国在劳动密集型低技术产品领域的贸易竞争优势情况。与显示性比较优势的结果不同，通过比较贸易竞争指数可以发现，中

国在 LT1 产品领域内具有比越南更强的竞争优势，但越南的贸易竞争优势在不断提升，TC 指数从 2009 年到 2017 年由 0.38 上升至 0.46，与此同时，中国则一直在原地徘徊。

从 4 类产品来看，2009～2017 年，越南第 65 类纺织品的 TC 值仅为 -0.4，不具有贸易竞争优势，说明越南的纺织服装等产业原料主要依赖进口，国内生产远不足以满足下游生产需要。如有研究表明，越南棉花产量约为 5000 吨，仅能满足越南纺纱行业原料需求的 1.2%（孟祺，2016）。根据联合国贸易数据统计，2016 年越南第 65 类的进口额为 133.2 亿美元，而从中国进口为 67.1 亿美元，占比 50% 以上，说明越南的纺织品生产在很大程度上依赖中国对其出口的中间产品。现在可以预估的是，由于越南加入 CPTPP① 后，严苛的原产地规则②或将挤压中国在越南纺织原料中的市场份额。全球金融危机以来，越南其他 3 类劳动密集型低技术产品（第 83、84 和 85 类）依然保持着较强的贸易竞争优势，而且比较稳定，而中国的上述三类产品的贸易竞争优势均呈下降趋势，2017 年分别比 2009 年下降 0.8、0.8 和 0.6 个百分点。

表 6-15　　　　　2009～2017 年中越两国贸易竞争优势（TC）比较

| 产品类别 | 国家 | 2009 年 | 2010 年 | 2011 年 | 2012 年 | 2013 年 | 2014 年 | 2015 年 | 2016 年 | 2017 年 | 平均值 |
|---|---|---|---|---|---|---|---|---|---|---|---|
| LT1 | 越南 | 0.38 | 0.34 | 0.33 | 0.30 | 0.24 | 0.27 | 0.34 | 0.43 | 0.46 | 0.34 |
| | 中国 | 0.80 | 0.81 | 0.82 | 0.82 | 0.82 | 0.83 | 0.83 | 0.83 | 0.81 | 0.82 |
| 纺织纱、织物、未另列明成品等（65） | 越南 | -0.46 | -0.39 | -0.40 | -0.40 | -0.39 | -0.39 | -0.39 | -0.37 | -0.37 | -0.40 |
| | 中国 | 0.60 | 0.63 | 0.67 | 0.66 | 0.66 | 0.69 | 0.70 | 0.73 | 0.73 | 0.67 |
| 旅行用具、手提包等（83） | 越南 | 0.94 | 0.93 | 0.93 | 0.94 | 0.93 | 0.94 | 0.94 | 0.94 | 0.95 | 0.94 |
| | 中国 | 0.92 | 0.90 | 0.89 | 0.89 | 0.89 | 0.88 | 0.88 | 0.86 | 0.84 | 0.88 |
| 各种服装和服饰用品（84） | 越南 | 0.93 | 0.92 | 0.92 | 0.92 | 0.92 | 0.92 | 0.93 | 0.92 | 0.93 | 0.92 |
| | 中国 | 0.97 | 0.96 | 0.95 | 0.94 | 0.94 | 0.94 | 0.93 | 0.92 | 0.91 | 0.94 |
| 鞋类（85） | 越南 | 0.90 | 0.89 | 0.91 | 0.92 | 0.91 | 0.91 | 0.91 | 0.90 | 0.92 | 0.91 |
| | 中国 | 0.94 | 0.94 | 0.93 | 0.92 | 0.93 | 0.92 | 0.90 | 0.88 | 0.86 | 0.91 |

注：产品类别括号内数字为《国际贸易标准分类》修订 3 版的二位数编码。
资料来源：根据联合国贸易和发展会议数据库计算整理（https://unctadstat.unctad.org）。

────────────

① CPTPP 是在美国推出 TPP 后由 11 个成员国组成的《全面与先进跨太平洋伙伴关系协定》，2018 年底正式生效。
② 严苛的原产地规则是指纺织服装业采用从纱线开始（Yarn Forward）的原产地规则，即从纱线开始都要从成员国中进行采购才能享受零关税优惠。

通过综合比较中越两国低技术产品的显示性比较优势指数和贸易竞争优势指数可知，越南利用本国的劳动力成本优势，不断蚕食中国在劳动密集型产品领域的市场份额，正在成为中国强有力的竞争对手。

## 三、高技术产品领域中国与美国的竞争

### （一）中美两国在高技术产品的出口态势

这里从三个方面展开分析，一是高科技产品的出口增速，二是高科技产品的市场占有率，三是高科技产品的进出口差额。

如第四章所分析的那样，美国"再工业化"政策的目标是发展高科技产业，而从高科技产业出口来看，美国并没有出现预期的高科技产业出口快速增长局面，只是延缓了出口下滑的速度，而中国高科技产业出口增速放缓。表6-16汇总出了金融危机前后两个时间段中美两国高技术产品出口增速的变化情况。

从整个高技术产品出口来看，美国在2000~2008年出口的平均增速为3.1%，2009~2017年为2.3%，美国第二阶段比第一阶段增速减少1个百分点，中国在两个阶段的出口增长率分别为25.5%和6%，中国的出口增速降低了将近20个百分点。在高技术产品结构中，HT1是具有劳动密集型的高科技产品，HT2是具有技术密集型的高科技产品。从HTI类整体来看，中国出口的平均增速从26.7%降至6.9%，而美国是从-0.4%提升到3.2%。从HT2类整体来看，美国和中国在金融危机之后出口增速均出现了下降，中国的平均增速从第一阶段的24.6%降至第二阶段的6.2%，增速下降了18个百分点，美国的降幅相对较小，仅为5个百分点。从HT1中4类产品的出口增速看，中国都是下降，下降幅度最大的是第75类和第76类，而美国在第75类和第77类分别增长超过5个百分点和4个百分点。从HT2的4类产品看，中国同样都是增速下降，第87类产品的出口增速降低了27个百分点，第54类和第59类中国出口增速的降幅也都在两位数以上，只有第89类维持了7个百分点的较低降幅。美国虽然也出现了下降，但降幅较低，除第54类出现11个点的降幅外，其他类别产品的降幅都控制在了5个百分点以内。由此来看，金融危机后中美高科技产品的出口增速都出现了下降，但中国的下降速度远远大于美国，凸显了中美两国在高科技产品领域的竞争加剧。

表 6 – 16　　　　　　　中美两国在高技术产品出口增速变化情况　　　　　　单位：%

| 产品描述及二位数分类码 | 国家 | 2000～2008 年增速（a） | 2009～2017 年增速（b） | b – a |
|---|---|---|---|---|
| HT1 总体 | 美国 | – 0.43 | 3.19 | 3.62 |
| | 中国 | 26.71 | 6.93 | – 19.78 |
| 办公用机器及自动数据处理设备（75） | 美国 | – 2.21 | 3.22 | 5.42 |
| | 中国 | 28.42 | 5.81 | – 22.61 |
| 电信、录音及重放装置和设备（76） | 美国 | 2.21 | 3.18 | 0.97 |
| | 中国 | 26.52 | 5.34 | – 21.17 |
| 未另列明的电力机械、装置和器械及其电器零件（77） | 美国 | – 0.41 | 3.89 | 4.30 |
| | 中国 | 22.84 | 8.74 | – 14.10 |
| 未另列明的摄影仪器、设备和材料以及光学产品（88） | 美国 | – 0.66 | 1.45 | 2.10 |
| | 中国 | 8.76 | 7.24 | – 1.52 |
| HT2 总体 | 美国 | 6.69 | 1.33 | – 5.36 |
| | 中国 | 24.26 | 6.19 | – 18.07 |
| 医药品（54） | 美国 | 12.56 | 0.70 | – 11.86 |
| | 中国 | 18.26 | 6.35 | – 11.91 |
| 未另列明的化学原料及其产品（59） | 美国 | 8.35 | 4.81 | – 3.55 |
| | 中国 | 23.96 | 9.91 | – 14.05 |
| 未另列明的专业、科学及控制用仪器和装置（87） | 美国 | 4.98 | 3.34 | – 1.64 |
| | 中国 | 33.69 | 6.50 | – 27.18 |
| 未另列明的杂项制品（89） | 美国 | 5.97 | 3.03 | – 2.95 |
| | 中国 | 15.56 | 8.31 | – 7.24 |

注：产品类别括号内数字为《国际贸易标准分类》修订 3 版的二位数编码。
资料来源：根据联合国贸易和发展会议数据库计算整理（https：//unctadstat. unctad. org）。

　　从高科技产品的市场占有率来看，全球金融危机之后美国放缓了下滑速度，而中国出现了占有率的较大下滑。表 6 – 17 汇总了两个阶段中美两国在高技术产品领域的市场占有率变化情况。

　　在劳动密集型高技术产品 HT1 领域内，金融危机前（2000～2008 年），美国在全球市场占有率减少 7.18%，而金融危机后的 2009～2017 年，仅减少 1%，有效遏制住了 HT1 产品全球市场占有率不断下滑的局面；同期中国同类产品全球市场占有率分别为 16.69% 和 4.76%，金融危机后增速大幅减缓，下降了将近 12 个百分点。在办公用机器及自动数据处理设备（第 75 类）和电信、录音及重放装置和设备（第 76 类）产品领域，美国有效抑制了全球市场占有率下滑的趋势，金融危机后第 75 类全球市场占有率仅减少 0.9 个百分点，而第 76 类竟逆势增加 0.63 个百分点；同期中国这两类产品领域的全球市场占有率急剧增加的态势均趋缓，占有率增速的差分别达到 22.33 个百分点和 10.11 个百分点，中国在这两类高技术劳动密集型产品领域受到的冲击最为严重。

表 6 - 17　　　　中美两国在全球高技术产品领域内的市场份额变化情况　　　　单位：%

| 产品描述及二位数分类码 | 国家 | 2000~2008 年增速（a） | 2009~2017 年增速（b） | b - a |
|---|---|---|---|---|
| HT1 总体 | 美国 | -7.18 | -1.00 | 6.19 |
| | 中国 | 16.69 | 4.76 | -11.92 |
| 办公用机器及自动数据处理设备（75） | 美国 | -6.91 | -0.90 | 6.01 |
| | 中国 | 26.04 | 3.71 | -22.33 |
| 电信、录音及重放装置和设备（76） | 美国 | -4.73 | 0.63 | 5.36 |
| | 中国 | 19.05 | 8.93 | -10.11 |
| 未另列明的电力机械、装置和器械及其电器零件（77） | 美国 | -8.13 | -1.37 | 6.76 |
| | 中国 | 9.52 | 3.81 | -5.70 |
| 未另列明的摄影仪器、设备和材料以及光学产品（88） | 美国 | -3.70 | -1.71 | 1.99 |
| | 中国 | 3.16 | 3.03 | -0.13 |
| HT2 总体 | 美国 | -8.79 | -1.90 | 6.89 |
| | 中国 | 2.97 | 1.22 | -1.74 |
| 医药品（54） | 美国 | -3.27 | -1.83 | 1.44 |
| | 中国 | 0.24 | 0.66 | 0.42 |
| 未另列明的化学原料及其产品（59） | 美国 | -4.61 | 0.28 | 4.89 |
| | 中国 | 3.65 | 3.21 | -0.44 |
| 未另列明的专业、科学及控制用仪器和装置（87） | 美国 | -11.44 | -1.64 | 9.80 |
| | 中国 | 9.02 | 2.02 | -7.00 |
| 未另列明的杂项制品（89） | 美国 | -3.42 | -0.92 | 2.49 |
| | 中国 | 6.54 | 6.97 | 0.44 |

注：产品类别括号内数字为《国际贸易标准分类》修订 3 版的二位数编码。
资料来源：根据联合国贸易和发展会议数据库计算整理（https://unctadstat.unctad.org）。

在技术密集型高技术产品 HT2 领域，2008 年金融危机后美国同样有效遏制住了全球市场占有率不断下滑的局面。在整个 HT2 产品类，金融危机前的 2000～2008 年，美国产品全球市场占有率减少 8.79%，而 2009～2017 年仅减少 1.9%。而同期中国产品全球市场占有率的扩张有所减缓，分别增加 2.97% 和 1.22%。美国在未另列明的化学原料及其产品（第 59 类）和未另列明的专业、科学及控制用仪器、装置（第 87 类）两类产品领域遏制全球市场占有率下滑的态势最有效，金融危机前后的市场占有率差距分别为 4.89% 和 9.8%，并且第 59 类产品全球市场占有率增加 0.28%；同期中国同类产品受到的冲击也最为强烈，金融危机前后全球市场占有率增量分别为 -0.44% 和 -7%。

从中国对美国高技术产品进出口差额来看，全球金融危机之后中国对美国高科技产品的贸易不平衡局面得到缓解。表 6 - 18 显示了全球金融危机之后中国在两类高技术产品中的贸易差额变化情况。

表 6 - 18　　　　　2000～2017 年中国对美国高技术产品贸易顺差额　　　单位：亿美元

| 年份 | HT1 | HT2 | 年份 | HT1 | HT2 |
|---|---|---|---|---|---|
| 2000 | 64.61 | -9.37 | 2009 | 664.59 | 22.43 |
| 2001 | 63.24 | -21.47 | 2010 | 873.67 | 27.63 |
| 2002 | 123.01 | -31.33 | 2011 | 1028.07 | 27.94 |
| 2003 | 220.53 | -20.22 | 2012 | 1122.31 | 24.44 |
| 2004 | 335.65 | 4.25 | 2013 | 1134.94 | 16.80 |
| 2005 | 452.56 | 5.88 | 2014 | 1230.23 | 22.99 |
| 2006 | 578.92 | -52.08 | 2015 | 1169.90 | 23.18 |
| 2007 | 686.97 | -53.80 | 2016 | 1112.98 | 25.00 |
| 2008 | 698.70 | -25.61 | 2017 | 1323.42 | 16.96 |

资料来源：根据联合国贸易和发展会议数据库计算整理（https：//unctadstat. unctad. org）。

美国作为世界头号科技强国，本应成为对中国高技术产品的贸易顺差国，而 2000 年后中国对美国的高技术产品贸易一直存在顺差，而且顺差差额还在逐年增加。2000 年顺差为 55.2 亿美元，到 2008 年中美高技术产品贸易差额已达 673.1 亿美元，年均增长 32%。全球金融危机后，高科技产品的顺差还在增长，但增长速度放缓，2009～2017 年年均增长 7.7%。从高科技产品的内部结构看，全球金融危机之前，中国对美国的高科技产品顺差主要集中在具有劳动密集型特征的 HT1 类产品上，占比最低为 98%，最高达到 150%，年平均顺差增长率为30.2%；而HT2类产品在第一个时间段的9年间出现了7年逆差，只有两年出现很小的盈余。全球金融危机后，中国对美国的HT1类产品仍然存在顺差，但顺差增长率大大降低，不到8%，HT2类产品也出现了一定顺差，但顺差幅度非常小，HT1产品顺差仍占高科技产品顺差的96%以上。

中国对美国高科技产品的贸易顺差是与发达国家，尤其是美国对华制造业直接投资的行业分布密切相关的。正像第六章第一节分析的那样，美国对华制造业投资的85%以上都集中在化学、金属、机械、计算机、其他电子设备和交通运输设备行业等行业，这是全球产业链布局的结果，基于海关的贸易总量统计更是放大了中美之间的贸易差额。

### （二）中美在高技术产品领域的国际竞争力分析

全球金融危机之前，美国在高技术产品领域具有先进的技术优势，而中国在高技术产品领域的优势主要体现在一些劳动密集型行业上，比如电子产品的组装等，这意味着美国在技术密集型的高技术产品领域具有比较优势，而中国在劳动密集型的高技术产品领域具有比较优势。全球金融危机之后，这种局面出现了一些改变。表6-19展示了中美两国在高科技产品上的显示性比较优势。

从表6-19中可以看出，中国在劳动密集型的HT1领域具有较强的国际竞争力，RCA值为2.26；美国具有平均水平的国际竞争力，RCA值为0.93。在技术密集型的HT2领域中国的国际竞争力很弱，RCA值仅为0.53，而美国为1.12，处于平均的国际竞争力水平。在HT1产品领域内，中国在第751类、第752类和第764类中RCA数值超过2.5，甚至超过3.8，具有极强的国际竞争力，另有5类产品也具有较强的国际竞争力，只有两类（718类和774类）的国际竞争力较弱，整个HT1类具有较强的国际竞争力（2.26）。而美国具有极强国际竞争力的只有1类（第774类），1类具有较强的国际竞争力，5类具有平均国际竞争力，3类产品国际竞争力较弱。值得注意的是，中国竞争力较弱的领域正是美国竞争力强的领域，如第718类和第774类，在这些领域中，中美之间的竞争必然会加剧。

在HT2产品领域内，美国有3类产品具有较强的国际竞争力，3类具有平均水平的国际竞争力，2类竞争力较弱；而中国竞争力极强、较强和平均水平的各有1类，其他5类竞争力均很弱，而且有2类竞争力极弱。总体来看，美国在HT2高技术产品领域国际竞争力较强，弱项不突出，而中国整体偏弱，弱项非常突出，尤其是药物（第543类）和飞机及航天设备（第792类）的

RCA 值只有 0.07 和 0.1。HT2 高技术产品具有较高的技术壁垒，加之美国在此领域的技术对中国有出口限制，中国在短期内难以改变落后的局面。

表 6-19　　　　　2009~2017 年中美高技术产品显示性比较优势对比

| 技术类别 | 产品描述及其三位数编码 | 2009~2017 年 RCA 平均值 | |
|---|---|---|---|
| | | 中国 | 美国 |
| HT1 | 旋转式电力设备及其未另列明的零件（716） | 1.54 | 1.07 |
| | 动力机械及其未另列明的零件（718） | 0.75 | 1.52 |
| | 办公用机器（751） | 3.00 | 0.62 |
| | 自动数据处理机及其设备及未列明的机器（752） | 3.85 | 0.92 |
| | 用于或主要用于第 751 组和 752 组所列机器的零件及附件（759） | 1.86 | 1.18 |
| | 电视接收设备（761） | 2.28 | 0.50 |
| | 未另列明的电信设备及零件（764） | 2.94 | 0.86 |
| | 电力机械及其零件（771） | 2.25 | 0.74 |
| | 医用电诊断装置（774） | 0.55 | 2.71 |
| | 阴极管（776） | 1.21 | 0.88 |
| | 未另列明的电动机械和设备（778） | 1.84 | 0.89 |
| | HT1 总体 | 2.26 | 0.93 |
| HT2 | 放射性材料及有关材料（525） | 0.46 | 1.42 |
| | 医药品，第 542 组所列的药剂除外（541） | 0.48 | 1.46 |
| | 药物（包括兽医用药物）（542） | 0.07 | 0.86 |
| | 水蒸汽轮机和其他蒸汽轮机及其未另列明的零件（712） | 1.35 | 1.11 |
| | 飞机和有关设备；航天飞机（包括卫星）和航天飞机发射装置及其零件（792） | 0.10 | 0.67 |
| | 未另列明的光学仪器和装置（871） | 2.94 | 0.44 |
| | 未另列明的测量、检验、分析及控制用仪器和器械（874） | 0.58 | 2.07 |
| | 未另列明的摄影仪器和设备（881） | 1.01 | 1.16 |
| | HT2 总体 | 0.53 | 1.12 |

注：产品类别括号内数字为《国际贸易标准分类》修订 3 版的三位数编码。
资料来源：根据联合国贸易和发展会议数据库计算整理（https：//unctadstat. unctad. org）。

# 本 章 小 结

　　美国"再工业化"政策后的中美贸易变化趋势是美国对华出口增速长期高于美国从中国进口增速，2009～2014 年，美国对华出口规模非常接近既定的出口翻番目标；从中美投资格局看，虽然美国对中国直接投资出现了一些波动，但并不像预期的那样出现巨额下降，很多美国企业仍将中国列为首选的投资目的地或众多投资目的国之一。基于增加值计算的中美贸易格局的实证分析结果显示，中国对美国中间产品的出口比重上升，预示着中国正在逐渐融入美国的供应链。美国对华出口中国内增加值的比重增加，而中国并没有发生显著的变化，意味着中国仍在东亚价值链中扮演着加工组装的角色。从制造业出口中隐含的国外增加值来看，美国出口产品中隐含的中国增加值在增加。从中国制造业出口的国际竞争力态势看，呈现出"高、低技术产品优势突出，中等技术产品低下"的"U"形结构特征。全球金融危机之后，越南等低要素成本型的国家在低技术产品领域与中国竞争，美国等高技术优势的国家在高技术领域与中国竞争，对中国制造业形成了前后夹击的局面。

# 第七章 美国"再工业化"政策下中国制造业的战略选择

中国经济经过改革开放 40 年发展，已经进入了转型升级阶段，此时遭遇全球金融危机以及美国实施"再工业化"政策，进一步恶化了中国经济发展的外在环境，来自发达国家的技术封锁或贸易保护主义打击与后进的新兴发展中国家追赶同时出现，中国经济发展遇到前所未有的挑战。而现代科学技术发展意味着新的科技革命即将到来，"互联网＋"制造业的产业模式正在改变传统的生产方式和成本模式，并将影响经济社会的方方面面。中国应该抓住这一战略机遇期，积极推动中国制造业的创新发展，提升中国在价值链中的地位和作用，实现制造业与服务业的融合发展。

## 第一节 创新引领中国制造业发展

改革开放以来，中国制造业经历了从模仿制造、引进国外技术到部分产品具有自主研发能力的发展进程，在实现制造强国的历程中，科技创新成为制造业转型升级的重要动力和来源。中国科技创新投入的持续增加和企业作为创新投入主体成为中国创新引领制造业发展的根基，科研经费投入结构和产学研合作中存在的问题成为制约中国制造业创新的障碍，而创新生态系统建设和推动智能制造将成为提升我国制造业高质量发展的有效途径。

### 一、中国科技创新投入及其存在的问题

#### （一）科研经费投入特征及企业在研发中的作用

根据国家统计局发布的科学研究统计指标，研究与试验发展（R&D）（简

称"研发")是指在科学技术领域为增加知识总量,以及运用这些知识去创造新的应用进行的系统的创造性的活动,包括基础研究、应用研究和试验发展三大类活动。基础研究是为获得(已发生)现象和可观察事实的基本原理、规律和新知识而开展的研究,是不预设特定使用或应用的实验性或理论性研究,应用研究是为获取新知识,达到某一特定的实际目的或目标而开展的初始性研究,而试验发展是利用从科学研究、实际经验中获取的知识和研究过程中产生的其他知识,开发新产品、新工艺或改进现有产品、工艺而进行的系统性研究。长期以来,理论界认为三者构成科技创新的线性模型,即基础研究—应用研究—实验发展之间存在一定的线性关系,三者之间应该保持一定的比例关系或存在一个合理的结构问题。而国内外科学研究投入的实践证实,不同国家的国情以及经济发展战略的不同,呈现出不同的基础研究、应用研究、实验发展的投资比例或特征。

根据中国国家统计局发布的统计数据制成的表7-1,显示了中国全球金融危机后的研发强度及经费支出结构的变化轨迹。

表7-1　　　　　　　　2005~2017年中国研发强度及经费支出结构

| 年份 | 总额 | 研发强度 | 基础研究 | | | 应用研究 | | | 试验发展 | | |
|------|------|----------|--------------|--------|--------|--------------|--------|--------|--------------|--------|--------|
| | | | 支出(亿元) | 增长率(%) | 占比(%) | 支出(亿元) | 增长率(%) | 占比(%) | 支出(亿元) | 增长率(%) | 占比(%) |
| 2005 | 2449.90 | 1.34 | 131.20 | 16.34 | 5.36 | 433.50 | 11.47 | 17.69 | 1885.20 | 22.30 | 76.95 |
| 2006 | 3003.20 | 1.42 | 155.80 | 18.75 | 5.19 | 489.00 | 12.80 | 16.28 | 2358.40 | 25.10 | 78.53 |
| 2007 | 3710.20 | 1.49 | 174.50 | 12.00 | 4.70 | 492.90 | 0.80 | 13.28 | 3042.80 | 29.02 | 82.01 |
| 2008 | 4616.00 | 1.54 | 220.80 | 26.53 | 4.78 | 575.20 | 16.70 | 12.46 | 3820.00 | 25.54 | 82.76 |
| 2009 | 5802.10 | 1.70 | 270.30 | 22.42 | 4.70 | 730.80 | 27.05 | 12.60 | 4801.00 | 25.68 | 82.70 |
| 2010 | 7062.60 | 1.76 | 324.50 | 20.05 | 4.59 | 893.80 | 22.30 | 12.66 | 5844.30 | 21.73 | 82.75 |
| 2011 | 8687.00 | 1.84 | 411.80 | 26.90 | 4.74 | 1028.40 | 15.06 | 11.84 | 7246.80 | 24.00 | 83.42 |
| 2012 | 10298.40 | 1.90 | 498.80 | 21.13 | 4.84 | 1162.00 | 12.99 | 11.28 | 8637.60 | 19.19 | 83.87 |
| 2013 | 11846.60 | 2.08 | 555.00 | 11.27 | 4.68 | 1269.10 | 9.22 | 10.71 | 10022.50 | 16.03 | 84.60 |
| 2014 | 13015.60 | 2.05 | 613.50 | 10.54 | 4.71 | 1398.50 | 10.20 | 10.74 | 11003.60 | 9.79 | 84.54 |
| 2015 | 14169.80 | 2.07 | 716.10 | 16.72 | 5.05 | 1528.60 | 9.30 | 10.79 | 11925.10 | 8.37 | 84.16 |
| 2016 | 15676.80 | 2.11 | 822.90 | 14.91 | 5.25 | 1610.50 | 5.36 | 10.27 | 13243.40 | 11.05 | 84.48 |
| 2017 | 17606.10 | 2.13 | 975.50 | 18.54 | 5.54 | 1849.20 | 14.82 | 10.50 | 14781.40 | 11.61 | 83.96 |

资料来源:根据历年《全国科技经费投入统计公报》数据整理。

全球金融危机以来，我国研发经费投入的主要特征可以归结为以下两点。

第一，研发投入增长迅速，研发投入强度不断增加。2006 年中国进入自主创新战略阶段，2 月份出台了《国家中长期科学和技术发展规划纲要（2006 ~ 2020）》，开启了增强自主创新能力、建设创新型国家的征程。从表 7 - 1 显示的研发经费投入看，2006 年研发总额增长 22%，直到 2011 年研发总额增长均超过 20%，2009 年一度超过 25%，2014 年随着中国经济步入新常态，经济增长率放慢也降低了研发支出的增长速度，2014 ~ 2015 年两年连续出现个位数的增长，2016 年后提高到 10% 以上，2017 年增长了 12%。按 2010 年的不变美元价格计算，2016 年我国研发经费投入达到 4119.93 亿美元，仅次于美国，稳居世界第二位。研发投入强度是国际上用于衡量一国或一个地区在科技创新方面努力程度的重要指标，是研发经费支出占 GDP 的比重。有学者研究了美国、日本等国研究与发展经费投入强度的演变轨迹，在社会经济正常运行和增长状况下，研发投入强度的第一个拐点是 1%，这是一个较为缓慢的过程，从 1% 到 2.5%（创新国家的标志之一）的阶段是一个较快的增长阶段，超过 2.5% 后再次进入缓慢增长阶段。中国研发支出强度从 1% 提高到 2% 用了 13 年时间，这一速度低于美国（7 年），与日本持平，快于澳大利亚（22 年）。据中国科技部发布的《2018 年我国 R&D 经费投入特征分析》和表 7 - 1 显示，2005 年为 1.34%，2009 年为 1.70%，2013 年为 2.08%，到 2017 年达到 2.13%，超过了欧盟 28 个成员国的平均水平（2.09%），距离美国 OECD 国家平均水平（2.37%）、美国（2.79%）还有一些距离，距离德国（3.04%）、日本（3.21%）和韩国（4%）还有相当的距离。

第二，企业成为科研经费投入主体和科研执行主体，成为制造业创新的重要推动力量。我国的三大研发执行部门是企业、政府系研究机构和高等院校，表 7 - 2 显示了 2005 ~ 2017 年三部门的经费支出情况。

表 7 - 2 　　　　　　　　　2005 ~ 2017 年中国按执行部门研发经费构成

| 年份 | 企业 | | | 政府系研究机构 | | | 高等院校 | | |
|------|------|------|------|------|------|------|------|------|------|
| | 金额（亿元） | 增长率（%） | 占比（%） | 金额（亿元） | 增长率（%） | 占比（%） | 金额（亿元） | 增长率（%） | 占比（%） |
| 2005 | 1673.80 | 27.40 | 68.30 | 513.10 | 18.90 | 20.90 | 242.30 | 20.60 | 9.90 |
| 2006 | 2134.50 | 27.50 | 71.10 | 567.30 | 10.60 | 18.90 | 276.80 | 14.20 | 9.20 |
| 2007 | 2681.90 | 25.60 | 72.30 | 687.90 | 21.30 | 18.50 | 314.70 | 13.70 | 8.50 |
| 2008 | 3381.70 | 26.10 | 73.30 | 811.30 | 17.90 | 17.60 | 390.20 | 24.00 | 8.50 |

| 年份 | 企业 | | | 政府系研究机构 | | | 高等院校 | | |
|---|---|---|---|---|---|---|---|---|---|
| | 金额（亿元） | 增长率（%） | 占比（%） | 金额（亿元） | 增长率（%） | 占比（%） | 金额（亿元） | 增长率（%） | 占比（%） |
| 2009 | 4349.90 | 28.60 | 75.00 | 996.00 | 22.80 | 17.20 | 456.20 | 16.90 | 2.90 |
| 2010 | 5185.50 | 22.10 | 73.40 | 1186.40 | 19.10 | 16.80 | 597.30 | 27.60 | 8.50 |
| 2011 | 6579.30 | 26.90 | 75.70 | 1306.70 | 10.10 | 15.00 | 688.90 | 15.30 | 7.90 |
| 2012 | 7968.90 | 21.10 | 77.40 | 1548.90 | 18.50 | 15.00 | 780.60 | 13.30 | 7.60 |
| 2013 | 9075.80 | 15.70 | 76.60 | 1781.40 | 15.00 | 15.00 | 856.70 | 9.80 | 7.20 |
| 2014 | 10060.60 | 10.90 | 77.30 | 1926.20 | 8.10 | 15.10 | 898.10 | 4.80 | 6.90 |
| 2015 | 10881.30 | 8.20 | 76.80 | 2136.50 | 10.90 | 15.10 | 998.60 | 11.20 | 7.00 |
| 2016 | 12144.00 | 11.60 | 77.50 | 2260.50 | 5.80 | 14.40 | 1072.20 | 7.40 | 6.80 |
| 2017 | 13660.20 | 12.50 | 77.60 | 2435.70 | 7.80 | 13.80 | 1266.00 | 18.10 | 7.20 |

资料来源：根据历年《全国科技经费投入统计公报》数据整理。

2005 年全国科技工作会议提出，加强自主创新是提高国家竞争力的迫切要求，而建立以企业为主体的技术创新体系是加强自主创新的突破口。从执行部门的研发支出结构看，2005 年三者的比重分别为 68.3：20.9：9.9，之后企业研发支出出现了快速增长和占比增加态势，而政府系研究机构和高等院校呈现出相反态势。2005 ~ 2012 年，企业的研发支出年增长率均超过 20%，2009年曾高达 28.6%，研发支出的占比也出现了增加态势，2006 年超过了 70%，2012 年阶段性新高达到 77.4%，随后有了一定回调，到 2017 年达 77.6%。与之相对的是，政府系研究机构和高等院校的研发支出增长率和占比出现双下降趋势，同期内政府系研究机构占比下降了 7 个百分点，高等院校下降 2 个百分点。

从研发经费的资金来源看，国家统计局公布的统计数据中只有政府资金和企业资金两个途径，表 7 - 3 汇总了来自政府和企业资金的状况，并将总额减去上述两项后的数额称为其他资金。

表 7 - 3　　　　　　　2005 ~ 2017 年中国研发经费的资金来源构成

| 年份 | 总额 | 政府资金 | | | 企业资金 | | | 其他资金 | | |
|---|---|---|---|---|---|---|---|---|---|---|
| | | 支出（亿元） | 增长率（%） | 占比（%） | 支出（亿元） | 增长率（%） | 占比（%） | 支出（亿元） | 增长率（%） | 占比（%） |
| 2005 | 2449.97 | 645.40 | 23.26 | 26.34 | 1642.50 | 27.20 | 67.04 | 162.07 | 7.03 | 6.62 |

续表

| 年份 | 总额 | 政府资金 | | | 企业资金 | | | 其他资金 | | |
|---|---|---|---|---|---|---|---|---|---|---|
| | | 支出（亿元） | 增长率（%） | 占比（%） | 支出（亿元） | 增长率（%） | 占比（%） | 支出（亿元） | 增长率（%） | 占比（%） |
| 2006 | 3003.10 | 742.10 | 14.98 | 24.71 | 2073.70 | 26.25 | 69.05 | 187.30 | 15.57 | 6.24 |
| 2007 | 3710.24 | 913.50 | 23.10 | 24.62 | 2611.00 | 25.91 | 70.37 | 185.74 | -0.83 | 5.01 |
| 2008 | 4616.02 | 1088.89 | 19.20 | 23.59 | 3311.52 | 26.83 | 71.74 | 215.61 | 16.08 | 4.67 |
| 2009 | 5802.11 | 1358.27 | 24.74 | 23.41 | 4162.72 | 25.70 | 71.74 | 281.12 | 30.38 | 4.85 |
| 2010 | 7063.00 | 1696.30 | 24.89 | 24.02 | 5063.14 | 21.63 | 71.69 | 303.56 | 7.98 | 4.30 |
| 2011 | 8687.00 | 1882.97 | 11.00 | 21.68 | 6420.64 | 26.81 | 73.91 | 383.39 | 26.30 | 4.41 |
| 2012 | 10298.41 | 2221.39 | 17.97 | 21.57 | 7625.02 | 18.76 | 74.04 | 452.00 | 17.90 | 4.39 |
| 2013 | 11846.60 | 2500.58 | 12.57 | 21.11 | 8837.70 | 15.90 | 74.60 | 508.32 | 12.46 | 4.29 |
| 2014 | 13015.63 | 2636.08 | 5.42 | 20.25 | 9816.51 | 11.08 | 75.42 | 563.04 | 10.76 | 4.33 |
| 2015 | 14169.88 | 3013.20 | 14.31 | 21.26 | 10588.58 | 7.87 | 74.73 | 568.10 | 0.90 | 4.01 |
| 2016 | 15676.75 | 3140.81 | 4.24 | 20.03 | 11923.54 | 12.61 | 76.06 | 612.40 | 7.80 | 3.91 |
| 2017 | 17606.13 | 3487.45 | 11.04 | 19.81 | 13464.94 | 12.93 | 76.48 | 653.74 | 6.75 | 3.71 |

资料来源：根据国家统计局数据整理。

从研发经费资金来源看，2005 年政府资金、企业资金和其他资金支出占比分别为 26.34%、67.04%、6.62%。2005 年以来，企业资金支出增长迅速，2011 年前年均增长率均超过 20%，2005 年达到 27.20%，2012 年以来企业研发资金支出增长率下降，除最低的 2015 年（7.87%）外，基本保持两位数的增长。同期内，企业资金在研发经费中的占比也在不断增加，2007 年超过70%，到 2017 年达到 76.48%，比 2005 年增长近 10 个百分点。与此相比，研发经费中，政府资金支出的比重下降，从 2005 年的 26.34% 降至 2017 年的19.81%，下降近 7 个百分点。

从统计数据可以看出，我国企业已经成为科技研发的投入主体和执行主体。而现实中，企业还是技术创新的决策主体和受益主体。它不仅具有把科技成果转化为产成品的先天优势，而且具有直接面向市场并了解市场需求的灵敏机制，具有持续创新的实力和条件。只有众多企业的自主创新能力得到切实提升，才能使国家整体创新能力得到增强。

## （二）中国研发领域存在的问题及其深层次原因

虽然近年来中国在科技研发投入方面取得了一些成绩，但问题也不可忽视，特别要重视暴露出来的一些深层次的问题。

第一，基础研究比重低下的问题没有得到根本解决，应用研究持续下降问题愈加突出。从表 7 - 1 可以看出，2005 年我国研发经费支出中，基础研究、应用研究和试验发展的结构为 5.36：17.69：76.95。此后，基础研究和应用研究的比重开始下降。其间，基础研究经过 8 年下降之后出现了微增，而应用研究却一直是下降趋势，总共下降 7 个百分点。到 2017 年，三者的结构为 5.54：10.50：83.96。如前所述，基础研究是揭示客观事物的本质、运动规律而进行的开创性或理论性研究，是创新活动的开端，应用研究是针对某个特定的目的或目标，是在基础研究成果基础上进行的创造性研究，也是连接基础研究和实验发展的重要桥梁，这两项合起来称为科学研究，二者在 2017 年仅占中国研发支出的 16.04%。从国际比较看，我国基础研究经费的投入力度与世界科技强国相比还有很大差异。据美国国家科学基金会发布的《2018 年科学与工程指标》统计，2017 年美国、英国、日本和法国对基础研究经费的投入分别为 16.9%、16.9%、11.9% 和 24.4%。从应用研究经费投入来看，2018 年中国为 11.13%，英国、法国超过 40%，美国为 19.77%（原帅、何洁、贺飞，2020）。基础研究投入的不足会阻碍科学技术创新的进程，而应用研究比重的下降，更会影响科学研究成果转化为生产力的进程或效果。

第二，研发投入增加迅速和研发绩效提高缓慢之间的矛盾没有得到有效解决。近年来，我国研发投入持续增加，但研发绩效或研发效率提高缓慢也是事实。鉴于学术界对于研发绩效这个概念并没有形成共识，中国科技统计年鉴使用了科技进步贡献率概念，指的是广义技术进步对经济增长的贡献份额，即扣除了资本和劳动之外的其他因素对经济增长的贡献。但由于这个指标不仅包括科学知识、技术发展或工艺改进，还包括劳动者素质提高和管理创新等，涉及的因素（含人为因素）非常多，并不能完全表现研发绩效。2011 年国家科技部发布的《国家创新指数报告》使用了创新绩效的概念，这是对世界范围内 40 个科技创新活动活跃的国家做出的创新活动评价，其余的四个指标分别为创新资源、知识创造、企业创新、创新环境。表 7 - 4 是根据《国家创新指数报告 2018》汇总的 2005 年以来的综合指标和一级指标的变动情况。

表 7-4　　　　　　　　　　2005～2016 年中国创新指数变动情况

| 年份 | 创新资源 | 知识创造 | 企业创新 | 创新绩效 | 创新环境 | 国家创新指数 |
|------|---------|---------|---------|---------|---------|------------|
| 2005 | 31 | 37 | 17 | 29 | 27 | 25 |
| 2006 | 32 | 34 | 17 | 28 | 28 | 25 |
| 2007 | 33 | 34 | 14 | 28 | 27 | 22 |
| 2008 | 33 | 33 | 12 | 25 | 23 | 21 |
| 2009 | 31 | 32 | 18 | 24 | 16 | 22 |
| 2010 | 30 | 29 | 15 | 18 | 18 | 20 |
| 2011 | 30 | 24 | 15 | 14 | 19 | 20 |
| 2012 | 30 | 18 | 15 | 14 | 14 | 19 |
| 2013 | 29 | 19 | 13 | 11 | 13 | 19 |
| 2014 | 27 | 12 | 12 | 11 | 19 | 18 |
| 2015 | 28 | 8 | 11 | 12 | 20 | 17 |
| 2016 | 25 | 7 | 11 | 18 | 16 | 17 |

资料来源：根据中国科学技术发展战略研究院《国家创新指数报告 2018》整理。

从综合评价看，中国的国家创新指数从 2005 年排名第 25 位提高到 2016 年的第 17 位，提高了 8 个位次。从五个一级指标看，提升最为显著的是知识创造水平，从倒数第 4 位（第 37 位）提升到第 7 位，提升了 30 个位次，创新绩效和创新环境提升了 11 个位次，创新资源和企业创新提升了 6 个位次。

这里重点分析创新绩效的变化情况。虽然在样本期内创新绩效一级指标的提升速度并不缓慢，但创新绩效出现了较大波动。2013 年和 2014 年曾经提升到第 11 位，到 2016 年下降到了第 18 位，这是五个一级指标中位次下降最为显著的指标。若进一步分析其所包含的二级指标，更能发现问题的所在。创新绩效的二级指标包括劳动生产率、单位能源消耗的经济产出、知识密集型服务业增加值占 GDP 比重、高科技产业出口占制造业出口比重、知识密集型产业增加值占世界比重等。从二级指标看，对中国创新绩效排名贡献最大的是知识密集型产业增加值占世界比重从 2005 年的第 6 位提升到 2011 年的第 2 位，到 2016 年始终保持在第 2 位。其次是高科技产业出口占制造业出口比重，多数年份保持在第 6 位，2012 年和 2013 年曾达到第 2 位。排在第 3 位的是知识密集型服务业增加值占 GDP 比重从 2005 年的第 34 位提高到 2016 年的第 11 位。其余两个指标却极大影响了创新绩效排名，一是劳动生产率指标，始终保持在倒数第二的第 39 位，二是单位能源消耗的经济产出，排名一直在第 35 位至第

40 位之间徘徊。而这两个指标恰恰正是科技转化为生产力、科技促进经济发展的最重要指标。

针对上述研发领域出现的问题，可以从两个方面分析其产生的原因。

1. 政府、企业的投入结构与研发机构的理性选择视角

首先，政府科技投入下降与基础研究投入不足的问题。政府历来都是基础研究的投入主体，"2000 年全国全社会 R&D 资源清查"获得的基础研究数据显示，约 88% 的基础研究经费由政府（包括中央和地方政府）提供，研究机构或高等院校对基础研究课题的补贴占 7%，企业的投入占 5%（宋高旭、施红，2019）。从表 7 - 3 也可以看出，在 2005～2010 年，来自政府的研发资金保持了年均 22% 的增长率，但 2011 年以来政府资金的增长率开始下降，2016 年仅增长 4.24%，到 2017 年年均增长率为 11.4%。政府资金占比也出现持续下降趋势，到 2017 年降至不足 20%。根据《美国科学与工程指标 2016》统计，主要发达国家在研发强度达到 2% 时政府来源资金占比分别为美国62.8%、法国 53.9%、英国 48.1%，占比最低的日本也为 27%。而且在基础研究经费中，中央政府和地方政府都是绝对的投入主体，美国在 20 世纪 60～80年代的基础研究经费中，各级政府占比曾达到 80%。

根据国家统计局发布的历年财政科学技术支出情况，来自中央政府的财政科技支出年平均增长在 2011 年以前也保持了 20% 以上的增长速度，占比最高的 2011 年超过了 50%，之后迅速下降，年平均增速降至 6.6%。财政科技支出在财政支出中的比重在 2010 年达到最高的 4.58%，之后开始下降，2015 年降至 3.98%，2017 年恢复到 4.13%。在财政科学技术支出中，投入基础研究的比重更低，根据财政部公开的 2012 年国家财政支出决算，科学技术科目下的基础研究支出为 361.69 亿元，仅占财政科技支出的 14.8%，而地方的基础研究支出仅占地方科技支出的 1.5%（张明喜，2016）。

其次，企业的研发主体地位与研发投入结构不合理的问题。进入 21 世纪以来，中国企业虽然成为科技研发的投入和创新主体，但根据 2018 年国家创新指数报告统计，2011～2015 年我国企业研发投入占销售收入的比重平均为0.8%，这一水平低于我国整体的研发强度，也低于国际上通用的 2% 标准。而且企业的研发经费绝大部分进入了试验发展领域，投入基础研究和应用研究的经费严重不足。据统计，1995 年企业研发经费中，14.5% 进入了应用研究领域，到 2006 年降至 3%；2011 年，企业投入在基础研究领域的经费仅为7.27 亿元，占企业全部研发经费的 0.11%；2015 年，企业研发经费的 3.1%投入了基础研究和应用研究，96.1% 投入了试验发展。在韩国和日本，企业是

执行基础研究的绝对主力,由企业执行的基础研究占比长期保持在 55% 和 40% 以上。美国的基础研究执行主体是高校承担一半,研究机构和私营非营利机构承担 1/4,其余 1/4 由企业承担(乔宝华、黄坤,2018)。实际上,企业增强创新能力的关键是提高吸收能力,也就是消化吸收外界新信息用于商业目的的能力,而企业的基础研究水平决定了企业的学习行为和吸收外部知识的能力。由此看来,基础研究在企业创新中具有重要作用。美国国家科学基金会研究了最近 25 年经济增长的动力,发现以基础研究为动力的研发活动贡献率超过 50%。还有专家实证分析了美国 7 个产业数据,发现 11% 的新工艺和 15% 的新产品产出与基础研究的突破直接相关(宋高旭、施红,2019)。由此看来,我国企业对原始创新的重要性还认识不足,企业将大量的人力、物力和财力投入模仿国外先进技术以提高企业生产效率,而不愿承担原始的自我创新和自主研发的风险,这也导致了我国企业的整体创新水平较低和创新能力不足等问题。

最后,政府系科研机构的改制与应用研究不足的问题。长期以来,政府系研究机构是中国从事应用研究的主体,而转变开始于政府系研究机构的市场化转制。1987 年,国务院颁布了《关于进一步推进科技体制改革的若干规定》和《关于推进科研设计单位进入大中型工业企业的规定》。到 2001 年,原来隶属于中央政府机构的 242 家科研院所以及所有隶属于地方政府的科研院所全部转为企业化经营。由于科学研究面向市场,出于自负盈亏的考虑,转制后的科研机构开始将研发重点转向试验发展和基础研究项目,大幅减少了应用研究的经费支出。表 7 – 5 是根据国家统计局数据制成的科研与开发机构的研发经费支出状况。

表 7 – 5        2005～2017 年中国科研与开发机构的研发经费支出结构

| 年份 | 基础研究 | | | 应用研究 | | | 试验发展 | | |
|------|----------------|-------------|-------------|----------------|-------------|-------------|----------------|-------------|-------------|
|      | 支出<br>(亿元) | 增速<br>(%) | 占比<br>(%) | 支出<br>(亿元) | 增速<br>(%) | 占比<br>(%) | 支出<br>(亿元) | 增速<br>(%) | 占比<br>(%) |
| 2005 | 58.00 | 12.25 | 11.31 | 176.30 | 10.82 | 34.37 | 278.70 | 26.12 | 54.33 |
| 2006 | 67.90 | 17.07 | 11.97 | 196.30 | 11.29 | 34.58 | 303.20 | 8.79 | 53.45 |
| 2007 | 74.70 | 10.01 | 10.86 | 227.10 | 15.75 | 33.01 | 386.10 | 27.34 | 56.13 |
| 2008 | 92.70 | 24.10 | 11.43 | 271.30 | 19.46 | 33.44 | 447.20 | 15.82 | 55.13 |
| 2009 | 110.60 | 19.31 | 11.11 | 350.90 | 29.34 | 35.23 | 534.40 | 19.50 | 53.66 |

续表

| 年份 | 基础研究 | | | 应用研究 | | | 试验发展 | | |
|------|----------|--------|--------|----------|--------|--------|----------|--------|--------|
| | 支出（亿元） | 增速（%） | 占比（%） | 支出（亿元） | 增速（%） | 占比（%） | 支出（亿元） | 增速（%） | 占比（%） |
| 2010 | 129.90 | 17.45 | 10.95 | 387.60 | 10.46 | 32.67 | 668.90 | 25.17 | 56.38 |
| 2011 | 160.15 | 23.29 | 12.26 | 417.24 | 7.65 | 31.93 | 729.32 | 9.03 | 55.81 |
| 2012 | 197.91 | 23.58 | 12.78 | 469.27 | 12.47 | 30.30 | 881.70 | 20.89 | 56.93 |
| 2013 | 221.59 | 11.97 | 12.44 | 525.84 | 12.05 | 29.52 | 1033.97 | 17.27 | 58.04 |
| 2014 | 258.90 | 16.84 | 13.44 | 552.90 | 5.15 | 28.70 | 1114.40 | 7.78 | 57.85 |
| 2015 | 295.29 | 14.06 | 13.82 | 618.35 | 11.84 | 28.94 | 1222.84 | 9.73 | 57.24 |
| 2016 | 337.40 | 14.26 | 14.93 | 642.06 | 3.83 | 28.41 | 1280.72 | 4.73 | 56.66 |
| 2017 | 384.39 | 13.93 | 15.78 | 699.42 | 8.93 | 28.72 | 1351.89 | 5.56 | 55.50 |

资料来源：根据国家统计局数据整理。

根据表 7 - 5 的数据，2005 年科研和开发机构的基础研究、应用研究和试验发展的结构为 11.31 : 34.37 : 54.33，之后应用研究支出增速缓慢，2005 ~ 2017 年的平均增速仅为 12.2%，低于基础研究的 16.8% 和试验发展的 15.2%，致使应用研究在研发经费支出中的比重不断降低，从 2005 年的 1/3 降至 2016 年的 28.41%，基础研究的比重从 1/10 提高至 1/7，试验发展的占比同期内提升了 10 个百分点，超过了 55%。

2. 研发执行主体之间的合作不充分阻碍了创新绩效的提升，尤其是降低了科研成果转化为生产力即劳动生产率的提升进度。

我国的企业、政府系研究机构和高校是开展研发活动的三大主体。从科研机构之间的分工看，一般是高校从事基础研究工作，政府系的科研院所从事应用研究工作，而企业从事实验发展工作，三者之间存在相互协调和密切合作的关系。从整体来看，企业是科研创新成果的需求方，而高校和科研机构作为科技创新的供给方，供求之间快速和高效的连接是一国科技创新体系的发展目标，其中各个科研主体之间的合作和配合成为实现这一目标的关键。而在我国现行的科研体制中，存在许多不协调或不合作的现象。其一是大学科研机构和科学院所属的研究机构之间的合作关系淡薄，不仅表现为合作交流渠道不通畅，更表现为本应具有的合作关系在利益驱使下转化为竞争关系。表 7 - 5 显示的研发机构的基础研究经费支出比重增加就是一个明证。其二是产学研的合作进展不理想。我国 2006 年出台的《国家中长期科学技术发展纲要规划》中明确把知识产权保护、财税和金融支撑等作为促进产学研合作的政策措施，但缺乏有效规范的法律体系，没有建立适当的利益共享和风险共担机制，研发主体各自为政的现象没有得到改善。尤其是随着中国科研体制的改革，政府系研究机构和高校推进了科学研究市场化改革，在利益驱使下，为了获得企业提供的研发经费，政府系科研院所放弃了应用研究，转向更加接近市场的实验发展。高等学校也从科研成果商业化角度出发，将科研重点从基础研究转向应用研究或实验发展。这些变化势必带来基础研究和应用研究能力的下降，成为当前我国从技术模仿到自主创新转型的重大障碍。

企业作为科技创新成果的需求方，应该针对企业生产过程中遇到的技术屏障，组织高校和科研机构联合开展科技攻关，组成产学研合作体，促使科研成果迅速转化为生产力。而从中国的现实看，企业并没有充分承担起产学研合作的枢纽作用。在前面提到的国家科技部发布的《国家创新指数报告2018》中，作为创新环境二级指标之一的"企业与大学研究和发展协作程度"，在2007～2016年，排名在20～26位，排名最好的是2008年的第20位，最差的是2011年的第26位，所有年份的排名均低于创新环境一级指标的排名。由此可以看出，如何发挥企业在产学研中的枢纽作用，将成为中国实现科技自主创新的重要途径。

## 二、创新生态系统建设，发挥主要创新主体的作用

本书第五章分析了创新生态系统的内涵及美国创新生态系统建设的实践，可以看出，未来世界范围的科技竞争不再是单个科研个体的竞争，而是创新生态系统的竞争。在即将到来的新产业或技术革命背景下，创新生态系统建设将会使发达国家重新夺回竞争优势，取代经济全球化成就的新兴市场国家的低成本优势，继续引领世界经济和科技发展的前沿。

### （一）中国创新生态系统的制度设计

创新生态系统建设强调政府、企业和高校及科研院所及其他相关机构所构成的主体种群之间的合作与互动，同时还强调创新主体与外部环境的链接与互动。长期以来，我国所说的产学研合作主要是指企业、高校和科研机构的合作，三方本着优势互补、互惠互利、共同发展的原则进行科研合作和交流。在现代科学技术发展和科研环境发展巨大变化的背景下，创新生态系统建设可以弥补传统产学研模式难于解决的问题。

正如图 5 - 3 所显示的那样，创新生态系统不再是企业作为科技创新成果的需求者和大学及科研机构作为科技创新成果的供应者关系，而是增加了基础设施和政策环境，其中，政府在基础设施和政策环境建设中起到非常重要的作用。成功的创新生态系统包括创新组织、创新种群、创新群落和创新环境四个组成部分。创新组织包括企业、大学、研发机构等创新实体，政府部门、行业协会、金融机构、中介机构等构成创新支持群体，为创新实体的创新活动提供政策、信息、技术和服务等方面的资源，保证创新生态系统的正常运转；创新种群是指同种创新实体的群聚在一个区域，通过种群之间的协同合作实现规模效应，解决重大技术创新问题；创新群落是创新种群之间以某种方式构成的相互依赖的网状联系，具体包括创新设计者、供应者、中介机构、上下游客户、竞争者等；创新环境包括物质、精神和制度保障，创新区需要便利的交通网络、良好的居住和生活环境及区域文化环境等，同时还需要存在共享知识环境，制度保障包括与科技创新相关的法律制度、知识产权保护等政策环境。

创新生态系统的建设可以起到两个方面的作用，一是可以克服传统产学研合作中狭隘的利益观，克服基础研究和应用研究经费投入不足问题。制约产学研合作的最大问题是各个参与主体各自为政、落袋为安的短期利益观。在创新生态系统中，参与主体之间的共生性和共享性取代了竞争性，创新范式也从传统的工程化、机械式发展到生态化、有机式阶段，研究、开发和应用成为创新系统中的三大群落，缺一不可，可以从长远的角度谋划科学研究和成果应用。二是可以提高创新绩效。创新的终极目标是将创新成果运用到生产过程中，提高生产效率。在创新生态系统下，创新项目的确定、创新活动的开展、创新成果的运用都是三方共同决策或参与的，能缩短从科研成果到转化为生产力的距离或速度，弥补我国创新效率低下的不足。

### （二）生态系统中主要创新主体的作用的创新

1. 发挥政府在创新生态系统中的主导作用

美国创新生态系统是在政府主导下建设的。20 世纪 80 年代，里根政府出台的种种创新政策为科研成果转化为生产力创造了极为有利的条件。20 世纪 90 年代，克林顿执政时期开始着手建设创新生态系统，2004 年正式提出创新生态系统的概念，特别强调政府在创新生态系统建设中的地位和作用。2015 年，将建设创新生态系统作为未来建设创新型国家的重点。

在我国，政府在建设生态系统过程中的作用主要体现在三个方面。

一是增加政府的研发投入，优化研发投入结构，强化国家的研发能力。

《国家中长期科学和技术发展规划纲要（2006~2020）》中明确提出，"到2020年，我国的研发强度达到2.5%"。而在我国2014年进入经济新常态发展阶段，尤其是在遭遇国际经济环境恶化和新冠疫情的双重打击下，近期将研发强度提升到2.5%还是有一定难度的。国家统计局等发布的《2019年全国科技经费投入统计公报》显示，研究与试验发展（R&D）经费投入强度为2.23%。但我国可以在优化研发支出结构上下大功夫，特别是对那些对外技术依存度很高、原始创新能力不强、重点产业关键核心技术领域加大政府投入，尤其是原创性的基础研发投入，增强原始创新能力，扭转"卡脖子"技术以及关键技术受制于人的局面。

二是政府要出台相应的科技发展和创新政策，为创新生态系统建设保驾护航。美国在20世纪80年代出台了独立于科技政策的创新政策，这成为创新生态系统的重要支撑。众所周知，科技政策追求的是基础性研究和技术前沿为主的科研成果的产出效应，而创新政策重点关注如何将科研成果转化为生产力，也就是科研成果的商业化或市场化的过程。尤其是1980年出台的《拜—杜法案》和《斯蒂文森—威德勒技术创新法》明确技术转移是联邦政府相关部门的职责，科研人才拥有联邦政府资助下获得的科研成果的专利权，即从法律上明确了职务性科研成果的所有权归属问题。这项政策极大调动了科研人才技术转让的积极性，也有力推动了各联邦部门的产业转移和成果转化工作。

近年来，我国已经出台了一些促进产业成果转化的政策法规。2015年，我国修订了1996年出台的《中华人民共和国促进科技成果转化法》。2017年9月，为落实上述法案，国务院又印发了《国家技术转移体系建设方案的通知》（国发〔2017〕44号），要求建立国家技术转移体系。2018年初，由科技部火炬中心、中国标准化研究院等单位参与研究和起草的我国首个技术转移服务推荐性国家标准《技术转移服务规范》也正式启动实施。而在现实的技术转移过程中，由于缺乏具体的实施细则，尤其是长期以来悬而未决的是关于科研人员职务科技成果知识产权归属问题，甚至引发了社会上的许多民事纠纷案件。直到2020年2月，中央全面深化改革委员会审议通过了《赋予科研人员职务科技成果所有权或长期使用权试点实施方案》，国家科技部、发改委、教育部、知识产权局等九部门联合部署，开展赋予科研人员职务成果所有权或长期使用权的试点工作。相信试点工作结束后会在全社会范围内推广，这将成为科研成果转化为现实生产力的重要推动力量。

三是严格的知识产权保护是中国企业创新之本。知识产权是智力劳动产生的成果所有权，包括著作权和工业产权两类。在科学创新过程中，科研人员要利用著作权保护自己的专利和发明等，企业要运用工业产权（包括发明专利、工业品外观设计专利、实用新型专利、商标等）保护创新成果，增强企业利用品牌、专利和技术形成的竞争优势。没有知识产权的保护，就难以激励科研人员转让技术，也难以保障制造业企业特别是中小企业的持续创新。我国在加入 WTO 之后，知识产权保护方面已经有了很大进展，但仍存在一些问题。要继续出台鼓励和支持制造业创新，防止仿冒、利益被侵占行为，使知识产权为企业创新保驾护航。

2. 发挥创新主体在创新生态系统中的主体作用

根据阿格塔米尔和巴克的调研，在美国"锈带"地区的创新生态系统中，都有一个联络者或"锚机构"，它构成系统中心，可以是一个企业、一个学校或者某个研究机构。总之，联络者是有能力将周围的各个机构聚合在一起，合力研究某些重大的创新或技术项目的主体。

企业在创新生态系统中扮演着三重角色，它既是科研项目的"出题人"，又是合作项目的管理者，还是项目成果的使用者。从表 7-3 可以看出，在研发经费来源中，虽然企业占比不断增加，但自 2011 年以来，来自企业的资金增长率开始下降，从 2005 年的 27.20% 降至 2012 年的 18.76%，2015 年更是降至 7.87%。2000 年以来，规模以上工业企业从事研发活动的企业数量从 2000 年的 10218 家增加到 2017 年的 17272 家，所占比重从 2010 年的 10.6% 上升到 2017 年的 27.4%，这意味着 70% 的规模以上企业还没有从事研发活动。2000~2017 年，我国规模以上企业研发强度在 0.61% 至 1.1% 之间徘徊。运用财政税收等手段，激发我国企业的研究意识，尤其是如何促使中央企业在我国的战略性领域实现重大技术突破，在创新生态系统建设中起到重要的联络者作用，成为迫在眉睫的任务。

作为科研院所或高校研究机构，要使研究活动与当地或区域的产业发展相适应，按照当地或本地区的产业发展需要确定研究课题或项目，借助企业的力量加强基础研究和应用研究，在国家有重大需求的关键领域取得实质性研究成果，在创新生态系统建设中提升基础研究和应用研究的竞争能力。

目前，长三角地区正在形成创新共同体，这就是创新生态系统模式。以上海为核心，利用江苏的科技资源、浙江的市场资源、安徽的产业资源，合力打造有国际影响力的区域发展创新极，以"科技创新圈"为重要抓手，有助于科创资源向区域内加速汇聚，集中攻克一批前瞻性、颠覆性、实用性的科研难题，攀登科研高峰，使长三角地区成为具有全球影响力的科技创新高地，目标是构建内陆地区的创新生态系统。在这里，高校和科研机构将成为创新生态系统的联络者，通过建立科研平台，集中软硬件资源，以信息技术为核心，以创新驱动带动相关产业的发展，培育鼓励创新创业的文化氛围和市场环境等，吸引高级人才和企业主体构建政产学研资协同发展的创新网络。

## 三、优化研发结构，推动中国的智能制造

世界经济的发展已经进入智能制造的阶段，中国在实现制造业强国的过程中，智能制造一定是中国制造创新的方向。智能制造可以集合数字技术、网络技术、先进制造和人工智能等高科技技术，是实现高效节能生产的新型制造技术，必将使传统生产产生革命性变革。

### （一）发达国家智能制造的趋势及挑战

如前所述，智能制造是在高科技技术基础上，由智能生产机器在人类专家的操控下组成的智能一体化生产制造系统，所生产的机器具有分析、推断、决策等能力，能够在输入命令时自主生产。智能制造意味着传统制造走向柔性化、智能化和集成化。目前的智能制造业主要包括工业机器人，3D 打印技术，数控机床，智能控制系统等，在未来，智能制造的新技术或新方式还会源源不断地出现。

目前美国、日本、德国等主要发达国家出台的振兴制造业计划目标均是智能制造，力求在即将到来的新一轮科技革命中占据主导地位。中国与发达国家在智能制造各个方面仍有一定距离，尤其在工业机器人、3D 打印技术和数控机床等方面最为典型。工业机器人是可以通过事前编辑系统，并按照系统知识进行操作的智能型自动化装备设备。3D 打印技术可以通过计算机对实物进行数据编辑制作成模型，利用打印设备打印出三维立体实物。与传统制造业相比，3D 打印技术具有节省流程、打印速度快等优点。数控机床与传统机床设备相比，具有加工精度高，设备柔性高，装备制造生产率高等一系列优点。近年来，数控机床不断向高端化、智能化发展，为智能制造业的发展做出巨大贡献。总体来看，发达国家的智能制造业发展速度迅猛，拥有前沿技术的重大优势，领先世界智能制造水平。

### （二）实现中国智能制造的有效途径

智能制造的重点领域是制造业。基于智能制造的理念和方式，运用大数据和人工智能等技术手段，改进生产设备和工艺，释放新的发展动力，可以真正

实现中国制造业的高质量发展。这里分析两个问题。第一个问题是"中国制造"是否具备智能制造的条件，第二个问题是如何通过优化制造业研发结构实现智能制造。

关于第一个问题，长期以来形成了一个约定俗成的理念，认为在全球价值链时代，发达国家将附加价值最低、最没有技术含量的制造、组装环节或某一个工序转让劳动力成本及其他要素成本低廉的发展中国家，一定不会有助于发展中国家的技术创新。而根据第四章所分析的皮萨诺等提出的制造与创新关系理论，工艺驱动型创新和工艺嵌入式创新活动都需要制造过程的智慧，即制造过程中的细微变化都会影响创新，创新活动一旦与制造分离，也就失去了创新能力。研发作为源头创新虽然重要，但不会自动解决制造中的难题。

事实上，"中国制造"为中国科技创新做出了很大贡献。有专家提出了"灰度创新"概念，这是研发与制造之间的交集，也是制造与市场销售的交集，认为"中国制造能够崛起，就是因为在制造过程中，形成了大量的中国式创新"（林雪萍，2018）。如苹果手机的生产离不开富士康的精密生产，"富士康一把刀"就是在不断探索和改进过程中实现的创新，这是"中国制造"独特的"工匠魅力"。还应该意识到，"灰色创新"不仅体现在高科技领域，而且贯穿于所有的制造业领域，传统制造业同样具有创新优势。从中国的现实来说，低技术行业的制造业创新优势要大于中高技术行业，这是由于中国低技术行业制造业涉及的价值链条很长，具有广阔的市场优势和竞争优势，能够从规模集聚效应和产业生态系统中获益，同时低技术行业的制造业技术要求较低，也是研发支出最容易取得成效的领域。总之，高科技产业的研发可以创造出全球或国内领先的新产品和新技术，而传统产业的研发是扩大消费需求、实现经济增长的重要途径。

关于第二个问题，首要的是改变中国研发经费的产业分布，适当增加传统产业的研发投入。历年《全国科技经费统计公报》显示，制造业整体的研发强度在2011～2017年从0.78%提升到1.14%。从制造业细分领域来看，2017年研发强度在1.5%以上的包括医药制造业（1.97%）、通用设备制造业（1.53%）、铁路、船舶、航空航天和其他运输设备制造业（2.53%）、电气机械及器材制造业（1.73%）、计算机、通信和其他电子设备制造业（1.88%）、仪器仪表制造业（2.11%）。在所列的29个细分行业中，12个行业的研发强度都在0.5%～1.5%，只有5个行业超过1%，其余11个行业的研发强度不足0.5%，而这些产业均集中在传统的制造业行业，如农副产品加工业（0.46%）、烟草制品业（0.22%）、皮革、毛皮、羽毛及其制品和制鞋业

（0.46%）、石油加工、炼焦及核燃料加工业（0.36%）、废弃资源综合利用业（0.42%）。从上面的数据可以看出，高技术产业的研发强度较高是提升我国科技创新实力、实现创新强国的有效途径，而要实现智能创造，应该增加传统制造业领域的研发投入，开发和制造出适合消费者需求的各类产品，从传统的大量生产大量消费向着定制化、个性化发展。

## 第二节　中国制造业在全球价值链中的定位及战略选择

改革开放以来，中国快速融入发达国家主导的全球价值链，被称为"世界工厂"。由于当前全球价值链是发达国家主导和全球治理的载体，发达国家掌控价值链条上的关键核心技术，处于价值链的高端和主导地位，众多的发展中国家融入全球价值链，长期处于价值链的低端。随着中国国内劳动力等要素成本的上升，中国在价值链上的地位处于前有堵截、后有追兵的境地，中国制造业如何在全球价值链中做出战略选择将是本节研究的内容。

### 一、中国制造业在全球价值链中的地位

#### （一）中国制造业仍居于全球价值链低端

中国制造业嵌入全球价值链的过程具有明显的先嵌入再提高增加值的特征，而中国凭借资源禀赋优势以低附加值的劳动和资源嵌入全球价值链后，长期处于价值链低端的加工组装环节，发达国家牢牢掌握着价值链的设计、营销等高附加值环节，中国在国际分工利益分配格局中处于不利局面。中国制造企业参与全球价值链技术水平低、增值能力弱是限制其价值链升级的关键因素。据《世界知识产权报告 2017》统计，以苹果手机为例，其价值链上游的设计由美国完成，高附加值多数的中间元件由日本、德国、韩国等提供，组装在中国完成。整个价值链的价值构成为：苹果公司 42%，材料成本 22%，销售15%，知识产权许可为 5%，而中国劳动力只占 1%，绝大部分的附加值都被美国所占据；如果单就硬件批发价格而言，处于价值链上游的日本、德国、韩国等上游企业分别获得 37%、17% 和 13% 的价值，而中国只占 3.6%。附加价值的差距其实就是技术、管理、劳动等要素的差别。近年来，中国劳动力、土地供给趋紧，环境标准不断提升，要素丰裕度降低，要素的比较优势降低，中

国面临陷入"比较优势陷阱"的风险。

为明确中国制造业在全球价值链中的地位,我们使用国内一些专家的实证分析结论。王岚和李宏艳(2015)等运用 1995~2011 年世界投入产出表(WIOT)数据测算出了中国制造业 221 个不同行业的"GVC 地位指数"(GVC-Status Index,GS 指数)。GS 指数表示在全球价值链中的地位,包括全球价值链嵌入位置和增值能力两部分。图 7-1 是根据王岚和李宏艳(2015)研究的数据绘制的嵌入上下游位置和价值增值高低之间的关系。在 221 个样本细分行业中,中国只有 34 个行业增值能力高于世界平均值,说明中国制造业是通过嵌入价值链的上游或下游的低增加值环节参与全球价值链,总体处于全球价值链的低端。此外,国内也有许多学者从贸易增加值角度测算中国制造业的全球价值链分工地位。比如,周升起等利用 TiVA 数据库计算中国制造业"全球价值链地位指数",发现中国制造业大多处于国际分工较低水平,并且劳动密集型制造业在 GVC 中国际分工地位明显高于资本密集型、技术密集型和资源密集型制造业(周升起、兰珍先、付华,2014)。

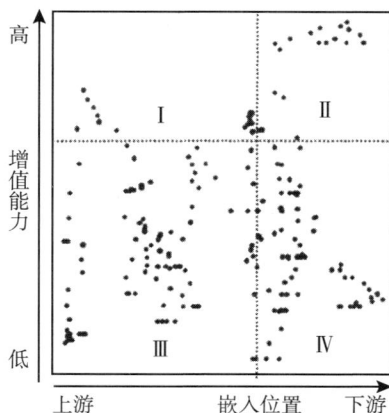

**图 7-1 中国制造业融入全球价值链位置及增值能力**

注:图中虚线为世界制造业的平均值,图形的横纵轴边界分别为中国制造业嵌入位置和增值能力的最小值、最大值。

资料来源:王岚,李宏艳. 中国制造业融入全球价值链路径研究——嵌入位置和增值能力的视角[J]. 中国工业经济,2015(2):76-88.

## (二)中国制造业面临的挑战

支持全球价值链的理论研究得出的结论是,发展中国家的本土企业或产业在嵌入全球价值链之后一般遵循"工艺升级—产品升级—功能升级—产业链升级"的升级路径。而现实中,由于发展中国家科技或生产力发展水平的限制，升级路径往往难以顺利通达，以至于出现了俘获型的价值链治理模式（captive value chains），即发展中国家的本土供应商在价值链上的技术水平较低，产品又具有较强的专用性，被价值链的领导企业所控制，难以脱离所嵌入的价值链而独立开展生产活动，带来升级障碍，这已经成为很多中国企业融入价值链后的现实。这是由于从工艺升级到产品升级阶段，技术含量比较低，市场进入门槛也不高，中国本土企业嵌入全球价值链后能够比较顺利的实现这一过程的升级。实际上，此时本土企业并没有掌握核心技术，但随着大量模仿者的加入，竞争加剧带来市场利润被不断摊薄。由于核心技术的缺失，在从功能升级到产业链升级的过程中会遭遇"天花板"，居于价值链高端的领导者不会向中国本土企业提供核心技术，而且不择手段的阻挠本土企业核心技术的积累，阻碍这一升级过程的深入，以维持价值链上既有的利益分配格局。图 7 - 2 是根据王岚和李宏艳（2015）的研究数据制成的不同技术类别 GS 指数变化趋势，显示在 1995～2011 年，低技术制造业的 GS 指数出现了一定上升，中技术制造业和高技术制造业的 GS 指数均出现了下降，尤其是高技术中的机械设备制造业、电子和光学设备制造业以及运输设备制造业在 2004 年前后出现了非常大的下降，之后也没有出现大的提升，意味着中高技术制造业面临继续被锁定在低端下游环节的不利局面。

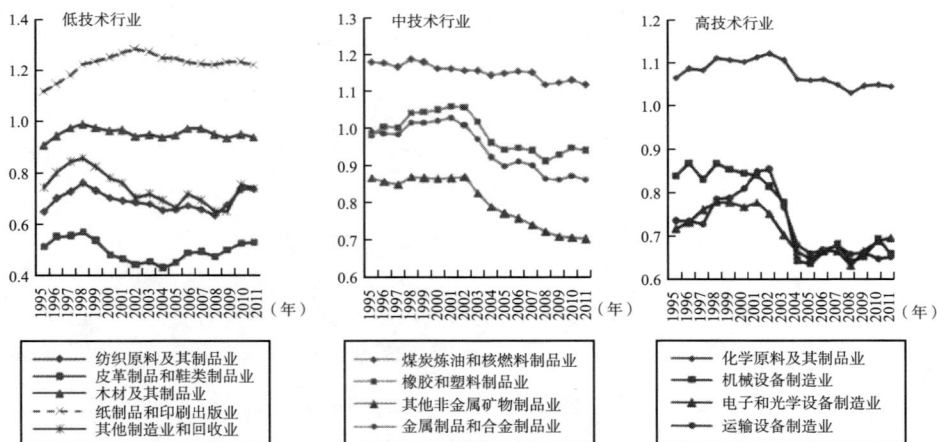

**图 7 - 2　不同技术类别的 GS 指数变化趋势**

资料来源：王岚，李宏艳. 中国制造业融入全球价值链路径研究——嵌入位置和增值能力的视角 [J]. 中国工业经济，2015（2）：76 - 88.

## 二、中国制造业在全球价值链中的路径选择

中国在全球价值链中的路径选择有两个：一是在发达国家主导的全球价值链中实现升级，二是积极谋求构建国内价值链和区域价值链，同时从微观层面筑牢价值链基础。

### （一）中国现存全球价值链的升级

全球价值链升级就是嵌入全球价值链之后，通过改变要素投入、加大创新力度向更高附加值的价值链环节升级的过程，这既包括沿价值链攀升的升级过程，也包括跨价值链的升级过程。最通俗的解释就是实现从原始设备制造到原始设计制造再到自主品牌制造的过程。原始设备制造（Original Equipment Manufacture，OEM）就是代工或贴牌生产，这是根据受托方的委托合同而进行的产品生产或制作。原始设计制造（original design manufacture，ODM）是代工企业除完成委托的工作之外进行的深加工或其他的产品设计活动。自主品牌制造（own brand manufacture，OBM）是指代工企业经营形成自有品牌或生产、销售拥有自主品牌的产品。

关于价值链升级路径，一般是指按照微笑曲线形状，从中间的低附加值的制造、组装环节向两端的研发、设计和物流、营销等升级，包括工艺流程升级、产品升级、功能升级、价值链升级等阶段。工艺流程升级是由于生产技术的进步和生产管理能力的提高，企业的生产效率显著提升，使得整个生产制造过程专业化的过程；产品升级是企业技术达到一定的积累度，所生产的产品逐渐从低层次的简单产品转向同一产业内更复杂、更精细的产品，附加值也有所提升的过程，如从生产衬衫到生产西服的转化就属于产品升级；功能升级是企业所从事的价值链活动的升级，从附加值低的环节转向高附加值的环节，如从简单装配到零部件、中间品的生产，从生产领域进入设计、市场营销和品牌运营领域等；价值链升级也称为跨部门升级，即一个企业从某一产品领域进入与此产品具有相关性的其他产品领域，如从制造电视进入显示器生产，进而进入计算机产业。

上述所有的升级阶段，实际上都源于两个基点，一个是技术，另一个是市场，技术能力和市场能力是选择升级的重要推动力。技术能力高的企业可以通过自行设计制造直接进入自主品牌阶段，如果拥有市场营销能力，则可以通过全球物流系统实现自主品牌生产。

中国制造业融入全球价值链后，经过多年积累，许多制造企业已经完成了工艺流程和产品升级过程，一些优秀企业也进行着价值链的功能升级，甚至跨价值链的跳跃升级，但大部分代工企业停留在了产品升级阶段，出现价值链升级瓶颈。下面从市场和技术两个方面分析中国企业升级的路径。

第一，延伸价值链，实现市场的升级。这一升级路径是指原始设备制造企业将其承担的生产制造环节重新配置到生产成本更低国家的第三方生产，自身集中建设全球采购网络体系。由于生产原料来自不同的生产企业和不同的地区，采购原料和生产组装要求有出色的生产管理和物流体系，作为全球采购网络可以提升其在价值链中的地位。我国企业可以采取这种方式实现价值链升级。

第二，通过干中学，实现技术的升级。这条升级路径实质就是通过在与价值链主导企业的合作过程中，利用价值链治理过程中产生的信息流动、知识溢出和动态学习效应提高企业的自主创新能力，实现从产品升级向功能升级的延伸。中国台湾地区华硕等笔记本代工企业就是成功的技术升级案例。台湾笔记本生产企业从最初接受 IBM 的代工生产中逐渐积累技术实力，培育出世界知名的自主品牌。这一升级路径的关键在于研发创新能力的提升，掌握核心技术。

## （二）培育国内价值链和"一带一路"背景下的区域价值链

国内价值链（national value chain，NVC），是基于国内市场需求，本国企业掌握产品价值链的核心环节，吸引本国或外国企业嵌入的分工生产体系（刘志彪、张杰，2017）。构建国内价值链是依托国内市场培育自主品牌，进而发展为世界品牌，国外典型的成功案例是韩国制造企业国际品牌的创建。韩国在融入全球价值链的同时，也在建设自己的国内价值链，如韩国造船企业大力开发船舶品牌价值链，在 21 世纪初成为世界第一大造船大国。构建国内价值链并不意味着回归到过去的封闭状态，也不是要走进口替代的老路，这个过程中并不排除国外企业，而且要吸收国外优秀企业加入国内价值链，更不是要放弃或退出现有全球价值链，而是要由过去的依赖国外市场为主转化为国内外两个市场的并重。

价值链的主体包括研发设计、生产制造和市场营销三个部分。我国在生产制造环节的优势自不待言，这里重点分析在研发设计和市场营销环节的优势。首先，在研发设计环节，中国制造企业在许多领域具备自主开发能力。高铁和通信设备产业等已经拥有了具有国际竞争力并且掌握自主知识产权和核心技术，生产性服务业得到一定的发展，尤其是与高科技产业相关的技术服务与配套措施得到明显改善，大量高端人才的培养和储备等，都是我国研发领域的优势所在。其次，在营销物流环节，中国制造企业拥有了一定自我运营能力。作为世界第二大经济体拥有巨大需求市场和快速的增长空间，国内区域市场一体化程度的提高，不仅可以扩大市场的广度，还可以同时细分市场扩大市场的深度，尤其是巨大的中等收入群体需求是产业发展的基础，近年来兴起的电子商务企业搭建起的跨境电商平台，必将成为未来构建全球营销网络的重要载体。

如何构建国内价值链，主要从两个方面展开。一是引导现在的加工贸易企业进入基于本国价值链体系，将传统的"来料加工—生产—出口"的国际循环模式直接简化为"国内生产—国内消费"过程，将大部分的利润留在国内。这一过程也会降低产品市场价格，激发市场效应，优化供给的同时创造更多的消费需求。二是东西部地区协同构建国内价值链，东部地区作为价值链的主导者和掌控者提供核心技术和管理经验，发挥中西部地区的要素优势和人才优势，进行合理的产业布局，通过构建全国产业网络实现东中西部的协同发展。

国内价值链的构建还要与"一带一路"的区域价值链相结合。"一带一路"倡议的近期目标是通过互联互通的道路建设，建立和加强沿线各国互联互通伙伴关系，构建全方位、多层次、复合型的互联互通网络，远期目标是实现沿线各国多元、自主、平衡、可持续的经济发展，构建区域价值链是实现上述目标的重要手段。

在构建区域价值链的过程中，需要注意两个问题。一是顺应各国比较优势，与"一带一路"沿线国家进行差异化产业合作，延伸中国的产业价值链条。二是以贸易和投资促进价值链的形成和发展。在中国企业扩大对外投资的同时，必须对"一带一路"沿线国家进一步开放市场，让沿线国家平衡贸易进出口，帮助其实现工业化，让沿线国家从"一带一路"建设中获益。具体可以通过加快中国同"一带一路"沿线国家自由贸易区建设，培育进口商品交易中心，国际知名进口交易平台、鼓励跨境电商建设等措施扩大进口。

## 三、夯实中国制造企业价值链的微观基础

任何价值链的建设或价值链的升级都离不开高级人力资本、创新技术等创新性生产要素的支撑，在微观层面增加创新要素的供给是推动中国制造企业建立价值链或价值链升级的根本所在。

## （一）完善知识产权保护制度，形成创新生产要素的有效激励

价值链高端的研发设计、品牌营销环节更加依赖于创新，加强知识产权保护可以促进企业创新。一方面，有效的知识产权保护可以减少企业的研发溢出损失，由于研发活动获得的知识产权存在外部性问题，企业很难阻止其他企业模仿其知识产权，加强知识产权保护可以降低企业知识产权被侵犯的风险，从而提升企业研发的期望收益。另一方面，在企业知识产权得到保护的条件下，企业的外部融资约束可以得到缓解。因为研发活动具有信息不对称性，当外部投资者不了解企业研发的技术时，无法评估其价值，投资的概率极小，如果披露这些信息，就有可能出现技术被窃取的可能。只有在知识产权得到充分保护的条件下，企业更愿意披露其研发项目信息和未来前景给外部资金提供者，从而减少信息不对称性，进而减少企业为研发项目融资的难度。在中国制造企业融入全球价值链的初级阶段，企业主要从事代工生产，研发等环节都被跨国公司所掌握，不需要太多地考虑研发事宜。随着中国企业向价值链高端发展或组建国内价值链，知识产权保护的重要性日益突出，知识产权保护的缺位影响了中国在全球价值链中的升级。

## （二）创新性生产要素的培育和运用

产品内分工的实质是各国以优势要素参与国际分工，即国际分工不再以"产品"为界限，而是以"要素"为特征（金京、戴翔、张二震，2013），全球价值链就是不同要素位置的排列。在全球价值链体系下的要素分工实质上是跨国公司根据不同地区的要素禀赋和比较优势，将生产活动及其他功能性活动进行更为细密的专业化分工，并在全球范围内推动可流动的生产要素不断追逐流动性较弱的生产要素（方勇、戴翔、张二震，2012）。中国现阶段融入的全球价值链就是一般生产要素追逐中国劳动要素的结果，在现有技术决定的价值链分工格局下，依托一般生产要素流动进一步细化和深化难度加大，而创新性生产要素的跨国流动正成为新一轮要素分工进一步深度演进的重要发展方向和趋势（戴翔，2019）。比如，发达国家跨国公司调整其全球化战略，增加总部创新的同时也往往注重基于新兴市场经济体和发展中国家的"逆向创新"，特指跨国公司将更多的创新活动置于新兴市场经济体和发展中国家，进而将其取得创新成果向全球扩散的一种新生产组织模式。"逆向创新"实际就是第一节提到的"灰色创新"，强调生产制造过程中的创新活动成果，这是我国的巨大优势。中国作为世界第二位的经济体，拥有巨大的消费人群，尤其是全球金融

危机后中国市场表现出的升级趋势，消费者更加注重产品的品质与差异化，因此，许多跨国公司在中国设立研发机构，甚至将经济总部搬到中国，全球性的"逆向创新"或"灰色创新"为中国攀升全球产业链提供了重要机遇。在加速引进国际先进创新性生产要素的同时也要加快培育本土创新性要素，比如进一步加大教育投入、企业研发投入，努力促进官产学研的有效结合，着力打造"招才引智"的优良环境等。

# 第三节　推动制造业与服务业深度融合

制造业与服务业融合是未来新技术发展背景下的一种趋势，发达国家已经将产业发展重点转移到二者融合产生的新产业或新业态，美国在制造业和服务业融合方面积累了一定经验，我国必须要抓住这一契机，推动制造业服务化，大力发展生产性服务业，促进供应链产业的发展，实现服务业与制造业的融合。

## 一、制造业与服务业融合及其影响因素

### （一）制造业与服务业融合概念

关于产业融合的定义最早始于植草益（2001）对于信息通信业产业融合的研究，他认为处于同一产业内部的企业之间有着相互竞争的关系，处于不同产业的企业不存在竞争关系。随着技术的革新以及政府对行业管制的放松，行业之间的壁垒逐渐降低，因此处于不同产业的企业就可以进入其他行业中参与竞争，出现了产业合并，也就是出现了新型产业，这一新产业就是融合后的产业。王小波（2016）从价值链视角分析制造业与生产性服务业融合，指出随着政府规制的放松以及竞争的加剧，制造业的价值链逐渐分解为零散的链条，生产性服务业从制造业内部分离出来，产生规模经济，专业化水平逐步提高。随着国际竞争的加剧，制造业企业将一些具有成本优势并比较成熟的生产性服务业价值链环节嵌入新的价值链当中，重新组合成更具有竞争力的价值链，重组后的企业由于兼具制造业和生产性服务业，因此被称为服务型制造业。从上面的文献可以看出，生产性服务业与制造业的融合是指随着信息技术的高速发展以及政府对行业规制的放松使得行业壁垒逐渐降低，产业之间的往来更加密

切，因此产业之间的竞争合作关系发生改变，彼此之间的业务向对方渗透、交叉和重组，使得产业之间的界限不再清晰，最终整合为一种新型的产业体系。

（二）影响制造业与服务业融合的因素

首先，技术进步是生产性服务业和制造业融合的内在动因。技术进步为产业的发展提供原动力，生产性服务业和制造业都是以现代技术为主要支撑。一方面，技术进步改变了原有产业产品或服务的技术路线，改变了原有产业的生产成本函数，从而为产业融合提供了动力。发生在制造业内部的技术进步推进产品创新，新产品投入服务业领域，通过提供软硬件支持提升服务业效率。而服务业的创新服务融入制造业环节，增加生产制造环节的增加值，提高生产效率。另一方面，技术进步改变了市场的需求特征。传统的消费观念对产品的差异化并没有突出要求，而在技术创新的推动下，消费者更加强调产品提供的功能而不仅仅是产品本身，拓展了产品的市场需求空间，进而也为产业融合提供了市场空间。

其次，产业分工的深化和生产专业化对服务业和制造业融合提出了要求。经济结构转变的必要条件是分工的进一步演进，细致化的分工使得长期从事某种职业可以获得更加熟练的技术和知识，为技术进步提供储备。要素禀赋差异促进了产业间分工，规模经济加速产业内分工，全球化的纵深发展进一步演化出了产品的价值链分工。科技的发展使生产专业化不断推进，产品所附带的技术含量不断提高，价值链增值环节日趋繁杂，致使产品的研发、生产和销售彼此分离通过诸多厂商才能完成。企业也向专业化转型，产品的某些生产环节剥离外包于其他企业，如此会产生许多在某个独立环节生产技术水平更高、成本更低的企业，价值链开始分解。价值链不断分解使得市场上出现许多专业化增值环节，彼此独立环节的专业化水平随技术进步不断提升，独立出来的某个环节可以凭借其竞争能力加入其他相关的价值链环节中去，进而引起了价值链的整合。随着生产分工的深化，服务业与制造业的关系并非简单的分工关系，更多的是表现为你中有我、我中有你的彼此依赖、协同发展的融合状态。以计算机软硬件关系为例，软件技术服务的提升才能发挥出硬件技术升级的优势，软件技术的升级反过来又促进了硬件功能的不断提升。

直观来说，新兴技术如人工智能、云计算、移动互联网、生物工程、新能源、新材料和大数据等正在形成新经济和新业态，这种新业态同时具有制造业和服务业的功能，难以明确定义为制造业或服务业。如人工智能产业既包括智能传感器、人工智能芯片的制造，又包括以深度学习等为基础的服务；物联网产业既涉及传感器和芯片制造，也影响研发设计、应用服务等服务业。基于信息物理系统的智能装备、智能工厂等智能制造正在引领制造方式变革；网络众包、协同设计、大规模个性化定制、精准供应链管理、全生命周期管理、电子商务等正在重塑产业价值链体系；智能家电、可穿戴智能产品、智能汽车等人工智能产品极大地拓展了制造业领域。

许多跨国企业已经认识到要想维持企业原有高额的利润和市场份额，必须向新型服务转变，将产品进行定制和地域划分，提供与其客户相关的深化服务。这样，产品制造是为了提供某种服务而进行生产，例如通信和家电产品，随产品一同售出的包括知识和技术服务，而且服务会进一步引导制造业部门的技术变革和产品创新。

事实上，融合已经体现在整个价值链过程中，无论从企业产品设计研发到产品营销与服务的圈都存在制造业与服务业的融合，包括在生产上游（可行性研究、产品概念设计、市场研究、风险评估等）、生产中游（质量控制、人力资源、保险、会计、法律等）以及生产下游的活动（销售、广告、物流等）。在价值链前端，企业利用全球经济优势和使用新的生产流程提升科技以增加制造业生产能力。在价值链后端，通过整合服务、量身定做增加其产品差异性，使生产企业通过差别化创造新的市场和利润。同时市场服务的引入使企业建立动态反馈机制，以便于更好地与客户进行沟通和合作。如定制一键服务提供了消费者预期和产品与电子设备之间的无缝衔接，满足消费者对现代产业发展的需求。近些年来，许多传统的制造型企业通过大规模的进入或兼并生产性服务业的方式来整合业务，如美国通用电气公司通过进入金融业为其客户提供贷款来刺激其产品的销售，世界最大的信息科技公司之一惠普公司通过兼并服务性企业为客户提供从销售到咨询、从硬件到软件的整套服务，IBM 公司早在 20 世纪就由制造型企业转型为服务型企业。

## 二、制造业和服务业融合的美国实践

### （一）生产型服务业概念以及制造业服务业融合的测度

生产性服务业是指为保证生产过程中的连续性和生产效率的提高、技术的进步而提供服务的服务业，包括服务于农业、工业、贸易等各类服务业。它与制造业直接相关，依附于制造业贯穿于生产环节的上中下游，是从制造业内部生产服务部门独立发展出来的新兴产业，是第二产业和第三产业加速融合的关键环节。从制造业的发展过程来看，生产性服务业发挥"粘合剂"的作用，满足制造业对服务的需求。例如居于产业上游的研发服务等，能够提升制造业企业产品的创新力，可以充分利用资源，创造出更受客户喜爱的产品。而居于下游的售后服务等直接与客户接触，及时处理客户的问题，保障客户享受最好的服务，同时提升制造业企业的品牌及信誉度。根据美国商务部经济分析局的分类标准，生产性服务业是指其50%以上产品必须是中间产品，具有较高技能者的劳动者占到60%以上。生产性服务业具体包括批发贸易、运输、通信、出版业、信息和数据服务、租赁服务以及出租者提供的无形资产、法律服务、证券商品契约和投资服务、公司与企业管理、保险公司相关服务、电脑系统设计与相关服务以及各种专业的科技服务等。

在战后发达国家的经济增长中，特别是具有鲜明知识密集特征的信息服务、科技服务及专业性商务服务发展非常迅速，在一定程度上"医治"了服务业发展中的"成本病"现象，成为促进制造业、服务业乃至整个经济发展的"新引擎"，推动发达经济体逐步从"工业经济"过渡到"服务经济"。而在部分发展中国家，国民经济中服务业所占比重也在迅速提高。在全球化分工体系下，部分发展中国家利用成本优势以及某些专业优势积极承接欧美等发达国家的服务外包业务，生产性服务业亦获得快速发展的市场良机。近几十年来，发达国家的生产性服务业发展规模迅速增长，基本形成了"双70"的局面，即服务业在整个国民经济中的比重为75%，生产性服务业占服务业的比重为70%。

一般使用正向融合度和反向融合度测度制造业与服务业的融合程度。正向融合度是生产性服务业对制造业中间投入占制造业总投入的比率，反向融合度是制造业对生产性服务业中间投入占制造业总投入的比率。用公式表示，即：

$$C1_{it} = \frac{t\ 时期生产性服务业对制造业\ i\ 的中间投入}{t\ 时期制造业\ i\ 的总中间投入} \times 100\%$$

$$C2_{it} = \frac{t\ 时期制造业\ i\ 对生产性服务业的中间投入}{t\ 时期制造业\ i\ 的总中间投入} \times 100\%$$

公式中 $C1_{it}$ 是正向融合度，$C2_{it}$ 是反向融合度。

## （二）美国制造业与服务业融合程度

根据美国经济分析局的制造业定义，制造业可以描述为"以动力驱动机器及材料加工设备为主要手段的工厂、设施、加工厂等制造型生产机构，个人或家庭作坊以手工方式将材料或物质转化为新产品的活动，以及面包房、糖果店和零售店直接向普通大众出售上述产品的个人或家庭，也被纳入制造业的范畴"（瓦科拉夫·斯米尔，2017）。实际上，这个含义严重低估了制造业的地位，这是因为现代制造业还要涉及管理、薪酬、会计等问题，而且还高度依赖于持续性的设计创新、研究开发以及各种载体实现的零部件即时运输等，按照北美产业分类体系，如果是单独的机构提供这些制造业关联服务，且服务为该机构的主营业务，那么这些服务就不再属于制造业。目前美国的很多制造业企业都采取了大量外包策略，不仅包括市场调研和薪酬管理等，还包括产品的设计和研发，这已经成为低估制造业的重要原因。据统计，美国制造商在 2005 年向外部公司采购的服务额占全国制造业产品增加值的 30%，在欧美主要成员国中这一比例占 23% ~ 29% 左右。另一项研究证明，2008 年美国制造业领域中，与服务相关的就业人数占制造业总就业人数的 53%，德国、法国和英国为 44% ~ 55%，日本为 32%（Levinson M.，2013）。这些都说明美国制造业与服务业的边界并不清晰，现实中制造业与服务业融合现象已经形成。下面测度美国两业融合程度以及在此过程中积累的经验。

下面根据正向融合度和反向融合度分析美国产业融合的特征。图 7 - 3 显示了美国 2000 ~ 2014 年的制造业与服务业的融合，发现美国的正向融合度和反向融合度都在提升，但反向融合度高于正向融合度，意味着服务业向制造业渗透大于制造业对服务业渗透程度。

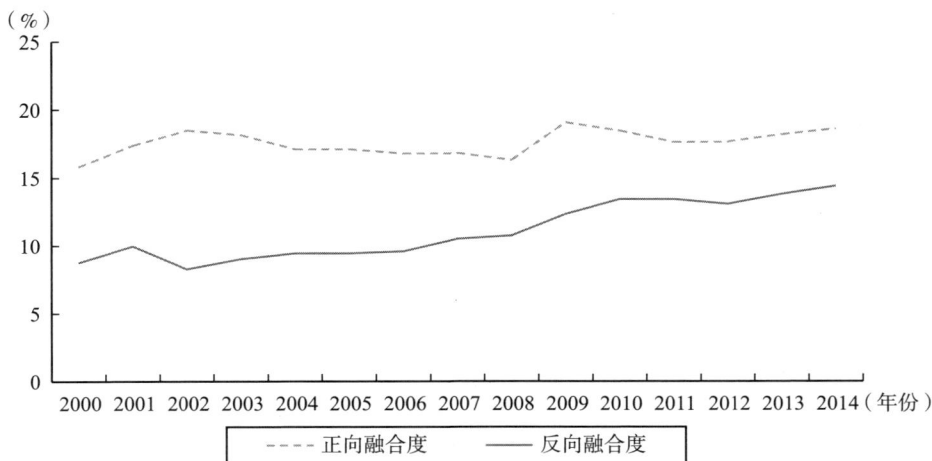

图 7 - 3　2000 ~ 2014 年美国生产性服务业与制造业产业融合度变化情况

资料来源：李晓庆. 美国生产性服务业与制造业融合及效应分析 [D]. 河北大学，2018：35.

2000 ~ 2014 年，正向融合度从 15.8% 提升到 18.6%，而反向融合度从

8.8%提升到14.4%。全球金融危机呈现一个转折点，危机之前正向融合度在经过2002年的高位后出现缓慢下降趋势，2008年达到最低点，2009年再度上升后在高位实现稳定。反向融合度是在2001年达到高点后2002年触底，之后缓慢上升，金融危机后上升速度加快，到2014年二者的差距由2000年的7个百分点缩小到2014年的4个百分点。出现这种状况的原因在于金融危机后，制造业总投入对生产性服务业的投入增加，美国制造业加速了向服务业的渗透程度。

图7－4显示了不同生产性服务类别显示不同的融合程度。其中商务服务业、现代物流业以及金融保险业的正向融合度大于反向融合度。商务服务业与制造业的正向融合度为10.72%，反向融合度为5.0%，两者之间相差最多；现代物流业与制造业的正向融合度为3.53%，反向融合度为1.83%；金融保险业与制造业的正向融合度为1.46%，反向融合度为0.98%，这些行业与制造业的正向融合度皆大于反向融合度，制造业为主导，与制造业融合中更多地表现为生产性服务业向制造业渗透。在信息服务业和科技服务业行业中，表现为反向融合度大于正向融合度，如信息服务业的正向融合度为1.31%，反向融合度为2.50%，科技服务业的正向融合度为0.57%，反向融合度为0.75%，表明这些服务业在发展过程中更多地投入制造业中高科技产品，并更新仪器和设备，更多地表现为信息服务业和科技服务业主导，制造业向生产性服务业渗透。

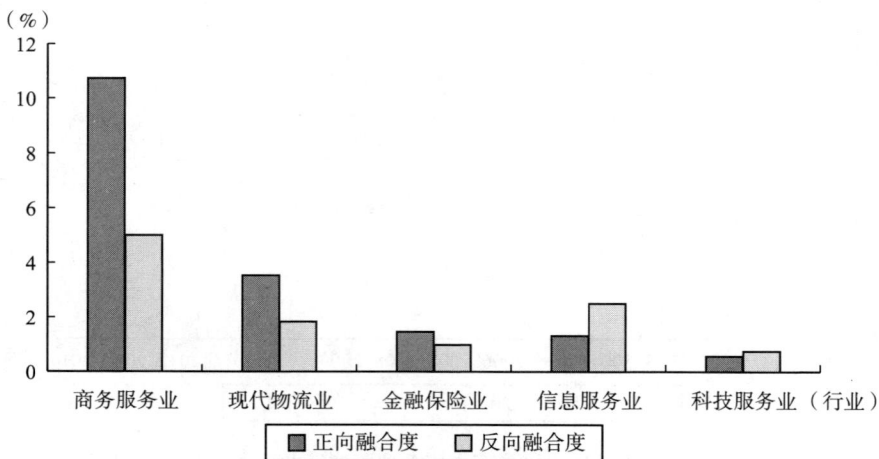

图7－4　2000～2014年美国生产性服务各行业产业融合度平均值比较

资料来源：李晓庆. 美国生产性服务业与制造业融合及效应分析［D］. 河北大学，2018：35.

### （三）　美国制造业服务业融合的经验

美国在制造业与服务业融合中积累了一定经验。

首先，在全球价值链中实现制造业和服务业的有效分工。美国等发达国家以跨国公司为主导通过全球价值链对生产要素进行配置，通过专业化分工、产品和服务贸易、国际投资等手段实现世界各国要素市场的分工与合作，从而实现利润最大化目标。通过采用制造业和服务业有效分工的手段，迅速提高了生产组织效率和国际竞争力，在全球价值链中占领了一个较高的国际分工位置。要想实现不同地域之间高效的分工，越来越多的服务要素作为中间产品被投入产品的生产过程当中，制造业企业逐渐将产品运输环节外包给第三方物流业，两者之间的合作也越加紧密。现代物流业运用高科技手段，集系统化、信息化和仓储现代化于一身，能够便捷高效地实现产品的远距离运输和配送，有效地降低了产品的运输成本。此外，产品的国际分工也越来越需要生产性服务业作为地域间分工协作的润滑剂。比如，跨国公司运用现代通信网络技术实现不同国家之间的信息交流，通过召开视频会议、电话会议、发电子邮件等手段实现公司之间的合作，实现国家之间信息的高效传输。

其次，放松服务业的各项规制，促进服务业与制造业的融合。由于受到20世纪70年代自由经济理论的影响，美国政府逐渐意识到放松管制能够更有效地激发企业活力实现创新。20世纪80年代以来，逐渐在航空运输、天然气生产以及通信部门、金融部门放松行业管制。就金融业而言，1980年《放松存款机构管理与货币控制法》（*Relaxing Depository Institution Management and Currency Control Act*）的实施是美国金融管理的一个重要法案。该法案通过取消利率限制、放松对存款机构的负债和资产业务范围的管制等举措，使得银行业经营模式由分业经营向混业经营过渡，并允许银行业在州际之间设立银行机构分行，从而加剧金融体系的竞争，提升资源配置效率。这一时期金融创新不断涌现，金融服务业飞速发展，就业人数由1980年的881.7万人增加到1990年的1071.86万人，增长190多万人，年均增长率为1.99%。克林顿政府也对行业管制进行了调整，在重点行业中引入竞争机制鼓励创新和公平竞争。比如，修订现有的法律法规，降低部分处于自然垄断行业的进入壁垒，其中1990年的《通讯法》（*Telecommunications Act of 1990*）就允许和鼓励不同的通信企业、有线电视和互联网服务业的各项业务可以进行融合和渗透，降低进入通信行业的准入门槛，使得这些行业由自然垄断走向自由竞争。此外，政府也制定了一系列的法规，逐步放松对交通运输业中航空航天业、航海业以及铁路和公路运输的限制，引入市场竞争机制使得处于垄断地位的运输业演变为垄断竞争，从而降低了运输费率，实现资源的更高效配置。行业管制的放松使得企业之间往来频繁，交流逐渐加深，逐渐出现了产业融合，比如美国的通信业和有线电视业和信息技术产业逐渐交叉融合为互联网产业。就生产性服务业与制造业而言，管制的放松使得不同产业之间的市场准入门槛降低，制造业可以进入生产性服务业市场，在自己的价值链中嵌入生产性服务业价值链，比如制造业为实现更高的附加价值提供售后服务、金融服务、解决方案服务等，实现两者的相互配合与融合发展。

最后，利用创新生态系统促进制造业与服务业融合。美国在制造业与服务业的发展过程中，创新生态系统在二者融合中产生了极其重要的作用。硅谷高新技术产业集群，就是一个繁荣的产业创新生态系统。一方面以斯坦福大学研究所为先导，创立了第一批信息技术创业公司，吸引众多老牌公司如西屋、瑞森、IBM 等在当地建立研究中心；另一方面，集群内大量的中小企业间彼此配合、整合资源、互相外包，在保障创意和构思及时变成产品的同时，也促进了制造业和服务业的迅速融合。曼哈顿具有完善的金融业为主导的生产性服务业创新生态系统。曼哈顿是纽约经济活动的中心，对美国制造业和服务业融合起到了巨大的推进作用。20 世纪 80 年代，就有 213 家英国公司、80 家瑞士公司 277 家日本公司和 175 家法国公司集聚在此，设立区域总部。在华尔街内集中了 3000 多家保险公司、银行和交易所等金融机构，是世界上著名的金融中心之一，金融从业人员有 28 万人左右，相关的信息服务业、专业技术服务业和房地产等生产性服务业同样发展迅速。

## 三、中国实现制造业与服务业融合的具体措施

中国在 2007 年国务院颁布的《关于加快制造业服务化的若干意见》中指出，要大力发展生产性服务业，促进制造业与服务业有机融合以及互动发展。在 2015 年发布的"十三五规划"中提出，要加快改造传统产业，深入推进信息化和工业化深度融合，大力发展现代服务业，深化分工与合作，推动服务业与制造业融合发展。由工业和信息化部、国家发展改革委和中国工程院在 2016 年 7 月 12 日印发的《发展服务型制造专项行动指南》中明确了发展服务型制造的三年的目标任务和方向。2018 年 12 月 13 日，中共中央政治局会议提出"推动制造业高质量发展，推进先进制造业和现代服务业深度融合"的政策主张，这是对我国新常态下制造业和服务业发展问题的准确把握，也是新一

轮技术革命背景下为我国产业融合发展指明方向。

## (一) 推动制造业的服务化

制造业服务化来源于"业务服务化"（Servitization of Business）最早是由桑德拉·范德梅维和胡安·瑞达（Vandermerwe S. and Rada J. , 1988）提出的，是指原来的制造业从单纯生产产品到提供产品+服务过程的转变，即制造业为顾客提供一个完整的"产品+服务包"，包括有形产品、售后服务、技术支持、自我服务和知识等，服务在其中居主导地位，也是附加值最高的部分。从国外趋势看，IBM、耐克和苹果等公司已经成为制造业服务化的典型案例。

为了顺应全球化发展浪潮，中国在 20 世纪 70 年代末期实行改革开放，从此加入了全球产业链分工体系之中，但同时制造业与服务业发展的过程中也遇到了一些问题。中国应该立足于当前制造业的现状，加快转变制造业创新发展新模式，在自身水平上逐渐推进制造业服务化水平，建立健全基础服务业制造系统。而实现的路径就是使中国制造业在大数据背景下更加网络化和信息化。一方面，国家应加大对企业制造业转型升级的投入力度，鼓励企业进行核心技术的开发，使得企业有实力和能力进行自主创新。企业自身要有创新意识，努力加大创新和技术研发，最主要的是要掌握核心技术，提高核心竞争力。另一方面，制造业不能只停留在当下比较低端的位置，要通过建设制造工业园区，为制造业向上游和下游的延伸创造条件，向上游延伸是为了在研发阶段开发更多适合消费需求的产品，向下游延伸就要积极开展市场调研扩大市场深度和广度，带动现代物流企业的发展，拓宽对生产性服务业的需求空间，从而提升制造业和服务业的融合水平，扩大制造业对于高端服务业的市场需求，使得两大产业的融合度达到更高的水平。

## (二) 大力发展生产性服务业

根据中国国家统计局的分类，生产性服务业是指第三产业中交通运输、仓储和邮政业，批发和零售业，信息传输、计算机服务和软件业，金融业，租赁和商务服务业，科学研究、技术服务和地质勘查业六大类。发展生产性服务业就是要使现代服务业加快与制造业、农业等其他产业的渗透，利用制造业及农业等转型发展的现实需求推动生产性服务业的产业创新，实现服务产品和服务形态的多样化，降低服务成本，提高服务效率，提供供需双方的匹配度和契合度。发展生产性服务业的发展水平还需要扩大服务业的开放程度，推动服务行业标准化、规范化、监管化发展。企业要把握新时代产业转型升级、业态融合发展趋势和市场需求，优化服务业产品结构，匹配市场需求。

## （三）加快现代供应链新业态的发展

时代的发展需要新业态。2017 年，国务院出台了《关于积极推进供应链创新与应用的指导意见》，指出供应链是以客户需求为导向，以提高质量和效率为目标，以整合资源为手段，实现产品设计、采购、生产、销售、服务等全过程高效协同的组织形态。供应链是推动产业协同发展的第四产业，正改变着人们的生产生活或工作方式，已经成为全球经济格局中的焦点。美国在 2012 年推出的《全球供应链安全国家战略》中把"全球供应链"列为"安全国家战略"，将"安全"轴和"效率"轴设定为两大战略支点。

我国具备发展供应链产业的基础条件，主要表现为中国拥有世界上最优良的基础设施体系，最完整的全套性产业结构，高质量的劳动力资源和作为"世界工厂"的制造业基地。目前需要的是高起点战略布局供应链产业的发展。首先，要出台区位布局规划，供应链布局与目前的全球价值链体系融合，统筹考虑广大的中西部地区的现实优势，还需要从人类命运共同体建设的角度将"一带一路"沿线国家纳入中国的供应链条中，建立区域性的供应链体系。其次，挖掘市场需求潜力，通过市场布局实现中国与全球化市场的供需互补，特别关注"一带一路"沿线国家的市场特征，实现优势互补。如亚欧市场的先进技术和丰富的资源，非洲广阔的市场空间等，都应该成为供应链产业发展的方向。最后，加快物流相关技术的研发，提高全球互联互通水平，提高供应链产业的效率。

## （四）创造产业融合的体制机制环境

目前中国发展产业融合契机已经形成，政策业已出台，新的业态形成与发展还需要更加现实的体制机制环境。

一是加快创建和优化更加良好的市场环境，强调市场良性竞争的重要性并发挥其基础地位的作用，使之成为有政策支持的基础措施。企业是产业融合的主体，在促进服务业和制造业融合的关键时期，应当发挥企业最基础和最重要的作用。政府应采取措施鼓励和支持不同类型企业转变生产和投资方式，将眼光更多投放于大市场，使企业能够在更加广阔和公平的环境下进行生产，鼓励企业之间竞争，营造良好的投资环境。政府财政部门应加大财政支持，财政税收和金融领域应重视生产性服务业的重要性，在相关领域加大对生产性服务业的支持力度。在服务业综合试点领域，采取更加积极推进的措施以加快改革步伐，在市场准入、行政监管和市场主体发展等领域采取更加积极的改革步调。关注点应落在服务业发展相对薄弱的环节，做到支持重点公共领域基础设施发展，提高市场信誉度，交易按照更加标准化的体系进行。

二是塑造创新生态系统的有机整体，提高效率和协同能力。结合美国创新生态系统发展经验，目前我国大量产业集聚区发展迅速，但其内部企业缺乏集聚效用，仅表现为空间上集聚。其重要原因之一就是缺乏政府、科研机构、中介服务机构等多方参与构成的有效集群组织、管理机构。我国各级政府在制定集群培育政策时，要从专业化分工和市场细分中寻找机遇，培植本地经济特色，针对与区域自然、社会经济特色相契合的产业，充分考虑其产业生命周期，制定好集群培育政策的阶段性目标。

三是针对现阶段现代服务业与高端制造业匹配度低的问题，应加大力度推进建设高端制造业与现代服务业协同发展、互相促进的良性循环平台。可以建立相应的资源共享平台，不同企业之间可以进行良性沟通，优势互补。高质量制造业的发展需要物流、技术、金融、信息、设计等方面的支持，现代服务业要加快整合相应资源，提高自主研发能力，在自身得到发展的同时，形成良好合作环境，致力于高端制造业的发展。

四是加快推进服务业立法程序。当前是互联网大数据的时代，电子商务发展日新月异，如果没有相关配套的法律程序进行约束，形成的新业态发展模式不能在相对公平透明的环境下发展，长此以往会助长资本的无序扩张，不利于新模式的生存和发展，也会扰乱正常的市场秩序。加快立法程序，创新网络环境监管方式，市场监管方面应完善公平审查、反垄断以及监管制度，在形成统一市场和公平公正大市场环境关键时期，推进良好市场秩序的形成。

五是重点完善金融领域对生产性服务业支持发展制度。金融领域是当今时代发展的热门行业，也是发展的重点领域。在金融方面，国家应加快融资方式和融资渠道的创新，力求建设和完善更加多层次和多元化的金融服务体系。在落实金融业对生产性服务业资金支持产业政策的同时，应当鼓励金融产业大力开发和研究当前中国高质量发展关键时期需要的金融产品，以金融产品和服务促进制造业高质量发展，根据制造业高质量发展不同时期，积极研发不同类型支持高质量发展的金融服务，促进制造业和服务业更好更快的融合。

# 本 章 小 结

中国科技创新投入规模出现了巨大变化，而科技投入结构不合理的问题依然突出，基础研究和应用研究的低下成为我国走向自主创新的极大障碍，产学研合作不充分是影响研发结构不合理和创新绩效低下的重要因素，而创新生态系统建设不仅可以实现产学研的高校合作，而且还会提高创新效率，这成为中国制造创新的基础，智能制造将是中国制造创新的方向。中国制造业在全球价值链中的地位受到挑战，中国制造业一方面要谋求在现有价值链中升级，另一方面还要利用一些要素组建国内价值链或"一带一路"背景下的区域价值链，同时要夯实价值链攀升或组建的微观基础，增强通过价值链参与国际经济治理的能力。制造业与服务业融合是当今世界范围内产业发展的趋势，制造业服务化和生产性服务业的发展是实现二者融合的有效途径，而政府必须创造有利于制造业服务业融合的制度环境。

# 参 考 文 献

[1] [美] 阿瑟·刘易斯. 二元经济论 [M]. 施炜等, 译. 北京: 北京经济学院出版社, 1989.

[2] [美] 安东尼·范·阿格塔米尔, [荷兰] 弗雷德·巴克. 智能转型: 从锈带到智带的经济奇迹 [M]. 徐一洲, 译. 北京: 中信出版集团股份有限公司, 2017.

[3] [美] 安东尼·范·阿格塔米尔. 世界是新的: 新兴市场崛起与争锋的世纪 [M]. 蒋永军, 译. 北京: 东方出版社, 2007.

[4] 2018 年科学与工程指标 [R]. 美国国家科学基金会网站, http: // www. 199it. com/archives/717035. html.

[5] 2018 年我国 R&D 经费投入特征分析 [R]. 科技部网站, http: // www. most. gov. cn/kjbgz/202004/P020200402344667818099. pdf.

[6] 奥斯卡·拉封丹, 克里斯塔·米勒, 拉封丹, 等. 不要恐惧经济全球化: 人人富裕和就业 [M]. 柴方国, 译. 改革出版社, 2000.

[7] 蔡俊才. 论战后帝国主义的经济发展与腐朽性 [J]. 湖南师院学报: 哲学社会科学版, 1983 (4).

[8] 崔日明. 美国 "再工业化" 战略与中国制造业转型研究 [J]. 经济社会体制比较, 2013 (6).

[9] 大卫·科茨. 新自由主义和 20 世纪 90 年代美国的经济扩张 [J]. 国外理论动态, 2003 (8).

[10] 戴翔. 要素分工新发展与中国新一轮高水平开放战略调整 [J]. 经济学家, 2019 (5).

[11] 樊勇明. 西方国际政治经济学 [M]. 上海: 上海人民出版社, 2017.

[12] 方勇, 戴翔, 张二震. 要素分工论 [J]. 江海学刊, 2012 (4).

[13] 郭帅. 重新审视 20 世纪 80 年代美国 "再工业化" 及启示 [D]. 河北大学硕士学位论文, 2017.

[14] 国家统计局. 国家统计局发布 2015 年 3 季度我国 GDP 初步核算情

况［DB/OL］. 中央政府门户网站, http: //www. gov. cn/xinwen/2015 – 10/20/content_ 2950474. htm.

［15］［美］加里·皮萨诺, 威利·史. 制造繁荣: 美国为什么需要制造业复兴［M］. 机械工业信息研究院战略规划研究所, 译. 北京: 机械工业出版社, 2014.

［16］蒋庚华, 张曙霄. 中国出口国内附加值中的生产要素分解［J］. 中南财经政法大学学报, 2015（2）.

［17］金建. 论当代世界信息产业的发展进程与基本特征［J］. 世界经济, 1995（2）.

［18］金京, 戴翔, 张二震. 全球要素分工背景下的中国产业转型升级［J］. 中国工业经济, 2013（11）.

［19］金慰祖, 于孝同. 美国的"再工业化"问题［J］. 外国经济与管理, 1980（10）.

［20］克里斯托夫·弗里曼. 技术政策与经济绩效: 日本国家创新系统的经验［M］. 江苏: 东南大学出版社, 2008.

［21］李俊, 马凤涛. 中国制造业产品服务增加值的测算及其产出效应——基于世界投入产出表的研究［J］. 中南财经政法大学学报, 2015（6）.

［22］李昕, 徐滇庆. 中国外贸依存度和失衡度的重新估算——全球生产链中的增加值贸易［J］. 中国社会科学, 2013（1）.

［23］李长久. 美国"再工业化"与第四次技术革命［J］. 领导文萃, 2012（22）.

［24］［美］利伟诚著. 美国制造: 从离岸到回岸, 如何改变世界［M］. 蔡中为, 译. 北京: 东方出版社, 2012.

［25］林进成, 史文清. 战后联邦德国工业的发展及其主要经验［J］. 复旦学报: 社会科学版, 1979（6）.

［26］林珏. 美国"再工业化"战略研究: 措施、难点、成效及影响［J］. 西部论坛, 2014（1）.

［27］林思源. 美国制造业回归（2009 – 2016）［DB/OL］. 搜狐网, https: //www. sohu. com/a/123061758_ 465920.

［28］林雪萍. 灰度创新: 中国制造最大的秘密［DB/OL］. http: //www. gygx. net/news/shownews. php? id =681.

［29］刘斌, 王乃嘉, 屠新泉. 贸易便利化是否提高了出口中的返回增加值［J］. 世界经济, 2018（8）.

［30］刘树成，李实．对美国"新经济"的考察与研究［J］．经济研究，2000（8）．

［31］刘艳艳．洛杉矶工业产业升级的主要经验及启示［J］．世界地理研究，2013（3）．

［32］刘志彪，张杰．全球代工体系下发展中国家俘获型网络的形成、突破与对策——基于 GVC 与 NVC 的比较视角［J］．中国工业经济，2017（5）．

［33］［德］鲁道夫·吕贝尔特．工业化史［M］．戴鸣钟等，译．上海：上海译文出版社，1983．

［34］路易斯安那州 2015 年 2 季度报告［R］．路易斯安那州政府网址，https：//www. opportunitylouisiana. com/docs/default – source/eq – articles/2015/eq_ q2_ 2015. pdf? sfvrsn = 2．

［35］路易斯安那州 2015 年 3 季度报告［R］．路易斯安那州政府网址，https：//www. opportunitylouisiana. com/docs/default – source/eq – articles/2015/eq_ q34_ 2015. pdf? sfvrsn = 2．

［36］罗长远，张军．附加值贸易：基于中国的实证分析［J］．经济研究，2014，49（6）．

［37］马克思．《资本论》（第三卷）［M］．北京：人民出版社，2004．

［38］梅里亚姆—韦伯斯特公司．韦氏词典［M］．北京：世界图书出版公司，1996．

［39］美国国家标准技术研究院（NIST）．2014 Economic Impact Summary［DB/OL］．http：//www. nist. gov/mep/about/upload/mep – economic – impacts – fy2014. pdf．

［40］孟琪．美国再工业化的政策措施及对中国的启示［J］．经济体制改革，2012（6）．

［41］孟祺．基于附加值贸易的中越纺织服装产业全球价值链研究［J］．经济体制改革，2016（12）．

［42］娜仁图雅，雷衍华．在 NAICS 六位码基础上界定美国高科技产业［J］．中国国情国力，1992（38）．

［43］乔宝华，黄坤．我国研发经费投入结构亟须优化调整［DB/OL］．中国经济时报，https：//www. sohu. com/a/272491038_ 115495．

［44］商务部研究院．中国商务发展报告（2010）［M］．北京：中国商务出版社，2010．

［45］盛朝讯．中美制造业成本比较及对策建议［J］．宏观经济管理，

2016 (9).

［46］世界银行，WTO，OECD 等.全球价值链发展报告 2017——全球价值链对经济发展的影响：核算与分析［M］.北京：社会科学文献出版社，2018.

［47］宋高旭，施红.中国企业基础研究投入不足原因及政策研究［J］.技术经济与管理研究，2019（2）.

［48］宋国友.再工业化与美国经济增长［J］.外交评论，2013（3）.

［49］宋仁梁，杜芳芳.美国亚利桑那州的科技经济［J］.全球科技经济瞭望，2001（5）.

［50］隋笑宇.浅析美国内战前东北部城市化高速发展的原因［J］.史学集刊，2009（3）.

［51］通用电气公司.工业互联网：打破智慧与机器的边界［M］.北京：机械工业出版社，2015.

［52］佟福全.美国的"再工业化"战略［J］.世界经济，1982（7）.

［53］［美］托马斯·弗里德曼.世界是平的［M］.何帆，肖莹莹，郝正非，译.湖南：湖南科学技术出版社，2006.

［54］［美］瓦科拉夫·斯米尔.国家繁荣为什么离不开制造业［M］.李凤海，刘寅龙，译.北京：机械工业出版社，2017.

［55］王岚.融入全球价值链对中国制造业国际分工地位的影响［J］.统计研究，2014（31）.

［56］王岚，李宏艳.中国制造业融入全球价值链路径研究——嵌入位置和增值能力的视角［J］.中国工业经济，2015（2）.

［57］王小波.生产性服务业与制造业融合发展研究［D］.湘潭大学，2016.

［58］王旭.美国城市史［M］.北京：中国社会科学出版社，2000.

［59］王直，魏尚进，祝坤福.总贸易核算法：官方贸易统计与全球价值链的度量［J］.中国社会科学，2015（9）.

［60］［美］西蒙·史密斯·库兹涅茨.经济增长与收入不平等［J］.美国经济评论，1995（1）.

［61］肖炼.中美经济博弈［M］.北京：中国财经出版社，2011.

［62］徐学慎.小康社会消费模式与宏观调控启动机制研究［M］.北京：中国财政经济出版社，2007.

［63］许平祥，周鑫.再工业化，还是再金融化——基于美国经济"二元

化"的视角［J］. 宏观经济管理, 2018 (6).

　　［64］杨丹辉, 渠慎宁, 李鹏飞. 中国利用外资区位条件的变化: 基于中美制造业成本的比较分析［J］. 中国经贸, 2017 (9).

　　［65］姚曾荫. 对世界经济形势的回顾与展望［J］. 世界经济, 1980 (3).

　　［66］姚大庆. 国际货币地位分析和体系改革［M］. 上海: 上海社会科学出版社, 2016.

　　［67］于洋. 美国研发税收抵免政策——撬动企业持续创新的支点［J］. 全球科技经济瞭望, 2017, 32 (6).

　　［68］原帅, 何洁, 贺飞. 世界主要国家近十年科技研发投入产出对比分析［J］. 科技导报, 2020, 38 (19).

　　［69］约翰·伊特韦尔. 新帕尔格雷夫经济学大辞典 (1~4 卷)［M］. 北京: 经济科学出版社, 1996.

　　［70］张明喜. 我国基础研究经费投入及问题分析［J］. 自然辩证法通讯, 2016 (3).

　　［71］赵瑾. 全球化与经济摩擦: 日美经济摩擦的理论与实证研究［M］. 上海: 商务印书馆, 2002.

　　［72］赵援. 日美汽车工业生产率比较［J］. 汽车与配件, 1988 (2).

　　［73］植草益. 信息通讯业的产业融合［J］. 中国工业经济, 2001 (2).

　　［74］中国电子信息产业发展研究院. 美国制造创新研究院解读［M］. 北京: 电子工业出版社, 2018.

　　［75］中国科学院数学与系统科学研究院全球价值链课题组. 中美贸易顺差/美中贸易逆差的实质［R］. http://images.mofcom.gov.cn/www/201804/20180411152735968.pdf.

　　［76］周升起, 兰珍先, 付华. 中国制造业在全球价值链国际分工地位再考察——基于 Koopman 等的 "GVC 地位指数"［J］. 国际贸易问题, 2014 (2).

　　［77］朱传一. 促进佛罗里达州经济与社会发展的三个关键因素［J］. 美国研究, 1988 (2).

　　［78］朱敏. 万物智联大数据重塑制造业［J］. 企业管理, 2018 (6).

　　［79］Alderson A S. Explaining Deindustrialization: Globalization, Failure, or Success?［J］. American Sociological Association, 1999, 64 (5).

　　［80］Aldersen A S. Globalization and Deindustrialization: Direct Investment and the Decline of Manufacturing Employment in 17 OECD Nations ［J］. Journal of World-Systems Research, 2015, 3 (1).

［81］ Anderson A. Report to the President on Ensuring American Leadership in Advanced Manufacturing ［R］. Executive Office of the President, 2011.

［82］ Arik M. Framing the Offshoring and Reshoring Debate: A Conceptual Framework ［J］. Journal of Global Business Management, 2013.

［83］ Balassa B. Trade Liberation and Revealed Comparative Advantage ［J］. The Manchester School of Economic and Social Studies, 1965.

［84］ Block F. Swimming Against the Current: The Rise of a Hidden Developmental State in the United States ［J］. Politics & Society, 2008, 36 (2).

［85］ Bluestone B, Harrison B. The Deindustrialization of America ［M］. New York: Basic Books, 1982.

［86］ Bryant Q J. Wall Street Analysts Looking at Reindustrialization's Possible Effects ［N］. The Washington Post, 1980.

［87］ Burns S. GE Leading Charge in Reshoring Part Two ［N］. 2012.

［88］ Burris V. Reindustrialization: Myth or Reality? A Comment on Lembcke and Hart-Landsberg ［J］. Critical Sociology, 1985, 13 (1－2).

［89］ Cairncross A. What is Deindustrialisation? Blackaby, Deindustrialisation ［M］. London: Pergamon, 1982.

［90］ Cohen S S, Zysman J. Manufacturing Matters: The Myth of the Post-Industrial Economy ［M］. New York: Basic Books, 1987.

［91］ Council on Competitiveness. National Innovation Initiative Summit and Report: Thriving in a world of Challenge and Change ［N］. Washington, D. C., 2005.

［92］ Crandall W R. The Continuing Decline of Manufacturing in the Rust Belt ［R］. Brookings Institution, 1993.

［93］ Drucker P. The Deindustrialization of America ［J］. Labor Studies Journal, 1980.

［94］ Ellram L M, Tate W L, Petersen K J. Offshoring and Reshoring: An Update on the Manufacturing Location Decision ［J］. Journal of Supply Chain Management, 2013, 49 (2).

［95］ Elsner D M. Carter Aid for Detroit Strictly 'Pettycash' ［N］. Chicago Tribune, 1980.

［96］ Estrin J. Closing the Innovation Gap: Reigniting the Spark of Creativity in a Global Economy [J]. Business Horizons, 2008, 52 (5).

[97] Etzioni A. Point of View [J]. New York Times (1923 – Current file), 1980, 7 (29).

[98] Etzioni A. Reindustrialization of America [J]. Review of Policy Research, 1981, 2 (4).

[99] Etzioni A. Re-Industrialize, Revitalize, Or What [J]. National Journal, 1980, 12 (1).

[100] Euler Hermes Economic Research. The Reindustrialization of the U. S. A 2014 Update [R]. North America: Economic Sight, 2014.

[101] Ezell S J, Atkinson R D. The Case for a National Manufacturing Strategy [J]. Information Technology and Innovation Foundation, 2011, 29.

[102] Ezell S J. Revitalizing US Manufacturing [J]. Issues in Science and Technology, 2012, 28 (2).

[103] Fratocchi L, Di M C, Barbieri P. When Manufacturing Moves Back: Concepts and Questions [J]. Journal of Purchasing & Supply Management, 2014, 20 (1).

[104] Ginzberg E, Vojta G J. The Service Sector of the U. S. Economy [J]. Scientific American, 1981, 244 (3).

[105] Grant D, Wallace M. The Political Economy of Manufacturing Growth and Decline across the American States, 1970 – 1985 [J]. Social Forces (1).

[106] Gray J V, Skowronski K, Esenduran G. The Reshoring Phenomenon: What Supply Chain Academics Ought to Know and Should Do [J]. Journal of Supply Chain Management, 2013, 49 (2).

[107] Greenberg P. Carter and Reagan Sounding More Alike on Some Issues [N]. Chicago Tribune, 1980.

[108] Hagerty J. Some Firms Opt to Bring Manufacturing Back to U. S. [N]. The Wall Street Journal, 2012. 07. 18.

[109] Harrison B, Bluestone B. The Great U-Turn: Corporate Restructuring and the Polarizing of America [M]. New York: Basic Books, 1988.

[110] Harrison B, Kluver J. Reassessing the 'Massachusetts Miracle': Reindustrialization and Balanced Growth, or Convergence to 'Manhattanization'? [J]. Environment & Planning A, 1989.

[111] Hausmann R, Hwang J, Rodrik D. What You Export Matters [J].

Journal of Economic Growth, 2007 (12).

[112] Hobor G. Surviving the Ear of Deindustrialization: the New Economic Geography of the Urban Rust Belt [J]. Journal of Urban Affairs, 2013, 35 (4).

[113] Hummels D L, Ishii J, Yi K M. The Nature and Growth of Vertical Specialization in World Trade [J]. Social Science Electronic Publishing, 1999, 54 (1).

[114] Jackson D. What Is an Innovation Ecosystem [N]. National Science Foundation, 2011. 01. 02.

[115] Katz B, Wagner J. The Rise of Innovation Districts: A New Geography of Innovation in America [R]. The Brookings Institution, 2014.

[116] Kaufman A, Morris W and Nelson K K. Reindustrialization—CRS Report [R]. Congressional Research Service, 1981.

[117] Kollmeyer C. Explaining Deindustrialization: How Affluence, Productivity Growth, and Globalization Diminish Manufacturing Employment [J]. American Journal of Sociology, 2009, 114 (6).

[118] Koopman R, Wang Z, Wei S J. Tracing Value-Added and Double Counting in Gross Exports [J]. NBER Working Paper, 2010.

[119] Kutscher E R, Personick A V. Deindustrialization and the Shift to Services [J]. Monthly Labor Review, 1986, 109 (3).

[120] Lall S. The Technological Structure and Performance of Developing Country Manufactured Exports [J]. Oxford Development Studies, 2000, 28 (3).

[121] Lembcke J, Hart-Landsberg M. Reindustrialization and the Logic of Class Politics in Late 20th Century America [J]. Insurgent Sociologist, 1985, 13 (1 - 2).

[122] Lenchuk E B. Course on New Industrialization: A Global Trend of Economic Development [J]. Studies on Russian Economic Development, 2016, 27 (3).

[123] Lever W F. Deindustrialisation and the Reality of the Post-industrial City [J]. Urban Studies Journal Limited, 1997, 28 (6).

[124] Levinson M. Manufacturing in International Perspective [R]. Congressional Research Service, 2013.

[125] Lundvall B A. National Systems of Innovation: towards a Theory of Innovation and Interactive Learning [M]. New York: Pinterest, 1992.

[126] Maher K, Tita B. Caterpillar Joins on Shoring Trend [N]. Wall Street Journal, 2010. 03. 11.

[127] Martin N B. Clusters and Innovation Districts: Lesson from United State Experience [R]. The Brookings Institution, 2017.

[128] McCracken W P. The Rust Belt's ComingRevival [N]. Wall Street Journal, 1987.

[129] Mcivor R. How the Transaction Cost and Resource-based Theories of the Firm Inform Outsourcing Evaluation [J]. Journal of Operations Management, 2009, 27 (1).

[130] Mikkelsen O S, Arlbjørn J S. Backshoring Manufacturing: Notes on An Important But Under-researched Theme [J]. Journal of Purchasing & Supply Management, 2014, 20 (1).

[131] Miller C J, Thomas F W, William E K and Jeremy A R. Industrial Policy: Reindustrialization through Competition or Coordinated Action [J]. Yale Journal on Regulation, 1984, 2 (1).

[132] Muro M, Rothwell R. America's Advanced Industries: What They Are, Where They Are, and Why They Matter [R]. Brookings, 2015.

[133] Neikirk B. Should U. S. let Detroit die? [N]. Chicago Tribune (1963 – Current file), 1980.

[134] Nelson R. National Systems of Innovation: A Comparative Analysis [M]. Oxford: Oxford University, 1993.

[135] Oldenski L. Reshoring by US Firms: What Do the Data Say? [DB/OL]. PIIE, https://piie.com/publications/policy – briefs/reshoring – us – firms – what – do – data – say#content.

[136] O'Shea J, Ackland L. Revitalization: Reality is the First Roadblock [N]. Chicago Tribune, 1981.

[137] PCAST. A Strategy for American Innovation: Driving Towards Sustainable Growth and Quality Jobs [R]. 2009.

[138] PCAST. Sustaining the Nation's Innovation Ecosystem: Maintaining the Strength of Our Science & Engineering Capabilities [R]. 2004.

[139] Pisano G, Shih W C. Does America Really Need Manufacturing [J]. Harvard Business Review, 2012, 90 (3).

[140] Pisano G, Shih W C. Restoring American Competitiveness [J]. Har-

vard Business Review, 2009, 35 (7).

[141] Rampell C, Wingfield N. In Shift of Jobs, Apple Will Make Some Macs in US [N]. New York Times, 2012.

[142] Reid T R. Kennedy: Reindustrialize the U. S. [R]. The Washington Post, 1980.

[143] Rodrik D. Premature Deindustrialization [J]. Journal of Economic Growth, 2016, 21 (1).

[144] Rohatyn F G. Strong Medicine [J]. Across the Board, 2001.

[145] Rothwell R. Reindustrialization and Technology: Towards a National Policy Framework [J]. Science & Public Policy, 1985, 12 (3).

[146] Rowthorn R, Wells J R. De-industrialization and Foreign Trade [M]. Cambridge: Cambridge University Press, 1987.

[147] Rowthorn R, Coutts K. De-industrialization and the Balance of Payments in Advanced Economies [J]. Cambridge Journal of Economics, 2004, 28 (5).

[148] Rowthorn R, Ramaswamy R. Growth, Trade and Deindustrialization [J]. IMF Working Papers, 1999, 47 (1).

[149] Sauter M B, Stebbins S. Manufacturers Bringing the Most Jobs Back to America [N]. US Today, 2016.

[150] Schacht W H. Patent Ownership and Federal Research and Development: A Discussion on the Bayh-Dole Act and the Stevenson-Wydler Act [J]. Library of Congress, 2000.

[151] Shepard S B. The New Economy: What It Really Means [J]. Business Weeks, 1997.

[152] Singh A. UK Industry and the World Economy: a Case of De-industrialisation [J]. Cambridge Journal of Economics, 1977, 1 (2).

[153] Smackey B M, Kolchin M G. The Road To Reindustrialization Begins And Ends In The Marketplace [J]. Journal of Business & Industrial Marketing, 1986, 1 (1).

[154] Sousa C D. Milwaukee's Menomonee Valley: A Sustainable Re-Industrialization Best Practice [R]. Sustainable Brownflelds Consortium, University of Illinois, 2012.

[155] SRI International Center for Innovation Strategy and Policy. Build Innovation Ecosystems [R]. SRI International, 2016.

[156] Tassey G. Rationales and Mechanisms for Revitalizing US Manufacturing R&D Strategies [J]. The Journal of Technology Transfer, 2010, 35 (3).

[157] The Boston Consulting Group. Made in American, Again: U. S. Manufacturing Nears the Tipping Point-Which Industries, Why, and How Much [R]. Boston: The Boston Consulting Group, 2012.

[158] The European Commission, EU Directorate-general for Communications Networks, Contentand Technology [R]. Open Innovation 2013, 2013.

[159] The U. S. Department of Commerce. The Role of Exports in the United States Economy [R]. Washington: The White House, 2014.

[160] Townsend E. Union Leaders Drift in Behind Carter on Economic Plan [N]. The Christian Science Monitor, 1980.

[161] Tregenna F. Manufacturing Productivity, Deindustrialization, and Reindustrialization [J]. WIDER Working Paper Series, 2011.

[162] U. S. Department of Commerce. Manufacturing USA 2018 Annual Report: Program Report and Summary of Institute Activities [DB/OL]. https://nvlpubs. nist. gov/nistpubs/ams/NIST. AMS. 600 – 5. pdf.

[163] Vandermerwe S, Rada J. Servitization of Business: Adding Value by Adding Services [J]. European Management Journal, 1988, 6 (4).

[164] Weinstein B L, Rees J. Reaganomics, Reindustrialization, and Regionalism [J]. Society, 1982, 19 (5).

[165] Young J A. Global Competition: The New Reality [J]. California Management Review, 1985, 27 (3).